| 암과 만성질환의 치료 |

거슨요법
Healing the Gerson Way

샤롯 거슨 · 비타 비숍 지음
김일용 · 문영지 옮김

치유와창조

Healing the Gerson Way: Defeating Cancer and Other Chronic Diseases
Copyright ⓒ 2007 by Charlotte Gerson

Totality Books
316 Mid Valley Center #230
Carmel, California 93923

All rights reserved. No part of this book may be reproduced in any form or by any means without the prior written consent of the publisher, except for brief quotes used in reviews.

거슨요법
Healing The Gerson Way

초판 3쇄 발행 2014년 8월 25일
지은이 샤롯 거슨 · 비타 비숍
옮긴이 김일용 · 문영지
펴낸곳 치유와창조
펴낸이 김수진
주　　소 경남 함양군 백전면 오매실길 172

ISBN 978-89-960700-1-6　03510

옮긴이의 말

거슨요법은 독일 출신의 내과의사 막스 거슨 박사(1881~1959)에 의해 개발된 식이요법이다. 신선한 유기농 과일과 야채 주스, 영양물질을 집중적으로 공급하고 커피관장 등을 통하여 신체의 면역력이 회복되게 하여 암, 당뇨 등 만성질환이 자연적으로 치유되게 하는 강력한 치료법이다.

거슨 박사가 자신의 이론을 발표한 후 지금까지도 많은 논란이 있지만, 분명한 것은 지난 80여년 동안 현대의학에서 치료 불가능하다고 판정한 수 많은 암과 만성질환자들이 이 치료법을 통해 완전히 회복되어 새로운 삶을 살고 있다는 사실이다. 그 가운데는 아프리카에서 봉사활동 도중 당뇨병으로 고생하던 알버트 슈바이처 박사와 폐결핵을 치료한 그의 아내 헬레나 슈바이처도 포함되어 있다.

거슨 박사가 사망한 후 그의 셋째 딸인 샤롯 거슨 여사가 1977년 아버지의 유업을 이어 샌디애고에 거슨재단을 설립하면서 치료법은 더 체계화되고 환경의 변화에 맞게 개선되었다. 정통의학의 반발과 정치적 이유로, 1980년대에 멕시코에 설립된 거슨병원에는 지금도 전세계에서 수 많은 환자들이 방문하여 치유를 경험하고 있다. 유럽, 미국, 일본 등에도 거슨재단이 인증한 병원이 운영되고 있으며, 국내에서도 몇몇 병원이 거슨요법을 응용한 치료법을 도입하고 있다. 거슨요법에 관한 자료는 인터넷 등에 많이 공개되어 있으므로 쉽게 접할 수 있다.

거슨요법에 관한 최신 정보를 망라한 이 책은 질병의 근본 원인을 규명하고 이를 치료하기 위해 환자나 가족이 직접 거슨요법을 실행할 수 있도록 꼼꼼하게 안내한 지침서라 할 수 있다. 전체적인 실행 방법은 샤롯 거슨 여사가 아들인 하워드의 도움으로 집필하였고, 환자의 심리적 지원과 조리법 등에 관한 자료는 영국 **BBC**의 방송작가 출신으로 말기 피부암 (흑색종)에 걸린 후 거슨요법으로 완치된 비타 비숍이 집필하였다.

경제적 혹은 거리상의 부담 때문에, 멕시코나 미국의 거슨병원에서 치료를 받기 힘든 말기 암과 만성질환으로 고생하는 환자들은 이 책의 안내에 따라 스스로의 치유에 도전해볼 수 있을 것이다. 내용 중 국내에서 구하기 힘든 야채와 과일 등이 있고, 서양인과 한국인의 체질상의 차이로 인하여 다소의 수정과 응용은 불가피하겠지만, 책에서 반복적으로 언급하고 있는 것처럼 가능한 전문가의 도움과 함께 지침대로 엄격하게 치료에 임한다면 새로운 삶을 살 수 있을 것이다.

국내에 번역되지 않은 대부분의 참고자료에 대한 저자의 주(註)는 원문 그대로 실었고, 필요한 내용만 우리말로 옮겨 두었다. 함께 번역과 교정에 협조해주신 문영지 선생님과 도서출판 치유와 창조김수진 대표님께 감사 드리며, 질병으로 고통 받는 이들에게 희망이 되었으면 한다.

2014년 8월
김 일 용

30년 이상 동안, 나는 암과 싸우는 환자들에게 거슨요법을 추천해 왔으며, 단 한 번도 그렇게 한 것을 후회하게 한 환자는 없었다. 거슨요법에 관한 최신 안내서인 이 책에는 많은 새로운 정보가 보충되어 있으며, 상세한 참고자료가 덧붙여져 있어 읽기도 쉽다. 지금까지 나온 거슨요법에 관한 책 중에서 최고라 할 수 있다. 이 책은 거슨요법을 혼자서 스스로 실행할 수 있도록 그 방법을 상세히 설명하고 있다. 중요한 것은 암뿐만 아니라 다른 많은 "가망 없는" 퇴행성 질환의 치료 방법을 소개하고 있다는 점이다. 거슨요법을 알게 되면 "죽음을 앞 둔 환자"들에게 희망이 없다는 말을 함부로 할 수 없게 될 것이다. 이 책은 수십 년 간의 성공적인 치료 경험에서 나온 지식이 망라되어 있다. 당신이 알고 있는 모든 사람들과 이 지식을 나누고자 하는 마음이 저절로 생길 것이다.

앤드류 W. 사울
분자교정학회지, 부편집장

이 책 속의 독성과 결핍에 관한 장에서는 우리가 살고 있는 세상의 전반적인 건강상태를 정확하게 진단하고 있으며, 다른 장에서는 건강을 위협하는 문제점들을 극복할 수 있는 구체적인 방법을 제시하고 있다. 거슨요법에 새롭게 추가된 중요 정보들은 "발전하는 거슨요법"에서 접할 수 있으며, 자몽씨기름, 타헤보 허브 추출물, 셀레늄, 당-칼륨-인슐린 치료법, 크롬 피콜린산 등이 이에 해당된다. 이런 내용이 추가되고 있는 것은 암, 칸디다증, 바이러스 감염, 당뇨와 같은 현대인들을 괴롭히는 만성 질환들이 점점 더 악화되고 있음을 반영하는 것이다.

캐롤린 딘
의학박사, 마그네슘 기적(The Magnesium Miracle)의 저자

막스거슨 Max Gerson, MD, 1881~1959

거슨요법이라는 전체적 영양요법을 개발한 막스 거슨 박사는 **1881**년 독일에서 태어났다. 그는 독일에서 의과대학을 다니는 동안 심한 편두통을 앓았는데, 동료들이나 가르치는 교수들 어느 누구도 치료에 도움을 줄 수 없었다. 스스로 편두통을 치료하기로 결심하고 여러 방법을 시도하다가, 식단을 여러 방식으로 바꾸어 가면서 연구한 끝에, 편두통을 말끔히 치료하였다.

자신의 편두통 치료법이 결핵을 치료할 수 있다는 사실을 발견한 후에, 거슨박사는 자신의 식이요법으로 **450**케이스의 피부결핵 중 **446**케이스의 피부결핵을 완치시키는 성공적인 경력을 쌓게 된다. 연구결과가 여러 의학저널에 실리면서, 아프리카에서 봉사하던 슈바이처 박사의 관심을 끌게 되었다. 당시 슈바이처 박사의 부인 헬렌 여사는 폐결핵 치료에 진전을 보지 못하고 있다가, 거슨박사의 명성을 듣고 **1930**년에 거슨박사의 병원에 입원하여 9개월 동안 치료를 받은 후 완치된다.

그후 슈바이처 박사는 아프리카 봉사 도중 자신의 당뇨병을 거슨요법으로 고쳤으며 거슨요법을 자신의 환자들에게 적용하여 심장병, 신장병, 암 등을 치료하게 된다. 두 사람의 우정은 오래 지속되었다. 나치정권을 피해 미국으로 망명하여 **1938**년 미국의사자격을 취득한 후 **1959**년 사망하기 전까지 **20**여 년 동안 자신이 개발한 이 요법으로 수많은 환자들을 치료하고 연구결과를 발표하였다.

| 암과 만성질환의 치료 |

거슨요법
Healing the Gerson Way

샤롯 거슨 · 비타 비숍 지음
김일용 · 문영지 옮김

Contents
이·책·의·차·례

감사의 말 / 15
독자들에게 / 17
들어가며 / 19

제1부 병든 세상에서의 치료 ... 23

제1장 거슨요법의 시작 ... 24

제2장 발전하는 거슨요법 ... 34
 자몽씨 추출물 ... 37
 타헤보(포 다코, 라파초) ... 37
 셀레늄 ... 38
 당-칼륨-인슐린 처방 ... 38
 크롬 피콜린산 ... 38
 요약 ... 38

제3장 적을 바로 알기 ... 40
 독성 ... 40
 영양결핍 ... 43

제4장 신체의 방어기능 ... 45
 면역체계 ... 45
 효소체계 ... 47
 호르몬체계 ... 48
 필수기관 ... 49
 미네랄 균형 ... 50

제5장	방어기능의 붕괴	53
	화학농법	54
	약물	58
	식품 첨가제	61
	변형된 식품	64
	불소화합물	66
	니코틴과 알코올	68
	화장품	69
	예방접종	71
	전자기장	73
	스트레스: 내부의 적	75
제6장	현대문명으로 인한 질병	86
	죽음의 질병 퇴치	87
	암	87
	심장, 순환기 질환	93
	심장질환에서 콜레스테롤의 역할	95
	고혈압	97
	당뇨	99
	만성질환에 대처하는 법	103
	만성 면역결핍질환	104
	콜라겐 질환	109
	건강의 총체적 적	113
	거슨요법의 한계	139
	거슨요법으로 치료하기 어려운 질환	139
	거슨요법으로 치료가 안 되는 질환	142
	요약	145
제7장	신체의 방어기능 회복	151
	영양공급	152
	해독	153
제8장	거슨요법이 효과적인 이유	155

제2부 올바른 거슨요법 지침 … 163

제 9 장 거슨식 주거환경 … 164

냉장고 … 165
주스기 … 166
스토브와 오븐 : 전기식과 가스식 … 167
주전자와 주방용구 … 168
정수기 … 169
세제 … 170
드라이클리닝 … 172
에어로졸과 스프레이 … 173
화장실 … 173
거실공간 … 173
페인트 칠 … 174
정원용 스프레이/살충제 … 174

제10장 금지된 음식 … 176

금지 식품과 용품 … 178
임시로 금지하는 음식과 품목 … 181
금지된 개인 용품과 주거 용품 … 181

제11장 권장 식품 … 183

제12장 음식과 주스 준비 … 185

중요한 주스 … 187
매일 먹는 식사 … 188
기본적인 조리법 … 189

제13장 커피관장 … 192

기초 준비사항과 사용방법 … 195
적정 용량과 횟수 … 198
부작용 … 199
피마자기름 처방 … 202

　　　　장비 세척 ·· 204

제14장　영양물 처방 ··· 206

　　　　칼륨 혼합물 ·· 207
　　　　타이로이드- 루골 용액 ·· 207
　　　　나이아신(비타민B3) ·· 208
　　　　간 캡슐 ·· 209
　　　　비타민 B12와 생간 주사 ··· 209
　　　　팬크레아틴(췌장 효소) ·· 209
　　　　아시돌 펩신 ··· 210
　　　　소 담즙 가루 ·· 210
　　　　아마인유 ·· 211
　　　　코엔자임 Q10 ·· 211

제15장　약물 없이 통증 다스리기 ·· 213

　　　　피마자기름 팩 ·· 214
　　　　진흙팩 ·· 215
　　　　발열요법 ·· 215
　　　　산소요법 ·· 216
　　　　점프하기 ·· 217
　　　　3종 처방 ·· 218

제16장　치유반응 ·· 219

　　　　메스꺼움 ·· 221
　　　　통증 ··· 222
　　　　우울증 ·· 223
　　　　커피관장의 어려움 ·· 223
　　　　고열 ··· 224
　　　　요약 ··· 224

제17장　전체 치료과정 ··· 228

제18장　화학치료를 받은 환자나 허약한 환자에 대한 거슨요법 적용 ·········· 231

11

제19장 악성이 아닌 질환의 치료 ·· 237

제20장 잊지 말아야 할 사항 ··· 240

    전통적인 암 치료법 ·· 240
    수술 ·· 240
    진단을 위한 수술 ·· 242
    방사선치료 ·· 243
    화학치료 ·· 245
    유방 임플란트 ·· 247
    가족의 도움 ·· 248
    햇빛 ·· 250
    보조 치료법 ·· 251

제21장 함정을 조심하라 ··· 256

    에너지를 아껴라! ··· 256
    규칙의 느슨한 적용 ··· 258
    친구들에게 단호하기 ··· 259
    의사들에게 단호하기 ··· 260
    호전반응과 감정의 동요 ·· 260
    물에 대한 경고 ·· 261
    읽는 것에 주의 하라 ··· 262
    비용 절약 ·· 263
    덧붙이는 말 ·· 264

제22장 질문과 응답 ··· 265

제23장 거슨요법 시행 후의 생활 ··· 281

    현명한 식습관 ·· 282
    지속적 시행 ·· 284

제3부 치료에 필요한 추가 정보 ··· 287

제24장 거슨요법을 받는 환자들을 위한 심리적 지원 ······· 288

	두려움은 적이다	290
	스트레스의 역할	293
	심리적 응급처방	295
	첫 번째 장애물 제거	296
	신체가 돕는다	298
	치료과정에서의 어려움	299

제25장 스트레스와 긴장 해소 · 303

| | 올바른 몸가짐 | 304 |
| | 마음의 문제 | 306 |

제26장 거슨 요법의 검사 결과 · 310

제27장 치료된 환자 사례 · 337

	공격적 임파선암	338
	자궁내막에서 발전한 경부암	340
	유방암	341
	간으로 전이된 유방암	342
	화학치료와 방사선 치료 후 유방암 재발	342
	흑색종(melanoma)	343
	흑색종 재발	344
	간으로 전이된 결장암	345
	췌장암	346
	전립선암	347
	전립선과 폐암	347
	성상세포종	348
	니코틴 중독	349
	식도암	350
	가족 전체가 회복된 사례: 유방암, 전립선암, 늑막암	351
	유잉육종	353

제28장 조리법 · 355

| | 주의사항 | 356 |
| | 빵 | 356 |

요구르트	356
감미료	356
과일과 야채 씻기	357
굽기	357
조리시간과 섭취 분량	357
스페셜 수프(히포크라테스 수프)	357
조리방법	358
딥	358
애피타이저	358
드레싱	362
샐러드	365
수프	377
야채와 감자	383
디저트	418
찾아보기	425

| 감사의 말 |

이 책을 누구보다 나의 아버님이신 막스 거슨 박사에게 바친다. 아버님은 단순히 의사가 아니라 진정한 치유자이셨다. 그는 매우 복잡하고 멋진 짜임새를 갖춘 인간 신체의 기본 구조를 깊이 이해하고 있었으며, 타고난 천재성을 발휘하여, 아픈 사람들을 회복시키고 치료하는 방법을 알아내었다. 스스로가 치료에 능하였을 뿐만 아니라, 자신이 발견한 치료법을 세상에 알려서 질병과 고통을 없애기를 갈망하였다.

아버님이 쌓아 놓은 지식과 경험을 바탕으로, 우리는 한 때 "불치"의 병을 가진 것으로 판정 받은 환자들과 죽음을 눈 앞에 두고 고통스러워하는 사람들을 완전히 치료하여 생명과 건강을 돌려 줄 수 있었다. 이 책은 거슨요법을 통하여 행복하고 생산적인 삶을 되 찾고자 하는 이들에게 상세한 정보를 제공하는 것이 주된 목적이다.

지난 30년 동안, 세상은 많이 변하였으며 삶의 환경은 날로 악화되고 있다. 질병 치료에 관한 지식도 이에 맞게 발전하지 않을 수 없었다. 치료 지식과 기술이 발전을 이루는 데는 많은 사람들의 노력, 경험과 안목이 요구되었다. 거슨요법에 관한 방대하고 세세한 자료를 기록하는 것도 많은 사람들의 도움이 없었다면 불가능하였을 것이다.

이 좁은 지면에다 이 책을 만드는데 기여한 모든 분들에게 감사를 표하는 것은 불가능하다. 거슨요법을 익힌 의사선생님들과 간호사님들, 환자들이 매 시간 복용하는 주스를 만드는 일을 도와주신 분들, 환자의 치료를 위해 매일 필요한 보살핌을 헌신적으로 제공한 보조원들이 그들이다. 치료를 위해 노력하고 끈기를 보여준 환자들 또한 우리의 영웅들이다. 사형선고를 한 의사의 말에 굴하지 않고 환자들이 치료 과정을 끈기 있게 참아낼 수 있도록 격려해준 가족, 친구, 지인들의 정성 또한 큰 힘이 되었다.

나의 아들 하워드 스트라우스는 이 책에 필요한 참고 자료를 찾고, 새로운 아이디어를 제안해주었으며, 웹사이트에 자료를 올리고, 미국, 캐나다와 아시아에서 강연을 통해 거슨요법을 알리는 데 노력하였다, 나의 딸 마가렛 스트라우스는 강연, 세미나, 글을 통해 거슨요법을 영국과 이태리에 알렸으며, 마가렛의 도움과 격려로 거슨요법을 통해 가장 성공적으로 피부암을 이겨내고 우리의 친구가 된 비타 비숍을 만날 수 있었다.

처음에 환자로 찾아와 극적으로 회복된 비타는 이 책을 쓰고 편집하는데 끊임 없는 시간과 에너지를 쏟았다. 비타는 또한 영국에서 거슨지원단체를 설립한 쟈넷 포팅거와 함께 거슨요법을 올바르게 알리는데 노력하였다. 또한 고맙게도 영국에서 제작한 조리법을 이 책에 사용할 수 있도록 해주었다. 이본 니엔스타트, 수잔 데시모네와 거슨요법을 통해 회복된 몇 분의 환자들도 이 책에 포함된 조리법을 만드는데 도움을 주셨다. 이 분들 외에도, 일일이 다 열거할 수 없는 수 많은 분들이 이 책이 나오도록 심적으로 재정적으로 도움을 주고 격려와 지원을 아끼지 않았다. 거슨요법을 지속적으로 실시하고 있는 모든 헌신적인 분들에게 깊은 감사의 마음으로 이 책을 바친다.

샤롯 거슨
캘리포니아, 보니타
2007년 5월

| 독자들에게 |

지금 당신이 손에 들고 있는 이책은 건강하다면 계속 건강을 유지하고 증진시킬 수 있고, 만약 병으로 고통 받고 있다면 건강을 회복할 수 있는 매우 귀중한 도구입니다. 어느 용도든 필요한 정보를 얻고 안내를 받을 수 있을 것입니다. 거슨요법을 치료의 목적으로 선택하신다면 꼭 아셔야 할 몇 가지 점들이 있습니다. 독자님을 위한 것이니 다음 사항들을 가슴 깊이 새기시기 바랍니다.

거슨요법은 각 부분적인 요소들이 모두 중요한 역할을 하면서 다른 부분들에 영향을 미치는 매우 정교하게 이루어진 요법입니다. 전체 프로그램의 단 한 부분도 빠뜨리지 않고 시행하여야만 효과가 있습니다. 그렇지 않으면 치료효과를 감소시킬 뿐만 아니라 오히려 신체에 부담을 줄 수도 있습니다.

거슨요법이 너무 힘들면 언제든지 중단하겠다는 생각으로, 알아보겠다는 실험하는 태도로 치료에 임하지 마십시오. 거슨요법은 노력과 비용뿐만 아니라, 집중을 요구하는 방대한 프로그램으로, 약 몇 알을 복용하고 효과를 기대하는 대증요법과는 상당한 거리가 있습니다. 거슨요법은 증상을 억누르는 것이 아니라 신체가 스스로 치유되게 하여 건강한 삶을 살 수 있도록 해 줍니다. 선택은 여러분의 몫입니다. 이 책을 꼼꼼히 읽으시고, 거슨요법을 실행한다는 것이 무엇을 뜻하는지 올바르게 이해하시기 바랍니다. 스스로를 위하여, 완전한 건강을 찾을 때까지 이 요법을 끝까지 실행하겠다는 결심이 이루어졌을 때 시작하시기를 간곡히 부탁드립니다. 전 세계에는 거슨요법을 진지하게 실행하여 암을 포함한 생명을 위협하는 질병으로부터 회복되어 건강하고 충만한 삶을 살고 있는 사람들이 많이 있습니다. 여러분도 그들과 같은 삶을 누리기를 소망합니다.

이 책을 읽어가면, 막스 거슨 박사의 획기적인 연구에 관한 많은 언급을 접하시게 될 것입니다. 그가 죽기 1년 전인 **1958년**에 완성된<암 식사요법 : 50사례의 임상결과(A Cancer Therapy: Results of Fifty Cases)>[1] 는 **60번째** 판이 인쇄되었으며 **4개국어**로 번역 출간되었습니다. 이 책이 나온 후 의학기술과 연구 수준이 엄청나게 발전하여 거슨 박사의 생존시에는 상상도 할 수 없었던 가능성들이 제시되었습니다. 그런 이유로, 현재의 독자들은 그의 첫 번째 책의 내용 중 일부는 시대에 맞지 않은 것으로 생각할 수 있을 것입니다. 사실은 그렇지 않습니다. 현재의 종양학자들의 접근법과는 완전히 다른 방식으로 암의 원인을 규명하고 치유법을 시도한 거슨 박사의 초기의 접근법은 오히려 더 많은 연구자들의 관심을 끌고 설득력을 얻고 있습니다. 암이 세포 수준에서 신체 조직이 교란되어 발생한다는 거슨 박사의 주장은 여전히 변함없이 효력을 잃지 않고 있으며, 거슨요법 또한 여전히 신체의 균형을 회복하게 하는 효력을 잃지 않고 있습니다.

막스 거슨 박사는 내과의사 였을 뿐만 아니라 미국의회의 암 치료정책 수립을 위한 토론에 관여하였고, 노벨상을 받은 알버트 슈바이처 박사를 직접 치료하여 탁월함을 인정 받았던 과학자였다는 사실을 잊지 말아야 할 것입니다. 거슨 박사의 논문은 증거제시를 기본으로 하는 정통의학의 조건을 충족시키고 있으며, 오늘날 과학자들도 이제야 그의 치료법을 조명하기 시작하고 있습니다.

*참고서적

1. Gerson M. A Cancer Therapy : Results of Fifty Cases and The Cure of Advanced Cancer by Diet Therapy: A Summary of Thirty Years of Clinical Experimentation, 6th ed. San Diego, CA: Gerson Institute, 1999.

들어가며 ...

우리는 인류의 건강과 지구의 건강이 전례 없이 위협 받고 있는 위험한 시대를 살고 있다. 인간과 지구의 건강은 서로 분리하여 생각할 수는 없다. 이런 위험의 원인을 다른 외부의 요인으로 돌릴 수 없다. 우리 인간이 스스로 이런 위기를 초래하였기 때문이다.

오랜 세월 동안, 인간은 삶의 공간인 지구를 인간에게 필요한 귀중한 자원을 무한정 제공하는 생명이 없는 덩어리처럼 학대하여 왔다고 해도 틀리지는 않을 것이다. 때 늦은 감이 있기는 하지만, 오늘날에 와서야 인간들은 지구가 방대하고 무한한 자기조절 능력을 가진 복잡한 생명체라는 사실과 인간의 방만함이 지나치면, 지구가 거꾸로 인간에게 해를 끼칠 수 있음을 서서히 깨닫기 시작하고 있다. 지구의 오염으로 인간이 위협 받고 있다는 사실을 알아차리지 못한다면 눈을 감고 사는 것이라 해도 지나치지 않을 것이다.

지구의 변화는 우리에게 직접적인 영향을 미친다. 자연을 존중하지 않음으로써 우리는 자연으로부터 소외되고 있다. 지구 전체적으로도 그렇고, 개개인의 삶에서도 자연은 우리 곁에서 멀어지고 있다. 고도의 기술 발달, 우주 여행 등 모든 문명의 편리함은 인간 존재의 기본조건들을 망각하게 만들었다. 그 조건들은 다음과 같은 것들이다.

지구상의 모든 생명체들은 약 **25cm**가량의 비옥한 표층토양에 의존하여 삶을 유지하고 있다. 이 표층토양은 식물의 생명을 지탱하여 주어, 결과적으로 동물과 인간의 생존을 가능하게 해주는 역할을 한다. 이 귀한 생명의 근원이 홍수, 침식, 집중적인 영농방법, 사막화와 다른 파괴적인 인간의 생활양식으로 인하여 전 세계적으로 급속히 유실되어 가고 있다. 이런 파괴현상이 지속된다면, 어떠한 고도의 기술로도 인간에게 충분한 식량과 영양분을 공급할 수 없을 것이다.

수 천년 동안 다른 생명체들과 더불어 진화를 해온 인간은 자연의 한 부분이다. 따라서 우리의 신체 기관들은 자연의 영양분, 맑은 공기, 깨끗한 물, 독성이 없는 환경에서만 건강하게 유지될 수 있다.

불행하게도, 소위 선진국에 사는 우리들은 그런 삶을 살지 못하고 있다. 높은 생활 수준, 개선된 위생, 현대의학의 놀라운 기술과 풍요로움에도 불구하고 전체 인류의 건강은 빈약하고 점점 더 악화되고 있다. 사람들이 오래 살 수 있게 된 것은 좋은 일이지만, 노인들이 늘어난 시간을 관절염, 치매, 보행장애, 소화불량 등으로 고생하며 약에 의존하면서 보내게 된다면 수명 연장은 무의미하다. 한편에서는 이전에는 중년이후에나 걸리던 만성퇴행성 질환에 걸리는 어린이들의 숫자가 날이 갈수록 늘어나고 있다. 건강에 심각한 악영향을 미치는 비만은 모든 연령대의 사람들에게서 늘어나고 있다. 의학 연구에 천문학적인 비용을 쏟고 있음에도 불구하고 인류의 건강상태는 끔찍할 정도이다.

흥미롭게도, 농업을 주로하면서 전통적인 생활방식을 고수하고 있는 개발도상국가의 사람들은 빈곤 속에서도 비교적 건강한 삶을 유지하고 있다. 이 곳의 사람들은 아직도 자연에 뿌리를 내리고 있지만, 서양식 생활방식에 잘못 발을 들이게 되면서 점점 병이 들어 가고 있다.

이제 분명히 삶의 방식을 바꿀 필요가 있다. "자연으로 돌아가자!"라고 한 18세기의 프랑스 철학자 루소의 말을 실천해야 할 시점이다. 오염되지 않은 자연스러운 삶의 방식으로 되돌아가서, 단순히 증상만 건드리는 것이 아니라 근원을 개선하여 건강을 회복하는 방법을 찾아야만 한다.

이 책의 주제인 거슨요법은 근원적으로 건강을 회복하고 유지하는 길을 제시하고 있다. 만성적인 퇴행성 질환을 치료하고 증상이 다양한 원인불명의 질병을 치료하여 활력이 넘치는 건강한 삶을 살도록 도와 준다.

거슨요법의 기본 원리는 통합성이다. 거슨요법은 하나의 증상이나 신체 부위가 전체 신체와 별도인 것처럼 취급하는 것이 아니라 전체 유기체를 염두에 두고 문제점이나 취약점을 개선하는데 관심을 기울인다. 또한 개인의 일상생활 조건, 직업이나 생활방식 등도 고려한다. 이런 방식은 전문화에 치우쳐 증상의 단일 원인을 찾아내어 약으로 억누르는데 집중하는 전통적인 대중요법과는 판이하게 다르다.

흔히들 대중요법 중심의 현대의학은 아인슈타인 이전의 패러다임에 집착하고 있는 유일한 과학분야라고 말하고 있다. 실제로 현대의학은 아직도 "세균학의 아버지"라고 불리는 19세기 프랑스 과학자 루이 파스퇴르의 이론 틀 속에서 작동되고 있다. 세균을 처음 발견한 파스퇴르는 평생 동안 질병은 세균에 의해 발생하고 세균(박테리아)을 죽이면 치료된다고 주장하였다. 동시대의 앙트완느 베샹(Antoine Bechamp)이 질병은 세균보다 세균의 공격을 받는 유기체의 상태에 따라 발생한다고 주장한 것과 달리, 파스퇴르는 죽을 때까지 자기의 독단적인 생각을 버리지 않고 있었다. 임종을 앞두고서야, 그는 "세균은 아무것도 아니다, 중요한 것은 몸의 바탕(terrain)이다"라고 인정하였다.1 안타깝게도 뒤늦은 파스퇴르의 인정은 잘 알려지지 않았고, 현대의학은 세균이론의 덫에 걸려, 몸 전체의 상태는 무시하고 부분적인 치료에만 맹목적으로 몰두하게 되었다.

거슨요법은 반대의 입장을 취한다. 거슨요법은 부분지향적이 아니기 때문에 광범위한 질환들을 치료하는 효과가 있다. 거슨요법은 "몸의 바탕(전체 유기체)"을 회복시켜 스스로 치유되게 하는 데 초점을 두고 있다. 거슨요법에서 중요하게 여기는 몸의 자기치유력은 아쉽게도 대중요법적 의학에서는 가볍게 여겨지거나 무시되고 있다. 전문화의 반대 개념인 전체성은 전통적인 의학교육을 받은 의사들에게는 오히려 저주의 대상이다. 막스 거슨 박사가 젊은 시절 그를 괴롭히는 편두통을 지방과 소금이 거의 들어가지 않은 채식중심의 식사로 치유할 수 있다는 사실을 발표하였을 때에도, 주변 의사들은 그를 이단시하였다. 그러나 당시 그의 이 발견이 시발점이 되어, 나중에는 식사법으로 신체의 부분이 아니라 전체를 치료할 수 있다는 사실을 확인하게 되었다. 80년 동안의 거슨요법 치료기록이 거슨 박사의 생각이 옳았다는 것을 분명하게 입증하고 있다.

거슨 박사의 생존시대보다 지구가 훨씬 더 오염되어 있고, 현대인들이 먹는 음식은 더 신체에 해로운 오늘날에도 거슨요법은 여전히 놀라운 치유효과를 보여주고 있다. 다만, 그때보다 치유가 힘들고 시간이 오래 걸리는 것은 사실이다. 놀라운 치료효과에도 불구하고, 거슨요법은 만병 통치약이나 기적의 치료법이 아니라 여러 가지 이유로 실패할 수 도 있다는 점도 반드시 기억해야 한다. 즉 환자가 전통치료법을 시도한 후 늦게 거슨요법을 시행하거나, 거슨요법의 절차를 제대로 따르지 않거나, 중요한 신체기관이 제거된 후에는 거슨요법이 효과를 발휘할 수 없다. 이런 경우를 제외하고는, 거슨요법의 말기 암이나 그 외 심각한 퇴행성 질환에 대한 완치 비율은 전통적인 치료법들의 치료율보다 현저히 높다. 지금부터 거슨요법이 왜 이런 효과가 있는지, 어떻게 실행되는 지를 상세히 설명하고자 한다.

*참고자료

1. "The germ is nothing, terrain is everything," Claude Bernard (1817~1878). 파스퇴르는 죽을 때까지 자기의 입장을 고수하다가 죽음에 이르러 다음과 같이 말하며, 클로드 버나드가 옳다고 시인하였다. "클로드 버나드가 옳았다. 세균은 아무 것도 아니다, 신체의 바탕이 중요하다."

제 1 부
병든 세상에서의 치료

아는 것이 힘이다. 지식은 우리가 낯선 지역을 무사히 지나가게 도와준다. 거슨요법은 우리를 치유하여 건강에 이르게 한다. 이 책의 첫 부분은 독자들에게 거슨요법의 배경과 과학적인 이론에 대해 알아야 할 모든 것을 다루고 있다. "이론'이라는 용어는 딱딱한 말이지만, 이책에서는 오히려 그 반대이다. 현대문명의 폐해로 인하여 발생하고 있는 심각한 건강문제들을 독특하고 혁명적인 시각으로 제시하고 있다. 우리가 처한 상황을 개선하려면, 먼저 무엇이 잘못 되어 가고 있는 지부터 파악해야 한다.

지금부터 시작되는 장(章)들을 자세히 읽을 필요가 있다. 이론에 바탕을 두고 탁월한 치료효과가 있는 거슨요법을 이해하는데 열쇠가 되는 부분이기 때문이다. 무엇보다, 제대로 알게 되면 자신의 건강과 행복에 대해 책임을 지게 되고, 병이 생긴 후에 관리와 치료에 매달리는 것보다 미리 건강을 안전하게 지키는 데 힘쓰게 해준다.

제1장
거슨요법의 시작

"위대한 정신은 항상 진부한 정신을 가진 사람들의 반대에 부딪히게 마련이다."

- 알버트 아인슈타인

    과학적 발견들은 번개처럼 예기치 않은 통찰이나 영감으로부터 이루어지거나, 수년 간 끈기와 고통을 이겨낸 후에 이루어 진다. 그리고 수차례의 우연적인 사건들이 연관되어 획기적이고 놀라운 발견이 되는 경우도 있다. 거슨요법이 바로 이 세 번째의 경우에 해당된다. 거슨요법은 의문이 생기면 어떻게 해서든지 올바른 해답을 구하려는 과학적 탐구 열정을 가졌던 독일 태생의 내과의사 막스 거슨 박사 덕분에 생겨나게 되었다.

    막스 거슨은 놀라운 과학적 호기심을 가지고 있었다. 어린 시절, 그는 할머니가 가족들을 위해 꽃, 과일, 채소를 기르던 정원에서 놀기를 좋아하였다. 어느날, 할머니가 크고 좋은 열매를 맺도록 하기 위해 화학비료를 뿌린 후 땅 속의 지렁이들이 화학비료를 뿌린 서식지를 떠나 퇴비처리를 한 토양으로 이동하는 것을 유심히 지켜보았다. 어린 막스는 화학비료 속에 지렁이들이 자연스런 환경을 찾아 도망가게 하는 해롭고 불편한 무엇이 있다는 결론을 내렸다. 거슨은 어린 시절의 이 경험을 잊지 않고 있었다.

고등학교를 졸업한 후, 막스는 내과의사가 되기로 결심하고, 브레슬라우, 뷔르츠부르크, 베를린과 프라이부르크 등의 대학을 오가면서 공부하였다. 의과대학을 다니는 동안뿐만 아니라 죽기 전까지도 그는 "만약 이렇게 되면 어떨까?"라는 의문을 품고 가능성을 탐구하는 일을 멈추지 않았다. 브레스라우대학에서 포에르스트 교수(Ottfried Foerster)의 조수로 의사생활을 할 때였다. 네덜란드에서 좋은 품종의 장미 가지를 주문하여 심은 후, 비료와 영양분을 조절하고 가리개를 사용하여 햇빛을 조절하여 장미의 색깔을 바꾸는데 성공하였다.

이 실험으로 영양분과 빛이 식물의 신진대사를 바꿀 수 있다는 사실을 알아내었지만, 이 발견을 인간에게 적용하여 질병을 치료할 수 있는 방법은 알아낼 수가 없었다. 그러다가 우연히 자신이 앓고 있던 심한 편두통을 통해 돌파구를 찾게 되었다.

편두통이 너무 고통스럽게 자주 찾아왔기 때문에, 그는 해결책을 찾는 데 골몰하고 있었다. 상담을 청했지만 교수들도 시원한 해결 방법을 제시해주지 못하였다. 몇몇 교수들이 50대 중반이 넘으면 편두통이 저절로 사라질 것이라고 조언하였지만, 앞 길이 구만리 같은 젊은 의사에게 앞으로 30년 동안 편두통을 앓아야 한다는 것은 상상할 수 없는 일이었다. 편두통이 심할 경우에는, 일주일에 2, 3일 동안 어두컴컴한 방안에 틀어박혀서 심한 고통과 메스꺼움을 견디어내야 했다. 해결책이 있을 것이라 믿은 그는 그 방법을 찾아내고야 말겠다는 결심을 하였다.

자료를 샅샅이 뒤져서 편두통과 조금이라도 관련된 것은 모두 읽었다. 그러나 희망을 줄 만한 자료는 찾을 수가 없었다. 환자 신분으로 많은 교수들을 찾아 다녔지만 아무런 도움이 되지 못하였다. 그러다가 우연히 (우연을 믿는다면) 편두통을 앓던 여인이 식사법을 바꾼 후 치료되었다는 내용을 담은 논문을 발견하게 되었다. 음식! 어느 누구도 음식섭취에 대해 가르쳐 주지 않았고, 교수들도 만성질환이 음식과 관련이 있을 수 있다는 가능성에 대해 언급한 적이 없었다. 거슨 박사는 늘 하던 것처럼, 자신을 실험용 쥐로 삼기로 하였다. 먼저 일상적으로 먹던 음식을 모두 버리고 몇 가지 다른 음식들을 먹어 보기 시작하였다. 상당한 시간이 흐르고 수 차례 실패를 거듭한 후, 소금이 들어가지 않은 음식이 편두통의 고통과 메스꺼움을 없애 준다는 사실을 알아내었다.

이 발견을 한 후 거슨 박사는 환자들의 진료에 식이요법을 사용하기 시작하였다. 편두통을 앓는 환자들이 사무실로 찾아오면, 그는 솔직하게 말하기를, 의학서적을 다 뒤져보아도 편두통에 대한 치료법은 없다고 하였다. 환자들에게 자신도 편두통으로 고생하였는데, 식사법을 바꾼 후 나아졌으니 같은 방법을 한 번 시도해보는 것이 어떻겠느냐고 제안하였다. 환자들이 3, 4주 후에 다시 돌아와서 식이요법을 엄격히 따르기만 하면 편두통이 사라졌다고 하였다.

거슨 박사는 자신의 치료법을 하나의 질병에 하나의 처방을 규정하는 전통의학의 방식에 따라 "편두통 식이요법"이라고 불렀다. 나중에서야 이런 방식이 잘못 되었다는 것을 알고 달리 명명하게 되었다. 어느날 한 편두통 환자가 거슨 박사의 진찰을 받은 후 "편두통 식이요법"을 권유 받고 따르기로 하였다. 한 달쯤 지난 후 돌아와서는 꼭 하고 싶은 말이 있다고 하였다. 편두통은 사라졌고, 그가 오랫동안 앓아 온 심상성 낭창 (lupus vulgaris) 또한 치료되고 있다고 말하는 것이었다. 거슨 박사는 믿을 수 없었다. 그는 환자에게 "아닐 겁니다. 아마 선생께서는 루프스가 아니라 다른 질병을 가지고 계셨을 겁니다. 루프스는 불치의 병입니다"

라고 말하였다. 그 환자는 자신이 전에 받은 검사결과를 보여주었는데, 환부에 루프스 균이 있는 것이 확인되었다. 거슨 박사는 매우 놀랐다. 편두통과 루프스의 연관성이 없는데, 어찌하여 두 가지 질환이 동시에 치료된 것인지 이해할 수 없었다.

그의 인생에서 결정적인 순간이었다. 의문점이 생겼으니, 탐구를 하여 해답을 찾는 것이 다음 순서였다. 먼저 그 환자에게 다른 루프스 환자를 알고 있다면, 무료로 치료해 줄 것이니 자신에게 보내달라고 하였다. 몇 명의 환자들이 거슨 박사를 찾아와 진료를 받은 후 치료되었다. 거슨 박사는 그의 "편두통 식이요법"이 악명 높을 만큼 불치의 병으로 여겨졌던 피부 결핵(루프스)를 치료할 수 있다는 사실을 받아들이게 되었다.

거슨 박사의 놀라운 연구결과는 뮌헨에 있던 폐결핵 전문가인 페르디난드 자우어브루흐(Ferdinand Sauerbruch)의 귀에까지 들어가게 되었다. 그는 자기가 맡고 있던 "불치"의 루프스 환자들 중 450명을 거슨의 식이요법을 받도록 한 후 그 환자들 중 단 한 명이라도 질병이 악화되지 않는다면 이 젊은 의사가 주장하는 것을 모두 믿겠다고 말하였다. 거슨은 질병의 진행을 막았을 뿐만 아니라, 심각한 상태의 환자들 중 무려 446명을 완치하였다. 자우에르부르흐의 반응은 많은 과학 논문에 "자신"의 연구결과처럼 발표하는 것으로 나타났다.[1]

거슨 박사는 만족하지 않았다. 피부 결핵이 식이요법으로 호전되었다면, 다른 형태의 결핵도 낫지 않을까 하는 의문이 들었다. 죽음의 병인 폐결핵이나 신장, 뼈, 뇌 등에 생기는 결핵에는 어떤 반응을 보일 지 궁금하였다. 이들 질환으로 고생하던 환자들에게 그가 개발한 식이요법을 처방하기 시작하였다. 그 가운데는 알버트 슈바이처 박사의 부인도 포함되어 있었다. 환자들은 예상대로 회복되었다. 더 중요한 것은, 이 환자들이 결핵과 함께, 고혈압이나 저혈압, 알레르기, 천식, 신장질환 등 다른 질병들을 가지고 있었는데, "편두통 식이요법'으로 이들 질환이 모두 말끔히 사라졌다는 점이다.

이때쯤에 거슨 박사는 자신이 식사조절을 통해 단순히 하나의 질병만 치료하는 것이 아니라 환자의 신진대사와 면역체계를 변화시켜 환자의 신체 전체를 치료하고 있다는 것을 명백하게 깨닫기 시작하였다. 이런 인식은 "불치"의 만성질환들을 치료하는 시발점이 되었다. 그때부터 거슨 박사는 전통의학과는 완전히 다른 방향으로 발걸음을 옮기기 시작하였다. 그의 환자들은 약을 복용하지 않고도 치료가 되었다.

암을 치료하는 방법을 발견하는 결정적인 계기는 1928년 한 여인이 거슨에게 왕진을 요청하였을 때였다. 거슨 박사의 말을 그대로 옮기면, "그 환자에게 어디가 아프냐고 물었는데, 전화로는 말을 하고 싶지 않다고 했어요."₂ 환자의 집에 도착하자, 그녀는 담관을 수술을 받았는데 황달이 있고 고열이 난다면서 도와 달라고 사정하였다. 거슨은 암을 치료하는 방법을 모른다고 하였는데, 그 환자는 거슨이 결핵을 성공적으로 치료한 사례를 들먹이면서 치료해 달라고 집요하게 매달렸다. 그리고는 자기의 책상에 펴 놓은 커다란 책을 보라고 하였다. 책은 "암의 치료"라는 곳에 펼쳐져 있었다. 거슨 박사의 기억에 의하면, 민간요법에 관한 이 책에는 다음과 같이 적혀 있었다고 한다. "예수보다 425년 전에 살았던 히포크라테스는 특별한 생각을 가지고 있었다. ... 병을 가진 환자는 특별하게 조리된 수프와 관장으로 해독을 해주어야 한다는 생각을 가지고 있었다."₃

거슨은 다시 한 번 환자에게 그녀를 치료할 수 없다고 했지만, 그녀의 집요한 요청을 이기지 못하고 한번 해보겠다고 하였다. 그는 환자에게 결핵을 치료할 때와 똑 같은 치료계획을 적어 주었다. 거슨 박사는 이 환자의 치료결과를 이렇게 적고 있다. "같은 처방을 내렸는데, 놀랍게도 이 환자가 6개월 후에 치료가 되었다. 그 환자는 최상의 상태로 회복되었고, 다른 암 환자 2명을 내게 보냈다. 한 환자는 위 주변으로 전이가 된 상태였는데, 치료가 되었다. 세 번째 환자도 마찬가지로 완치되었다. 3명의 암 환자의 치료를 시도하였는데, 세 사람 모두 치료가 된 것이다!"[4]

나중에 비엔나에서 같은 방법으로 6명의 환자를 시도하였는데, 한 명도 치료가 되지 않았다. 거슨은 크게 실망하여 이렇게 적고 있다. "…한때 나의 마음 속에는, 이 실패의 충격을 영원히 지울 수 없을 것이라는 생각이 들었다."

몇 년 후, 거슨은 미국에 정착하였다. 의사 면허증을 받기 위해서 먼저 시험을 통과해야 하였다. 면허를 딴 후에도, 환자를 진료할 수 있는 병원을 찾을 수 없었다. "나는 내가 처음으로 치료한 3명의 암 환자를 잊을 수 없었다. 나는 계속하여 암 치료는 가능하며 암 환자를 치료하지 않는다면 죄를 짓는 것이라는 생각을 하고 있었다."[6]

거슨은 모든 의학서적과 연구자료를 섭렵한 후, 만성질환을 가진 환자들과 암 환자들은 차이점이 있다는 것을 알아내었다. 나중에 이 차이점을 다음과 같이 분명하게 적고 있다. " 만성질환자는 약하거나 손상된 간을 가지고 있는 반면, 암 환자는 독성이 있는 간을 가지고 있다."[7] 거슨 박사는 또한 암 환자는 지방과 오일을 충분히 소화해서 흡수할 수 없다는 사실도 발견하였다. 이렇게 소화되지 않은 지방 찌꺼기를 암세포 조직이 흡수하여 이를 영양분으로 성장하게 되는 것을 알게 된 것이다. 거슨 박사는 수년간의 시행착오와 스스로의 경험을 정리하여, 생명을 위협받는 환자에게도 효과가 있는 치료법을 개발하게 되었다.

거슨의 놀랄 만큼 독창적인 생각과 새로운 치료법들은 대중요법 중심의 전통의학에는 맞지 않았다. 자신의 연구결과와 환자 치료 결과에 관한 수 많은 기사를 써서, 의학저널에 제출하였으나 번번이 거절 당하고 말았다. 결과적으로, 환자들이 미국의학협회에 거슨요법에 관해 문의를 하여도 "비밀이어서 거슨이 공개를 거부하였다"는 말을 듣는 것이 고작이었다.8

뉴욕 의학협회의 검열위원회는 거슨 박사에게 자신의 연구결과를 입증하는 기록을 제출하라는 요청서를 5차례 보냈다.9 5차례 모두 가지고 있는 자료를 신중히 모아서 정리하고, 치료된 환자들이 보관하고 있던 자료까지도 정리하여 보냈다. 거슨의 유일한 요구 사항은 위원회에서 연구결과를 발표해달라는 것이었으나, 뉴욕의학협회는 거절하였다.

자신의 치료법이 지속적으로 시행되도록 하기 위해, 거슨 박사는 자신이 개발한 치료법을 지지하는 의사들과 보조사들을 훈련시키고자 하였다. 몇몇 자리를 잡지 못한 젊은 의사들이 치료법을 배우겠다며 조수로 받아 줄 것을 요청하였다. 항상 자기의 경험을 젊은 동료들과 나누고자 하였던 거슨은 그들의 제안을 기꺼이 받아 들였다.

그러나 그들의 "조수 생활"은 4, 5일을 넘지 못하였다. 나중에 한 젊은 의사가 미안해 하는 표정으로 거슨 박사를 찾아와서 말하기를, 거슨과 함께 일을 하면 다른 병원에 일자리를 구하기 힘들 것이며 의사들이 환자를 추천해 주지 않아 진료를 할 수 없을 것이라는 심각한 위협을 받았다고 털어 놓았다. 의과대학 공부를 하느라 상당한 빚을 지고 있었던 그 젊은 의사는 어쩔 수 없이 거슨 박사와 일하는 것을 포기해야만 하였다. (비슷한 상황은 지금도 여전히 벌어지고 있다. 확고한 자리를 잡지 못한 젊은 의사들이 거슨요법을 배우기 위해 멕시코에 있는 거슨병원을 방문하고자 신청하면, 상급 의사들은 의사로써 경력을 쌓아가기 힘들 것이라고 말한다.) 이런 이유로 거슨요법의 전체 프로그램을 제대로 익힌 의사를 찾기란 쉽지 않다. 모든 장애에도 굴하지 않고, 거슨 박사는 진료를 하면서 치료법의 완성도를 높여갔다. 그의 노력에도 불구하고 연구결과를 의학저널에 발표하는 것을 거부 당하였기 때문에, 거슨 박사는 자료를 모아 책을 쓰기로 하였다. 이 책은 또한 거슨 박사의 신념을 담고 있다.

몇 년 전, 우리는 뉴욕에 있는 잘 알려진 건강관련 작가이며 출판업자 한 분으로부터 놀라운 소식을 들었다. 책의 집필 자료를 모으고 있는데, 거슨 박사가 **1946**년 미의회에서 상원의원 클로드 페퍼(**Claude Pepper**)의 후원으로 행한 증언 내용을 출판하고 싶다고 말하였다.[10] 이 분은 워싱턴 D.C.로 가서 의회 증언 기록을 찾아보았는데, 수정이나 훼손되어서는 안 될 미국정부의 공식문서에서 이상한 부분을 발견하였다고 하였다. 의원들의 질문에 대한 거슨 박사의 응답과 말기암 판정을 받고 치료를 받은 후 완치된 **5**명의 암 환자들에 대한 내용을 포함하여 **5~6**페이지 가량 되는 이 의회문서에서, 거슨 박사의 증언이 기록 되어 있어야 할 부분이 백지 상태였다는 것이다. 규정을 위반하여, 증언 기록이 아무런 설명 없이 삭제되어 있었던 것이다.

"과학에 바탕을 둔" 정통의학은 일반적으로 **250**명 이하의 소규모 피실험자를 대상으로 한 연구결과는 장점이 있음에도 불구하고 거부한다. 거슨 박사의 이야기와도 무관하지 않은 다음의 한 인용내용을 보면 이런 태도를 알 수 있다.

"소규모 피실험자를 대상으로 한 연구는 의학계가 백 여년 동안 자신들의 편견에 맞지 않는 실험을 배척하기 위해 사용해온 조롱에 시달려야 하였다. '통제조건은 무엇이었느냐?' '통계 수치는 어디 있느냐?' '환자들이 다른 조건에 의해 치료되지 않았다고 장담할 수 있나?' '통계학적으로 계산이 맞지 않는다.' '실험할 때 모든 조건을 통제하였느냐?' '약물이 당신이 시도한 것보다 못하다는 것을 어떻게 입증할 수 있느냐?' '심장조절 장치도 마찬가지 효과를 낼 수 있다.' '우리가 가지고 있는 기술도 제대로 적용하면 그 만한 효과는 있다."[11]

*참고자료

1. Ferdinand Sauerbruch, A Surgeon's Life (London: Andre Deutsch, 1953) ; see also Howard Straus, Dr. Max Gerson Healing the Hopeless (Carmel, CA: Totality Books, 2002).
2. M. Gerson, A Cancer Therapy: Results of Fifty Cases and The Cure of Advanced Cancer by Diet Therapy: A Summary of Thirty Years of Clinical Experimentation, 6th ed. (San Diego, CA: Gerson Institute, 1999), Appendix II.
3. Ibid.
4. Ibid.
5. Ibid. P.403-405.
6. Margret Gerson, MaxGerson: A Life Without Fear (New York: unpublished manuscript, 1968-1969)
7. Note 2 (Gerson), supra
8. Patricia Spain Ward, "History of the Gerson herapy": "마일리의 증언과 비교하면, 거슨의 발표는 자신이 치료한 환자들의 사례에 집중하면서 자신의 치료법이 종양의 억제나 치료를 가져올 수 있다는 것만 주장한 순진한 수준이었다. 거슨은 상원의 원 페퍼(Pepper)의 압력 때문에 그가 치료한 환자의 30% 가량 만 호전이 되었다고 진술하였다(U.S. Congress, 1946, 115). 그럼에도 미의학회지(JAMA)는 거슨의 정직성을 깎아내리는 데 2페이지를 할애하였다 (JAMA,1946).퓌시베인(Fishbein)은 거슨이 관련된 곳이라면 가리지 않고 사실을 왜곡하여 거슨-자우에르브루흐-헤르만스도르프의 식이요법은 '다른 연구자들이 인용하려 하지 않을 것'이라고 주장하였다. 그는 또한 거슨이 수차례에 걸쳐 미의학협회에 자기가 개발한 식이요법에 관한 자세한 자료 제출을 거부하였다고 주장하였다. 퓌시베인은 아무런 언급없이, 거슨 박사가 마취제와 같은 약물을 민감한 상태의 환자들이 사용하면 위험을 초래하므로 사용에 주의를 기울여야 한다고 주장한 내용을 강조하기도 하였다." 이 진술은 위에서 Ward가 인용한 Morris Fishbein의 글 "Gerson's Cancer Treatment," editorial, Journal of American Medical Association 132(Nov.16,1946):645-646에 실려 있다.
9. S.J.Haught, Censured for Curing Cancer:The American Experience of Dr.MaxGerson(SanDiego:GersonInstitute,1991)
10. Ibid. See also the transcript of Dr. Gerson's testimony before the Pepper-Neeley Subcommittee. "Cancer Research, Hearings before a Subcommittee of the

Committee on Foreign Relations, United States Senate, Seventy-Ninth Congress, Second Session on S. 1875, A Bill to Authorize and Request the President to Undertake to Mobilize at Some Convenient Place in the United States an Adequate Number of the World's Outstanding Experts, and Coordinate and Utilize Their Services in a Supreme Endeavor to Discover Means of Curing and Preventing Cancer. July 1, 2 and 3, 1946" (Washington, DC: United States Printing Office, 1946).

11. R. J. Glasser, The Body Is the Hero (New York: Random House, 1976), p. 242.

제 **2** 장
발전하는 거슨 요법

거슨요법을 처음 접하는 사람들은 **60**년 전에 개발된 이 치료법이 분명히 시대에 뒤쳐졌을 것이라는 말을 가끔 한다. 1959년 거슨 박사의 사망 후, 의학이 엄청난 발전을 한 것은 사실이지만, 이런 비판은 어느 면으로 보더라도 잘못된 것이다.

인간의 생리상태나 만성질환의 성질이 바뀌지 않았으므로, 거슨요법도 시대에 뒤떨어지지 않는다. 최근 전세계의 연구 결과들은 오히려 거슨 박사의 방법과 자료가 치료에 도움이 된다는 점을 뒷받침해주고 있다.[1] 탁월한 결과에 만족하지 않고 더 나은 방법을 찾아 고심하였던 거슨 박사의 정신을 계승하여, 그 동안 거슨요법도 정체상태로 있지 않고, 세심하게 정보를 추가하여 그 내용이 풍부해졌다. 거슨 박사는 항상 모든 결과는 더 나아질 수 있다고 생각하였다.

거슨 박사의 사망 이후, 치료환경은 점점 더 악화되었다. 지구 전체의 공기, 토양, 물은 심하게 오염되었고, 쇠퇴한 토양에서 자라는 식량들은 주요 영양소가 소실되었고, 화학첨가물로 변질되거나 독성을 포함하게 되었다. 처방 되거나 약국에서 판매되는 약물을 너무 많이 사용하여 그 부작용으로 질병은 더 늘어나고, 치료도 힘들게 되었다. 스스로를 파괴하는 알코올, 담배, 마약 등을 섭취하는 것이 현대인의 삶의 일부로 자리잡고 있다. 결과적으로, 사람들은 점점 심하게 독성물질에 오염되고 신체는 손상을 입고 있다.

　멕시코에 있는 거슨 병원에서도 환경이 악화됨에 따라 거슨 박사가 기록한 것과는 다른 치료결과가 나타나는 것을 일찍부터 주목하게 되었다. 거슨 박사가 당시 사용하던 처방이 변경이 되거나 어떤 재료는 구하기 어렵거나 사용할 수 없는 것도 있었다. 예를 들면, 거슨 박사는 환자의 간 기능을 향상시키기 위하여 생간추출물 (Lilly)을 사용하였다. 그러나 요즘의 간추출물은 너무 정제되어 예전만큼 효과가 없다. 거슨 박사는 신선하게 준비된 송아지의 생간즙을 농약으로 손상을 입은 환자의 간을 치료하기 위하여 사용하였으나 오늘날에는 어린 송아지의 간조차도 캄필로박터(campylobacter)라는 가축이나 사람에게 식중독을 일으키는 박테리아에 감염되어 설사, 복통, 고열, 구토 등을 일으킬 수 있다.

　영양결핍을 보충하기 위하여, 몇 가지 새로운 영양소와 절차가 첨가되었다. 그 가운데 하나가 생간즙을 대신하면서 면역체계를 강화 시켜서 특정 종류의 감염과 암에 대응하는 능력을 길러 주는 코엔자임 Q10이다. 또 다른 물질로는 지방이 제거된 초유도 추가되었다. 이 귀중한 물질은 신생아의 면역체계를 안정화시키는데 도움을 주며, 면역이 약한 환자들의 방어체계를 강화시키는 역할도 한다. 췌장효소는 거슨 박사가 처음부터 필수적으로 사용한 처방이다. 거슨 박사는 암 조직을 공격하고 파괴하여 분해하는데 췌장효소를 사용하였다. 예전보다 더 심하게 손상을 입은 환자들을 회복시키기 위하여, 고농축의 췌장 효소를 더 많이 사용하고 있다. 췌장액 성분인 우베-무고스(Wobe-Mugos) 정제도 다양한 면역강화 및 항암 물질를 포함하고 있어서 도움이 되는 것으로 입증되었다. 이들 물질의 주된 기능은 거슨요법의 다른 처방이 암세포를 쉽게 찾아내어 죽일 수 있도록 암세포 외부의 단단한 막을 파괴하는 것이다.

거슨요법 의사들은 또한 인공발열요법을 이용하여 면역기능을 향상시키고 치료의 속도를 빠르게 한다. 이 치료법에는 비타민 B_{17}이라고도 불려지는 살구씨에서 추출한 레이어트릴(laetrile)을 사용한다. 어네스트 크랩스(Ernst Krebs, Sr., MD)와 그의 아들(Ernst Krebs, Jr)이 개발한 레이어트릴은 건강한 세포에는 해를 주지 않고 암세포를 공격하여 파괴하는 시아니드(cyanide) 성분을 가지고 있다. 레이어트릴을 정맥 주사하면 암 조직의 온도가 1도 정도 올라가게 되는데, 이렇게 되면 정상적인 신체 조직은 쉽게 견뎌내지만 암 조직은 고온에서 살아 남지 못하게 된다. 효과를 향상시키기 위하여, 환자를 더운 욕탕에 몸을 담그게 하여 체온을 올려 열을 낸다. 전체적으로 암 파괴를 촉진시키고, 고통은 줄어들고 건강상태가 좋아지게 된다.(물론, 전체 종양은 단 한 번의 치료로 즉시 파괴되지 않는다!)

주의 : 레이어트릴이 종양 덩어리를 줄이고 통증을 줄이는 데는 도움이 되지만, 신체의 시스템이나 기관을 정상으로 회복시키거나 독성을 제거해주지는 않는다. 거슨요법에 도움이 되기는 하지만, 그 자체로 암을 치료할 수는 없다.

거슨요법에는 직장을 통해 불어 넣거나 피부에 마찰 시키는 형태의 오존 처방도 추가되었다. 오존은 과산화수소나 오존가스의 형태로 이용 가능하다. 두 가지 방법 모두 세균이나 바이러스를 죽이고 암 조직을 파괴하고, 혈액에 산소를 공급하여 신체 시스템에 활력을 준다. 결과적으로 해로운 활성산소(프리레디컬)를 체외로 배출 가능한 형태로 바꾸어 주게 된다. 약국에서 흔하게 구입 가능한 3%이하로 농축된 액체형태의 과산화수소를 환자의 몸에 하루 한 두 차례 문질러 주면 피부 기공을 통해 흡

수된다. 고농축된 과산화수소는 3%이하로 희석하여 사용하여야 하며 직접 복용하는 것은 절대 금물이다.

거슨병원의 병실에는 오존 발생기를 일상적으로 사용하고 있으며, 1,000미터 이상의 높은 곳이나 독성 스프레이를 사용하거나 공기오염이 심한 곳에 사는 환자들은 이 기구를 사용할 것을 추천한다. 오존처리가 된 공기를 흡입하면 신선하고 활력을 주며, 환자의 기분도 훨씬 좋아 진다.

식단의 변화는 유당(乳糖)에 저항력이 없는 환자들에게 영향을 미친다. 이들은 지방이 제거되거나 미리 분해된 우유 단백질을 받아들이지 못한다. 따라서 6~10주부터 거슨요법에서 제공되는 요구르트나 코티지 치즈와 같은 유제품을 섭취하지 못한다. 이 경우에는 같은 식물성 단백질이 풍부한 재료를 사용한다.

자몽씨 추출물

환자들은 일반적으로 면역능력이 떨어지므로, 감기나 독감에 걸리지 않도록 세심한 보살핌이 필요하다. 바이러스와 박테리아를 억제하는 기능이 있는 자몽씨 추출물을 최근에 거슨요법에 도입하였는데 상당한 도움이 되고 있다. 감기의 징후가 있는 초기 단계에 입안에 넣고 가글을 하면 감기를 막아준다. 돌리소스 아메리카사(Dolisos America, Inc)에서 제조한 동종요법의 감기예방 액제도 효과가 탁월하다.

타헤보(포다코, 라파초)

타헤보(포다코라고도 불림)는 남미 안데스산맥의 원주민들이 치료용으로 사용하는 안데스 소나무의 속껍질이다. 환자들이 차로 복용하면 건강상태가 호전되고 종양을 억제하는데도 도움이 된다. 타헤보는 얇은 나무껍질 형태인데 끓는 물에 5~10분쯤 넣어 부드럽게 한 후 약간 굳어지게 한 후 마신다. 이 처방은 많은 원주민들이 이용하고 있으며, 타헤보, 포다코, 라파초 등으로 불린다.

셀레늄

셀레늄은 캘리포니아 대학의 슈라우저(Gerhard N. Schrauzer) 교수2), 밴쿠버의 포스트 교수(Harold D. Foster) 등의 연구자에 의해 면역체계를 활성 시키는 것으로 밝혀졌다.3 이런 이유로 셀레늄을 거슨요법을 받는 환자들에게 사용하고 있다.

당-칼륨-인슐린 처방

글루코스-포타슘(칼륨)-인슐린 혼합물을 정맥주사로 투여하는 방법은 유명한 심장전문의인 소디-팔라레스 교수(Demetrio Sodi-Pallares, MD)에 의해서 개발되었다. 당과 인슐린은 칼륨이 세포막을 거쳐 조직으로 이동 시키는데 필요한 에너지를 제공한다. 거슨요법의 처방은 야채즙, 염화칼륨(potassium salts)을 통해 많은 당과 칼륨을 얻기 때문에 소량의 인슐린 (3~5 unit)만 피하주사로 투여하면 된다.

크롬 피콜린산(Chromium Picolinate)

피콜린산 형태의 크롬이 췌장의 인슐린 분비를 자극하는 것으로 알려져 있다. 200mcg 짜리 정제나 캡슐을 당뇨 환자와 같은 크롬 결핍 환자들에게 처방하고 있다.

요약

지금까지 언급한 것들이 거슨요법의 효율을 높이기 위하여 최근에 첨가된 처방들이다. 이 물질들은 의심의 여지 없이 "무독성"이다. 거슨요법은 가능성 있는 새로운 기법과 영양물질들을 세심하게 첨가하여, 점점 더 악화되고 있는 환경에서 효과적으로 치료 목적을 달성하고 있다

*참고자료

1. Carmen Wheatley, in Michael Gearin-Tosh, Living Proof: A Medical Mutiny (London: Simon & Schuster, 2002), Appendix.
2. L. Olmsted, Gerhard N. Schrauzer, M. Flores-Arce and J. Dowd, "Selenium supplementation of symptomic human immunodeficiency virus infected patients," 1: Biol Trace Elem Res. (April/May 1989); 20 (1-2): 59-65. Department of Family Medicine, School of Medicine, University of California, San Diego, La Jolla. "샌디애고 지역에서 AIDS에 걸린 남성환자의 체내 평균 셀레늄 수치는 0.123 +/- 0.030 mcg/mL (n = 24), AIDS 합병증(ARC: AIDS-related complex) 환자의 평균 셀레늄 수치는 0.126 +/-0.038 mcg/mL (n = 26) 인데 비해 같은 지역에서 정상적인 남성의 수치는 0.195 +/- 0.020 mcg /mL (n = 28) 였다. 장을 통해 셀레늄을 섭취할 경우, AIDS나 ARC가 위축되는 지를 알아보기 위해, HIV 항체에 양성반응을 보인 19명의 환자에게 실험적으로 셀레늄 400mcg을 최장 70일 동안 투여해보았다. 체내 평균 셀레늄 수치가 0.28 +/- 0.08 mcg /mL으로 증가하였고, 환자들도 투여된 셀레늄을 흡수할 수 있었다. HIV 보균자에게 셀레늄을 보충하는 것이 정당하다는 근거가 확보된 셈이다." PMID: 2484402 [PubMed - indexed for MEDLINE].
3. Harold D. Foster, Ph. D. What really causes AIDS (Victoria, BC: Trafford Publishing, 2002).

제 **3** 장
적을 바로 알기

 거슨요법이 건강과 질병에 접근하는 방식은 일반적인 진료 절차와 큰 차이가 있으므로 그 기본 원리를 철저하게 이해하는 것이 중요하다. 이해하게 되면 이 요법의 이론과 실제가 명확해지고 정교한 논리가 드러나게 될 것이다. 실제로, 많은 회복된 환자들은 생명을 위협 받는 순간에, 거슨요법을 제대로 이해하게 되었고 자신들을 치료해 줄 수 있는 희망이라는 생각에서 치료를 받기로 결심하였다고 말하고 있다.

 거슨요법의 목적은 질병의 증상이 아니라 원인을 다스리는 것이다. 따라서, 건강의 2가지 적이라 할 수 있는 독성과 결핍에 초점을 두고 있다. 두 가지 원인 모두 자연을 벗어난 인위적인 삶의 방식에서 기인하고 있다. 즉, 독성과 결핍은 어느 정도 서구식 식단과 오염된 환경과 관련이 있다. 이 두 가지 요인을 자세히 살펴 보도록 하겠다.

독성

 생명 유지에 필수적인 공기는 자동차 매연과 타이어의 마모로 생긴 입자들, 항공기의 연료 찌꺼기, 공장과 세탁소에서 나오는 독성 연기 등에 의해 심하게 오염되어 있다. 물 또한 공기 못지않게 염소, 불소 (**fluoride**)

등 종류를 헤아릴 수 없는 약물에 오염되어 발달한 정수 장비를 아무리 동원하여도 정화하기 힘든 상태에 이르렀다. 공업과 농업 폐수는 강물과 호수를 오염시키고 있다.

　최근에는 육안으로 잘 보이지는 않지만 우리를 둘러싸고 있는 전자기장을 두텁게 하는 전자스모그도 환경오염을 가속화 시키고 있다. 실내에서는, TV, 냉장고, 컴퓨터, 전자오븐, 휴대폰 등의 기구들이 전자스모그를 만들어 내어 인체의 전자기장을 교란시켜 건강에 해를 주고 있다.[1] 실외에서는, 휴대폰 송신탑이 가장 심각하게 건강을 위협하는 시설물이다. 송신탑 근처에 사는 사람들에게서 암을 포함한 많은 질환이 발견되고 있다.[2] (5장 "방어기능의 붕괴" 참조)

　독성은 토양과 그 속에서 자라는 식물에서 시작된다. 상업적으로 재배되는 농작물에 살포되는 독성이 강한 살충제, 제초제 등의 화학물질은 음식이 되어 입안으로 들어 올 때까지 남게 된다. 이 독물들은 독성이 강하여 식품의 내부로 스며들어가 씻어도 제거되지 않는다. 유기농으로 재배된 식품만을 먹지 않는다면, 축척 되었을 경우 효과가 검증되지 않은 농약 칵테일을 뿌린 음식을 먹는 것이나 다름없다.

　음식 제조시 들어가는 첨가물들은 식품의 보관 기간을 늘리거나, 보기 좋게 색을 넣거나, 소실된 자연적인 맛을 대체할 인공적인 맛을 내는 기능을 한다. "음식 화장품"이라고도 불리는 이 첨가물들은 제조업자의 이익을 늘리는 목적 외에 먹는 사람의 건강은 전혀 고려하지 않고 사용되고 있다.[3]

　첨가물의 위험 못지않게 현대인의 식단에서 건강을 심각하게 해치는 것이 소금이다. 소금은 피하기 힘든 음식 중 하나이다. 과용 방지 경고에도 불구하고 소금은 여전히 과다하게 섭취되고 있다.[4] 결과적으로 체내의 세포는 소금을 소화시키기 위해 많은 수분을 유지하게 되어 부종 등의 원인이 된다. 소금은 또한 신장에 부담을 주고, 혈압을 높이며, 미각을 무디게 하여 점점 더 많이 섭취하게 되어 소화과정을 방해하게 된다. 나중에 살펴 보겠지만, 소금은 또한 세포가 비정상적으로 성장하여 암으로 발전하게 하는 위험한 역할을 한다.

육고기는 현대인의 식단에서 중요한 식품으로 여겨지고 있는데, 동물단백질이 지나치면 독으로 작용한다는 사실을 알면 많은 사람들이 놀랄 것이다. 사람의 소화기관은 소장과 대장이 긴 모양인데, 이는 동물단백질을 섭취하기 용이하게 설계된 것이 아니다.(이와 대조적으로 사자나 호랑이과 동물들은 소화관이 짧아서 고기를 소화한 후 찌꺼기가 빨리 배출되게 되어 있다.) 사람에게 가장 이상적인 식단은 식물을 주로하고 최소한의 동물단백질을 섭취하는 것이다. 따라서 현대인들은 창조주의 의도와는 반대되는 식사습관을 가지게 된 셈이다.

나이가 들면, 동물단백질을 소화할 수 있는 능력이 떨어진다. 소화가 제대로 되지 않은 덩어리는 체내에서 독성을 남기게 된다. 육류나 유제품에 포함된 동물 지방은 나이가 들고 소화효소가 효과적으로 작용하지 않으면 제대로 소화되지 않는다. 식용 가축들은 호르몬, 항생제, 성장촉진제를 처리한 먹이를 먹고 자라는 경우가 대부분이다. 약물 성분이 고기나 우유에 그대로 남아 사람이 음식으로 섭취하면 체내로 들어가게 되어 독성의 축적을 가속화 시킨다.

신체는 스스로를 보호하기 위해 해로운 물질들을 제거하려고 한다. 불행하게도 신체는 처리해야 할 많은 양의 독성 물질뿐만 아니라, 영양 결핍에도 대처해야 한다.

영양 결핍

독성과 마찬가지로, 또 하나의 건강의 적인 영양 결핍도 토양에서 시작된다. 지난 150여년 이상 동안, 인공 비료들이 농업에 무분별하게 사용되면서 토양에 질소, 인산, 칼륨이라는 3가지 주요 미네랄을 공급하였다. 인공비료는 이 3가지를 제외한, 자연상태에서 공급되는 50여 종의 토양을 건강하고 비옥하게 하는 효소와 미세유기체가 풍부한 미네랄은 제공하지 못한다. 그 결과, 영양이 빈약한 토양은 미네랄 등 영양소가 결핍된 식물을 생산하게 되고, 이를 음식으로 먹게 되는 현대인들이 영양결핍 상태에 놓여 있다.

그나마 부족한 영양소도 제조 과정에서 고갈된다. 통조림, 병, 상자에 담거나 훈제되거나 절인 음식은 영양소가 소실되거나, 고열이나 방부제 등으로 파괴된다. 이런 식품은 비타민과 효소가 부족하게 된다. 특히, 소화에 매우 중요한 효소는 60°C 이상의 고열에서는 파괴되며, 신선한 과일이나 샐러드의 형태로만 신체에 공급된다. 그러나, 건강을 유지하기 위해 필요한 효소를 생성하기에 충분한 양의 신선한 야채를 먹는 사람은 거의 드물다.

이제 거슨요법에서 우선적으로 대처하고자 하는 두 가지 건강의 적, 독성과 결핍이 서로 악순환을 한다는 점이 명확하게 이해 되었을 것이다. 우리가 먹는 음식이 충분한 영양소를 공급한다면, 신체가 보다 효과적으로 독성을 제거할 수 있을 것이다. 그러나 현실은 그렇지 못하다. 이 때문에 신체는 퇴행상태에 접어들게 되며, 심각한 퇴행성 질환에 무방비 상태가 된다. 신체의 자연적인 방어시스템을 회복하여 치유하기 위해서는 이 두 가지의 적을 물리쳐야 한다. 다음 장에서는 그 방법에 대해 논하고자 한다.

*참고자료

1. Robert O. Becker, MD, as quoted in Icon magazine in Eileen O' Connor, Trustee of the EM Radiation Trust, "Mobile Phone Mast Radiation and Breast Cancer: Eileen O' Connor's Personal Story," The Interdisciplinary Centre for Obesity, Nutrition and Health (ICON-Health), University of Leeds (UK), No. 34 (Winter 2006); Gerson Healing Newsletter (San Diego: Gerson Institute, March/April 2007); Joseph Mercola, MD, "Are EMFs Hazardous to Our Health?" (www.mercola.com/article/emf/emf_dangers.htm).
2. Note 1 (Becker), supra; see also Ronni Wolf and Danny Wolf, "Increased Incidence of Cancer near a Cell-Phone Transmitter Station," International Journal of Cancer Prevention 1 (2) (April 2004).
3. Sally Fallon, "Dirty Secrets of the Food Processing Industry," presentation given at the annual conference of Consumer Health of Canada (March2002) (www.westonaprice.org/modernfood/dirty-secrets.html).
4. "지나친 나트륨 섭취는 가장 건강을 위협하는 요인이다." - WHO 2006년 보고서

제 **4** 장
신체의 방어기능

　인간의 신체는 각 부분이 조밀하고 조화롭게 연결된 놀라울 정도로 정교한 생명이 있는 기계와 같다. 60조에 이르는 수 많은 세포들은 전체 신체 내에서 자체의 지능을 가지고, 맡은 자리에서 많은 기능을 수행하고 있다. 인간의 신체는 그 잠재능력을 완전히 이해하기 불가능한 살아 있는 기적이라 할 수 있다. 첨단 과학기술이 고도로 발달하고 있음에도 불구하고, 과학자들은 이제야 겨우 세포수준에서의 생명체의 엄청난 복잡성을 미미하게 이해하기 시작하고 있다.

　신체는 맞는 조건만 주어지면 가만히 두어도 스스로 생존하면서 항상성을 유지하도록 되어있다. 신체가 균형 상태에 있으면 변화하는 환경에 적응하면서 안정성을 유지하게 된다. 신체의 안정성이 위협 받게 되면, 몇 가지 내재된 방어기능이 작동된다. 신체의 정교한 방어기능을 자세히 살펴 보면 다음과 같다.

면역체계

　자연계에서는 수 백만 종의 생물들이 다른 생물을 먹이로 생존하고 있다. 질병을 옮기는 세균, 바이러스, 기생충의 공격에 매일 노출되는 인간의 신체도 마찬가지이다. 인간의 신체를 일차적으로 보호해주는 것은 최근 "면역 강화"를 목적으로 제조된 제품 광고를 통해 대중들에게 중요성이 인식되고 있는 면역체계이다. 사람들은 면역체계가 무엇으로 구성되어 있고, 어디에 위치하고 있는지도 모르고, 면역강화 제품들이 정말로 효과가 있는지도 알지 못하는 상황에서 맹목적으로 이들 제품을 구매하고 있다. 이제 면역체계는 제대로 이해될 필요가 있다.

면역체계는 단일한 기관이나 분비선이라기 보다는 신체 전체에 퍼져있다. 간, 뇌, 췌장 등의 기관은 매우 중요한 역할을 하므로 자체의 면역 메카니즘을 가지고 있으며, 세망내피계(reticuloendothelial system)가 추가 보호 기능을 맡고 있다.

림프계는 신체조직에서 과다한 체액을 혈관으로 이동시킨다. 림프는 감염에 대처하는 세포를 포함하고 있는 지푸라기 색깔의 액체이다. 정상적인 사람은 체내에 약 700개의 림프절이 퍼져있다. 심장의 박동에 의해 순환되는 혈관과 달리 림프는 근육의 움직임에 의해 몸 안을 이동하게 된다.

림프계의 핵심 부분은 백혈구가 형성되는 골수에 위치하고 있다. 림프가 골수에서 나올 때는 완전한 형태가 아니다. 일부는 흉선(thymus gland)으로 들어가서 형태를 갖추어 T 임파구의 형태로 방출되고, 나머지는 비장과 임파조직으로 흘러 들어가서 B임파구로 성장하게 된다. 모든 형태의 림프는 세균, 바이러스, 악성세포 혹은 독성 물질을 삼켜서 죽이거나 약화시키는 역할을 한다.

신체의 다른 부분들과 마찬가지로, 면역체계는 영양분을 필요로 하는 세포로 이루어져 있다. 세포들은 쉽게 흡수 가능한 자연상태의 미네랄, 효소, 비타민을 필요로 한다. 정제나 약물로는 필요량을 채우지 못하며,

경우에 따라서는 전혀 흡수가 되지 않기도 한다. 신체의 다른 부분들처럼, 생명 존속에 없어서는 안 되는 요소인 면역체계는 신선하고 살아 있는 유기 물질을 흡수하여야 한다.

효소체계

효소는 일반인들이 이해하기 쉽지 않다. 널리 인정되고 있는 효소에 대한 정의는 "자신은 변하지 않고 다른 물질의 화학변화를 가능하게 하는 복잡한 단백질"로 되어 있다.[1] 혈액에 산소를 공급하기 위해 숨을 쉬는 것에서부터 소화된 음식을 산소와 결합하여 에너지를 만들어 내는 등 모든 체내에서 이루어지는 수 백 가지의 과정에는 효소의 작용이 요구된다. 신체는 자연음식이나 동물 단백질에 있는 효소를 이용할 수 없기 때문에 자체적으로 효소를 만들어 내야 한다. 신체에 필요한 수 백 가지 효소를 원활하게 만들어 내려면, 각 효소에 해당하는 미네랄이 촉매로 있어야 한다. (촉매는 스스로는 변화되지 않고 반응을 촉진시키는 물질이다.)

딕슨과 웹 박사[2] 는 신체가 효소를 만드는 방법에 대해 자세한 연구를 진행하였다. 이들은 신체가 효소를 만들어 내기 위해서는 칼륨이 촉매로 이용되고, 나트륨은 효소의 생성을 억제하는 것을 밝혀 내었다. 효소는 $60°C$ 이상의 고온에서는 파괴되기 때문에, 신체는 요리되거나 가공된 음식에서는 효소를 얻지 못한다. 신체가 거슨요법이 공급하는 것과 같은 신선하게 살아있는 영양소를 흡수하지 못하면, 심각한 결핍을 초래하게 된다. 특히, 소화불량, 식욕부진, 변비, 설사, 복부 가스 팽창 등의 건강문제를 가진 환자들은 신선한 유기농 야채를 충분히 섭취하여야 한다. 결핍으로 인하여 췌장 효소는 종양조직을 공격하는 임무를 제대로 수행하지 못하고, 산화효소 또한 충분한 에너지를 만들어 내지 못하게 된다.

소화가 진행되는 동안 효소(특히 췌장 효소)는 종양조직을 외부의 적으로 판단하여 공격하여 파괴하게 된다. 그러나 효소의 기본 기능은 단백질을 분해하는 것이다. 육식을 주로 하게 되면서, 대부분의 췌장 효소가 단백질을 분해하는데 사용되고 종양을 파괴하기 위한 효소가 부족하게 된다. 이렇게 되면 종양이 커지고 세력을 넓히게 된다. 효소의 활동 저하는 암과 다른 질병을 앓고 있는 환자들이 맞서야 하는 심각한 문제다. 해결책은 환자들에게 독성이 없는, 신선한 유기농 야채와 과일을 공급하고, 커피관장으로 독성을 없애 주는 것이다. 산소 함량이 많은 신선한 과일 주스와 함께 추가의 소화효소와 췌장효소를 공급하는 것이 거슨요법의 핵심적인 부분이다.

호르몬 체계

호르몬은 내분비선에서 나와 혈관으로 흘러 들어가는 물질이다. 대부분의 사람들은 호르몬을 성기능과 관련이 있는 것으로 알고 있지만, 호르몬은 체내에서 많은 중요한 기능을 하고 있으며, 인슐린, 티록신, 아드레날린 등이 있다. 티록신과 아드레날린과 같은 호르몬은 신체의 전체 신진대사를 조절하는 역할을 한다. 티록신은 면역체계의 중요한 부분이므로 특히 주의가 필요한 호르몬이다.

티록신이 하는 가장 중요한 기능은 체온을 조절하는 것이다. 세균이나 바이러스가 침입하면 면역체계는 일차적으로 고열을 내어 대처한다. 건강한 세포는 고열을 잘 견뎌 낼 수 있지만 세균이나 바이러스, 종양조직은 고열에 약하다는 점을 명심할 필요가 있다. 건강한 갑상선은 티록신을 만드는 데 필요한 요오드를 충분히 공급해 주면 건강이 회복되도록 돕는다.

안타깝게도, 현대인들은 요오드를 충분히 섭취하지 못하고 있다. 수돗물 속의 염소는 갑상선에서 요오드를 제거할 수 있다. 위험한 독성 물질인 플루로이드(불소)는 이 중요한 호르몬을 더 강력하게 방해한다.[3] 또한, 상업적인 농업방식으로 인하여, 토양에는 요오드가 부족하고 결과적으로 사람들이 요오드가 결핍된 식물을 섭취하게 된다. 이 점을 인지하고, 많은 국가의 정부에서는 이미 사람들이 과도할 정도로 섭취하고 있는 소금에 필수적으로 요오드를 첨가하도록 하였다. 그러나, 소금의 지나친 섭취가 건강에 해로운 것으로 밝혀진 후 공식적으로 사용을 억제하면서, 좋은 음식을 먹는 사람들도 요오드가 부족하게 되었다.[4]

방부제, 희석제, 인공색소, 인공향료 등 식품 첨가물과 살충제를 포함한 농약 성분들도 효소의 생성을 억제하는 물질들이다. 일부 살충제 잔여물은 남자의 정자 생산을 억제하는 것으로 밝혀졌다.[5] 신체를 방어하는 가장 핵심 부분이라 할 수 있는 호르몬 체계는 심각한 공격을 받고 있다.

필수기관

간, 췌장, 폐, 신장, 심장, 뇌 등의 신체기관에는 "필수"라는 수식어가 붙는다. 이들 기관에 이런 수식어를 붙이는 것은 당연하지만, 직장 또한 필수가 아니라고 생각해서는 안 된다! 소장, 골수, 비장뿐 아니라 중요한 면역기능을 담당하고 있는 신장 또한 마찬가지이다. 그러고 보면, 신체에는 필수적이지 않은 것은 하나도 없다.

그러므로 치료의 과정에서 신체의 모든 체계를 다루는 것이 매우 중요하다. 특히, 간은 신체의 치유과정에서 매우 중요한 역할을 하므로, 거슨요법에서는 간의 기능을 가능한 신속하고 완전하게 회복시키는데 특별한 관심을 기울인다. 간은 놀라운 신체 기관이다. 부분을 제거하여도 재생하여 다시 성장하는 유일한 신체 기관이다. 간은 거의 모든 체내 활동에 관여하고 있다. 모든 생리작용이 간에서 시작하여 간에서 끝난다고 하여도 지나치지 않다. 해독 기능이 주된 기능이지만, 그 외에도 현대의

첨단 기술로도 아직 다 밝혀 내지 못한 수 십 가지의 기능을 가지고 있다.

거슨 박사에 의하면, 간 세포의 세대가 바뀌는 데는 약 5주가 걸린다고 한다.

그는 전체 간이 완전히 새롭고 건강한 간으로 바뀌는 데 걸리는 시간은 12~15세대가 지나야 한다고 결론 내렸다. 거슨 박사는 말기암 환자라도 간을 완전히 치유하여 회복시켜서 전체 신체의 건강을 회복하려면 18개월이 걸린다고 규정하였다. 그러나 아쉽게도 이 주장은 더 이상 가능한 모델이 되지 못하고 있다.

지난 50여년 동안 환경과 식량 공급체계의 오염으로 인하여 오늘날 사람들은 거슨 박사가 치료하였던 환자들보다 더 심하게 신체 기관이 손상되어 있다. 그 보다 더 심각한 것은 거슨요법을 받으러 오는 환자들 가운데 상당수가 화학요법의 후유증으로 신체 장기들이 심하게 손상되어 있다는 점이다. 지금은 완전히 회복하는데 18개월이 아니라 평균 2년이 걸린다. 화학요법을 받은 환자들을 해독하여 치유하는데는 훨씬 더 걸릴 수도 있다.

미네랄 균형

신체가 제대로 작동하고 면역체계를 유지하기 위해서는 약 52가지의 미네랄이 필요하다. 거슨요법에서는 이 미네랄들을 영양이 충분한 토양에서 생산한 유기농 야채로 주스를 만들어 제공함으로써 확보한다. 거슨 박사는 이들 미네랄 가운데 특히 칼륨과 나트륨이 체내의 미네랄 불균형과 관련이 있다고 생각하였다.

수 백만년 동안의 진화의 과정을 거치면서, 인간의 신체는 "칼륨 동물(potassium animal)"이 되었다. 칼륨 90%와 나트륨(소금)10%의 비율을 유지하게 되었는데, 자연 상태의 신선한 야채도 이와 유사한 비율을 유지하고 있다. 그러나 현대에 들어오면서 그 균형은 현저하게 무너지고 있다. 신체가 걸러내야 하는 나트륨의 양이 상대적으로 많아지고 있다. 딕슨과 웹 박사가[6] 언급한대로 나트륨은 효소의 생성을 억제한다. 나트륨은 또한 종양의 성장을 자극하고, 신체가 나트륨의 해독을 위해 더 많은 수분을 흡수하게 되어 부종을 유발하게 된다.[7]

이 불균형을 개선하기 위해, 거슨 박사는 환자들에게 자연상태의 칼륨이 풍부한 식단을 제공하고 추가하여 하루 최고 40티스푼까지의 칼륨 10% 희석액을 처방하였다. 그 결과, 곧 바로 부종, 복수(腹水), 통증이 줄어 들었다. 거슨 박사는 마그네슘, 칼슘, 철분과 같은 다른 미네랄을 과도하게 투여하면 환자가 미네랄 불균형으로 손상을 입는 것을 확인하였다. 그는 특히 칼슘을 많이 섭취하는 것에 대해 경고를 하였다. 생화학자인 친구 루돌프 켈러(Rudolf Keller)[8] 와 함께 칼슘이 나트륨 계열에 속하며 암 종양의 성장을 돕는다는 것을 발견하였다. 종양 조직으로 뼈가 심하게 파괴된 경우에도, 거슨요법의 균형잡힌 미네랄 처방으로 뼈를 재생시킬 수 있다. 신체의 미네랄 균형이 얼마나 중요한 지를 알 수 있는 대목이다.

참고자료

1. Taber's Cyclopedic Medical Dictionary (Philadelphia: F. A. Davis Company, 1993).
2. Malcolm Dixon and Edwin C. Webb, Enzymes (New York: Academic Press, Inc., 1964).
3. John Yiamouyiannis, Fluoride: The Aging Factor (Delaware, OH: Health Action Press, 1986).
4. "Excessive Sodium is One of the Greatest Health Threats in Foods," World Health Organization (WHO) report from October 2006 meeting in Paris, part of the implementation of the WHO's Global Strategy on Diet, Physical Activity and Health.

5. D. Whorton, R. M. Krauss, S. Marshall and T. H. Milby, "Infertility in Male Pesticide Workers," The Lancet 2 (8051) (1977): 1259-1261.
6. Note 2 (Dixon/Webb), supra.
7. M. Gerson, A Cancer Therapy: Results of Fifty Cases and The Cure of Advanced Cancer by Diet Therapy: A Summary of Thirty Years of Clinical Experimentation, 6th ed. (San Diego, CA: Gerson Institute, 1999), p. 210.
8. Rudolf Keller, as quoted in Note 8 (Gerson), supra, p. 64.

제 5 장

방어기능의 붕괴

지금까지, 정상적인 상황에서 항상성(homeostasis)이라는 역동적인 균형상태를 유지하는 신체의 다양한 방어기제에 대하여 알아보았다. 그러나, 오늘날의 극악한 환경 상태를 고려해보면, 정교한 신체의 방어체계가 제대로 작동되고 항상성이 유지되기를 기대하는 것은 무리이다. 어떻게 이런 현실에 처하게 되었는지를 이해하려면 좀더 넓은 시각에서 문제를 조명해볼 필요가 있다.

인간의 신체조직은 지구상의 동식물과 함께 자연의 일부로써 수 백만 년에 걸쳐 진화해왔다. 신체는 오랜 세월을 인위적이거나 이질적인 성분이 포함되지 않은 자연적인 환경과 음식, 주거에만 노출되어 왔다. 먼 우리의 조상들은 분명히 거칠고 짧은 삶을 살았지만, 느린 진화의 과정은 자연스럽게 이루어졌고 주변환경에 적응할 충분한 시간을 확보할 수 있었다.

문명화와 함께 변화가 가속화 되었다. 특히, 18세기 후반 산업혁명이 시작되면서 변화는 급격하게 이루어 졌다. 2차 세계대전 후에는 더 급격한 변화가 진행되면서 인간의 일상생활, 노동환경, 생활여건이 변화되었고, 특히, 우리의 식단이 가장 큰 영향을 받게 되었다. 대규모의 상업적인 농업과 식품산업의 무분별한 팽창은 "일용할 빵"을 거의 상상할 수 없을 만큼 변화시켰다.

그러나 매우 복잡한 메커니즘을 가진 인간의 신체도 이런 근본적인 변화에 적응할 충분한 시간을 가지지 못하였다. 결과적으로, 신체의 방어기능은 다양한 도전과 자극에 대처할 수 없는 상태에 이르게 된 것이다. 방어체계는 정상 기능을 발휘하기 위하여 분투하지만, 오염된 물과 공기, 잘못된 음식으로 인하여 붕괴되어 가고 있다. 이 장에서는 신체의 방어기능이 붕괴되는 원인을 자세히 알아보고자 한다.

화학농법

지난 150여 년 이상 동안 화학비료가 점진적으로 광범위하게 사용되면서, 식물의 생존 토대가 되는 토양이 심하게 파괴되고 영양이 고갈되었다. 동물과 인간의 음식이 되는 식물의 영양분 고갈은 지구상 생물의 삶에 막대한 영향을 끼치고 있다. 거슨 박사는 영양부족과 질병, 병들고 고갈된 토양과 질병 사이에는 매우 깊은 관계가 있다는 사실을 일찍이 깨달은 과학자들 중 한 사람이다. 그는 자신의 책에 이렇게 적고 있다." 모든 생명체는 내부와 외부의 대사과정(metabolism)에 의존하고 있으며, 두 과정은 불가분의 관계를 가지고 있다. 그리고 두 대사과정에 관여하는 영양물은 고갈될 수 있다."[1]

토양의 영양분이 고갈되면, 식물 또한 병들기 시작한다. 영양결핍으로 인하여 식물은 역병, 부패, 곰팡이와 수 많은 침입자에 대한 방어기능을 상실하게 되었다. 이렇게 되자 이들 침입자를 퇴치하기 위하여 살충제와 다른 독한 농약들이 개발되기 시작하였다. 농약은 "사용법대로"만 사용하면 무해한 것으로 알려졌지만, 사실은 그렇지 않다.

가장 심한 살충제인 DDT는 2차 세계대전 중인 1943년경 처음으로 살포되었다. 거슨 박사가 책에서 기록하고 있는바와 같이 살포 후 18개월 내에 DDT와 다른 독성물질들이 고기, 버터, 우유, 심지어 모유에서 까지 발견되었다.2 결국 독성 농약이 토양과 식수에까지 침투하였다는 것이 명확하게 드러났다. 매년 엄청난 양의 살충제가 뿌려진 캘리포니아 지역에서는 물과 토양의 독성으로 인하여 간암이 퍼지게 되면서, 밖에서 놀던 아이들까지 간암에 걸리는 일이 발생하기도 하였다.3

상황은 점점 더 악화되었다. DDT가 사용되면서, 병균들이 농약에 내성을 갖게 되면서 점점 더 독성이 강한 농약을 개발해야만 하였다. 불행하게도, 인간의 신체는 이 농약에 대한 저항력을 갖추지 못하였다. 어른들에게 미치는 악영향은 물론이고, 비극적인 것은, 민감한 시기의 태아와 어린이들의 신체 발달에 매우 심각한 피해를 주고 있다. 어른들에게만 나타나는 퇴행성 질환으로 여겨졌던 암이 이제는 어린이들을 괴롭히고 있다. 일반 대중들의 암 발생 비율은 급속히 증가하고 있다.

암 발생이 급속하게 증가하고 있다는 사실은 거슨 박사의 가족이 미국에 정착하였던 1937년과 비교해보면 명확해진다. 당시 길거리 포스터에서는 14명 가운데 1명 꼴로 암으로 사망한다는 내용과 함께 경각심을 주는 문구들이 적혀 있었다. 1971년, 닉슨 대통령은 "암과의 전쟁"을 선포하면서 연구에 충분한 돈을 쏟아 붓는다면 암 치료방법을 개발할 수 있을 것이라고 공언하였다.4 그 해 약 215,000명의 사람들이 암으로 사망하였다.5 25년 후인 1996년, 유에스 뉴스 앤 월드 보고서(U.S. News & World Report)는 연구 결과를 발표하였다. 290억 달러(약28조원)를 쏟아 붓고 연구를 마무리한 바로 그 해에도 555,000명의 사람들이 암으로 죽어갔다.6 연구는 영양공급에는 전혀 관심을 기울이지 않고 더 강한 화학치료제를 개발하는데 집중되었다. 그럼에도 불구하고 현재 미국에서는 5명

가운데 2명이 암에 걸리고 있으며,7 캐나다의 자료에 의하면 2명 중 1명은 암에 걸린다고 한다.8

세월이 가면서 음식에 들어간 농약의 영향에 대해 일반인들도 점차 이해하기 시작하고 있다. 스웨덴 연구팀은 호지킨 세포와 무관한 임파종 (non-Hodgkin's lymphoma NHL) 발생은 살충제와 관련이 있다는 증거를 제시하였으며,9 1981년 연구에서는 페녹시르가 주범이라 밝힌 바 있다.10 몬산토(Monsanto)사에서 라운드업(Roundup)이라는 브랜드로 팔리고 있는 글리포사테라는 제초제도 이 암을 발생하는 원인이 되는 것으로 알려졌다.11

더 놀라운 것은, 이 독성물질을 제조하는 회사가 만든 유전자변형종자들은 이 제초제에 저항력이 생겨서 더 많은 제초제를 작물을 죽이지 않고 뿌리게 되었다.12 같은 스웨덴 연구팀의 앞선 연구에서는 라운드업이 머리카락 세포의 백혈병을 유발할 가능성이 있다는 발표를 하였으며 동물실험에서는 라운드업이 유전자변형과 염색체 변이를 일으킬 수 있음이 밝혀졌다.13

DDT의 변형에 의해 만들어진 DDE라는 살충제는 남성호르몬인 테스토스테론의 기능을 무력화시켜 남성의 발달을 방해하는 것으로 알려지고 있다.14 유럽 전역에 걸쳐서, 정자 수를 측정하여 남성의 생식능력을 확인한 결과, 정자 수가 현저하게 줄어들고 있음이 밝혀 졌다.15 정자수가 가장 많은 집단은 독성 농약에 접촉 되지 않은 덴마크의 유기농업을 하는 농부들이었다.16 여성들 사이의 유방암 증가도 이에 못지않게 놀랄 정도이다. 영국에서는 매주 250명의 여성들이 죽어가고 있으며17 17,850명이 새롭게 환자명단에 이름을 올리고 있는 실정이다.18 많은 요인들이 암의 발병을 증가시키고 있지만, 그 가운데 농약의 영향은 무시할 수 없다.

농약으로 인한 폐해를 줄이는 데 힘쓰는 것 만으로는 충분하지 않았던

지, 인류의 건강은 유전자 변형식품으로 더 심각한 위험에 직면해 있다. 유전자 변형식품은 상업적 이익을 도모하는 막강한 기업들과 대중의 건강이 첨예한 대립을 보이고 있는 영역이다. 유전자 변형 식품의 안전성에 의문을 제기하는 자료를 감추고 반박하려는 유전자변형식품 제조사인 몬산토의 노력에도 불구하고 대중의 거센 반발이 진행되고 있다. [19] 이는 농약 제조사들이 자신들이 만들 제품의 안전성을 주장하려는 줄기찬 노력과 보조를 맞추고 있다. 일반적인 음식을 먹고 있는 현대인들은 과일과 야채에 포함된 몇 가지 독성물질의 잔여물을 흡수할 수 밖에 없는 것이 현실이지만, 아직 이 독극물이 축적되었을 때의 부작용에 대해 진지하게 연구가 이루어 지지 않고 있다.

미래는 암울하지만, 아직 희망은 있다. 작은 시작 단계이긴 하지만, 유기농 과일과 야채의 생산이 급속히 늘고 있으며, 지각 있는 소비자들은 독성이 없는 제품을 선호하기 시작하고 있다. 전통적인 방식으로 퇴비처리를 한 토양에서 재배된 유기농 식품은 건강에 유익한 모든 미네랄과 기본 원소, 효소, 비타민을 함유하고 있다. 거슨요법이 치료를 위해 유기농 식품의 사용을 고집하는 이유도 바로 이 때문이다.

서구의 식습관에 길들여진 현대인들이 악순환의 고리에 빠져있다는 것은 이제 더 이상 말하지 않아도 명백해졌다. 독성이 가득하고 영양분은 고갈된 음식, 특히 패스트 푸드에 의존하고 있는 많은 사람들이 두통, 관절염, 불면증, 우울, 잦은 감기, 감염, 소화불량 등으로 고통을 겪고 있다. 이들은 고통을 줄이기 위해 약국에서 직접 구입 가능하거나 의사가 처방한 진통제, 수면제, 항우울제 등 증상완화에는 도움이 되지만 근본적인 원인 해결은 하지 못하는 약물들을 복용하고 있다. 모든 약물이 독성을 가지고 있으므로[20] 신체의 방어기능은 점점 약화되고 결국은 붕괴된다. 토양이 병들어 감에 따라 인류도 병들어 가고 있다는 사실은 안타깝게도 명확해지고 있다.

약물

의사의 가장 주된 의무 중 하나는 대중들에게 약을 먹지 않도록 교육하는 것이다. -윌리암 오슬러 경 (1849-1919, 당대 가장 영향력 있는 의사로 불리었던 의학 역사가)

현대의 약들 가운데 새들이 먹을 수 있는 것 빼고는 창 밖으로 버리는 것이 좋다.- M.H 피셔 박사(Dr. M. H. Fischer, MD)

"하나의 질병에 하나의 약물"이라는 말이 오늘날 생활방식의 일부가 된 약물 의존성을 잘 요약해주고 있다. TV나 라디오를 틀기만 하면 인간의 질병 치료에 도움이 된다는 최신 약물들에 대한 요란한 광고를 끊임없이 들을 수 있다. 더불어 약물의 부작용에 대한 보고도 줄을 잇고 있다. 약물의 위험성을 은폐하려는 시도가 항상 성공적일 수 없다. 2004년 말에 불거진 거대 제약사인 머크(Merck & Co., Inc)의 관절염 약제 바이옥스(VIOXX)와 관련된 스캔들이 그 한 예이다.[21] 처음에 머크는 공개적으로 2, 3년 사이에 약 16,000명이 이 약물의 부작용으로 사망하였으며, 시장에서 바이옥스를 회수하였다고 발표하였다. 머크는 물론 몇 년 전부터 의사처방참고표(Physicians' Desk Reference PDR)[22]에 이 약물의 위험성과 주의사항을 공지해두었다. 조사가 진행되자 머크는 마지 못해 관절염의 고통을 줄이기 위해 이 약을 복용한 환자들 가운데 약 55,000명이 부작용으로 사망하였다고 인정하기에 이르렀다. 그럼에도 미국식약청(FDA)은 바이옥스의 효과가 부작용을 능가한다고 주장하며 머크가 이 약품을 판매하는 것을 허용하였다.[23]

또 하나 남용이 심각한 약물은 주의력결핍 과잉행동장애(ADHD)로 고생하는 아동들에게 처방되는 리탈린(Ritalin)이다. 의사들이 처방 가능한 약물을 기재한 PDR에는 이 약물은 6세 이전의 아동에게는 처방될 수 없다고 명시하고 있으며 성장 둔화, 식욕부진, 복통, 체중 저하, 불면증, 시각장애와 같은 부작용들을 열거하고 있다.[24] 이 리스트에는 리탈린을 복용한 젊은이 가운데 25명이 스스로 목숨을 끊거나 이유없이 다른 사람을 살해한 사례는 포함되어 있지 않다.[25]

경고에도 불구하고 2살에서 4살에 이르는 어린 아이들이 중독성이 강한 이 약물을 복용해온 것으로 알려지고 있다. 국제 신경정신학 및 심리학 연구 소장인 피터 브레긴(Peter R. Breggin, MD)은 <리탈린을 다시 논하다 Talking Back to Ritalin>라는 책에서 리탈린 옹호자들이 무시한 많은 과학적 연구결과들을 나열하고 있다. 그는 다음과 같이 적고 있다. "리탈린은 생화학적 불균형을 바로 잡는 것이 아니라, 오히려 생화학적 불균형을 초래하고 있다. 리탈린이 아동의 뇌기능에 영구적 손상을 줄 수 있다는 몇몇 증거들이 있다."[26] 이 약물이 성장하는 신체와 미성숙한 방어체계에 어떤 영향을 줄 것인지 상상하기란 어렵지 않다. 이 책을 쓰고 있는 지금도 500만 명 이상의 미국 어린이들이 리탈린을 복용하고 있다.[27] 가령, 15년 후에 이들의 건강상태는 어떻게 될까?(6장 "현대문명으로 인한 질병"에서 "과잉행동" 부분 참조)

약물 과잉이 일반화된 현실에서, 진짜 문제는 이 약물들이 증상을 억제하여 사람들이 한 동안은 일상생활을 하도록 하지만, 질병이나 기능 장애의 근본 원인을 제거하거나 치료를 해주지 못한다는데 있다. 고통은 계속되고 악화된다. 약물에 가려져서 오히려 진단이 어렵게 된다. 신체는 자체로 하나의 전체이기 때문에, 약물의 독성이 단지 간, 심장, 폐, 신장, 소화기 등 부분 장기에만 영향을 주는 것이 아니라, 신체 전체의 방어능력도 함께 약화시킨다.

　사실상 거의 모든 의약품이 독성을 가지고 있으므로, 28 거슨요법을 받는 환자들은 약물을 모두 끊도록 한다. 그러나 항생제는 예외이다. 항생제를 많이 사용하면서 면역체계가 약화되고 박테리아의 저항력을 키워주기는 하였지만, 가끔씩 거슨요법을 받는 환자들에게 사용할 필요가 있다. 암 환자는 면역능력이 심각하게 약화되었기 때문에 암에 걸리게 된다는 것을 기억해야 한다.

　면역체계는 몇 주나 몇 개월 내에 회복되지 않기 때문에(보통 9~12개월 걸린다), 급성 감염의 경우에는 항생제가 필요하다. 치과 치료를 위해서는 치과의사의 조언을 따라 항생제를 사용하여야 한다. 감기와 인플루엔자에도 항생제가 사용된다. 물론, 항생제가 바이러스를 죽이는 것은 아니지만, 신체의 면역기능이 약한 틈을 타서 침입한 바이러스 감염을 억제하는 데 도움이 된다. 페닐실린과 같은 독성이 있는 항생제는 감기 치료의 목적으로 환자가 알레르기 반응을 보이지 않을 경우에 한해 최소한의 양이 사용된다. 혹은 특수한 감염에 대해 반응을 보이는 적당한 항생제를 사용하여야 한다. 항생제를 처방할 경우에는 용량을 높이지 않고 최소량과 함께 아스피린 한 알, 비타민 C 500mg, 나이아신(비타민 B_3)50mg을 복용하면 효과를 극대화 할 수 있다.

　약물의 남용으로 인한 심각하고 전체적인 손상을 이해하게 되면, 소위 기분전환 목적으로 먹는 약이 얼마나 신체에 큰 위협이 되고 있는지 분명해진다. 어린 아이들이 사탕을 먹듯이 이들 약물을 습관적으로 복용하게 되면, 생명을 파괴할 정도의 중독에 이르게 된다. 현대 생활방식의 다른 어떤 해로운 요인들 보다, 기분전환을 위해 먹는 약물들이 신체의 방어기능을 붕괴시키는 직접적인 원인이 될 수 있다.

식품첨가제

건강한 식습관을 가지는 방법으로 "석기시대 식단"이라는 것이 있는데, "음식에서 아무것도 제거되지도 첨가되지도 않은 것, 즉시 먹지 않으면 안 되는 것을 먹어라"는 것이 기본 개념이다.[29] 지구상에 있는 슈퍼마켓에서 이런 음식을 찾기란 하늘의 별 따기 일 것이다. 식품제조업자들이 파는 것은 일부 완전 유기농 음식을 제외하면 "석기시대 식단"과는 정반대의 음식들이다.

무려 4,000종에 이르는 식품첨가물을 무분별하게 사용하는 이유는 공업적으로 만든 식품이 보기 좋고,[30] 부실한 원료로 만들어도 맛있게 하고, 저장 기간을 길게 하여 수입을 늘리기 위함이다. 식품 화학은 매우 발달하여 거의 모든 천연적인 맛이나 향을 흉내낼 수 있는 수준이다. 현대기술로 아직 하지 못하는 것이 있다면 신체조직을 속여 이 가짜 음식물을 진짜 음식처럼 받아들이게 하는 것이다. 식품첨가물은 신체에 꼭 필요한 영양소 대신에 다양한 독성 물질을 공급하는 것에 지나지 않는다. 가장 널리 사용되는 첨가물로는 질산나트륨(sodium nitrite), 사카린, 카페인, 얼레스트라(지방대체물), 인공색소와 향료, 항산화제, 유화제, 조미료, 건조제, 아스파테임과 같은 인공감미료, 트랜스지방, 글루타민산소다(MSG)등이 있으며, 설탕, 소금, 지방도 건강을 해치는 첨가물이다. 이 첨가물들은 피로, 행동장애, 기분불안정과 같은 많은 알러지 반응을 유발하고, 장기간 사용하면 심장질환이나 암에 걸릴 수도 있다.

■ 아스파테임(Aspartame)

미국내에서 다양한 브랜드로 유통되고 있는 아스파테임은 탄산수, 잼, 시리얼, 비타민, 다이어트 식품 등 무려 5,000 종류의 식품에[31] 첨가되고 있으므로 특히 주의를 기울여야 한다. 아스파테임은 칼로리가 없어 체중 관리에 신경 쓰는 단음식을 좋아하는 사람들에게 관심을 끌고 있다. 처음에 위장약으로 미국에서 개발된 된 뒤, FDA는 8년 동안 이 첨가물의 시판을 승인하지 않았다.[32] 그러나 제조사의 집요한 로비에 밀려, 과학자들의 반대에도 불구하고 1980년대 초반에 공식적인 식품첨가제로 허가를 받게 되었다.[33]

아스파테임은 약 6종류의 화학물질을 포함하고 있으며, 그 가운데는 포름알데히드로 전환되며 몸에 축적되는 독성물질 메탄올,[34] 동물실험에서 뇌 종양을 유발하는 것으로 밝혀진 DKP(diketopiperazine),[35] 신경학적인 문제를 일으키는 페닐알라닌[36] 등도 있다. 아스파테임이 체중 조절에 도움이 된다는 주장은 이 물질이 포함된 음식을 주로 먹는 미국이나 영국 등 국가에서 비만과 과체중 인구가 증가하는 것을 보면 잘못된 것임을 알 수 있다.

더 놀라운 것은, 이 물질이 포함된 다이어트 소다와 같은 식품을 대량 소비한 사람들 가운데 다발성경화증, 우울증, 당뇨, 임파종, 관절염, 알츠하이머병, 통증, 간질, 파킨슨병, 갑상선저하 등의 증상을 보이는 사람이 많았다는 점이다. 당뇨 전문가인 팜비치 의학연구소의 로버츠 박사(H. J. Roberts, MD)는 이런 증상을 보이는 환자들에게 "아스파테임병"[37] 이라는 병명을 새롭게 붙였다. 로버츠 박사의 환자 가운데 2/3가량은 음식에서 아스파테임을 제거하자 증상이 사라졌다고 한다.

■ MSG(Monosodium Glutamate)

자체로는 맛이 없으면서 음식의 맛을 돋구는데 사용하는 MSG(monosodium glutamate)는 1907년 일본의 식품학자에 의해 개발되었다. 처음에는 보통의 동식물에서 발견되는 천연 아미노산의 일종인 글루타

메이트(glutamate)에서 추출한 소금의 일종이었다. 나중에 MSG로 바뀌면서 수프, 그래비 통조림, 샐러드 드레싱, 냉동음식, 패스트 푸드 등 거의 모든 음식에 첨가되고 있다.(식품용기의 라벨에는 "수산화 식물단백질(hydrolyzed vegetable protein)"이라는 기만적인 이름으로 표기되어 소비자들을 유혹하기도 한다.)

캐나다 워털루 대학의 존 어브(John E. Erb) 박사에 의하면 MSG를 실험용 쥐에게 먹이면 살이 찌는 것으로 밝혀졌다.[38] 자연 상태에서 설치류(쥐)는 비만이 되지 않는다. MSG를 투여하면 췌장에서 분비하는 인슐린의 양이 3배로 늘어나면서, 비만 상태가 된다. 이렇게 실험 목적으로 비만하게 된 쥐들을 "MSG처방쥐"라고 한다.

실험용 목적이 아니라면, MSG는 인간의 음식에 중독효과를 주기 위해 업자들에 의해 첨가된다. 1978년에 과학적으로 중독성 물질로 입증되었다.[39] 식품제조업자들이 MSG가 식욕을 돋구어 준다고 공개적으로 로비를 하기 시작하면서,[40] MSG는 오늘날 비만이 만연하게 하는데 주된 역할을 하고 있다. 헤아릴 수 없는 숫자의 사람들이 MSG의 부작용으로 두통, 가슴 두근거림, 구토, 메스꺼움, 둔감함, 가슴 통증, 졸음, 얼굴 경련 등의 부작용으로 고생하고 있다. 일부 부작용은 "중국음식점병"이라 불리기도 한다.

존 어브박사는 식품첨가물 산업의 폐해를 자신의 책 <미국 서서히 독살하기>라는 책에서 요약하고 있다.[41] MSG의 위험은 수십년 동안 널리 알려져 왔지만, FDA는 아직도 식품에 첨가할 수 있는 허용량을 아직도 제시하지 못하고 있다.

변형된 식품

■ 트랜스지방

지구상에서 가장 해로운 음식, "상자 속의 심장마비" 등 악명이 높은 이 식품성분은 식물성 오일에 의해 만들어지며 액체를 고체로 만드는데 사용된다. 중성지방 혹은 **HVO**는 저밀도리포단백질 (**LDL**)을 늘리고, 고밀도리포단백질 (**HDL**)을 줄이는 것으로 알려져 있다. 트랜스지방은 동맥에 지방 찌꺼기를 남겨서, 소화불량을 일으키고 필수 비타민과 미네랄의 흡수를 방해한다.

트랜스지방은 식물성 기름을 고열로 가열하면 생기는데, 굳어진 지방을 마가린, 파스트리, 파이, 아이스크림, 과자류와 수 많은 편의식품에 사용할 수 있다. (맹목적인 소비자들은 해바라기 기름으로 만든 마가린이 버터로 만든 것보다 심장에 좋다는 광고에 쉽게 현혹되고 만다. 황금색 오일이 어떻게 하얗게 굳어진 마가린이 되었는 지 생각하지 않는다.)

수소처리를 하여 굳어진 지방은 싸고, 특별한 맛이 없으며 장기 보관이 가능하기 때문에 식품업계에서는 인기가 높다. 그러나, 최근의 연구결과는 트랜스지방이 심장을 보호하기 보다 해를 준다는 증거를 제시하고 있다. 트랜스지방은 근본적으로 독성이 있으며, 비만과 일부 암의 발병 원인이 되는 것으로 알려지고 있다. 하버드 대학 보건대학에서 실시한 장기간의 연구에 의하면, 임신을 하려고 하는 **18,555**명의 건강한 여성 가운데, 트랜스지방으로 **2%** 열량을 더 많이 섭취할수록, 불임이 될 위험성이 **73%** 증가한다고 한다.[42]

영국의 트랜스지방 전문가인 알렉스 리차드슨 박사는 이렇게 말하고 있다. "트랜스지방은 음식으로 사용되어서는 안됩니다. 독성이 있고, 건강에 이로움은 전혀 알려진 바가 없으며, 위험성만 알려져 있는 물질입니다."[43] 2003년에 세계보건기구는 트랜스지방이 전체 에너지 섭취에서 차지하는 비중이 1% 미만이어야 한다고 추천하였으며,[44] 영국에서는 주요 슈퍼마켓들이 자체 브랜드를 가진 음식과 음료에서 수산화오일(hydrogenated oils)을 사용하지 못하게 하도록 결의하였다.[45]

하버드보건대학은 적어도 매년 30,000명(실제는 10만 명 정도로 추정)이 편의식품에 첨가된 트랜스지방을 섭취하기 때문에 사망하는 것으로 추산하고 있다.[46] 미국의 영양학자인 메리 에니그(Mary Enig)박사는 트랜스지방이 세포의 기능을 방해하여 세포가 노폐물과 독성물질을 배출하는 힘을 약화시킨다고 주장하였다.[47] 이렇게 되면 심장병, 당뇨병, 암, 면역저하, 비만 등에 걸리기 쉽게 된다.

다행스러운 소식은, 2006년부터 미국 정부의 통제 하에, 식품제조자들은 의무적으로 제품에 포함된 트랜스지방의 양을 명시하여야 한다.[48] 일부 회사들은 이미 자사 제품에서 트랜스지방을 제거하기 시작하고 있다. 영국에서 유기농 운동을 주도하고 있는 영국토양협회는 최근에 모든 유기농 제품에서 트랜스지방, MSG, 아스파테임 등 첨가물을 완전히 금지한다고 선포하였다.[49] 유해 첨가물을 섭취하지 않는 유일한 방법은 가공된 음식을 먹지 않는 것이다. 노동집약적으로 생산된 신선하고 건강을 회복시키는 천연 유기농 음식을 섭취하고 외식은 꼭 필요한 경우가 아니면 자제하는 것이 바람직하다.

첨가물이 가득한 정크푸드는 신체에 해를 끼칠 뿐아니라, 반사회적인 행동을 불러일으킨다. 캘리포니아와 영국의 연구자들이 교도소에 있는 소년범들을 대상으로 실험을 실시하였다. 이 젊은 남자들에게 비타민, 미네랄, 필수지방산을 몇 개월에 걸쳐 공급하고 그들의 행동을 관찰하였다. 두 실험에서, 경미한 위반행위가 33% 줄어들었고, 폭행을 포함한 심각한 범죄행위는 37%~38%가량 줄어든 것으로 나타났다.[50] 교도소에서 조사한 결과로 미루어보아, 해롭고 독성이 있는 첨가물이 많은 반사회적인 행동의 원인이 되고 있는 것은 분명하다. 모든 정크푸드를 피하는 것이 바람직하다는 주장이 다시 힘을 얻는 대목이다.

플루오르화물 (불소화합물)

신체의 방어기능을 약하게 하는 요인 중에 플루오르화물도 주의를 기울여야 하는 물질이다. 상업적인 치과치료를 위해 많이 사용되는 이 물질은 사실은 위험한 독성물질로써, 소량의 납, 수은, 베릴륨, 비소와 같은 중금속을 포함하고 있는 산업 폐기물이다.[51] 공식적으로 미국정부가 밝힌 불소를 수돗물에 넣는 이유는 아동의 치아건강을 증진시킨다는 것이다. 그러나 상식적으로 누구나 알고 있듯이, 치아건강은 불소가 없어서가 아니라 식사불균형, 치아의 위생적 관리 부족, 지나친 단 음식 섭취 때문에 위협 받고 있다. 전문가들은 불소는 5세 이전의 아동의 치아를 보호해 준다고 한다.[52] 이 연령대는 전체 인구의 극히 일부에 해당하므로, 이 논란이 많은 화학물질을 나이나 치아 상태와 상관없이 모든 사람들에게 적용하는 것은 수긍하기 어려워 보인다.

불소처리가 아동의 치아 건강상태를 지속적으로 개선시켜 주지 못한다는 증거가 제시되고 있다.[53] 반대로, 불소는 8명의 아동들 중 한 명꼴로 불소 침착증을 유발하여 치아가 얼룩덜룩해지고 탈색이 되는 것으로 조사되고 있다.[54] 미국에서 2003년 발표된 수치에 의하면, 불소처리를 하여도 6~8세 아동의 절반 이상과 15세 이상 아동의 2/3이상이 치아 부패로 고생하고 있는 것으로 나타났다.[55] 또한 지속적으로 불소를 흡수하면 암, 엉덩이 골절, 골다공증, 신장 장애, 기형출산 등의 위험이 높아진다는 주장도 제기되고 있다.[56]

미국 국립암연구소에서 수석화학자로 30년 이상 일하였던 딘 버크 박사(Dean Burk, MD)는 다음과 같이 단언하였다. "불소가 암 사망자 숫자를 늘리고 있으며, 다른 어떤 화학물질보다 빠르게 암으로 사망하게 만든다."[57] 17년 동안의 연구 결과, 국립암연구소는 불소처리를 많이 하면 할수록 젊은이들이 구강암, 뼈에 생기는 희귀성 암인 골육종에 걸릴 확률이 높았다는 사실을 발견하였다.[58] 지난 10년 동안 구강암과 골육종이 증가한 것은 불소처리를 한 수돗물과 치약으로 인하여 불화소다가 발암작용을 하였기 때문으로 보인다.[59]

국립암연구소의 연구결과에도 불구하고, 불소를 찬성하는 사람들은 이 물질의 유해성을 숨기고 부정하는데 안간힘을 쓰고 있다. 2006년에 하버드치과대의 체스터 더글라스교수(Chester Douglass)가 자기가 가르치는 대학원생인 엘리즈 바신(Elise B. Bassin)의 연구결과를 4년 동안 은폐해 온 사건이 드러나면서 학계를 발칵 뒤집어 놓은 일이 가장 대표적인 사례이다. 2001년도 논문에서, 엘리즈 바신은 불소와 암과의 관계를 논하였다. 그 중에서도 특히 젊은이들 사이에 나타나는 골육종과의 관련성에 주목하였다. 엘리즈의 연구결과가 2006년 5월에 발표되자, 과학자들 사이에서 은폐한 사실이 드러나고, 그가 불소를 주로 사용하는 치약제조업자들에게 돈을 받고 자문 역할을 하였다는 사실이 공공연하게 알려져있음에도 불구하고, 하버드 대학은 더글라스 교수에게 과실이 없다며 무혐의 처리 하였다.[60] 500여 통에 이르는 항의서한이 하버드대학의 보크(Bok)총장에게 전달되었다. 그 가운데 암예방연합 의장인 샤무엘 엡스타인(Samuel Epstein)교수는 "이 이해할 수 없는 결정에 대해 완전하고 철저한 해명"을 요구하며 거세게 항의하였다.[61] 이 글을 쓰는 지금도 이 문제는 해결되지 않았다

이 이야기는 이득을 챙기는데 여념이 없는 업자들이 대중의 건강을 위험에 빠뜨리는 것에는 개의치 않고 얼마나 집요하게 자신들의 제품을 보

호하려고 하는가를 보여주는 많은 사례들 중의 하나에 불과하다. 불소가 무해하다는 주장에 대한 진실을 검증하려면, 시판되는 치약 튜브의 경고문을 읽어보면 된다.

"6세 미만의 아동의 손이 닿지 않는 곳에 보관하세요. 양치질을 하는데 실수로 필요이상을 삼키면, 의사의 도움을 받거나, 독극물처리센터에 신속히 연락하시기 바랍니다. 2~6세의 아동은 콩알만큼만 사용하고 아동의 양치질과 헹구는 것을 잘 살펴서 삼키는 것을 최소화해야 합니다."

많은 치약과 유아분유, 상업 목적으로 만들어진 음료는 불소 처리한 물을 사용한다. 이들 제품을 피하도록 매우 세심한 주의를 기울여야 한다.

니코틴과 알코올

흡연으로 건강이 황폐해진다는 사실은 널리 알려져 있지만, 여전히 흡연자의 숫자는 많다. 흡연자들은 담배를 자극제나 긴장완화를 위한 보조 수단으로 사용한다. 두 경우 모두, 원하던 효과는 곧 바로 사라지므로 다시 담배를 피워야 한다. 그래서 스스로를 파괴하는 담배를 줄줄이 피우게 되는 습관을 쉽게 벗어나지 못하게 된다.

담배에서 가장 자극적인 성분은 니코틴인데, 니코틴은 "시아나이드 만큼 신속하게 작용하는 독성과 중독성이 강한 물질 중의 하나"로 정의되어 있다.[62] 그러나 니코틴이 담배의 유일한 독성 물질은 아니다. 담배가 연소 되면서 발생하는 타르는 폐에 달라 붙어 폐기종과 암을 일으킨다.[63] 흡연자들은 타르가 폐에만 손상을 주는 것으로 생각하는 경우가 많다.

그러나 사실은, 담배에 포함된 독성물질은 전체 신체조직에 퍼지면서 해를 가한다. 가령, 방광암은 흡연자들이 절제하는 사람들보다 쉽게 걸린다.[64] 또한 "간접흡연"으로 인한 주위의 가족이나 동료의 피해도 무시할 수 없다.[65] 오늘날까지도 마치 수용 가능한 사회적인 습관처럼 오해 되고 있는 흡연이 사실은 자연적인 신체의 방어기능에 심각한 공격을 가하고 있는 셈이다.

　알코올도 마찬가지이다. 가끔씩 소량으로 섭취하는 것이 가장 이상적이다. 지나치게 섭취하기 시작하면 만성 알코올 중독에 이르기 쉽다. 알코올은 뇌와 간에 독성을 가하고, 위염, 췌장염, 경련이나 정신착란을 일으킬 수 있다. 심하면, 간경변으로 발전하여 사망에 이르게 된다.[66] 간은 가장 중요한 장기이므로, 무분별한 음주가 얼마나 전체 신체조직을 망가뜨리는 지 쉽게 알 수 있다

화장품

　화장품은 니코틴이나 알코올과 같은 독성이 강한 물질에 비해 다소 덜 해로운 것으로 보일 수 있다. 고고학자들이 고대 궁궐과 사원 터에서 귀중한 크림과 로션 등 화장품의 잔해를 발견한 것으로 미루어 보아, 화장품은 외모의 아름다움을 위해 수 천년 동안 사용되어 온 것으로 보인다.

　그러나, 오늘날의 화장품은 고대 바빌론이나 이집트에서 사용한 천연물질과는 판이하게 다르다. 오늘날 화장품은 독성이 있는 파라핀 같은 성분들이 많이 포함되어 있다. 차고 바닥을 청소하거나 엔진의 오일을 제거하는 데 사용하는 황산나트륨 로릴, 발암물질로 의심되는 다이옥신, 자극성이 강한 포름알데히드 등이 화장품에 사용되기도 한다. 모든 독성물질은 신체의 방어기능을 파괴하는데 기여하므로, 독성이 있는 화장품을 포함한 모든 독성 원인물질을 우리 생활에서 제거하는 것이 마땅하다고 생각된다.

　피부에 바르거나 뿌리는 물질은 최고 **60%** 정도가 즉시 흡수되어 곧 바로 혈관에 도달한다. 진통제 성분을 혈관에 제공하는 패치(파스)를 사용하는 것도 이런 원리 때문에 가능하다. 마찬가지로, 파우더, 크림, 향유,

스프레이, 향수 등도 빠른 속도로 조직으로 침투한다. 어떤 자료에 의하면 여성들은 평균 **2kg**가량의 화학물질을 세면용품이나 화장품을 통해 매년 흡수하는 것으로 추정된다.[67] 더 나쁜 것은, 발암성 물질을 포함한 피부를 통해 흡수되는 물질은 신체의 정상적인 대사과정을 거치지 않기 때문에 분해되거나 중화되지 않게 된다.(우리는 여성 환자들에게 항상 말한다. "먹거나 마시고자 하는 것이 아니라면, 피부나 입술에 바르지 마세요. 눈썹에 바르는 연필은 일부 허용하고 있다.)

가장 위험한 "위생"물질 중 하나가 겨드랑에 뿌리는 냄새 제거제이다. 거의 대부분의 제품이 매우 해로운 알루미늄을 포함하고 있고,[68] 대부분의 임파선이 팔 아래 모여있어서 흡수된 독성 물질이 임파계로 흘러 들어가게 되므로 위험성이 높다. 독성이 없고 유기성으로 알려진 크림이나 립스틱도 신체가 땀을 내어 독성물질을 제거하는 기본적인 기능을 방해하므로 피해야 한다.

집중 치료를 받는 환자들이 가끔 밤 중에 땀을 심하게 흘리는 것은 휴식 중에 신체가 독성을 제거하려고 왕성한 활동을 하기 때문이다. 땀을 좋지 못한 것으로 잘 못 알고 있는 환자들은 냄새 제거 크림이나 스프레이를 찾을 지도 모른다. 더운 날이나 신체 운동을 하면서 땀을 흘리는 건강한 사람도 냄새를 없애려는 수고를 할 수 있다. 두 경우 모두 크게 오해하고 있는 것이다. 신체가 땀샘을 통해 해독작용을 하려고 할 때에는 방해하지 말고 그대로 두어야 한다.

탈취제로 겨드랑의 혈관을 막는 것은 독성물질이 가슴이나 어깨 부근의 임파계로 다시 흘러 들어 가게 하여 유방암의 위험성을 높이게 된다. 심지어 남자도 유방암에 걸리게 된다.[69] 남자들도 미용제품을 널리 사용됨에 따라 남자의 유방암 발생도 증가하고 있는 추세이다. 우리는 이런 괴이한 현상의 원인이 많은 남자들이 습관적으로 겨드랑이 탈취제를 사용하기 때문인 것으로 추정하고 있다.

그렇다면 땀을 어떻게 하면 처리할 수 있을까? 먼저, 독성이 있는 음식이나 음료를 피하여 신체가 불필요하게 독성을 제거하기 위해 힘들게 활동하지 않게 배려하는 것이다. 비누와 물이 가장 좋은 세척제이다. 건강한 땀은 냄새가 없고, 이를 없애는데 화학적인 세척제가 없어도 된다.

목욕 후 뿌리는 파우더도 금해야 한다. 털 구멍을 막기도 하고, 아이들이 흡입하면 폐암을 유발하고,[70] 여성들이 생식기 부위에 뿌리면 난소암을 유발하게 된다.[71]

머리 염색약 또한 남녀를 가리지 않고 많은 사람들이 사용하는 독성이 강한 물질이다. 두피는 표피쪽에 혈관이 퍼져있어서 그 위에 닿은 물질은 빠르게 혈관으로 흡수된다. 대부분 염색약은 매우 독성이 강하다.[72] 최근에 나오는 독성이 덜하다고 알려진 식물성 미네랄로 만들어진 제품들도 해로운 물질을 체내로 유입한다. 이런 이유로 거슨요법을 받는 환자들은 어떤 형태의 염색약품도 사용하지 못하게 하고 순한 샴푸만 사용하도록 한다. 환자들은 또한 인공 방향물질을 포함한 향수도 사용하지 못하며, 희석된 순수 글리세린만 건조한 피부에 습기를 제공하기 위해 허용된다. 남성 환자들은 면도 로션과 에어로졸 면도크림을 사용하지 못하게 한다.

회복된 환자들은 천연물질로 만들어진 순하고 독성이 없는 화장품과 미용품을 사용하는 것이 가능하지만, 치료 중인 환자들에게는 엄격히 금한다. 제품을 사기 전에 용기의 주의사항을 자세히 읽어 보아야 한다. 건강을 지키기 위해서 그 정도의 수고는 하여야 할 것이다.

예방접종

예방접종은 생명을 구하기도 하지만, 치명적일 수도 있다. 종두를 처음 발견한 영국의사 제너(Edward Jenner, MD 1749-1823)의 업적을 살펴보기로 하자. 그는 우유를 짜는 여인들이 우두에 걸려 한 동안 경미한 고통을 호소하다가, 나중에 이 때문에 천연두에 면역성을 가지는 것을 관찰하였다. 제너는 자신의 관찰을 통해 경미한 우두에 걸린 것이 더 심각한 형태인 천연두에 면역성을 갖게 한다는 결론을 내렸다.[73] 제너의 가정은 옳았지만, 나중에는 우유를 짜는 여성들이 젊고 건강하여 이들의 면역체계가 제대로 반응하였다는 점을 고려하지 않고 같은 결과를 얻으려고 하였다. 그때 이후 어린 아이들에게 천연두 예방을 위한 면역접종을 시행하였으며 1980년대에 의료 당국은 천연두는 퇴치되었다고 발표하였다.[74]

그러나 수년 동안 미국 아동들은 어린 나이에 DPT예방 접종을 받아오고 있었다. 시카고 소아병원장과 미국 소아과학회장을 지낸 멘델손(Robert S. Mendelsohn, MD 1926-1988)박사는 뇌 손상 등 영구적인 장애를 입은 수 많은 아동들의 사례를 보고하면서 유아에게 면역접종을 하는 것의 위험성에 대해 줄기차게 경고를 하였다. 그는 네바다 의과대학의 토치교수(Dr. William Torch)가 급성유아사망증후군(Sudden Infant Death Syndrome:SIDS)으로 사망한 103명의 아동들 중 2/3가 사망 3주전에 DPT 예방접종을 받았고, 많은 아이들이 접종 다음 날 사망하였다고 보고한 내용을 언급하였다.[75] 1994년의 연구에서는 백일해 예방접종을 받은 아이들이 그렇지 않은 아이들에 비해 5배 이상 많이 천식 진단을 받은 것으로 밝혀졌다.

또 다른 연구는 DPT 주사를 맞은 후 3일 이내에 사망한 아동의 수가 8배 더 많다고 발표하였다.[76] 일본에서는 2세 이하 유아에 대한 면역접종을 금지하자, 급성아동사망증후군이 사실상 사라졌다.[77] 미국에서도 DPT 주사 제조사들이 이 주사로 사망과 피해를 당한 사람들로부터 소송에 휘말리면서, 정부가 DPT주사의 안전성을 보증하고 나서는 일이 벌어

지기도 하였다.78

DPT주사는 미국에서 여전히 사용되고 있다. DPT주사 사용은 과학적이지도 않다. 유아는 아직 면역체계가 자리 잡지 않아 예방접종에 반응하지 않기 때문이다. 아기는 약 6개월치의 면역성을 엄마로부터 가지고 태어난다. 그럼에도 불구하고, 소아과 의사들은 2~3개월 된 소아들에게 DPT예방접종을 하기 시작한다. 이것은 분명히 나중의 자연적인 면역체계 발달을 방해하게 된다.

영국에서도 홍역, 유행성 이하선염, 풍진 등에 대한 예방 접종의 안전성에 대한 논쟁이 불거졌다. 일부 의사들이 이들 예방접종이 자폐증과 내장질환을 일으킬 수 있다고 주장하자,79 의료 당국이 강하게 반대하고 나선 것이다.80 미국에서는 유아와 소아에게 접종되는 백신에 에틸 수은이 들어 있어서 자폐증, 언어장애, 젊은층의 틱장애와 정신질환과 면역질환을 유발한다는 주장이 제기되어 논란이 뜨거웠다.81 현재 일반적으로 시행되는 소아 백신은 에틸수은이 없거나 적게 포함된 형태로 생산되고 있다. 결론적으로, 아직도 당연한 것처럼 여겨지는 예방접종과 관련된 의문점들은 해결되지 않고 있다.

귀중한 의학적 혁신으로 보이는 것들이 상당한 결함을 가지고 있는 것으로 밝혀지기도 한다. 정리해서 말하자면, 식품첨가제, 약물, 환경 독성물질 등으로 인한 화학적 방해는 신체의 자연적인 방어기능을 약화시켜서 심각한 질병을 초래하게 된다. 따라서 다음에서 살펴보게 될 거슨요법으로 신체의 면역기능을 회복시킬 필요가 있는 것이다.

전자기장

모든 생명체는 보이지는 않지만 측정이 가능한 에너지 층인 전자기장에 둘러 쌓여 있다. 수백만년 동안 전자기장은 방해 받지 않고 존재해왔다. 19세기 후반에 영국에서 처음으로 백열 필라멘트 전구가 발명되고, 뒤를 이어 미국에서도 발명되었다. 이 발명으로 전기는 일상 생활에서 없어서는 안될 부분이 되었고, 사용범위가 급속하게 넓혀져 왔다.

현재 지구에 사는 모든 사람들은 정도의 차이는 있지만 전자기장에 노출되어 있다. 램프, 텔레비전, 라디오, 냉장고, 전자레인지, 컴퓨터, 최근에는 휴대폰 등은 모두 눈에 보이지 않는 전자파를 방출한다. 가정 용품과 자연에서 방출되는 전자기파를 합친다면, 우리가 전자기 수프에 빠져 있다고 해도 지나친 표현이 아니며, 이는 필연적으로 건강에 해로운 영향을 주게 될 것이다.

휴대폰의 사용이 전세계적으로 증가함에 따라, 서비스를 위해 점점 더 많은 송신탑이 설치되고 있다. 지금까지 관련 업체들은 송신탑이 근처에 살고 있는 사람들의 건강에 아무런 해를 끼치지 않는다고 주장하고 있지만,[82] 우려하고 있는 사람들은 최근 설치된 송신탑 근처에 사는 사람들에게서 암을 포함한 질병의 발생이 빈번하다는 주장을 제기하고 있다.[83] 수면장애, 두통, 피부발진, 가슴 두근거림, 현기증 등을 호소하는 사람들이 늘어나고 있다.[84]

일부 과학자들도 송신탑의 피해를 염려하는 일반인들과 동의하고 있다. 예를 들면, 노벨상에 두 차례 후보로 거론되었던 베커 박사(Robert O. Becker, MD)는 전자기장의 증가가 "지구 환경을 가장 오염시키는 요인"이라고 주장하였다.[85] 세계보건기구와 유럽의회는 전자기장이 환경에 미치는 영향을 논하기 위한 공청회를 개최하기도 하였다.[86]

"의심스러우면 하지 말라"는 예방 원칙을 따른다면, 도처에 퍼져있는 전자기 스모그의 위험을 제한할 수 있는 가능한 모든 방법이 강구되어야 한다. 휴대폰 사용은 가능한 최소한으로 줄여야 하며, 사용하지 않을 경우에는 전원을 꺼두는 것이 좋으며, 전원이 꺼졌을 때라도 소지하지 않는 것이 좋다. 가능한 핸즈프리 장치를 사용하여 전화기를 머리와 신체에서 멀리하는 것이 바람직하다.

휴대폰뿐만 아니라, 다른 전자 장치들도 수면 중에 전자파에 노출될 수 있으므로 침대 곁에 두지 않는 것이 현명하다. 모든 전자 장비는 사용하지 않으면 전원을 끄고 곁에 두지 말아야 한다. 백합과 같은 일부 화분식물은 해로운 전자파를 흡수하므로 집에 가능한 많이 기르는 것이 좋다.[87]

스트레스: 내부의 적

신체 외부에서 방어기능을 공격하는 요인들과 함께, 스스로 만들어 내는 내부의 적이라 할 수 있는 스트레스도 무시할 수 없다. 스트레스는 오늘날의 정신 없이 분주한 생활에서 불가피한 부분으로 인식되고 있지만, 20세기 전반까지만 하더라도 들어보지 못한 말이었다.

스트레스라는 말은 헝가리 태생의 저명한 내분비학자인 한스 셀레**(Hans Selye, MD,1907-1982)**박사가 처음으로 많은 사람들이 아프지도 건강하지도 않은 상태에서 무기력함으로 고통 받는 원인을 연구하기 시작하면서 생겨났다. 나중에 그는 다음과 같이 말하며 그 원인이 스트레스라고 규정하였다. "스트레스는 신체가 유쾌하거나 불쾌한 상황을 가리지 않고 외부의 자극에 무조건적으로 반응하는 것이다. 스트레스를 어떻게 받아들이느냐에 따라 변화에 성공적으로 적응하기도 하고 그렇지 못하기도 한다."[88] 쉽게 말하자면, 스트레스 그 자체는 나쁘지 않다. 셀레박사의 말을 다시 인용해보면, " 생명체는 건강을 유지하기 위해 일정 수준의 스트레스가 필요하다. 그러나, 시스템이 처리할 수 없는 과도한 스트레스는 병리적 현상을 초래하게 된다."[89]

문제는 현대인들이 실제 혹은 가상의 위험에 접하면, 마치 오래 전 조상들이 맘모스의 공격이나 적의 날카로운 도끼 날에 직면하였을 때 보이는 것과 같은 즉각적인 생물학적인 변화를 초래할 정도의 긴장으로 반응한다는 것이다. "싸우기 아니면 도망가기" 반응이 작동하여 신체는 공격자와 싸우거나 신속하게 도망가는데 필요한 엄청난 에너지를 방출하게 된다. 위험을 인지하게 되면 뇌하수체-부신피질은 싸우거나 도망가는데 필요한 호르몬을 신속히 분비하게 된다. 심장박동은 증가하고, 혈당 수치가 높아지고, 동공은 팽창하여 더 잘 보게 되고, 소화기관은 소화를 늦추고 팔다리로 에너지를 보내게 된다. 아드레날린과 코티졸(일명, "스트레스 호르몬"이라고 하며 스트레스 상황에서 심장박동, 심혈관 활동을 조절해주는 기능을 한다.)이 생성된다. 이 모든 변화는 적을 이기거나 안전한 상태로 벗어나 위험 상황이 지나가면 사라진다.

오늘날의 위협은 대부분이 비폭력적인 것들로써, 제대로 배출되지 못하면, 좌절감, 분노, 억압된 긴장을 가지게 한다. 쉽게 말해, 지나칠 정도로 비판적인 직장 상사나 미칠 지경인 교통혼잡에서 벗어날 수가 없는 상황에 처한 현대인은 비정상적으로 각성된 상태에서 대부분의 시간을 보내게 된다. 동굴에서 생활하였던 조상들과 마찬가지로, 현대인들도 위험의 인식·저항·에너지 소진의 3단계를 거치게 되는 것이다. 자연적으로, 스트레스로 인한 호르몬의 변화는 과도긴장, 관상동맥혈전,[90] 뇌출혈, 위와 십이지장 궤양,[91] 동맥경화,[92] 관절염, 신장병, 알레르기 반응 등 많은 질병을 초래하게 된다.[93] 가장 심각한 것은 면역시스템이 약해진다는 점이다.

살아가면서 심각한 스트레스 시기를 몇 차례쯤 겪지 않는 사람은 없을 것이다. 사업 실패, 재정적 어려움, 채무, 이혼, 가족의 질병, 실직 등 그 원인은 헤아릴 수 없이 많을 것이다. 사람들은 스트레스를 극복하기 위해 일하는데 시간을 더 많이 보내고, 정크 푸드와 건강에 해로운 스낵을 먹고, 불면증을 달래기 위해 수면제를 먹고, 낮에 일을 하기 위해 각성제를 먹고, 더 많은 커피와 알코올을 마시고 담배를 피우게 되는데, 결과적으로는 더 심한 질병으로 고생하게 된다. 스트레스 자체보다 스트레스에 반응하는 방식이 고통을 더 악화시킨다. 이미 간을 손상 당하여 다른 신체부위에 독성이 쌓이고 영양이 결핍되어 셀레 박사가 말한 "건강 저하 상태(sub-healthy)"에 있는 사람들에게, 스트레스와 그로 인한 후유증은 속담처럼 "낙타의 등을 부러뜨리는 마지막 지푸라기" 역할을 하게 된다.

  스트레스는 신체의 방어기능을 떨어뜨리는 가장 주된 요인으로 인식되어야 하며 현명하게 다룰 필요가 있다. 긴장을 푸는 기술, 요가, 호흡연습, 상담을 통해 인생에서 피할 수 없는 혼란과 고통에 대처하는 방식을 개선하는 도움을 얻을 수 있다.(25장 "스트레스와 긴장 해소 참고") 최적의 영양공급과 함께, 앞서 언급한 활동을 통해 셀레 박사가 말한 "고통 없는 스트레스" 상태를 유지할 수 있을 것이다.94

---

*참고자료

1. M. Gerson, A Cancer Therapy: Results of Fifty Cases and The Cure of Advanced Cancer by Diet Therapy: A Summary of Thirty Years of Clinical Experimentation, 6th ed. (San Diego, CA: Gerson Institute, 1999).
2. Ibid., pp. 145-173.
3. B. P. Baker, Charles M. Benbrook, E. Groth III and K. Lutz Benbrook, "Pesticide residues in conventional, integrated pest management (IPM)grown and organic

foods: insights from three US data sets," Taylor and Francis Ltd., Food Additives and Contaminants 19 (5) (May 2002): 427446(20).
4. State of the Union address by Richard M. Nixon (1970), which led to the National Cancer Act of 1971.
5. Dispatches from the "War on Cancer, Special Report," U.S. News & World Report (Feb. 5, 1995).
6. Ibid.
7. "Probability of Developing Invasive Cancers Over Selected Age Intervals by Sex, US, 2001 to 2003," American Cancer Society, Surveillance Research (2007) (www.cancer.org/downloads/stt/CFF2007ProbDevelInvCancer.pdf).
8. "Chasing the cancer answer," Canadian Broadcasting Corporation broadcast (Mar. 5, 2006).
9. L. Hardell and M. Eriksson, "A case-control study of non-Hodgkin lymphoma and exposure to pesticides," Cancer 85 (6) (1999): 1353-1360.
10. L. Hardell, "Relation of soft-tissue sarcoma, malignant lymphoma and colon cancer to phenoxy acids, chlorophenols and other agents," Scandinavian Journal of Work, Environment, and Health 7 (2) (1981): 119-130.
11. Charles M. Benbrook, MD, "Evidence of the Magnitude and Consequences of the Roundup Ready Soybean Yield Drag from University-Based Varietal Trials in 1998," Ag BioTech InfoNet Technical Paper, No. 1 (Jul. 13, 1999).
12. hairy cell leukaemia evaluated in a case-control study," British Journal of Cancer 77 (1998): 2048-2052.
13. Caroline Fox, "Glyphosate Factsheet," Journal of Pesticide Reform 108 (3) (Fall 1998).
14. Gina M. Solomon, MD, "Breast Cancer and the Environment," School of Medicine, University of California, San Francisco, and the Natural Resources Defense Council (revised April 2003) (www.healthandenvironment.org/breast_cancer/peer_reviewed).
15. Elizabeth Carlsen, et al., "Evidence for decreasing quality of semen during the past 50 years," British Medical Journal 305 (1992): 609-613.
16. Annette Abell, et al., "High sperm density among members of organic farmers' association," The Lancet 343 (June 11, 1994): 1498.
17. "UK Breast Cancer statistics," Cancer Research UK, (http://info.cancerresearchuk.org/cancerstats/types/breast/).
18. Ibid.

19. G. Lean, "Revealed: health fears over secret study into GM food," The Independent on Sunday (London) (May 22, 2005).
20. Carolyn Dean, MD, Death by Modern Medicine (Belleville, Ontario: Matrix Verite, by Medicine" (www.healthe-livingnews.com/articles/ death_by_medicine_part_1.html). For their statistics on the number and cost of annual U.S. adverse drug reaction deaths, see also J. Lazarou, B. Pomeranz and P. Corey, "Incidence of adverse drug reactions in hospitalized patients," Journal of the American Medical Association 279 (1998):1200-1205; D. C. Suh, B. S. Woodall, S. K. Shin and E. R. Hermes-De Santis, "Clinical and economic impact of adverse drug reactions in hospitalized patients," Annals of Pharmacotherapy 34 (12) (December 2000): 1373-9; Abram Hoffer, MD, "Over the counter drugs," Journal of Orthomolecular Medicine (Ontario, Canada) (May 2003). It is reprinted in Death by Modern Medicine (supra), Appendix C, pp. 349-58.
21. "News Release: Merck Announces Voluntary Worldwide Withdrawal of VIOXX?" (Whitehouse Station, NJ: Merck & Co., Inc., Sept. 30, 2004).
22. Note 20 (Dean), supra, p. 182. ("The FDA covered itself by telling Merck to amend their package insert for Vioxx to include precautions about cardiovascular disease, but on the other hand it still let the drug be mas marketed on the media.")
23. Mike Adams, "Health freedom action alert: FDA attempting to regulate supplements, herbs and juices as 'drugs,' " NewsTarget/Truth Publishing (Tuscon) (Apr. 11, 2007).
24. PDR Drug information for RITALIN? HYDROCHLORIDE (Novartis) (methylphenidate hydrochloride) tablets USP RITALIN-SR? (methylphenidate hydrochloride) USP sustained-release tablets (www.ritalindeath.com/Ritalin-PDR.htm).
25. "Learning and Learning Disabilities: Ritalin Side Effects," Audiblox (www.audiblox2000.com/learning_disabilities/ritalin.htm).
26. Peter R. Breggin, Talking Back to Ritalin (Monroe, ME: Common Courage Press, 1998).
27. "Ritalin: Keeping Kids Cool and in School" ("There are currently an estimated 5 million school-age children on the drug. Another 2 million children are thought to be on other psychiatric drugs, such as Adderall and Dexedrine. Production of these drugs has grown 2000%, according to the Drug Enforcement Agency.") (Keeping-Kids-Cool-in-School.html).

28. Note 20 (Dean/Null), supra. For their statistics on the number and cost of annual U.S. adverse drug reaction deaths, see also J. Lazarou, B. Pomeranz, and P. Corey, "Incidence of adverse drug reactions in hospitalized patients," Journal of the American Medical Association 279 (1998): 12001205;D. C. Suh, B. S. Woodall, S. K. Shin, and E. R. Hermes-De Santis, "Clinical and economic impact of adverse drug reactions in hospitalized patients," Annals of Pharmacotherapy 34 (12) (December 2000): 1373-9.
29. Richard Mackarness, Eat Fat and Grow Slim (London: Harvill Press, 1958; London: Fontana/Collins, revised and extended edition, 1975).
30. Tuula E. Tuormaa, "The Adverse Effects of Food Additives on Health," Journal of Orthomolecular Medicine 9 (4) (1994): 225-243.
31. The Nutrasweet Co. (www.nutrasweet.com).
32. "Aspartame, Decision of the Public Board of Inquiry" (Sept. 30, 1980), Department of Health and Human Services, Food and Drug Administration [Docket number 75F-0355] (www.sweetpoison.com/ articles/pdfs/fdapetition.pdf).
33. Ibid. Note 20 (Dean), supra.
34. Betty Martini, MD, "Aspartame: No Hoax, Crime of the Century (Front Groups in Violation of Title 18, Section 1001 When They Lie About the Aspartame Issue and Stumble Others)" (Duluth, GA), Mission Possible International (Jul. 18, 2004) (www.wnho.net/aspartame_no_hoax.htm).
35. Luis Elsas testifies before Congress. Animals developed brain tumors; see also Note 34. (Martini), supra.
36. Ibid.
37. H. J. Roberts, MD, Defense against Alzheimer's Disease (West Palm Beach, FL: Sunshine Sentinel Press, January 1995); see also Note 20 Dean), supra.
38. John E. and T. M. Erb, The Slow Poisoning of America (available on-line at https://www.spofamerica.com).
39. Ibid.
40. Note 34 (Martini), supra.
41. Note 38 (Erb), supra.
42. J. E. Chavarro, J. W. Rick-Edwards, B. A. Rosner and W. C. Willett, "Dietary fatty acid intake and the risk of ovulatory infertility," American Journal of Clinical Nutrition 85 (1) (January 2007): 231-237.
43. Alex Richardson, MD, "Brain food: Why the Government wants your child to take

Omega-3, the fish oil supplement," Food and Behaviour Research (Jun. 11, 2006) (www.fabresearch.org/view_item.aspx?item_id=956).
44. "Diet, Nutrition and the Prevention of Chronic Diseases," World Health Organization, report of a Joint WHO/FAO Expert Consultation, WHO Technical Report Series 916 (2003).
45. Jeremy Laurence, Health Editor, "Should trans fats be banned?," The Independent (Nov. 17, 2006).
46. D. Mozaffarian, et al., "Trans Fatty Acids and Cardiovascular Disease," New England Journal of Medicine 15 (354) (Apr. 13, 2006): 1601-1613; see also "Trans Fatty Acids and Coronary Heart Disease" ("트랜스 지방과 심장질환의 관계에 대한 최근 연구에서, HSPH연구자들은 식품산업에서 트랜스 지방을 제외하면 수만 명의 미국인들이 심장마비와 기타 심장질환으로 사망하는 것을 예방할 수 있다는 사실을 밝혔다. 이 자료는 2006년 4월 3일 New England Journal of Medicine에 발표되었다. 트랜스 지방은 관상동맥 질환의 발병을 증가시킨다. 1994년의 보고서에 의하면, 연간 3만 명이 트랜스 지방을 소비하므로써 사망에 이르는 것으로 추산하고 있다." Note: W. C. Willett, A. Ascherio, "Trans fatty acids: Are the effects only marginal?," Am J Public Health 1994; 84: 722-724.) (www.hsph.harvard.edu/reviews/transfats.html)
47. Interview with Richard A. Passwater, "Health Risks from Processed Foods and the Dangers of Trans Fats."
48. "Food Labeling: Trans Fatty Acids in Nutrition Labeling . . ." U.S. Department of Health and Human Services, FDA 21 CFR Part 101, Federal Register (Jul. 11, 2003), p. 41434.
49. "What we can say.the quality and benefits of organic food," British Soil Association information sheet, Version 4 (Nov. 24, 2005).
50. B. Gesch, London press conference, Royal College of Psychiatrists (Jun. 25, 2002); S. Schoenthaler, Anti-Ageing Medical Publications, Vol. III. (Marina del Rey, CA: Health Quest Publications, 1999).
51. Emma Young, "Trace arsenic in water raises cancer risk," New Scientist (Sept. 14, 2001).
52. J. A. Brunette and J. P. Carlos, "Recent Trends in Dental Caries in U.S. Children and the Effect of Water Fluoridation," Journal of Dental Research 69 (Spec. Issue February 1990): 723-727.
53. Ibid.

54. M. A. Awad, J. A. Hargreaves, and G. W. Thompson, "Dental Caries and Fluorosis in 7-9 and 11-14 Year Old Children Who Received Fluoride Supplements from Birth," Journal of the Canadian Dental Association 60 (4) (1991): 318-322.
55. C. H. Shiboski, et al., "The association of early childhood caries and race/ethnicity among California preschool children," Journal of Public Health Dentistry 63 (1) (2003): 38-46.
56. Elise B. Bassin, D. Wypij, R. B. Davis and M. A. Mittleman, "Age-specific Fluoride exposure in drinking water and osteosarcoma (United States)," Cancer Causes and Control 17 (2006): 421-428.
57. Dean Burk, MD, Congressional Record (Jul. 21, 1976).
58. Perry D. Cohn, "A Brief Report on the Association of Drinking Water Fluoridation and the Incidence of Osteosarcoma Among Young Males," Environmental Health Service, New Jersey Department of Health (Nov. 8, 1992). In 1992, the New Jersey State Department of Health released the results of a study which found six times more bone cancer among males under the age of 20 living in communities with fluoridated water.
59. K. H. Gelberg, E. F. Fitzgerald, S. Hwang and R. Dubrow, "Fluoride exposure and childhood osteosarcoma a case control study, American Journal of Public Health 85 (1995): 1678-1683; see also J. K. Maurer, M. C. Cheng, B. G. Boysen and R. I. Anderson, "Two-year carcinogenicity study of sodium fluoride in rats," Journal, National Cancer Institute 82 (1990): 1118-1126.
60. Juliet Eilperin, "Professor at Harvard Is Being Investigated, Fluoride-Cancer Link May Have Been Hidden," The Washington Post(Jul. 13, 2005), p. A03.
61. Letter from Professor Samuel Epstein to Harvard University President Derek C. Bok (Aug. 31, 2006).
62. Taber' s Cyclopedic Medical Dictionary (Philadelphia: F. A. Davis Company, 1993).
63. "Questions About Smoking, Tobacco, and Health," American Cancer Society (www.cancer.org/docroot/PED/content/PED_10_2x_Questions_About_Smoking_Tobacco_and_Health.asp).
64. "Detailed Guide: Bladder Cancer, What Are the Risk Factors for Bladder Cancer,?" Society (cri_2_4_2x_what_are_the_risk_factors_for_bladder_cancer_44.asp).
65. "Secondhand Smoke.It Takes Your Breath Away: Secondhand Smoke is unhealthy …" New York State Department of Health (www.health.state.ny.us/prevention/tobacco_control/second/second.htm).

66. Howard J. Worman, MD, "Alcoholic Liver Disease," Columbia University Department of Medicine (http://cpmcnet.columbia.edu/dept/gi/alcohol.html).
67. "Is make-up making you sick? The hidden dangers on your bathroom shelf," The Telegraph (UK) (Mar. 18, 2005).
68. M. S. Petrik, M. C. Wong, R. C. Tabata, R. F. Garry and C. A. Shaw, "Aluminum adjuvant linked to gulf war illness induces motor neuron death in mice," Neuromolecular Medicine 9 (1) (2007): 83-100.
69. P. D. Darbre, et al., "Chemical Used in Deodorant Found in Breast Cancer Tissue," Journal of Applied Toxicology 24 (1) (2004).
70. M. A. Hollinger, "Pulmonary toxicity of inhaled and intravenous talc," Toxicology Letters 52 (1990): 121-127.
71. B. L. Harlow, D. W. Cramer, D. A. Bell and W. R. Welch, "Perineal exposure to talc and ovarian cancer risk," Obstetrics & Gynecology 80 (1992): 19-26.
72. F. N. Marzulli, S. Green and H. K. Haibach, "Hair dye toxicity.a review," Journal of Environmental Pathology, Toxicology and Oncology 1 (4) (March-April 1978): 509-30.
73. John Baron and H. Colburn, "The life of Edward Jenner," with illustrations of his doctrines, and selections from his correspondence (London, 1838).
74. "What You Should Know About a Smallpox Outbreak," Department of Health and Human Services, Centers for Disease Control and Prevention z (www.bt.cdc.gov/agent/smallpox/basics/outbreak.asp).
75. Robert S. Mendelsohn, MD, "The Medical Time Bomb Of Immunization Against Disease," East West Journal (November 1984) (vaccines/mendelsohn.html).
76. Shirley' s Wellness Cafe (cafe.com/vaccine_sids.htm)
77. Personal communication to Charlotte Gerson from Professor Takaho Watayo, MD, Subdirector of the Ohtsuka Hospital in Tokyo (September2006).
78. National Vaccine Injury Compensation Program (Oct. 1, 1988).
79. Bill Parish, "MMR Vaccine and Subsequent Cases of Autism Suspected," Sightings, Parish s& Company (May 23, 2000), FreeRepublic.com (www.freerepublic.com/forum/a3931156b1dee.htm).
80. "Frequently asked questions about Measles Vaccine and Inflammatory Bowel Disease (IBD)," Department of Health and Human Services, Centers for Disease Control and Prevention (autism/ibd.htm).
81. James F. and Phyllis A. Balch, Prescription For Dietary Wellness: Using Foods to

Heal, 2d ed. (New York: Avery (Penguin Group), May 26, 2003).
82. "Cell Phone Facts: Consumer Information on Wireless Phones," U.S. Food and Drug Administration (www.fda.gov/cellphones/qa.html#4).
83. "Cancer clusters at phone masts," The London Sunday Times (Apr. 22, 2007).
84. Eileen O' Connor, "EMF Discussion Group at the Health Protection Agency for Radiation Protection (HPA-RPD) on 2nd March 2006" (October 2006), Mobile Phone/Mast Radiation (www.mast-victims.org/index.php?content=journal&action=view&type=journal&id=111). "Six other short-term mobile phone mast studies have also found significant health effects such as headaches, dizziness, depression, fatigue, sleep disorder, difficulty in concentration and cardiovascular problems: "1) H-P Hutter, H Moshammer, P Wallner and M Kundi (http://oem.bmjjournals.com/cgi/content/abstract/63/5/307) Subjective symptoms, sleeping problems, and cognitive performance in subjects living near mobile phone base stations: Conclusion: Despite very low exposure to HF-EMF, effects on wellbeing and performance cannot be ruled out, as shown by recently obtained experimental results; however, mechanisms of action at these low levels are unknown. . . . "2) Santini et al (Paris) [Pathologie Biologie (Paris)] 2002 (http://www.emrnetwork.org/position/santini_hearing_march6_02.pdf) "3) Netherlands Ministries of Economic Affairs, Housing, Spatial Planning and Environment and Health Welfare and Sport. (TNO) 2003 "4) The Microwave Syndrome . Further Aspect of a Spanish Study. Oberfeld Gerd. Press International Conference in Kos (Greece), 2004 (http://www.mindfully.org/Technology/2004/Microwave-Syndrome Oberfeld1may04.htm) "5) Austrian scientists Dr Gerd Oberfeld send out a press release 1 May 2005 with this report: 'A study in Austria examined radiation from a mobile phone mast at a distance of 80 metres; EEG tests of 12 electro sensitive people proved significant changes in the electrical currents of the brains. Volunteers for the test reported symptoms like buzzing in the head, palpitations of the heart, un-wellness, light headedness, anxiety, breathlessness, respiratory problems, nervousness, agitation, headache, tinnitus, heat sensation and depression. "6) Bamberg, Germany 26-April, 2005 Dr C Waldmann-Selsam, Dr U. Saeger, Bamberg, Oberfranken evaluated the medical complaints of 356 people who have had long-term [radiation] exposure in their homes from pulsed high frequency magnetic fields (from mobile phone base stations, from cord-less DECT telephones, amongst

others)." See also Warren Brodey, MD, "Radiation and Health," Oslo, Norway (Sept. 13, 2006), p. 14 (www.computer-clear.com/radiation_and_health.pdf).
85. Linda Moulton Howe, "British Cell Phone Safety Alert and An Interview with Robert O. Becker, MD," Council on Wireless Technology Impacts (www.energyfields.org/science/becker.html).
86. "Minutes of the Seventh International Advisory Committee Meeting," The International EMF Project (Geneva), World Health Organization (Jun. 6-7, 2002) (www.who.int/peh-emf/publications/ IAC_minutes_2002MR_update.pdf).
87. Mary Lambert, Clearing the Clutter for Good Feng Shui (New York: Michael Friedman Publishing Group, Jan. 1, 2001). Lambert suggests that the following plants are especially good for absorbing electromagnetic emissions from computers and other electronics: Peace Lily, Peperomias, Cirrus peruvianus (a cactus) and Dwarf Banana Plants. Studies conducted by the National Aeronautics and Space Administration have shown it to be particularly effective in absorbing formaldehyde, xylene, benzene and carbon monoxide from the air in homes or offices.
88. Hans Selye, MD, The Stress of Life (New York: McGraw-Hill, 1956).
89. Hans Selye, MD, "The stress concept and some of its implications," in Vernon Hamilton and David M. Warburton, Human Stress and Cognition: An Information Processing Approach (New York: John Wiley and Sons Ltd., 1979).
90. Vijay Sood and R. N. Chakravarti, "Systemic stress in the production of cardiac thrombosis in hypercholesterolaemic rats," Research in Experimental Medicine 167 (1) (February 1976): 31-45.
91. "Digestive Disorders: Stomach and Duodenal Ulcers (Peptic Ulcers)," University of Maryland Medical Center (www.umm.edu/digest/ulcers.htm).
92. E. C. Lattime and H. R. Strausser, "Arteriosclerosis: is stress-induced immune suppression a risk factor?," Science198 (4314) (Oct. 21, 1977):302-303.
93. M. Lekander, "The immune system is affected by psychological factors. High stress levels can change susceptibility to infection and allergy," Lakartidningen 96 (44) (Nov. 3, 1999): 4807-11.
94. Hans Selye,MD, Stress Without Distress (Philadelphia, PA: Lippincott, 1974).

제 **6** 장

현대문명으로 인한 질병

    21세기의 고도로 발달된 현대 문명 속에 사는 많은 사람들이 건강하고 좋은 체력을 갖고 있기 보다, 불과 몇 세대 전에는 접할 수 없던 질병으로 고통 받고 있다는 것은 놀라운 현실이다. 게다가, 이러한 질병들이 더 이상 중년기나 노년기에 제한되지 않고, 더 어린 세대들을 공격하고 있다. 이 질병들은 다른 질병들에 비해 최근에 발생했기 때문에 종종 "현대 문명병"이라고 불린다.

    이는 마치 이들 질병이 전례 없는 기술적 발전, 편안함, 대량 소비를 위해 당연히 치러야 하는 대가인 것처럼 들린다. 다시 말해서, 오늘날 자연을 거슬러 과도하게 문명화 된 삶의 방식에 따른 직접적인 결과인 것이다. 이것이 사실이든, 사실이 아니든지 간에, 전통적인 의학은 이 새로운 질병들을 치료 불가능하다고 간주한다. 현대 의학이 제공할 수 있는 것은 증상에 따라 어느 정도 한정된 시간 동안만 효과가 있고, 심각한 부작용이 따르는 치료법뿐이다.

    현대인의 건강 악화를 가져온 주된 요인은 무엇일까? 일반적으로 받아들여지고 있는 요인으로는 공기, 수질, 토양의 광범위한 오염, 기후 변화,

소음, 범죄, 전반적인 불안정, 사회적 긴장, 스트레스, 삶의 많은 영역에서의 법과 질서 붕괴 등이다. 이 모든 것은 사실이고 설득력이 있다. 이상하게도, 모든 사람들에게 영향을 주는 한 가지 중요한 요인이 포함되어 있지 않다. 즉, 지난 세기 동안 산업화된 사회에서의 식단의 변화가 제외되었다.(3장, "적을 바로 알기"참조)

우리가 살면서 매일 소비하는 음식과 음료의 질이 우리의 건강 상태에 지대한 영향을 미친다는 것을 고려한다면, 이것이 제외되었다는 것은 놀라운 일이다. 의사가 되기 위한 교육에서 영양학이 빠져있음을 상기해보면, 이는 놀라운 사실이 아니라 할 수 있다. 무지로 인하여 의사들에게서 공식적으로 불치병 판정을 받은 환자들을 치유 가능한 상태로 바꿀 수 있는 강력하지만 부드러운 치료법을 배제한 것이다. 한가지 바라는 것은, 미래의 언젠가는 이 치료법이 주류 의학에 속하게 되는 것이다.

거슨요법은 수십 년 간 대부분의 "현대문명병"을 성공적으로 치료해 오고 있는 영양 프로그램이다. 이 장에서 그 현대 문명의 질병들 중 몇몇을 살펴보고 '면역 체계를 회복하고 모든 신체 방어력을 회복해야 한다'는 거슨요법의 철학과 논리가 병을 치료할 수 있음을 설명한다.

죽음의 질병 퇴치

암

다음에 살펴 볼 모든 질병들 중에서 암은 의심할 여지 없이 모든 사람들에게 가장 심한 공포를 주는 대상이다. 암의 발생 건수는 날로 증가하고 있고, 전통적 치료의 부작용은 파괴적이며, 사망률도 높다. 무엇보다도 암은 명백한 불치병으로 남아있다. 이 모든 점들을 고려해보면, 대부분 사람들이 암을 공포의 대상으로 여기는 것은 어쩌면 당연한 일이라

할 수 있다.

이 공포의 질병을 더 자세히 살펴 보면, 200종 이상의 다른 종이 존재하며, 의학사전에는 "정상 조직을 앗아가는 통제불가능한 세포의 성장"[1]이라고 기술되어 있다. 의학 사전에 나와 있는 정의는 몇몇 의문점을 제기한다. 왜 그 성장은 통제 불가능한가? 그렇다면 정상적인 통제는 무엇이며 왜 그 통제에 실패하는가? 암은 왜 죽음의 질병인가? "통제 불가능한" 성장은 소위 양성 종양에 속할 수 있다. 양성 종양은 전이되지 않고, 쉽게 깨끗하게 제거할 수 있으며 일반적으로 재발하지 않는다. 그렇다면 어떻게 양성종양이 악성 종양으로 변하는가?

양성종양은 암이 아니며 신체내 조직이 아닌 이질적인 세포의 성장이며, 신체의 방어기능이 이른 시기에 무너지고 있음을 나타낸다. 양성종양은 반드시 재발하지는 않으나 신체 저항력이 계속 약해지면 어느 순간 악성으로 바뀌게 된다. 종양이 근처의 조직을 공격하고, 종양 세포를 혈류 내로 방출하게 되면 악성 종양으로 판단된다. 이 세포들은 신체 내를 순환하며 다른 조직에 전이되어 종양세포를 형성할 수 있다. 이러한 과정에서, 세포들은 필수 장기를 공격하고 파괴하여 죽음에 이르게 한다.

신체는 내적 환경을 기능적으로 평형 상태를 유지하려는 항상성을 갖고 있다.(4장, "신체의 방어기능" 참조) 암은 세포 붕괴로 인하여 평형 상태가 깨어지는 데, 다양한 화학 제품, 특히 발암성물질, 바이러스, 방사선, 자외선, 담배 등에 의해 평형이 깨어진다. 흥미롭게도, 암을 치료하기 위해 사용되는 독성 화학 물질이나 잘못된 식이요법에의해서도 발생할 수 있다.[2]

신체의 방어시스템은 성장 가능성을 가진 악성 세포를 인식하여, 파괴하거나 신체 내로 들어오는 것을 허용하지 않는다. 따라서 정상적인 기능을 하는 신체에는 암이 발생할 수 없다. 면역 체계는 방어 기제들 중에서도 중요한 역할을 한다. 면역체계는 악성 세포를 세균이나 바이러스와 같은 외부의 침입자로 인식하여, 공격하고 파괴한다. 그러나 면역체계는 다른 방어 기제(예를 들어, 효소, 호르몬 체계와 적절한 미네랄 균형)과 더불어 적절한 영양분이 필요한 장기와 호르몬샘으로 구성 되어 있고, 이는 다른 독소에 의해 방해를 받지 않는 한 기능을 발휘할 수 있다. 면역체계가 제대로 작동할 여건이 조성되지 않으면, 방어기제는 임무를 제대로 수행하지 못하게 되어 악성 세포가 살아 남아 증식하는 것을 막을 수 없다.

암은 현미경으로 관찰했을 때 조직의 종류에 따라 각각의 세포들이 다르게 보이기 때문에 200개 이상의 다른 종류가 있다고 말한다. 종류는 많지만 모든 경우에 있어, 암은 본질적으로 세포가 통제 범위를 넘어서 증식된다. 이 정의에 의하면 골수에 영향을 주기 때문에, 고형종양(solid tumor) 그룹에 속하지는 않지만 악성 세포가 지나치게 증식되어 생기는 백혈병과 골수종도 암에 포함된다.

몇몇의 암은 고형종양의 원인이 되기보다, 조직으로 전이되어 그 조직을 파괴하여 심각한 외상을 일으킨다. 일반적으로 종양의 가장자리는 접촉하고 있는 건강한 조직을 침입하여 파괴하는 악성 조직으로 채워진 돌기로 구성된다. 이런 종류의 암들도 증식한다.

암은 처음 발생한 조직에 따라 2가지 큰 범주 밑에 여러 가지 작은 범주로 나눠진다. 모든 장기와 혈관, 신체의 점막을 나누는 상피 조직에서 비롯된 암들은 암종(carcinoma)이라고 불린다. 암종은 많은 수의 악성 종양을 대표한다. 결합조직, 뼈, 혈관, 림프계에서 발생한 암들은 육종(sarcoma)이라고 불린다. 거슨요법은 이 두 종류의 암에 모두 효과적이며, 종류에 따라 약간의 조정이 요구된다.

가장 공격적인 흑색종, 공격적 임파종, 소세포 폐암은 거슨요법에 가장 빠르게 반응하고, 정상세포로부터 가장 특이하게 변형된다. 따라서 거슨 요법으로 회복된 면역체계는 암들을 쉽게 인식할 수 있다. 심지어 난소암으로 화학요법을 받은 환자도 놀라울 정도의 회복결과를 보여 준다. 물론, 다른 악성 종양들도 거슨요법에 반응한다. 그러나 거슨 박사가 지적했듯이 유방암, 전립선 암과 같은 선천적인 몇몇 암은 입구와 출구가 종양 세포로 막힌 분비기관에 위치한다. 그 결과 효소와 면역 물질이 풍부하고 산소를 공급 받은 신선한 피가 악성 세포에 도착하여 악성 세포를 죽이는 것을 방해받을 수 있다. 시간이 지나면, 막힌 곳이 뚫리고 종양도 파괴된다. 유방암과 전립선암을 줄이는데 오랜 시간이 걸리는 것은 바로 이런 이유 때문이다.

  환자들은 종양이 사라졌다 할지라도 아직 완치되지 않았음을 이해해야 한다. 거슨 박사는 암에서 종양은 질병 자체가 아니라, 신체 체계의 근본적 붕괴 증상일 뿐이라고 인식하였던 점에서 종래의 암 연구와는 분명하게 다른 입장이었다. 다시 말해서, 암은 어느 하나의 종양이 아니라 몸의 유기체 전체가 관여하는 과정이라는 것이다

  따라서, 종양이 사라졌다는 것은 환자 생명의 위협 요인을 제거한 것에 지나지 않음을 이해하는 것이 가장 중요하다. 완치되었다는 것과는 의미가 다르다. 사실, 모든 완전한 치유는 최상의 유기농 식품과 지속적인 해독으로 환자의 모든 장기들이 회복되고, 완전히 재생되었을 때만 일어날 수 있다. 치유는 오직 손상된 간의 독성이 깨끗이 없어지고, 가능한 정상적인 간에 가깝게 재생될 때 완성된다. 그러나 간기능이 얼마나 회복되었는지 보여주는 검사가 존재하지 않아 어려움이 있다. 간 효소 검사는 유용하기는 하지만 완전하지는 못하다. 악성 종양을 여전히 갖고 있는 환자가, 검사 결과는 "정상적"으로 나올 수 있다. 혈액 화학법, 혈구수 측정과 소변 검사는 기본 장기들이 신체를 치료할 수 있을 정도로 다시 기

능하는 지를 보여줄 뿐이다.

회복한 환자가 이 사실을 듣는다면, 아마 불안과 실망을 느낄지도 모른다. 그러나 무엇보다 완전한 치유에 이르는 것이 중요하다. 그리고 완전한 치유에 대한 필요성을 충분히 이해하지 못하면, 위험이 따르게 된다. 모든 검사들이 "정상"으로 돌아왔다고 나타났을 때, 종양은 더 이상 드러나지 않게 된다. 그러면 거슨 이론을 잘 모르는 의사는 환자에게 "모든 실제적인 검사의 결과에 따라" 그들이 완치되었다고 말한다. 그 말을 듣고 환자들은 치료를 중단하여, 병이 재발되고 심하면 죽음에 이른다. 불행히도, 이러한 상황은 많은 노력, 희망 그리고 귀중한 생명을 낭비하면서 몇 번이고 되풀이 되고 있다

〈사례〉

거슨요법은 오랜 세월 동안 성공적으로 많은 암 환자들을 치료하였다. 따라서 여기에 일일히 열거하기에는 공간이 부족할 만큼 많은 사례 연구가 존재한다. 다양한 종류의 암을 치료했던 기록을 담은 책자가 있다.(추가 참고자료 참조) 여기서는 악성 종양이 나타나기 전에 어떻게 신체가 점점 손상 받는지를 설명해 주는 두 가지 사례를 살펴보고자 한다. 두 사례의 환자 모두 암으로 고통 받기엔 너무 젊은 나이(32세, 42세)였다.

D. L.은 3살에 폐렴을 앓았었다. 1년 후 그녀는 맹장 수술을 받았다. 10대때에는 경미한 병을 겪었고, 20대 초반에 방광염이 진행되어 항생제로 치료 받았다. 항생제로 감염은 극복하였으나 칸디다균(Candida)에 감염되었다. 약으로 문제는 해결 되었으나 방광염이 재발하여 다시 몇 년간 주기적으로 항생제로 다스렸다. D. L.은 우울증에 시달렸고, 항우울제 치료를 받았다. 계속된 약물 치료 후에, 기존의 치료로는 더 이상 치료가 되지 않는 공격적인 임파종이 생겼다. 그녀는 약물 치료 대신에 골수 이식

을 제안 받았다. 그러나 이 제안을 거절하고 집중적인 거슨요법을 시작했고, 3년간 믿음을 갖고 따랐다. 3년 후, 그녀는 임파종, 방광염, 칸디다균과 우울증 증상으로부터 자유로워졌고, 그 이후로 여전히 건강을 유지하고 있다.

D. W.는 우울증과 공황 발작을 겪으면서 20대와 30대를 내내 항우울제를 복용하면서 보냈다. 지속적인 약물 치료에도 불구하고, 공황 발작은 방에 혼자 있지 못하고, 거리로 나서거나 사람들을 만나러 나갈 정도까지 나빠졌다. 30대 후반에는 당뇨병을 앓았다. 1995년 42세에는 심각한 고통을 겪으며 캘리포니아 업랜드 (Upland, California)에 있는 산 안토니오 지역 병원 (San Antonio Community Hospital)에 머물렀다. 왼쪽 난소에 생긴 암종이 자궁과 오른쪽 난소까지 전이 되었다고 진단 받았다.

D. W.는 자궁 적출 수술과 직장 벽 재건 수술도 받았다. 동시에 질의 벽에 있는 종기뿐만 아니라 다수의 혹이 창자와 복 벽에 있다는 것이 발견되었으나, 작은 혹들은 그대로 두었다. 게다가, MRI(자기 공명 단층 촬영 장치)를 통해 환자의 왼쪽 신장에 숨겨져 있던 담낭을 발견하였다. 의사들은 D. W.에게 화학요법을 바로 시작할 것을 강요했고, 그녀는 그 의견에 따라 예약을 잡았다. 그러나 바로 전날, 광범위한 조사를 해 본 그녀는 거슨요법에 대한 정보를 발견하고 화학요법 예약을 취소하였다. 그리고 대신에 멕시코에 있는 거슨병원으로 갔다. D. W.는 두 해 동안 거슨 치료법을 따랐고, 모든 병이 치료되었다. 그녀는 외과 수술로 인한 인공 폐경기를 통제해 줄 호르몬이나 당뇨 통제를 위한 약물도 필요 없었다. 공황 장애는 멈추었고 신장 담낭은 사라졌다. 치료를 받은 후, D. W.는 일이나 운전 같은 정상적인 기능을 할 수 있게 되었다. 그녀가 진단을 받았을 당시, 세 명의 친구들도 난소 암으로 진단 받았다. D. W.는 12년 동안 최상의 건강을 유지하고 있지만, 슬프게도 병원에서 약물 요법을 받은 그녀

의 친구들 중 어느 누구도 6개월 이상을 살지 못하고 세상을 떠났다.

심장과 순환기 질환

다른 만성적 퇴행성 질병들과 마찬가지로 심장과 순환기 질환의 발생률은 지난 50년에서 75년 사이에 급속히 증가해왔다.[3] 1920년대 이후로 가장 유명한 미국 심장 전문의인 폴 두들리 화이트(Paul Dudley White) 박사는 1921년[4] 그의 첫번째 심장 마비 환자를 목격하였다고 말한다. 그가 더 일찍 심장 마비와 마주치지 않았던 이유는 당시에는 소금에 심하게 절인 통조림과 병조림 음식이 상대적으로 짧은 시간 동안 시장에 유통되고 있었기 때문이다. 마찬가지로, 최근에서야 도시의 물 공급원에 염소 처리가 시작되었다. 따라서 이 두 가지 요인은 아직 신진 대사 관련 병을 초래할 수 없게 되었다. 그러나 그 이후로, 이 두 가지 요인들은 자신들이 존재하지 않았던 시간이 아쉬운 듯 공중보건에 위협이 되었다. 종종 거론되어 왔듯이, 환자들 40%의 첫 심장병 증세는 치명적인 심장마비이다.[5]

화이트 박사가 심장병을 처음으로 접한지 60년이 지난 후인 1981년, 거슨 박사의 100회 탄생 기념일을 축하하는 모임의 발표자 중 한 사람이었던 데미트리오 소디 펠라레스(Demetrio Sodi Pallares)는 멕시코 시티의 유명한 심장 전문의였다. 그는 자신의 심장병 환자들을 위해 개발 해왔던 치료법을 설명하면서, 심장병은 심장에만 해당되는 국부적인 병이 아니라 신체에서 칼륨의 손실과 나트륨의 세포내 침투로 초래되는 신진 대사 관련 병이라고 발표하였다.[6] 이 관점은 거슨의 기본 이론 및 진료법과 거의 동일한 것이었다. 거슨 박사가 대부분의 만성 질병에 대한 효과적인 치료법을 발견했던 것과 달리, 소디 박사는 자신의 치료법을 심장과 순환기 질환에 광범위하게 사용한 점이 다르다.

소디 박사는 자신의 성공적인 치료법을 설명하기 위해 12권이 넘는 책과 수백 개의 과학 논문을 출판하였다. 그가 프랑스 내과의사인 앙리 라보리(Henri Laborit) 박사와 함께 개발한 치료법 중 하나는 포도당-칼륨-인슐린 (GKI) 정맥 주사의 사용이다. 두 내과의사가 개발한 간단한 과정은 칼륨을 세포막에서 조직으로 옮기는데 필요한 에너지를 제공하기 위한 포도당과 인슐린을 사용하는 것이었다.

거슨요법을 사용하는 의사들은 GKI 처방은 고갈된 조직에 칼륨을 다시 주입하는데 매우 유용하다는 것을 발견하였다. 그러나, 거슨요법의 식단에는 이미 포도당(많은 양의 주스로부터 공급)과 칼륨(주스와 칼륨이 함유된 소금으로 제공)이 풍부하여, 적은 양의 인슐린만 더 필요하다. 거슨요법에 한 가지 첨가된 것은 피하로 적은 양의 (3-5 unit) 인슐린을 주입하는 것이다.

소디 박사의 심장병 치료법이 획기적인 이유는 무엇인가? 한가지 답은 벅스 카운티 쿠리어 (Bucks County Courier)기사에서 나타난다.7

'오랫 동안 버려져 있었지만, 간단하고 비용이 적게 들어 제 3 세계 병원에서도 사용할 수 있는 심장병 치료법이 새로운 가능성을 보여주고 있으며, 한 해 75,000명에 이르는 생명을 구할 수 있다' 고 연구원이 말하였다. 남미 29개 병원에서 실행된 한 연구에 의하면 24시간 이내에 심장발작을 일으킨 환자에게 당, 인슐린, 칼륨의 혼합물인 정맥 주사를 놓자, 그 치료를 받지 않은 사람들과 비교해 사망률이 절반 정도인것을 발견하였다. 보스톤 의과 대학 교수인 칼 앱스테인 (Carl S. Apstein) 박사는 '사망률의 감소는 극적이었다. GKI는 시도되어 왔던 방법 중에서 가장 큰 폭의 감소를 보여주었다.' 라고 말하였다. 'GKI 치료는 환자 한 명당 50달러 이하로 비용이 들지만 혈전용해제 같은 심장병 치료약은 일반적으로 수백달러가 든다.'

아마도 이 치료법은 "효과에 대한 의심[8]" 때문에 관심을 끌지 못했지만, 그 기사를 쓴 기자는 "의심은 그 치료법이 싸고 효과적이며 비싼 바이패스 수술(다른 부위의 혈관이나 인공 혈관을 이식하는 수술), 관상 동맥 형성술, 심장이식수술 등이 필요하지 않다는 사실이기 때문일것이다. 이제야 심장 전문의들이 이 치료가 경제적 여유가 없는 사람들과 제 3세계 사람들에게 사용 될 수 있다는 변명을 하고 있다는 사실은 흥미롭다." 라는 그의 생각을 덧붙였다.[9]

■ 심장질환에서 콜레스테롤의 역할

대중들은 막연하게 콜레스테롤이 심장마비와 뇌졸중과 관계가 있다고 생각하지만, 그 관계에 대해 제대로 알고 있는 사람은 많지 않다. 혈액의 지방질에 나타나는 부드러운 밀랍 같은 물질인 콜레스테롤은 간에서 자연적으로 생산된다. 콜레스테롤은 성호르몬과 코르티코스테로이드 (부신피질에서 분리된 스테로이드의 총칭)를 포함한 호르몬을 생산하는 것과 같은 중요한 신체기능에 필요하다. 콜레스테롤은 저밀도지단백질 (LDL)과 고밀도 지단백질 (HDL)로 나뉜다. HDL 은 필수적이고 유익한 것으로 여겨지고, 해로운 LDL을 함유한 피를 제거할 수 있다. 유전적 원인을 갖고 있을 수 있으나, 콜레스테롤이 과다하게 되는 명백한 이유는 포화지방이 풍부한 현대인들의 식사습관때문이다.

뉴욕 마운트 시나이(Mount Sinai) 의과대학 교수인 버질 브라운(W. Virgil Brown)박사에 따르면,[10] 가장 높은 콜레스테롤을 갖고 있는 음식은 햄버거, 치즈 버거, 미트로프,(다진고기, 계란 야채를 섞어 덩어리로 구운 것), 치즈와 함께 먹는 우유, 스테이크, 핫도그와 계란 등이다. 이 음식들이 일반적인 미국인 식단에서 높은 비중을 차지하고 있다. 따라서 이 음식들로 인하여 미국인의 혈액 내에 LDL 콜레스테롤 수치가 높아지고 있다. 그 결과, 혈중 지방질이 동맥의 벽에 쌓이고 아테롬성 동맥경화증을 일으키는 플라그를 형성한다. 플라그는 동맥혈의 흐름을 감소시키고, 울퉁불퉁하여 혈소판이 축적 되도록 한다. 이는 동맥을 완전히 막는 응혈을 일으킨다. 만약 이것이 심장을 싸고 피를 공급하는 관상동맥에서 발생한다면, 심장마비를 일으키고, 뇌에서 발생한다면, 뇌졸중을 일으키게 된다.

거슨요법은 정상적인 혈액의 흐름을 위해 해로운 콜레스테롤을 줄이는 것뿐 만 아니라 플라그를 녹이고, 동맥을 깨끗하게 하는데 매우 효과적이다. 심지어 일주일 만에 **100건**의 콜레스테롤 감소 사례를 보이기도 하였다. 고기, 지방, 유제품, 계란 등과 같은 음식을 금하는 거슨요법의 식단이 효과적인 공헌을 하였다. 아마씨 기름을 사용한 것도 중요한 요인이다. 유기농으로 재배한 아마씨에서 냉각 압축 된 기름은 요한나 부드위그(Johanna Budwig)박사[11]에 의해 발견되었는데, 오메가-3가 다량으로 함유되어 있고 오메가-6 지방산은 적다. 이 비율은 과잉 콜레스테롤이 용해되어 혈관을 통해 간으로 옮겨져 분해되도록 한다. (반대로, 높은 콜레스테롤은 오메가-6가 높고 오메가-3 지방산이 심각하게 부족하다.)

거슨요법을 시작하게 되면, 환자들은 정상적인 콜레스테롤 수치를 나타내고 주치의가 처방한 고콜레스테롤 약을 중단할 수 있다. 콜레스트롤 치료약은 많은 사람들에게 팔리고 있는 약중의 하나이다. 이 약들은 독성이 있어 위험하지만[12], 의사들은 심장마비와 뇌졸중을 막기 위해 어쩔 수 없이 사용한다. 따라서 약 없이 거슨 프로그램을 따른 환자들은 또 다른 독성의 요소를 피하게 된다. 남아있는 콜레스테롤 찌꺼기는 거슨 프로그램의 필수 요소인 나이아신(비타민 B_3)으로 쉽게 제거된다. 물론, 거슨요법에서는 콜레스테롤을 높이는 원인인 흡연을 엄격하게 금지한다.

거슨요법은 약으로는 할 수 없는 동맥의 플라그를 제거하는 역할을 하므로 뇌졸중을 막거나 심각한 심장마비를 막는다. 심지어 유전적으로 심장병에 걸리기 쉬운 사람에게도 적용되는 자연적 예방법이다. 또한 이미 심장마비나 뇌졸중을 앓고 있는 환자들의 회복을 돕고, 심지어 잃은 기능을 다시 되찾도록 도와준다.

〈사례〉

아래 사례는 수많은 기록들 중 하나 일 뿐이다. 1993년 12월, 거슨요법을 시작하여 현재는 완치된 환자인 87세의 마가렛(Margaret W.)은 심장병을 앓았다. 구급차가 응급실로 수송한 후, 뇌졸중으로 쓰러졌다. 병원 중환자실에서 3주를 보냈고, 심장 박동 조절 장치를 달고 많은 양의 약을 투여 받았다. 결국 그의 아내는 요양원에 갈 것을 권하였다. 그러나 딸은 아버지를 요양원으로 보내는 대신 집으로 모셔와 부모님과 함께 하고 싶다고 어머니를 설득하였다.

딸은 머리를 한쪽으로 떨군 채 침을 흘리며 휠체어에 앉아 있는 아버지를 보는 순간 충격을 받았다. 그녀는 밤낮으로 거슨요법으로 아버지를 간호하였다. 처음에는 처방된 약을 먹으면서 적은 양의 주스를 마시도록 했지만, 점점 거슨요법의 강도를 높여갔다. 3개월 후, 아버지는 휠체어에서 벗어났다. 심장마비와 뇌졸중 발병 8개월 후인 1994년 8월, 걸어서 들어가 운전면허증을 지원하고 따냈다. 건강하게 지내면서 1996년 8월 그의 90번째 생일을 축하했고, 몇 년 후에 세상을 떠났다.

■ **고혈압**

혈압(혈액이 동맥에 가하는 압력)은 건강이나 질병에 중요한 역할을 한다. 평균적인 정상적 혈압은 120/80 이다. 혈압이 140/90을 넘어서면 비정상적이고 위험하며, 신장 질병, 관상동맥과 뇌혈관 질환의 발병 요인으로 간주된다. 일반적인 의학적 치료는 약으로 혈압을 낮추게 되는데, 환자들은 신장을 보존하기 위해 죽을 때까지 그 약을 먹어야 한다.

혈압의 상승에는 많은 원인이 있을 수 있다. 가장 중요한 원인은 프라그를 형성한 콜레스테롤 침전물에 의해 좁아진 혈관이다. 다른 원인으로는 신장질병, 관상동맥 질환과 갑상선 기능 항진증(갑상선의 과도한 활동)이 있다. 스트레스, 초조한 긴장과 흥분은 혈압의 일시적 상승 원인이 될 수 있다.

일반적인 대중요법은 주로 고콜레스테롤(statin)계열의 약을 사용한다. 이런 약들은 때로는 23~35 mmHg(측정을 하는데 사용하는 수은계에서의 밀리미터)정도 혈압을 낮춘다. 그러나, 이 약은 독성이 강하다.[13] 의사들은 남자 환자들에게 고콜레스테롤은 발기 부전을 일으키게 한다는 정보를 거의 전하지 않는다.[14] 고콜레스테롤 계열 약이 발기를 일으키는데 필요한 압력과 동맥에 가해지는 압력을 약하게 한다는 점을 생각한다면 이것은 놀랍지 않다. 많은 결혼 생활이 이 약때문에 파괴 되어 왔다.

고혈압은 일반적으로 완치가 어렵고, 약물 치료로 다스리는 것으로 여겨지기 때문에, 무염 식품과 채식을 기본으로 하는 거슨 프로그램으로 쉽게 극복할 수 있다는 것은 놀라운 일로 들릴 것이다. 치료 초기에는 처방된 약물 치료를 계속하지만, 거슨요법 시작 3일 후에는 약물의 1회 복용량을 50%로 줄이면 된다. 환자의 혈압이 정상으로 회복되는 6일째에는 약물 치료를 완전히 중단할 수 있다. 비정상적으로 혈압을 낮추면 환자가 실신할 수도 있다.

미국 내에서 심장질환과 더불어 고혈압은 죽음에 이르게 하는 제 1의 병이다.[15] 쉽고 빠르게 치료하는 거슨요법을 시행하면, 고혈압의 위협은 훨씬 줄어들 것이고 매년 수만명의 생명을 구할 수 있을 것이다

〈사례〉

G. C.는 54세가 되던 해에 멕시코에 있는 거슨병원에 도착하였다. 당시 그는 많은 심각한 건강문제로 고통 받고 있었으며, 몇 주전 주치의에게 두 번째 사망선고를 받았던 상태였다. 간 경변, 위산 역류(위에서 식도로 산이 올라오는 것), 위궤양, 수면성 무호흡(일시적인 호흡 정지), 폐질환, 당뇨, 고혈압, 만성피로와 우울증을 겪고 있었다. 그는 세 번의 혈관우회 수술을 받았고, 원하는 결과를 얻지 못한 채 보통 1회 복용량의 2 배에 달하는 비아그라를 복용했었다.

거슨요법을 시작한지 17개월 후, G. C.의 모든 검사 결과는 정상 범위 내에 있었다. 간, 신장과 다른 모든 필수 장기들을 포함한 마지막 검사는 완전한 신진 대사를 나타냈다. 그는 매우 기분이 좋고, 에너지가 넘치기 때문에 더 이상 비아그라를 생각할 필요조차 없다고 한다. 게다가, 아내도 그와 함께 거슨요법을 따랐다. 그 결과, 마른 구토와 심지어 의식 상실로 병원 신세를 지게 했던 편두통도 사라졌다. 담배를 끊었고, 더 젊어 보이며, 활력이 넘치며 진정한 행복감을 느끼고 있다.

당뇨

당뇨는 심장과 순환기 질병, 암에 이어 세 번째로 미국인들을 죽음에 이르게 하는 병이다.[16] 당뇨에는 소아형 당뇨와 성인형 진성 당뇨가 있고, 각기 다른 치료법과 접근법이 요구된다. 일반적으로, 진성 당뇨 사례의 급격한 증가는 과도하게 높은 당과 지방을 함유한 현대인의 식단 때문이라고 보고 있다. 평균 미국 성인 한 명이 매일 소비하는 캔디, 쿠키, 케이크, 인스턴트 음식, 아이스크림 그리고 더 나쁜 당뇨의 원인인 청량음료의 당을 더한다면, 그 총 량은 매우 놀라울 정도이다. 인슐린을 분비하는 장기인 췌장은 이런 당류를 처리하는데 한계가 있고, 얼마 후 당뇨는 시작된다. 그러나 소아형 당뇨의 원인은 전혀 다르다.

소아형 또는 "다루기 힘든" 당뇨는 당을 충분히 분해하는데 필요한 인슐린을 생산해내지 못하기때문에 "인슐린 의존형,"17이라고 한다. 인슐린은 췌장 속 랑게르한스섬이 분비하는 호르몬의 일종이다. 인슐린은 혈당의 적절한 대사와 적당한 혈당 수치 유지에 필수적이다. 인슐린이 충분히 생산되지 않는 것은 일반적으로 랑게르한스섬을 손상시키고 파괴하도록 만드는 췌장의 심각한 손상이나 감염 때문이다. 손상 되지 않고 남아 있는 부분으로는 충분한 인슐린을 생산할 수 없다.

많은 아동들이 유년시절에 이런 당뇨에 걸리므로 "소아형"이라고 불린다. 아이들은 감기나 독감에 꽤 자주 걸리는 경향이 있고, 이를 걱정한 부모들은 기계적으로 항생제를 처방해주는 소아과 의사에게 아이들을 데려간다. 항생제의 복용은 증상을 완화하고, 일시적으로 낮게 하지만 아이들의 면역 체계를 손상시킨다. 그 결과, 더 많은 감염이 발생하는데 심한 독감이 몇 주간 유지되고 결국 천천히 없어지는 단계까지 진행된다. 나중에 그 독감은 결국 췌장염으로 판명 되었고, 머지 않아 그 아이는 당뇨로 진단 받게된다.

이 과정에서, 충분치 않은 인슐린이 생산되면 아이는 인슐린 의존형이 되고 필요한 호르몬을 공급하기 위해 주사를 맞아야 한다. 불행히도, 인슐린 부족상태는 평생 동안 유지되고 시간이 지날수록 더 나빠진다. 환자는 탄수화물이 적고 단백질이 풍부한 식품을 먹도록 조언 받기 때문에, 결국 신장이 나빠져서 투석을 필요로 하게 되는 단계에 이르기도 한다. 순환장애로 인하여 괴저(상당히 많은 양의 조직이 죽은 부위)때문에 플라그가 형성되고, 심지어 발가락, 다리를 잃는 등의 심각한 문제가 나타난다. 청소년기 동안에는 어떤 아이들은 공부에 집중을 할 수 없거나 또래 아이들과 같은 속도로 성장을 할 수 없다.

어린 나이에 발생하는 이런 복합적인 증상들은 거슨요법에 의해 현저하게 줄일 수있다. 거슨요법이 환자의 특수한 상황에 맞춰 수정 되어져야 한다는 점은 당연하다. 당근과 사과 주스를 줄이고 녹색 채소 주스를 늘여야 한다. 감자는 먹지 않되 야채와 조리하지 않은 음식을 먹어야 하며, 사과와 멜론으로 만든 약간의 과일 주스를 곁들인다. 인슐린 주사는 필요하면 맞도록 한다. 그러나 대부분의 환자들은 1회분의 투약량을 상당히 줄여나갈 수 있다.

12살 소년 한명은 인슐린 주사를 원래 투여하던 양의 **3**분의 **2**로 줄일 수 있었다. 그는 "최고의" 학생이 되었고, 심지어 같은 반 친구들의 성장을 따라잡았다. 다시 말해, 그의 상태는 매우 개선되었다. 그러나 필요한 자연적 인슐린을 생산해야 하는 파괴된 랑게르한스 섬을 회복하는 것은 불가능하기 때문에 완치하는 것은 불가능하였다.(완전히 인슐린 주사를 끊을 수는 없었다.). 이 소년의 처방에는 인슐린 생산을 늘이기 위해 피콜린산 크롬(**chromuim picolinate** : 혈중 콜레스테롤 수치와 혈당을 효과적으로 조절해주는 미네랄)의 양을 증가시켰으나 정상으로 돌아오지는 않았다.

주의 : 환자가 투석을 시작하면 거슨요법을 적용할 수 없다.

성인형 진성당뇨는 거슨요법으로 치료 가능하다. 이러한 상태에 놓인 환자는 사실 충분한 양의 인슐린을 생산한다. 문제는 생산된 인슐린이 과다한 콜레스테롤에 막혀 세포 내에 위치한 적절한 수용기로 도착할 수 없다는 것이다.[18]

진성 당뇨 환자들은 신경을 써서 노력하기만 하면, 육식을 금지하고 콜레스테롤이 제외된 거슨 프로그램으로 효과를 볼 수 있다. 더 중요한 것은, 오메가-3 함량이 높은 아마인유를 섭취하면 효소 활동이 회복되면서 신체 조직에서 콜레스테롤을 제거할 수 있다. 대부분의 환자들은 더 이상 콜레스테롤을 줄이는 약물을 복용하지 않더라도 1주나 2주 내에 과다한 콜레스테롤이 제거된다. 자연적으로 만들어진 인슐린이 세포에 있는 목적지에 도착하는데는 짧은 시간이 걸리게 된다. 그리고 혈액 중에 과도한 당(설탕)은 정상으로 줄어들기 때문에 더이상의 인슐린은 필요 없어진다

당뇨를 앓고 있는 환자들은 또한 거슨요법의 초기에 당근, 사과 주스, 당분이 많은 과일의 섭취가 제한되지만, 시간이 지나면 보통의 주스, 감자, 과일과 오트밀을 아침식사로 하는 일반적인 거슨요법을 시작 할 수 있다. 환자들에게 피콜린산 크롬을 추가 처방하지만 혈당이 정상수치로 내려가면 더이상 처방하지 않아도된다.

〈사례〉

심각한 당뇨병 환자로 **150kg**이 넘는 **41살**의 남성이 치료를 요청하였다. 혈당은 **340**을 넘었고(정상은 **120**이하이다.) 인슐린 주사나 다른 치료로도 조절이 불가능하였다. 38살에 심장마비를 일으켰고 **240/110**(보통은 **120/80**)의 위험할 정도로 높은 혈압을 유지하였는데 이 또한 약물로 조절 불가능했다. 통풍도 앓고 있었는데, 통풍 치료약을 단 하루라도 끊으면, 극심한 고통에 시달려야 하였다.

거슨요법을 받으면서 주로 야채, 푸른 채소 주스와 함께 생 샐러드를 먹었고, 식사는 하루에 한 개의 감자로 해결하였다. 아침에 오트밀을 먹는 대신에, 다양한 생야채를 충분히 섭취하였다. 또한 다른 거슨치료와 함께 일반적인 관장과 피콜린산 크롬을 복용하였다. 인슐린은 치료의 시작부터 규칙적인 혈당검사 후 필요한 양 만큼 계속 투여 해야 하였다.

환자는 배고픔을 느끼지 않으면서, 하루에 **0.5~1kg**정도 살을 뺐다. 세

끼의 규칙적인 식사에 앞서, 간식으로 야채 한 접시가 제공되었다.(당뇨가 아닌 환자에게는 밤과 식사 사이에 배가 고플 경우 간식으로 과일 한 접시가 제공된다) 제공되는 야채는 당근, 샐러리, 토마토, 컬리 플라워와 무 등이었다. 통풍약은 치료 시작 후에 아무런 고통 없이 즉시 끊었다.

10주가 지날 무렵, 이 환자의 혈당은 정상 수치를 나타냈고, 인슐린 주사를 끊을 수 있었다. 몸무게는 **50kg** 정도를 감량해서, 키에 맞는 정상에 가까운 **105kg**이 되었다. 마지막으로, 혈압도 약물의 도움 없이 정상 수준으로 내려갔다

만성질환에 대처하는 법

불행하게도, 잘못된 식습관으로 우리를 괴롭히는것은 지금까지 언급한 질병들만이 아니다. 오늘날, 사람들은 스스로에게 행하는 해악을 깨닫지 못한채, 스스로의 무덤을 파고 있다. 여러가지 심각한 질병들이 우리 삶과 죽음의 한 부분이 되면서 조용히 다가오기 때문에, 우리는 기꺼이 질병을 받아들이고 발병률의 증가나 젊은 시기에 많은 사람들의 생명을 앗아가는데대해 더 이상 의문을 제기 하지 않는다. 이제 의문을 제기하고 이 의문들에 대한 해결책을 찾고, 더 윤택한 삶으로 바꾸어야 할 때이다. 다행스럽게도 잘못된 식습관으로 인한 심각한 건강 상황은 올바른 습관으로 원상태로 되돌릴 수 있다. 이 점은 앞서 살펴본 치명적인 질환뿐만 아니라, 지속적인 고통을 가져 다 주는 만성퇴행성 질병에도 적용된다. 대증요법은 약물로 고통을 누그러뜨릴 수는 있지만 근본적인 문제를 해결할 수 없다. 많은 사람들이 관절염이나 골다공증을 불치병이라 믿지만, 잘못된 생각이다. 거슨요법의 가장 잘 알려진 업적은 탁월한 암치료 효과이지만, 불치의 만성병들을 치료하는데도 탁월하다.

■ 만성 면역결핍 질환

● 만성피로증후군

만성피로증후군은 근육통 뇌척수염으로도 알려져 있는데, 면역능력의 저하로 인한 다른 질병들처럼 급격하게 번지고 있다. "여피족 신드롬"이라고도 하는 이 병은 엡스타인바 (Epstein-Barr) 병으로도 알려져 있다. 신체가 엡스타인바 바이러스 감염을 극복하지 못하여 생기는 것으로 판명되어, 엡스타인바병이라는 설명이 더 정확하다. 이 바이러스에는 항생제가 효력이 없으므로 바이러스를 이겨낼 의학적 치료가 없다. 따라서 치유가 안 될 뿐만 아니라 불치병으로 여겨진다.

시간이 흐르면서, 허약, 집중력 부족, 통증, 근육통의 증상이 심해지면서 근본 원인이 엡스타인바 바이러스만이 아니라는 것을 발견하게 되었다. 다시 말해, 이 바이러스가 다른 형태로 변이 되었거나, 다른 바이러스들이 관련되었을지 모른다는 것이다. 이 단계에서, 이 질병은 주요한 증상 중의 하나를 말하는 만성결핍신드롬이라는 이름으로 불리게 된다. 불행하게도, 이름의 변경에도 불구하고 이 병은 여전히 "불치"로 남아있다.

〈사례〉

심각한 손상과 결핍이 있는 면역체계를 회복하는 거슨요법의 능력을 제대로 이해하면, 거슨요법이 이 병에 효과가 있음을 명확히 알게된다. 거슨요법을 받은 한 환자의 회복과정은 이를 잘 설명 해준다. 중년의 이 기술자는 바이러스에 감염이 되자, 20년 동안 몸 담아 온 일터에서 떠날 것을 강요 받았고 정부에서 "장애인 운전자" 번호판을 주었다. 그는 심지어 자신의 차를 찾을 수도 없었고, 가계부의 잔액을 맞출 수도 없어서 앞으로 살길이 막막하다고 불평했었다. 완전한 거슨요법으로 치료를 받고 난후, 그는 "내가 바란대로 동료들만큼이 아니라 그들보다 더 좋은 상태가 되었다. 힘이 솟고 밝아졌을 뿐만 아니라, 55세에 25세와 같은 기분을 느꼈다! 나의 조정 능력, 시력, 청력은 정말 좋다. 30세에도 할 수 없었던 모든 것을 이제는 할 수 있다"고 말하였다.

다발성경화증

다발성경화증(MS)은 자가면역질환으로 알려져 있다. 이 병은 면역체계가 자신의 조직을 공격하여 장애나 손상을 일으키는 것으로 알려져있다. 다발성경화증은 "침입하는 림프구(백혈구) 가운데 특히 T-세포와 대식세포들이 신경의 미엘린 수초(신경세포를 이루는 구성조직의 하나)를 약화시킨다"라고 설명되어 있다.[19] 신경은 전기신호를 전달하기 때문에 때문에 합선 되지 않기 위해는 미엘린 수초 형태의 절연체를 필요로 한다. 미엘린 수초가 손상되면, 전기적 결손이 발생하여, 신경을 통해 잘못된 메시지가 전달된다. 이로 인해 다발성경화증의 일반적인 증상들이 나타나게 된다.

보통 20세에서 40세 사이의 성인들에게 발생하고 온화한 기후보다 추운 기후에서 더 흔하다. 조정능력 상실, 불안정한 걸음걸이, 안진증(통제되지 않는 눈 움직임)과 자주 소변을 보는 증상이 나타난다. 초기 단계에서는, 자연적으로 완화되기도 하지만, 더 심각한 상태로 발전하는 것이 보통이다. 많은 환자들이 휠체어를 사용해야만 하고, 심지어 자리에 누워 있게 되기도 한다.

거슨요법으로 다발성경화증을 치료하는데 있어서 어려움은 치료 초기의 몇 주 동안 병이 더 나빠지는 것을 경험하는 것이다. 아마 미엘린 수초에 생긴 감염물을 제거하는 해독의 과정에서 일시적으로 나타는 현상으로 보인다. 해독을 하면 체내 감염을 막는 절연물(insulation)이 손실되어 증상이 일시적으로 심해지게 된다. 이로 인해 환자들은 치료에 대한 두려움을 가지게되고, 일부 환자는 거슨요법이 효과는 없고 병을 더 악화시키는 것으로 잘못 생각하여 포기하기까지 한다.

그러나, 만약 다발성경화증 환자가 지속해서 거슨요법을 따른다면, 거슨 프로그램의 영양 공급과 해독의 도움으로 미엘린수초가 재생된다. 또한, 거슨요법은 면역체계를 적극적으로 회복시키고 강하게 만들기 때문에, 다발성경화증이 자기면역질환이 될 수 없게 한다. 강화된 면역체계는 병이 재발되는 것을 불가능하게 한다.

〈사례〉

1960년에 태어난 J. S.는 삶의 대부분을 대규모 농사일을 하면서 독소에 노출된 대목장에서 보냈다. 몇 번의 사고로 고통을 겪었고, 처음으로 맞이한 심각한 사고는 6살 때였는데, 그 사고로 걸음걸이가 불안정하게되었다. 추락사고로 어깨에 부상을 입은 후에는, 활동을 하기 위해 강한 진통제를 복용하게 되었다.

한 번은 다리 동작을 통제하지 못해 중심을 잃고 쓰러진 적이 있었는데 지금까지도 원인을 알 수 없다. 얼마 후에는 한쪽 눈의 시력을 거의 잃었다. 1995년 3월, 35세 때, 몬타나 그레이트 폴스에 있는 베네피스(Benefis) 병원의 신경과 의사에게서 다발성경화증 진단을 받았다. 이 병은 주로 부분적으로 나아졌다가 나빠지는데, J.S.는 완화의 기간을 거치지 않았다. 그의 병세는 점점 나빠져만 갔다. 주치의는 치료 가망성이 없다고 말하였다.

1996년 2월, J. S.는 전체 거슨요법을 집중적으로 실시하였다. 한번 만에 활력을 찾은 후, 그의 걸음은 안정 되었고, 힘든 거슨요법 프로그램을 따르면서도 농장에서 일할 수 있었다. 그 해 가을에는 시력이 나아졌고 다른 증상도 사라졌다. 2002년, 유일하게 남아있던 증상은 병에 걸린 눈의 약해진 시력이었다. 지금까지, J.S.는 농장에서 하루 16시간을 일 할 수 있고 그를 힘들게 하였던 무더위에도 잘 견디고 있다. 그는 가족과 함께 여전히 거슨요법을 따르고 있다.

주의 : 뉴트러스위트(NutraSweet)나 스푼풀(spoonful)이라는 이름으로 팔리고 있는 인공 감미료, 아스파테임, 인공 저칼로리 단백질은 신경계에 매우 유독하고 다발성경화증과 유사한 증상을 가져 온다.20 진짜 질병과는 전혀 관련이 없는데도 불구하고, 근래 다발성경화증을 빈번하게 일으키는 원인으로 잘 못 알려져 있다.21 많은 경우에, 아스파테임을 섭취하지 않으면 쉽게 병세가 나아진다.22 (5장 "신체 방어기능의 붕괴" 참조.)

● 인체면역결핍바이러스

에이즈(후천성 면역 결핍증)를 일으키는 것으로 여겨지는 인체 면역 결핍 바이러스(HIV)는 빠르게 확산되고 있으며 쉽게 통제하지 못하고 있다. 일반적인 치료법으로 알려진 화학요법은 일시적인 완화를 가져올 뿐이다. 효과적인 면역법은 아직 발견되지 않고 있다. 이 질병은 면역체계의 약화와 관계가 있으므로, 거슨요법으로 당연히 극복할 수 있다. 우리는 거슨요법으로 에이즈를 이기고 있는 많은 경우를 알고 있다. 대부분 거슨요법은 멕시코 내에서 행해지고 있는데, 멕시코 보건국은 HIV양성 환자들을 멕시코 내에서 치료하는 것을 금하고 있기에 HIV 환자의 치료 경험은 거의 없다. 거슨요법으로 집에서 치료 받은 HIV 양성 환자 두 명은 회복되어 음성으로 나타났다. 하지만 단지 두 명의 HIV 양성 환자의 기록된 사례로 거슨요법이 성공적이었다고 주장하기는 어려울것이다.

셀레늄 보충제와 함께 영양분 섭취가 HIV를 치료하는데 효과적이라는 다른 증거는 헤롤드 포스터(Harold D. Foster)박사의23 '에이즈의 진짜 원인' 이라는 책에서 나온다. 포스터 박사는 셀레늄이 풍부한 토양이 있는 곳에 사는 사람들이 HIV에 강한 저항력을 갖고 있는 것을 발견하였다. 셀레늄이 부족한 곳에서는 정반대의 상황이 보고되었다. 셀레늄이 부족한 토양에 사는 사람들은 감염과 암을 포함한 질병에 대한 저항력이 훨씬 낮았다. 또한 바른 식사와 적절한 셀레늄 보충으로 HIV양성 환자들이 호전될 수 있었고, 음성으로 될 수도 있었다. 놀랍게도, 그는 브라질 호두가 셀레늄이 가장 많이 함유된 자연 식품임을 발견했다. 함유 수치는 두 번째로 높은 식품의 7배에 달하였다.[24]

● B형, C형 간염

간염, 즉 간에 생긴 염증은 존재하지 않아야 한다. 가장 중요한 장기인 간은 면역체계에 상당한 저항력을 가지고 있어서 일반적인 상황에서는 염증을 견디고 스스로를 보호한다. 그러나, 간염은 존재하고 약해진 일반 대중의 면역 체계에 퍼지고 있는 중이다.

기본적으로, B형과 C형 간염은 매우 유사하다. 각각은 서로 다른 B형 간염 바이러스, C형 바이러스에 의해 발생되기 때문에 단지 다른 이름으로 구분될 뿐이다. 두 가지 모두 전염성이 강하므로 환자를 돌볼 때 의류, 그릇, 음식 등의 청결에 매우 신경을 써야 한다. 유일한 전통적 치료는 휴식과 건강한 식사이다.

간염은 간 효소를 증가 시킨다. 불행하게도 이 효소는 간염의 초기치료 단계에서 줄어들기도하지만, 정상수치로 되돌아 가지는 않는다. 이것은 환자가 완전히 간염을 극복하지 못함을 의미한다. 시간이 가면, 간은 더 심각하게 손상되고, 간 효소는 다시 상승하고 바이러스의 양도 늘어간다. 결국에는 종양(주로 간암)이나 다른 악성종양이 될 수 있다.

우리는 거슨요법을 통해 많은 사람들이 간염에서 회복되는 사례를 보았다. 거슨요법이 면역체계를 강화하고 간 효소를 정상으로 회복시키기 때문에 가능한 것이다.

〈사례〉

54세의 L. M.는 아프고 기력이 전혀 없어서 거리를 건너갈 수 조차 없었으며, 음식을 소화시킬 수도 없었다. 시카고 대학에서 간경변과 만성 활동성 간염 판정을 받았다. 간 효소 수치가 매우 높았다. SGOT(현중 글루타민 옥살로초산 전이효소)는 1360(정상수치는 0-30이다)였고 주치의는 2년 정도밖에 더 살수 없다고 말하였다. 1995년 1월 거슨요법을 시작한 지 3주 만에, SGOT는 놀랍게도 200으로 떨어졌지만, 회복은 천천히 이루어졌다. 간 검사 수치가 정상으로 되기까지 1년에서 1년 반정도의 시간이 걸렸다. 2년 후, "전처럼 다시 건강해졌다." 최근에 그녀의 말을 빌리자면 "그 어느 때보다 기분이 좋고 놀라운 에너지로 가득 차 있습니다."

콜라겐 질환

콜라겐은 피부, 뼈, 인대, 연골 등의 신체 연결조직에 있는 불용해성의 섬유질성분의 단백질이다. 체내 모든 단백질의 30%를 차지한다. 콜라겐병은 간 기능이나 소화계의 장애, 충분히 소화되지 않은 동물성 단백질의 축적 등 다양한 원인에 의해 발생한다. 다음에 소개될 병들이 이 부류에 속한다.

전신홍반성루푸스

전신 홍반성 루푸스 (SLE)는 자가면역성 질환으로 분류된다. "병의 원인을 알 수 없다"는 25 것은 원인이 밝혀지지 않고 있다는 의미이다. 전신 홍반성 루푸스는 심각한 병이고 모든 장기에 영향을 미칠 수 있다. 증상은 다양하고 심각하다. 초기 증상 중 하나는 나비의 펼친 날개를 닮았다 하여 나비 발진이라 불리는 것인데 코의 한쪽에 생긴다. 전신 홍반성 루푸스에 걸리게 되면, 피부, 관절, 신장, 점막, 신경계 내부의 연결조직에 만성 염증이 생긴다. 이 병으로 죽는 환자를 드물지 않게 보게된다.

악명에도 불구하고, 전신 홍반성 루푸스는 거슨요법으로 거뜬하게 치료가능하다. 치료에 걸리는 시간은 증상과 환자가 받았던 전통적인 치료의 기간에 따라 달라진다. 매우 심각한 경우 프레드니손(항염증제로 사용되는 스테로이드 호르몬)으로 오랫동안 치료받았다면, 간과 면역체계가 회복되는데 더 긴 시간이 소요된다. 이런 경우에도, 완치는 가능하다.

〈사례〉

A. B.는 1951년 호주에서 태어났다. 20살에 결혼을 한 뒤 무릎과 관절이 쓰리고 부어 올랐다. 두 번째 임신 중, 모든 증상들이 사라졌으나 아기가 태어난 후에 다시 증상이 되돌아왔다. 5년 동안, 주치의사는 원인을 발견하지 못 하였다. 1976년 후반, 멜버른의 한 전문의는 A.B.가 SLE 를 앓고 있음을 진단하였다. 그의 진단은 미국에서 견본 분석을 통해 확인 되었다.

1978년에는 여러 차례 완전히 움직일 수 없었다. 1979년 코티존 (부신피질 호르몬의 일종)을 투여 받기 시작하였다. 무릎은 럭비공 크기만큼 부어 올랐고 주치의는 고름을 짜내고 코티존 주사를 놓았다. 진통제를 먹었지만, 고통으로 울면서 밤을 보냈다. 1992년, 통증이 너무 심해지자 A.B.는 모르핀 주사가 필요했고 주치의는 더 이상 그녀를 도울 수 없음을 인정하였다. 1992년, 어느 날 남편이 희망을 주는 듯한 거슨요법을 발견했지만, A.B는 커피관장 치료를 반대하여 거부하였다. 그러나 몇 달 후, 병이 너무 심각해지자 거슨 프로그램을 시도해보는데 동의하였다.

남편의 말에 의하면, A.B는 여러 달 동안 정상적으로 소변을 볼 수 없었으나, 치료를 시작하고 얼마 후 정상적으로 할 수 있게 되었다고 한다. 치료에 대한 반응은 격렬하였으나, 관장을 하면 곧 바로 진정되었다. **A.B.**는 때때로 거슨식단을 지키지 않았음을 시인하였는데, 식단을 지키지 않을 때 마다 모르핀을 주사를 맞기 위해 병원으로 가야만하였다. **1994년**, 환자의 상태는 매우 호전되었고, **20개월** 만에 처음으로 고통 없이 긴 시간을 즐길 수 있었다. **1999년** 초에는 약 없이도 생활할 수 있었고 현재는 그 상태를 유지하며 집과 정원을 관리 하고 있다. 몇 년 전에는 테이블 위의 접시 하나도 들어올리지 못했던 것에 비하면 상당한 진전이었다. 더 이상 그녀를 괴롭혔던 빈번한 염증으로 고통을 겪지 않아도 된다.

류머티스관절염

대부분 관절염이라고 불리는 다양한 종류의 류머티즘 질환이 있다. 대부분의 경우 근육과 관절에 일시적인 염증이 반복적으로 나타나지만, 영구적인 문제를 일으키지는 않는다. 의학 정보에 따르면[26] 원인은 알려지지 않았고 명확한 치료법도 밝혀지지 않고있다.

류머티즘의 가장 일반적인 형태는 노화로 인한 골 관절염이고, 무게를 지지하는 관절 (무릎, 엉덩이, 척추)에 가장 흔히 발생한다. 돌출부나 관절을 울퉁불퉁한 형태로 만드는 뼈의 기형적인 성장이 특징이다. 또한, 관절에 있는 뼈가 닿지 않도록 보호하는 단단한 연결 조직이 얇아지고 닳아서 뼈와 뼈가 서로 스치게 된다. 이것은 뼈의 마모를 가져오게 된다.

기존 의학이 병의 진행을 멈추게 하는 것이 아니라 고통을 덜어주는 것 밖에 할 수 없었던 반면에, 거슨요법은 고통을 덜어주고 뼈의 기형을 없애주는 좋은 결과를 보여주었다. 거슨요법을 계속 시행하게 되면, 병의 진행을 멈출 수 있고 어느 정도까지 상태를 되돌릴 수 도 있다. 뼈 손상과 관련된 다른 병들과 마찬가지로, 치료가 더디어 환자들은 오랫 동안 많은 수고가 드는 거슨요법을 꺼리기도 한다. 대신에 그들은 현대 약품이 줄 수 있는 고통 경감에 만족하는 실정이다.

　류머티스 관절염(RA)의 원인 또한 알려지지 않았고, 환자들은 증상을 완화하는 약물에 의존하고 있다. 이 병은 신체의 모든 관절에 퍼질 수 있고, 부어 오름, 뼈의 기형, 심한 통증을 가져온다. 일반적으로 아스피린, 프레드니손 등의 강력한 진통제가 처방된다. 류머티스 관절염은 또한 자가면역질환(다시 말해 신체의 면역체계가 자신의 조직을 공격하는 것)으로 여겨지고 있기에, 면역체계를 무력하게 하기 위해 심지어 암 치료를 위한 약도 사용해오고 있다.

　이러한 치료는 아무런 효과를 주지 못하고 오히려 환자를 더 심각하게 병들게 한다. 그래서 거슨요법을 통한 치료에 더 오래 시간이 걸리는 것이다. 강한 약물로 치료를 받지 않은 환자들은 거슨프로그램에 빠르게 반응하고 면역체계가 회복되기 시작한다. 류머티스 관절염은 동물성 단백질의 과다 섭취로 인해서 발생 되거나 악화되는 것이기 때문에, 단백질을 제한하는 거슨요법은 즉각적으로 붓기를 가라앉히고 통증을 줄이고 서서히 회복되게 한다. 대부분 환자들은 시간이 지나면 완전히 회복된다.

〈사례〉

　1970년 당시, D. P.는 앞날이 유망한 고등학교 운동선수였다. 그녀의 트레이너는 근육을 강하게 하고 칼슘을 보충하기 위해 많은 양의 우유를 마실 것을 권하였다. 1년이 지나지 않아. 20번째 생일을 맞이 하기도 전에, 류머티스 관절염이 진행되어 관절은 붓고 염증을 동반하며 혹이 생기고 석회성 물질의 침착이 일어났다. 프레드니손과 금을 이용한 기존 치료법은 효과가 없음이 드러났다. 1976년, D.P.는 끊임없이 계속되는 고통때문에 몸져 눕게 되었다.

손가락, 손가락 마디, 손목, 팔꿈치, 무릎과 발목 관절을 포함한 모든 관절은 경직되어 굳어졌다. 그 뿐만 아니라 심계항진 (심장박동을 강하거나 불규칙하게 혹은 빠르게 인지하는 것)과 힘든 호흡으로 고통 받았다. 몸이 약해지고, 빈혈과 저혈당증 때문에 걷거나 잠을 자는 것 조차 어려웠다. 1979년 5월, D. P.는 거슨병원에 도착하였다. 거슨요법을 6주 동안 시행 한 후, 통증에서 거의 벗어났고, 관절에 있었던 대부분의 혹들도 사라져갔다. 손목도 다시 운동성을 되찾기 시작하였다. 거슨프로그램을 시작한지 2년 후인 1981년에는 수상스키를 즐길 수 있었고, 결혼을 하여 가정을 꾸려 행복하게 살고있다.

피부경화증

피부경화증 또한 콜라겐 질환인데 자가면역질환으로 분류된다.[25] 피부경화증은 특히 손가락을 구부리는 것과 같은 동작을 가능하게 하는 피부와 연결 조직이 만성적으로 굳어지고 수축되어 움직임을 어렵게 한다. 이 병은 내부 장기에 까지도 퍼질 수 있다. 명백히 가망 없는 상태의 환자도 거슨요법을 통해 빠르게 호전되어 완전히 회복할 수 있게 한다.

건강의 총체적 적

지금부터는 문명사회에서 살아가고 있는 수많은 사람들의 생명을 위협하는 다양한 몸의 이상들과 질환에 대해 살펴보고자 한다. 여기 언급된 질환들은 현대 생활에서 피할 수 없고 치유가 불가능한 것으로 잘못 받아들여지고 있는 수 많은 만성질환들 중 극히 일부에 지나지 않는다. 병들의 성격은 놀랍도록 다양하지만, 건강의 적은 총체적으로 보면 하나다. 공통적으로 잘못된 영양 섭취가 주된 원인이다. 따라서 거슨프로그램으로 당연히 좋은 결과를 낼 수 있다.

● 천식

기도에 생기는 염증성 장애인 천식은 광범위하게 퍼져있고 계속 증가하고 있다. 모든 연령층에서 약 2천5백만 명의 미국인이 천식을 앓고 있다.[28] 천식을 앓고 있을 때, 기도 주변의 근육은 단단히 죄어지고, 동시에 안쪽은 부풀어오른다. 그렇게 되면 공기의 유입량이 극히 적어지면서 숨을 헐떡이며 말하고, 숨을 짧게 쉬게 만들고, 기침을 자주하게 된다. 발작에 가까운 심한 증상이 짧게는 몇분에서 하루 종일 또는 그 이상으로 지속 될 수 있다. 심하면 환자를 위험하게 할 수 있고, 불안하게 하며 심지어 공황 상태로 만들 수 있다.

천식의 원인은 많다. 공기 오염, 꽃가루, 먼지 진드기와 실내 곰팡이 등은 천식을 일으키는 원인 중 일부분일 뿐이다. 음식 알레르기, 약물에 대한 과민반응과 반작용이 주원인이다. 어린이들의 천식은 감정적 근원이 제거되면 자연적으로 치유가 되기도 하기 때문에 천식은 심리적 요인과도 깊은 관계를 가지고 있다. 여기서는 신체와 영양의 영역만 살펴보고자 한다.

특히 어린아이들인 경우, 신체와 영양 영역에서 문제가 생기게 될 때, 식단과 생활습관만 바꿔도 비교적 쉽게 치료된다. 연령과 무관하게 발작을 일으키는 잠재적 원인으로 가장 잘 알려진 것들은 치즈, 초콜릿, 감귤류와 밀인데, 신체에 해롭지 않은 것을 가려내기 위해 하나씩 확인하여 제거시켜 나가야 된다. 어린이들에게 모든 우유와 유제품은 먹이지 말아야 한다. 이것은 어머니들이 소아과 의사에게 아이들의 천식 진찰을 받을 때 듣는 조언과 반대되는 내용이다. 의사들은 아이의 성장과 발달에 필수적인 우유를 충분히 섭취해야 한다고 말한다. 그러나 수 개월 심지어 여러해 동안, 처방된 약물 치료로 천식을 낫게 할 수 는 없지만, 아이들에게 우유를 먹이지 않으면 빠르게 사라진다.

성인들은 대부분 규칙적으로 약물과 흡입기로 수 년간 치료를 해오는 동안 심한 손상을 입었으므로 회복에 시간이 걸린다. 따라서, 성인들에게는 몇몇의 음식을 제외하는 대신에, 동물성 단백질을 제외 시키는 약식의 거슨요법을 따르는 것이 필요하다. 한 가지 주의점만 유념하면 천식은 연령에 관계 없이 치료 가능하다. 즉, 환자가 오랫동안 프레드니손으로 치료를 받아왔다면, 회복은 어려워진다는 사실이다. 많은 다른 질병과 마찬가지로 프레드니손을 오래 사용하면 신체의 손상이 심해지며 회복되는데 오랜 시간이 걸린다.

〈사례〉

D. B.의 어머니는 D.B.가 생후 6개월이 되었을 때 첫 천식 발작을 겪었다고 기억한다. B.D가 두 살이 되던 해에는 두 달마다 한번씩 일주일 간 발작을 겪었다. 이 어린 소녀는 40가지 알레르기 검사를 받고 난 후 3주마다 약과 면역 주사를 처방 받았다. 이런 처방은 6년 동안 지속되었고, 주사가 오히려 더 그녀를 병들게 만들었다. 팔은 부풀어오르고 눈은 팽창되었다. 나중에, 어머니는 딸이 먹고 있는 약이 간 손상을 일으킨다는 것을 알게 되었다. 의사는 천식의 심각성에 비하면 약물 치료로 인한 간 손상은 덜 위험하다고 주장하였다.

해결책을 찾던 D. B의 어머니는 우연히 영양물 섭취가 딸의 문제를 해결해 줄 수 있다는 것을 발견하였다. D. B.가 9살이 되던 해에 거슨요법을 발견하고 전체 가족은 해오던 식습관을 바꿨다. 커피관장은 하지 않았지만, 완벽하게 거슨식이요법을 따랐고, 그 후 또 다른 천식 발작은 전혀 겪지 않았다. 현재 38살인 이 여성은 알레르기나 천식 발작 없이 골든 리트리버 (대형 견의 일종)를 키우며 여유있는 삶을 살고 있다.

알레르기와 음식과민증

권위 있는 정의에 따르면,[29] 알레르기란 보통은 어떠한 반응도 일으키지 않는 어떤 물질(알레르겐)에 대해 습득되거나 유전된 비정상적인 면역 반응이다. 이러한 반응은 처음 그 대상에 노출 된 이후에 항상 나타나지 않고, 두 번, 또는 그 이상 마주칠 기회가 있어야 유발된다. 예를 들어, 알레르겐은 식료품, 꽃가루, 집 먼지, 합성 세제, 실내 곰팡이 또는 집안 내에 있는 화학제품 등이 될 수 있다. 이 물질들은 피부의 붉어짐, 가려움, 혀와 목구멍의 부어 오름, 호흡곤란, 설사, 심한 복통과 구토까지 다양한 종류의 증상을 일으킨다. 식품 알레르기 유발 물질에 대한 가장 심한 반응은 갑작스럽고, 격렬하며, 잠재적으로 치명적이어서 즉각적인 의학적 치료가 필요하다.

음식과민증은 특정 음식물에 대한 반응으로 알레르기 보다는 훨씬 약한 반응이다. 그리고 음식과민증은 면역체계와 상관 없고, 증상도 뱃속의 가스, 팽창, 복부 통증에 한정되어 있다. 음식과민증과 음식에 대한 알레르기에 대처하는 확실한 방법은 신체의 반응을 관찰하고 유해한 물질을 피하는 것이다. 심각한 환경오염과 일반 대중들의 제대로 작동하지 않는 면역체계 때문에 온갖 종류의 알레르기들이 어느때보다 더 급속히 퍼져 나가고 있다. 추정에 따르면, 미국인 네 명중에 한 명이 알레르기의 영향 받고 있고[30], 50만 명이 넘는 미국인이 코와 관련된 알레르기를 갖고 있다고 한다.[31] 정통의학은 증상을 완화시키기는 하지만, 부작용을 반드시 가져오는 증상 억제 약물로 알레르기를 치료하고자한다.

반면에 거슨요법을 사용한 환자들은 일반적으로 순수한 유기농 음식으로 대부분의 음식 알레르기를 극복한다. 놀라울 정도로 빠르게 치료가 되는 것을 자주 보게 된다. 예를 들어, 당근에 알레르기를 갖고 있던 한 환자의 심각한 알레르기는 하루 만에 사라졌다. 양파에 알레르기를 갖고 있었던 또 다른 환자의 경우에는, 치료가 시작된 첫 주 내에 없어졌다. 반면, 거슨요법을 따르는 환자들에게 금지하고 있는 소화하기 어려운 음식들(예를 들어, 해산물, 콩, 우유, 견과류)은 알레르기 반응을 계속해서 일으킨다.

알레르기로 인한 편두통을 앓던 많은 환자들은 거슨요법을 시작한 후 바로 눈에 보이는 치료 효과가 나타났다. 심지어 치료하기 어려운 꽃가루나, 특정한 냄새와 같이 흡입한 물질에 대한 알레르기 반응도 거슨요법으로 나아졌다. 어떤 경우엔, 알레르기 반응을 완전히 멈추기도 하였다. 딸기류가 종종 알레르기 반응을 일으키기 때문에, 거슨 박사가 치료의 초기에는 딸기류의 섭취를 금지하였으나, 거슨요법을 **18개월**에서 **24개월** 정도 시행하고 나면, 환자들은 괴로운 알레르기 반응 없이 딸기를 먹을 수 있게 된다.

중독

모든 종류의 중독은 우리 삶에 재앙을 가져다 준다. 많은 종류의 중독이 있고, 지속되면 반드시 건강을 해치게 되고 심하면 죽음에 까지 이르게 된다. 사람들은 많은 이유로 중독이 된다. 젊은 세대들은 유행을 따르려고 거리에서 마약을 시도하기도한다. 어떤 이들은 정신적, 감정적 괴로움을 덜고자 술에 취하거나 환각제를 복용한다. 사실상, 사람들은 모든 물질에 중독 될 수 있다. 예를 들어, 술, 담배, 수면제, 설탕, 우유, 신경 안정제, 진통제, 처방된 약에 중독될 수 있고, 비만이 급속히 증가하는 원인은 음식에 대한 중독이 심각하기 때문이다.

다른 어떤 요인들보다, 대부분의 중독은 영양부족으로 인해 야기되거나 심해진다. 우리의 몸은 약물이나 술, 정크푸드(칼로리는 높으나 영양가는 낮은 인스턴트 식품 따위)가 아닌 영양분을 필요로 한다. 중독된 사람은 이것을 인식하지 못하고, 계속해서 좋지 않은 음식물을 섭취하다보면 더 강한 갈망을 일으키게 된다.

우리가 살펴본 중독의 많은 사례 중, 최근 입원한 한 환자는 1시간마다 신선한 유기농 주스 한 잔을 마시게 했는데, 즉시 중독증상이 사라졌다. 그러나 신체가 오랫동안 저장해 온 많은 양의 유독물을 방출하기 때문에, 금단 증상이 나타날지도 모른다. 이런 체내 잔류물들은 혈관을 거쳐 간으로 옮겨져 제거 되어야 한다.

커피관장의 효과는 곧 바로 나타난다. 중독성이 강한 마약과 그에 따르는 금단증상 조차 빠르면 3일만에 극복할 수 있다. 몇 달 동안 지속되는 심한 고통을 겪는 환자들에게만 허락되는 의료용 모르핀의 중독에서 벗어나기 위해서는 더 오랜 시간이 걸린다.

〈사례〉

9년 전쯤, 34살의 젊은 남자인 E. H.가 멕시코에 있는 거슨병원으로 왔다. 그는 마약을 복용했던 모든 친구들이 죽었다는 슬픈 이야기를 하였다. 자신에게도 나타난 불길한 증상을 알아차리고, 거슨치료가 도움이 되지 않는다면, 자신도 석 달 내에 죽을 것이라고 믿고 있었다. E. H.는 코카인에 심각하게 중독되어 있었을 뿐만 아니라, 애연가이기도 하였다. 이 두 가지 독성물질의 결합은 위험한 정도의 호흡 곤란과 가슴 통증을 유발하였다.

대부분의 물질 중독에서처럼, E. H.는 금단 증상을 두려워하였다. 실제로, 중독 환자들은 "마약주사"를 맞지 않는다면, 금단 증상을 참아내는 것이 거의 불가능하다. 다행하게도, 거슨요법으로 약물 중독을 치료하면 금단 증상을 더 쉽게 이겨 낼 수 있게 해준다. E. H.는 매일 신선한 13잔의 유기농 주스를 처방 받았고, 모두를 섭취한 후에 마약에 대한 갈망은 거의 완전하게 사라졌다. 또한, 금단 증상이 빠르게 시작되었을 때, 커피관장으로 금단증상을 잘 다스릴 수 있었다. 이 환자는 갈망을 극복하도록 해주는 신선한 영양분과 금단증상을 없애주는 커피관장의 효과로 매우 행복한 낮 동안의 시간을 즐길 수 있었다.

밤은 낮과는 달랐다. 저녁 7시쯤 마지막 주스를 마시고, 보통 밤 10시경에 마지막 관장을 하였다. 환자가 잠이 든 후 8시간 정도 동안에는 신체가 아무런 도움을 받지 못하는 것이다. 아닌 게 아니라, E. H.는 잠든 후 4시간 정도가 지나면 견디기 어려운 공포때문에 잠에서 깨어났다. 독성을 통제하고 배출시킬 수 없어서 몸 안으로 독소들이 쏟아져 들어가고 있었다. 이럴 때에는 한밤 중에 커피관장을 받아야만 하였다. 혈당을 충당하기 위해 필요한 과일과, 체액을 보충하기 위한 허브차가 제공되었고, 새벽 3시경에 커피관장을 받았다. 이러한 처방은 신체 내에 있는 독성을 제거했고 E. H.는 아침까지 꿈도 꾸지 않을 정도로 단잠을 잘 수 있었다.

밤 동안의 치료과정은 3-4일 정도 계속되었고, 낮 동안의 금단 증상이 없어진 후에는 밤에도 방해 받지 않고 잘 수있었다. E. H.와 같이 중독에서 회복된 이들에게 심각한 문제는 집으로 돌아가는 것이다. 만약 중독성 있는 물질을 계속해서 사용하는 친구들이나 친척들과 생활한다면, 원래의 상태로 돌아가게 되어 거슨요법으로 얻은 좋은 결과는 수포로 돌아갈 것이다.

과잉행동장애

주의력결핍 과잉행동장애(ADHD)는 최근에 뉴스가 되고 있다. ADHD는 불안하고, 통제하기 힘든 행동, 지속적인 과잉 행동, 집중력 부족, 공격성, 충동성, 주의력 산만 등을 보이는 어린이들과 관련이 있다. 공식적으로는, 중추 신경계의 기능장애가 원인이라고 하지만 논쟁의 여지가 있

는 견해이다.32

30여 년 전, 벤자민 (Benjamin Feingold) 박사는33 행동장애 치료를 위해 거슨요법과 매우 유사한 식이요법을 개발하였다. 그는 모든 인공 조미료, 색소, 방부제, 설탕, 이스트와 살리실산염을 배제하고, 신선한 유기농 음식만 처방하였다. 그의 방법은 열렬한 지지를 받았지만, 식품업계로부터는 강한 비판도 함께 받았다.34

그 이후로, 많은 자연요법 실천가들과 영양학자들은 ADHD를 가진 아이들의 식단을 건강에 좋은 유기농 음식으로 바꾸고 모든 첨가물을 제외하는 간단한 방법으로 좋은 결과를 얻어왔다. 불행하게도, 식이요법을 잘 모르는 전통적 의사들은 과잉행동장애를 겪는 아이들에게 코카인과 유사할 정도로 중독성이 강한 리탈린이라는 약을 처방한다. 영구적인 뇌손상 등의 부작용이 심하다는 것은 놀랄 일이 아니다.35 때로는 "버릇없는" 아이를 조용하고 고분고분한 좀비와 같은 상태로 만들기 위해 6살 이하의 아동에게도 처방되는 어처구니 없는 일도 있다.

거의 9만 명에 이르는 미국 어린이들이 리탈린을 복용하고 있고36 그 숫자가 증가하고 있다는 것은 무서운 일이다. 어머니들은 아이들의 주의 산만과 공격성의 실제 원인이 영양불균형에 있다는 사실을 이해하지 못하고 있다. 그러다 보니 현명하고 효과적으로 병을 다루는 방법을 모르고 있으며, 그러한 행동을 없애주는 리탈린을 고맙게 여기고 있다. 소아과 의사 또한 어머니들에게 바르게 조언하는 방법을 모르고, 단지 약의 사용에 대한 교육만 받는다. 가장 약한 형태의 거슨요법만으로도 ADHD를 바로 멈추게 할 수 있다.

우울증

모든 선진국들에서, 우울증은 심각한 정신 건강 문제로 빠르게 확산되고 있으며, 많은 고통과 무력감, 실직과 약물 치료로 인한 경제적 부담을 주고 있다. WHO에 따르면37, 2020년까지 세계적으로 우울증은 인간을 무력하게 하는 두 번째 원인이 될 것이라고 한다. 이미 점점 많은 어린이들과 청소년들이 우울증에 빠져들고 있으며, 그들 중 많은 수가 섭식장애를 일으키거나 자해를 하는 등 심각한 증상을 나타내고 있다.

우울증은 두 종류로 구분해 볼 수 있다. 하나는 심리적 요인으로 발생하는 것이고, 다른 하나는 신체적 요인 때문이다. 둘은 상호 영향을 주지만 구분을 해볼 필요는 있다. 인간의 삶은 필연적으로 문제나 어려움을 피할 수 없으므로, 그 결과 생기는 우울증은 전문적인 정신적 도움과 지원으로 해소되어야 한다.(암 선고로 인한 우울증을 다루는 방법들이 24장 "거슨요법을 받는 환자들을 위한 심리적 지원"에 설명된다)

관심을 뇌로 돌려, 우울증의 신체적 원인을 살펴보자. 움직임의 조절, 신체 조정, 그외 많은 생명활동뿐만 아니라 우리의 사고, 예측, 감정반응, 일상의 문제를 다루는 방법들은 직접적으로 뇌와 관계가 있는 것이 명백하다. 따라서 뇌의 기능은 기본적으로 뇌 세포의 건강과 올바른 작용에 달렸다. 전체 신체 용적과 비교해 상대적으로 작은 기관이지만, 뇌는 전체 흡입된 산소의 2/5를 사용하고 혈액의 1/5을 사용한다. 또한 뇌가 대단히 복잡한 과업을 수행하기 위해서는 많은 양의 비타민, 미네랄, 효소 등의 영양분이 요구된다. 그러나 일반적인 현대인들의 식단은 뇌가 필요한 이런 영양소들을 충족 시키지 못한다. 중추신경계의 한 부분인 뇌의 조직들은 다른 기관의 조직들과는 다르게 매우 분화되어 있어서 대부분 재생이 불가능하다.

뇌세포가 영양을 충분히 공급받지 못하면 제대로 기능을 할 수 없고, 균형이 깨지게 되고, 특정한 정신적 장애가 발생하게 된다. 이러한 장애에는 조울증, 정신분열증, 만성불안과 우울증이 포함된다. 이러한 증세의

대부분은 비타민(이노시톨)으로 **90%**까지 사라지게 할 수 있다.[38]

두 번이나 노벨상을 수상한 라이너스 폴링박사(Linus Pauling)[39]또한 대량의 비타민 투여로 정신분열증 환자의 **60%**가 상태가 나아지거나 증상이 완치 되었다는 사실을 발표하였다. 아브람 호퍼(Abram Hoffer)박사[40]는 나이아신(비타민 B_3)이 콜레스테롤을 낮춰 주고, 과도한 콜레스테롤은 정신 분열증의 원인이 된다는 것을 처음으로 발견하였다. 그는 수 천 명의 정신 분열증 환자에게 나이아신과 아스코르빈산(비타민C)을 대량 투여하여 정상으로 되돌릴 수 있었다.

정상적인 경우에는, 혈액에서 뇌로 통하는 물질의 통로를 조절하는 막인 혈액 뇌관문(BBB)이 독성의 침투로부터 뇌를 보호한다. 전자파, 방사능, 고혈압, 간염, 그리고 독성물질에 의해 혈액 뇌관문은 손상되고 부서질 수 있다. 그 결과, 적절치 못한 영양분 섭취와 독성의 악순환은 계속되고 다른 정신적인 질환을 얻게 된다.

병세를 호전시키기 위해 개발된 약물은 의학적 우울증의 확산만큼 나쁜 영향을 미치고 있다. 자살이나 살인까지 이르게 하는 심각한 부작용과 우울증이 악화되고 있음에도 불구하고,[41] 독성이 강한 약물이 어린 아이들에게까지 처방되고 있다. 이와 반대로, 거슨요법은 매우 빠르게 우울증을 치유할 수 있고, 심지어 약물 치료를 받은 후 부작용으로 고통 받고 있는 환자들도 회복시킬 수 있다. 거슨요법에서 사용하는 커피관장과 뇌를 포함한 모든 신체 조직에 필요한 영양분을 공급하는 것이 우울증을 극복하는데 가장 빠르고 안전한 방법이다.

〈사례〉

8년 전쯤, 샤롯 거슨이 강의를 하며 미국 전역을 여행 중이었을 때, 고풍스런 작은 모텔에 머물렀다. 지배인인 P. B.는 그녀의 일에 관심이 있었고, 대화 중에 그가 심각한 우울증에 시달리고 있으며 병세를 약으로 조절하고 있음을 말하게 되었다. 또한 그가 베트남에서 "오렌지제"(월남전에서 미군이 사용했던 고엽제)에 노출되었음을 덧붙였다.

샤롯은 치료를 위한 영양 섭취법을 설명했고, 50세에 가까웠던 P. B.는 거슨의 출판물을 구입하여 자택에서 최선을 다해 요법을 따르기 시작하였다. 2006년 12월, 그는 회복되었고 모든 약을 끊을 수 있었으며, 더 이상 약물의 부작용을 겪지 않고 활동적인 삶을 누리고 있으며 매우 기분이 좋다고 말하였다.

크론병

의학용어로 크론병은 국한성회장염이다. 이 병은 소장(회장) 하부 2/3의 만성적 염증으로, 일반적으로 악화와 완화의 기간이 번갈아 일어난다. 환자는 설사, 복통, 체중감소, 빈혈을 앓고, 결국 몇 년 후에 장 폐색을 앓게 된다. 테이버(Taber) 의학 백과사전에 따르면 병의 "원인은 알 수 없다."[42] 전통적 약물은 이러한 병세를 치료하지 못하고, 일반적으로 소장의 부분이나 전체 대장의 부분을 제거하는 수술을 하게 되는 결과를 초래한다.

〈사례〉

M.G.는 크론병을 진단 받았을 때 불과 15살 밖에 되지 않았다. 그녀는 그 해의 대부분을 집과 캐나다의 온타리오에 있는 종합병원을 오가며 학교 교육을 거의 받지 못하였다. 병원을 방문했을 때는, 몇 번씩 창자 폐색이 일어나기 직전이었다. 따라서 음식을 흡수 할 수 없어 겨우 **39kg** 밖에 나가지 않았다. 주치의는 수술을 제안했지만 이를 거절하였다. 때마침 그녀의 가족이 거슨요법을 알게되어 어린 소녀는 집에서 이 요법을 시작하게 되었다. 비록 창자는 거의 막혔지만, 커피관장은 즉각적인 효과가 나

타나서 더 이상 병원을 방문할 필요가 없었다. 3개월 뒤, 고통은 없어지고 활력을 되찾았고, 1년 내에 몸무게가 13kg 늘어나서 학교도 규칙적으로 다닐 수 있게 되었다. 그녀는 현재 건강을 유지하며 의학을 공부하고 있다.

● 편두통

편두통은 머리의 한쪽에 갑작스럽고 심하게 통증이 나타나는 증상을 말한다. 심한 경우에는 빛과 소리에 과민한 반응을 보이고, 메스꺼움이나 구토를 동반한다. 발병은 지속적으로 일어나고 4시간에서 72시간 동안 지속될 수 있다. 편두통은 매우 흔하여 거의 3천만 명의 미국인들이 고통을 겪고 있는 것으로 추정된다.[43] 의학적으로 가능한 치료는 모르핀 만큼 강하고 여러가지 부작용이 있는 진통제를 사용하는 것이 고작이다. 최근에 미국인에게 가장 널리 처방되는 약은 혈중의 산성도를 과도하게 높여 신장결석을 초래한다는 것이 밝혀졌다.[44]

편두통은 많은 요인으로 발병할 수 있다. 부정교합 또는 턱 근육의 불균형과 같은 치아의 문제로 발생할 수도 있다. 다른 경우에는, 척추와 목의 경직이나 미세한 탈구 때문에 생기기도 한다. 이런 문제는 전문가의 교정요법으로 바르게 되어야 한다. 편두통의 과반수는 특정한 음식에 대한 알레르기나 과민증으로 인한 것이다. 가장 빈번하게 확인된 "용의자"는 치즈, 초콜릿, 감귤류의 과일들이다.

막스 거슨(Max Gerson)은 젊은 시절에 심한 편두통을 겪었다. 다양한 식이요법을 실험한 후에, 대부분의 경우 짜거나 양념이 많이 된 고기와 같은 독성을 가진 음식이 원인이라는 사실을 발견하였다. 치료를 위해 소금을 뺀 저지방 채식 식이요법을 개발하였는데, 이는 후에 그의 식이요법의 근간이 되었다. 이 식이요법이 개선되고 향상되어 오늘날 수 많은 만성퇴행성질병의 치료를 위해 전세계적으로 널리 사용되는 거슨요법이 탄생되었다. 거슨 프로그램을 행하는 많은 환자들은 오랜 편두통에서 빠르게 회복되고 있고, 편두통을 유발했던 음식을 다시 먹지 않는 한 고통 없이 지내고 있다.

● 자궁내막증

자궁내막은 자궁 안쪽의 점막이다. 여성이 생식 능력을 가지고 있는 동안 배출된 난자가 수정되지 못해 조직에 착상되지 못하면, 그 점막은 매달 저절로 떨어져나간다. 신체 기관이나 호르몬체계가 제대로 작동하지 못하면, 자궁 내막은 골반부분을 지나 복부 벽을 포함한 여러 곳으로 퍼져 나갈 수 있다. 병세가 나빠지고 월경 주기가 불규칙하게 되면, 자궁내막 조직은 신체 곳곳으로 퍼져나가고 "전이성 골반 암과 유사한" 악성이 된다.[45]

〈사례〉

S.T.의 사례는 이 병의 진행과정을 완벽하게 보여준다. 이 환자는 월경이 시작될 때부터 부인병을 갖고 있었다. 35년 후, 자궁내막증으로 진단을 받아 자궁내막의 플라그를 제거하기 위해 여러 번의 확장과 자궁을 긁어내는 수술을 받았다. 나중에는, 부분적으로 자궁 적출까지 했으나 호전되지 않았다. 1979년 자궁암 조기 검사 결과 혈액에 "비정상적" 세포들과 함께 자궁 경관에 종양이 있음이 밝혀졌다. 가슴에서도 혹이 있음을 발견했으나, 이후로는 확인되지 않았다. 자궁 적출 수술을 하는 것으로 결정되었지만, 그녀는 수술을 거부하고 식단을 바꾸었다. 얼마 전에 우연히 샤롯 거슨의 강의를 듣고 가족 중 누군가가 암에 걸린다면, 거슨요법을 시작할 것이라고 결심했었다. S.T.는 2년 동안 엄격하게 거슨요법을

따랐다. 그녀는 완치 되었고 건강을 유지하며 바쁜 삶을 살고 있다.

고도 비만

이 병은 "호흡을 포함한 일상적인 활동을 방해하는 정도의 비만"으로 정의 된다.46 개인의 나이, 성별과 체격에 맞는 정상적 몸무게 보다 약 **45kg**을 초과할 경우 "병적인"것으로 간주된다. 불과 얼마전만 해도 과도하게 살이 찐 사람들은 거리에서 호기심어린 혹은 비판적인 시선을 받았다. 그러나 최근에는 살이 찐 사람이 너무 많아 사람들의 주목을 전혀 끌지 못한다. 패스트푸드와 인스턴트 식품이 전 세계적으로 급속히 보급되면서 모든 연령대에서 비만이 늘어나고 있다.

2004년 3월 10일, 로스엔젤레스 라디오 방송(**KNX1070 AM in Los Angeles**)은 애틀란타 질병통제센터가 흡연을 밀어내고 비만이 미국 내에서 예방 가능한 질병의 첫째 원인이 되었음을 반복하여 발표하였다.

의학사전에는 "병적인(**morbid**)"고도비만이 진성당뇨병(**2형**), 고혈압 및 몇 종류의 암을 일으키는 원인으로 설명하고 있다.47 사전이 출판 되었을 당시에는(**1993**), 미국에서 3천4백만 성인들이 과체중인 것으로 추정 되었다.48 더 최근에는(**2001**) 미국보건센터에서 미국성인의 거의 2/3가 과체중이라고 발표하였다.49 1980년의 비만 인구 숫자가 2001년에는 두 배로 증가하였다.50그에 따라 진성 당뇨병도 1958이후 9배나 증가하였고51, 심장병은 여전히 사망 원인 1위를 차지하고 있다.52

더 나쁜 소식은, 비만이 어린이들에게도 널리 퍼지고 있다는 것이다. 뚱뚱한 아이들은 "카우치 포테이토(게으르고 비활동적인 사람, 텔레비전을 보면서 소파에서 여가를 보내는 사람)의 자식"이라고 놀림을 당하고 있다. 1980과 1994년 사이에, 미국 어린이의 비만은 100% 증가하였다. 53 프랭크 부쓰(**Frank Booth**)와 도나 크루파(**Donna Krupa**)의 보고에 의하면 현재 어린이 4명 중 1명이 비만이다.54 위 연구자에 따르면, 아이들은 평균 1년에 900시간을 학교에서 보내고, 1,023시간을 텔레비젼을 보면서 보내기 때문에, 운동 부족이 이 비극적인 상황의 중요한 원인이다. 성장하는 어린이들은 과체중으로 인한 따른 많은 합병증을 성인보다 잘 이겨낼 수 없기 때문에 어린 시절의 비만은 특히 위험하다. 몇몇 영국 연구자들은 역사상 처음으로 부모가 자식보다 오래 사는 것이 현실이 될 것이라고 말하고 있다.55

최근 모건 스펄록(Morgan Spurlock)이 제작한, 패스트푸드의 파괴적인 영향력을 밝힌 영화 "수퍼 사이즈 미(Super Size Me)"는 아주 성공한 영화이다. 건강한 33세 남자인 스펄록은 30일간 모든 식사를 맥도날드에서 해결하였다. 이 유일한 식단이 그의 건강에 어떤 영향을 줄지 확인하기 위함이었다. 실험을 하는 동안 규칙적으로 위장병 전문의 다릴 이삭스(Daryl Isaacs) 박사에게 검사를 받았고, 박사는 스펄록이 "건강한 상태에서 맥도날드 음식을 먹고 매우 아프게 된 사람이다."56라고 선언하였다. 어느 단계에 이르자, 의사는 모건 스펄록에게 간이 손상되었다고 전하며 실험을 그만 둘 것을 요청하였으나 그는 계속하였다. 시간이 지나자, 스펄록은 이렇게 말했다. "나는 지독하게 아프다. 내 얼굴은 얼룩이 생겼고, 거대한 창자를 가지게 됐다. 30일 동안 12Kg 쪘다. 내 무릎은 너무 빨리 살이 찐 탓에 아파오고 있다. 놀랍고 무섭다."57 마지막 순간에는, 간이 독성에 오염되고, 콜레스테롤수치는 165에서 230까지 치솟았으며, 성욕은 시들해졌고 두통과 우울에 시달렸다. "드라이브-스루 식단"(주로 패스트푸드점에서 차를 탄 채 주문해서 먹는 것)을 시작한지 몇 일 내에 스펄록은 차창 밖으로 토하기 시작하였다. 이 것을 살펴본 의사들은 전체 신체상태가 빨리 악화되는 것을 보고 충격을 받았다.

아이들의 잘못된 영양 섭취와 운동부족에 대해 어머니들만을 비난할 수 없다. 대부분의 어머니들은 영양 섭취에 대해 잘 모르는 소아과 의사로부터 제대로 된 안내를 받지 못하고 있다. 의사들이 의과대학에서 배운 것이라고는 통상적인 "단백질, 탄수화물과 지방"에 대한 학설이 고작이어서 아이들이 패스트 푸드로 해를 입을 수 있다는 사실을 전혀 인식하지 못한다. 예를 들어, 패스트푸드에 사용된 육류는 열로 손상되고, 소화도 잘 되지 않으며 콜레스테롤과 소금의 함량이 매우 높지만 비타민, 미네랄, 효소와 같은 실제 영양분은 부족하다. 그 결과, 패스트푸드는 배고픔을 만족시켜 줄 수 없어 살은 찌고 영양은 부족해지는 악순환이 만들어진다. 아이가 완벽한 식사를 한 후에도 더 많은 음식을 원한다면, 부모들의 반사적인 반응은 더 덜어주는 것이다. 부모들은 음식을 더 주어도 부족한 필수 영양분을 채워줄 수 없다는 것을 모르고 있는 것이다.

평균적인 현대인의 식단은 어린이들을 배는 고프고 에너지는 낮은 상태로 방치하여 아이들을 자유로운 시간에 무기력하게 아무것도 하지 않으면서 보내게 한다. 에너지를 보충하기 위해 아이들은 "무언가를 찾기" 시작한다. 불행하게도 이들이 찾는 것은 카페인과 설탕 흥분제가 포함된 콜라, 독성물질이 가득한 담배, 나아가 "황홀감"을 주고 중독에 이르게 하는 술과 마약까지 찾게 된다.

동일한 악순환은 성인에게도 영향을 미친다. 현대인의 식단에는 살아있는 영양분이 결여되어 있기 때문에 신체는 충족되지 못한 상태를 유지하여 더 요구하게 된다. 신체는 양이 아니라 질적으로 제대로 기능하는 데 필요한 적절한 영양분을 필요로 한다. 슬프게도, 사람들은 이 사실을 모르고 있거나, 이해하지 못하여 지방이 가득한 디저트, 아이스크림, 케이크와 쿠키들로 욕구를 채우기 위해 노력한다. 이런 식품들은 에너지를 충족시킬 수 없을 뿐만 아니라 살이 찌게 하고, 높은 콜레스테롤과 고혈압을 가져오고 결국 당뇨나 더 나쁜 질병으로 발전하게 한다. 비만은 무서운 병이며 정크푸드를 엄격히 피하고, 영양분이 풍부한 채식위주의 식단으로 바꾸어야만 극복할 수 있다.

모든 종류의 당은 살을 찌게 하고, 영양학 학위가 없더라도 엄청난 양의 인스턴트 식품이 가득한 서구식 식단은 당이 과하게 함유되어 있다는 사실을 누구나 쉽게 알 수 있다. 그러나, 영양과 관계된 보건정책의 시행에 있어서, 기본적인 사실이 빈번하게 국민의 건강에 어긋나는 영리적인 이유 때문에 무시되어 버린다. 최근의 사례는, WHO의 권고에 따라 음식에 첨가하는 당의 안전한 상한선에 관한 논쟁이었다. 콜린 캠벨(T. Colin Campbell)[58] 교수가 그의 책 '중국 연구(The China Study)'에 기록한 내용을 그의 허락 하에 아래에 인용한다.

"당의 권장량은 단백질 권장량만큼 지나치다. FNB(식품영양 위원회) 보고서가 공개 되었을 때, WHO(세계보건기구)와 FAO(식량농업기구)에 의해 모인 전문위원단은 식단, 영양 섭취, 만성 질병의 예방에 대한 새로운 보고서를 완성하고 있던 중이었다. 필립 제임스(Philip James) 교수는 이 위원회의 멤버이자 당의 권장량에 있어 위원회 대표자였다. 보고서 연구결과에 대해 처음에는 WHO/FAO가 당의 허용치를 미국 FNB가 정한 25%보다 훨씬 낮은 10%를 권장하려 한다는 소문이 있었다. 그러나 정치가들이 앞서 당 첨가기준에 대한 보고서를 검토했었다. WHO 사무총장실에서 발표한 소식에 따르면, '설탕 재배자와 제당업자의 이익을 대변하는 미국설탕연합과 세계 설탕연구 기구는 WHO보고서의 신용을 떨어뜨려서 그 발표를 막고자 강한 로비활동을 했었다.' 런던의 가디언 신문에 따르면, 미국 설탕 산업은 "WHO가 설탕첨가에 대한 이러한 지침을 포기하도록 위협하고 있었다. WHO측 사람들은 그위협을 '공갈과 같은 정도라고 설명하였다. 미국설탕연합은 심지어 WHO가 상한선을 10%로 낮게 계속 고집한다면 미의회를 로비하여 4억 6백만 달러의 WHO

지원금을 줄이도록 하겠다고 위협하였다. 부시 정권은 설탕산업 쪽으로 기울어졌다는 보도들이 나돌고 있다. 이런 연유로 설탕 첨가와 관련하여 두가지 다른 '안전한' 상한선을 가지게 되었다. 즉, 국제 사회에 적용되는 기준은 10%이고, 미국에 적용되는 기준은 25% 이다."

캠벨 교수는 이렇게 냉소적인 결론을 내리고 있다. "정부의 주장과는 달리, 미국인들을 강타하고 있는 비만의 위험은 단지 운동부족 때문만은 아니다!"

● 골다공증

뼈가 점차 줄어들어 약해지고 밀도가 낮아지는 골다공증은 점점 흔해지고 있다. 골다공증은 넘어지거나 사고와 같은 가벼운 충격으로도 뼈가 부러지거나 깨진다. 골절은 매우 고통스럽고 회복 속도가 느리고, 노인들은 회복이 전혀 되지 않기도 한다. 침대에서 몇 주 동안 보내야 하는 심각한 골절은 감염성 욕창과 다른 치명적인 합병증을 불러올 수 있다.

남성들보다 여성들이 더 많이 골다공증으로 고통 받는다. 따라서 이 질병은 노화, 폐경기 후 여성호르몬인 에스트로겐의 감소로 인한 것으로 생각된다. 그러나, 골다공증을 앓고 있는 28세의 젊은 남자를 본적도 있다.

전통적인 의학적 치료는 여성 호르몬, 비타민 D와 규칙적인 운동을 처방한다. 이 처방으로는 완치가 아니라 병의 진행을 느리게 할 수 있을 뿐이다. 여성 호르몬의 처방은 유방, 난소나 자궁암을 일으킬 수 있다. 신체는 칼슘과 합성 비타민 D를 이용할 수 없다. 이러한 치료로는 뼈를 회복시키지 못한다.

세계적인 연구에서, 보통 6명에서 8명 정도의 아이를 낳아 기르는 동남아시아 여성들이 골다공증을 겪지 않는다는 것이 발견되었다. 이러한 사실은 거의 알려지지 않았다. 이 사실을 언급한 단체(PCRM)는 "싱가포르의 평균 칼슘 섭취는 하루 **389mg**으로 미국의 하루 권장량의 절반보다 적다. 그러나 싱가포르의 골절 발생률은 칼슘 섭취가 훨씬 높은 미국보다 5배 낮았다"고 발표하였다.[59] 여기에 더해, 보고서는 "칼슘 감소를 유발하는 원인으로는 동물성 단백질, 나트륨, 카페인, 인, 담배, 앉아 일하는 생활방식이 포함된다"고 언급하였다. 한 연구 결과에서는, "육류를 먹지 않으면, 소변으로 배출되는 칼슘을 반으로 줄인다"[60]는 사실을 지적하였다.[61] 이 연구결과는 또한, "나트륨의 섭취를 반으로 줄이면 하루에 필요한 칼슘량을 160mg으로 줄일 수 있다. 흡연자들은 비흡연자들보다 뼈가 10%정도 더 약하다"고 밝혔다.[62]

칼슘이 골다공증의 해답이 아니라는 명백한 과학적 증명에도 불구하고, 1997년 1월, 낙농연합회가 후원한 우유소비 촉진을 위한 새로운 광고가 방송되었다. 광고를 통해 "칼슘이 풍부한 우유는 가장 좋은 음식이다"[64]라고 주장하였다. 그 광고에는 남녀유명인들이 "유명한 우유 수염"을 뽐내면서 나왔다. PCRM은 워싱턴(Washington, D.C.)에 있는 주상업 위원회에 "우유 소비를 늘리는 것은 뼈를 보호하는 데 도움이 되지 못하며, 이를 잘못 전하는 것은 위험하다"고 지적하면서 항의를 하였다.[65]

PCRM은 또한 칼슘은 일상 식단에 필요하기 때문에, 우유에 있는 칼슘보다 녹색 채소에 있는 칼슘의 종류가 생물학적 이용가능성(더 잘 흡수된다)이 훨씬 높은 것으로 나타났다고 발표하였다. 그들은 자신들의 주장을 강조하기 위해 다음과 같이 덧붙였다. "남는 벽돌을 더 갖다 준다고 해서 더 큰 건물을 짓지 못하는 것처럼, 과도한 칼슘을 섭취한다고 호르몬이 더 많은 뼈를 생성하지 못한다."[66]

증거가 드러날수록, 많은 만성퇴행성 질환들처럼 골다공증은 대부분 잘못된 식습관의 결과임이 점점 명백해졌다. 음식과 환경, 건강 관계 분야에 있어 세계적인 연구자로 알려진 베스트셀러 작가인 존 로빈스(John

Robbins)는 더욱 확실한 증거를 제시한다. 그는 "오랜 기간의 연구에 의하면 하루 75그램 정도의 적은 양(평균적인 육류를 먹는 미국인이 소비하는 것의 3/4보다도 적은 양)의 단백질을 섭취하여도 몸에 흡수되는 것보다 소변으로 빠져나가는 양이 더 많아, 칼슘의 균형에는 도움이 되지 못한다"고 적고 있다.[67]

모든 연구는 동일한 결과에 도달한다. 즉, 더 많은 단백질을 섭취할수록 더 많은 칼슘이 소실된다. 질병과 식단과의 관계에 관한 미국의 저명한 의학 권위자 중 한 명인 존 맥두걸(John McDougall) 박사는 다음과 같이 덧붙이고 있다. "나는 인간 신체에 있어 단백질로 인한 칼슘 소실 효과는 과학계에서 다뤄질 논쟁거리가 아님을 강조하고자 한다. 지난 55년간 행한 많은 연구들 결과에 의하면, 뼈를 단단하게 유지시켜 올바른 칼슘의 균형을 위해 우리가 할 수 있는 일은 식단을 변화시켜 매일 먹는 단백질 양을 줄이는 것이다."[68]

위에 제시한 내용은 거슨요법이 신체의 칼슘 균형을 유지하게 해 줄 뿐만 아니라, 동물성단백질, 소금, 흡연을 제한하고 야채에서 공급된 칼슘이 신체에 풍부해지면 적절한 효소와 함께 칼슘이 뼈로 흡수되어 골다공증도 개선할 수 있음을 보여주는 증거가 된다. 실제로도, 수많은 환자들의 골밀도가 높아졌고, 골다공증의 고통이 사라졌다.

〈사례〉

A. C.는 비포장 도로에서 돌부리에 걸려 넘어진 후, 거슨요법으로 회복하는데 오랜 기간이 걸린 환자였다. 주치의는 엉덩이 뼈에 금이 갔는지 확인하기 위해 X-Ray를 찍도록 했다. 엉덩이는 아무 문제가 없음이 판명 되었지만, 척추에 세 군데 골다공증이 있음이 발견 되었다. 나쁜 소식을 전해 준 여의사는 진통제를 처방하였다. 그녀는 아무런 고통이 없었으므

로 그 진통제를 거부하였다. 샤롯 거슨에게 연락하여 도움을 청하자, 신선한 당근과 사과 주스 1리터와 녹색 채소를 매일 섭취하고, 거슨요법을 생활화하도록 조언을 받았다. 샤롯은 "만약 누군가가 골다공증은 치료할 수 없다고 하면 그 말을 믿지 마세요"라고 덧붙였다.

A. C.는 들은 대로 행하였다. 6개월 후, 스스로 요청하여 **X-Ray** 확인을 한 결과 더 나빠지지 않고, 오히려 훨씬 호전되어 있었다. 의사는 이 뜻밖의 회복에 놀라움이나 흥미를 보이지 않았다. 그리고 전혀 고통이 없었음에도 불구하고 A. C.에게 진통제를 처방하였다. 이 사건 이후, **15년**이 흐른 지금 **80대**이지만 골다공증 증세를 전혀 보이지 않고 있다.

치아

치아는 신체에 없어서는 안될 부분이고 전체 신체 상태에 지대하게 영향을 미칠 수 있으나, 전체성의 개념이 잘못 이해 되어 치아 건강에는 적용되지 않는 것은 유감스러운 일이다. 의사들은 감염, 허약체질, 진단하기 어려운 대사기능장애와 같은 문제를 갖고 있는 환자의 치아를 검사할 생각을 거의 하지 않는다. 치아는 의사가 건드릴 수 없는 의학의 완전히 다른 영역에 속해있기 때문이다.

치아를 소홀히하는 것은 심각한 잘못이다. 뿐만 아니라 치아를 잘못 치료하는 것은 끔찍한 결과를 초래할 수 있다. 불과 몇 년 전부터, 치과의사들은 치근관치료(**root canal treatment**)가 일으키는 문제를 인식하기 시작하고 있다. 치근관협회의 회장이었던 조지 메이니그(**George Meinig**)가 웨스턴 프라이스(**Weston Price**)의 몇 백년 전 책에서 치아 근관에 구멍을 내고, 속을 비운 뒤 빈 공간을 메우는 것이 문제를 해결한다고 생각한 것이 중대한 실수라는 것을 발견한 후 치근관치료의 문제점을 인식하게 되었다.[69]

그의 저서에서, 프라이스 박사는 몸 전체에 퍼진 류머티스관절염으로 몸져누운 한 여성의 치아를 치료해 달라는 부탁을 받았을 때를 설명하였다. 그는 이전에 치아근관 치료를 받은 아픈 치아를 제거하여 깨끗하게 소독한 후 그것을 토끼의 피부에 이식하였다. 5일 후, 심각한 류머티스관절염이 토끼에게 발병했고, 10일 후에 죽었다. 반면에, 환자는 회복되기 시작하여 자리에서 일어났고, 통증이 많이 없어지고, 살이 찌기 시작하더니 마침내 완전히 나았다.

프라이스 박사는 이 사건에 흥미를 갖게되어 더 연구를 하기로 결심하였다. 손상 받은 치아를 치료 할 때 마다, 같은 방법으로 살균하여 토끼의 피부에 이식하였다. 놀랍게도, 환자가 어떠한 병을 겪고 있든지 간에 5일 내에 토끼에게 같은 병이 나타났고 10일 이내에 죽었다. 신장병, 심장병을 포함한 많은 질환을 가진 환자들로부터 제거한 치아로 실험한 결과, 수십 번, 심지어 수백 번에 걸쳐 같은 결과가 나왔다. 그 후, 프라이스 박사는 두 번의 실험을 더 실행하였다. 첫째로, 사고로 인하여 건강한 사람에게서 빠진 치아를 토끼의 피부에 이식하자, 그 토끼는 건강한 상태를 유지하였고 15년간 살아있었다. 다음으로, 병을 앓고 있는 환자에게서 치아를 뽑아, 고온에서 살균하여(섭씨121도의 증기압력에 노출시켰다) 이식하자 토끼는 이번에도 환자와 같은 병으로 죽었다.

근관충전 치료로 인해 생화학적 손상이 몸 전체에 미친다는 것을 알게 되자, 조지 메이니그는 근관회를 사임하였다. 그리고 프라이스 박사가 발견하고 기록한 사실을 폭로하는 '근관 치료의 숨겨진 사실(The Root Canal Cover-up)[70]'이라는 제목의 책을 썼다.

메이니그 박사는 근관충전이 일으키는 실제적인 손상 뒤에 숨겨진 두 가지 사실을 설명하였다. 하나는 치아의 신경을 제거하는 것은 치아를 죽게 버려두는 것이다. 영양분이 치아로 연결된 캐눌(canules-다른 조직의 모세혈관에 해당)을 거쳐 치아로 들어갈 수 없을 뿐만 아니라 신진대사 후의 노폐물도 배출될 수 없다. 두 번째 사실은 빈 치아혈관(캐눌)에 세균과 바이러스가 채워진 후 턱뼈로 침입하여 심각한 뼈 감염을 일으킬 수 있으며, 염증으로 생긴 독성물질이 혈관으로 흘러들어가서 영구적인 중독을 일으킬 수 있다는 점이다.

안타까운 것은, 치아의 속이 비게 되는 뼈의 깊은 염증은 통증을 가져오지 않기에 환자는 자신이 문제를 갖고 있다는 사실을 알아채지 못한다는 점이다. 심지어 치과에서 사용하는 정상적인 X-Ray 촬영으로도 뼈 손상을 확인하지 못한다. 최근에 나온 "파노라마식" 치과 X-Ray로만 확인이 가능하다. 아픈 치아를 제거하고 염증 물질을 없애야 속이 빈 뼈를 치료할 수 있다.

만약 치과의사가 치아의 뿌리 끝에서 종기를 발견한다면, 환자에게 근관 치료를 받아야 한다고 설득할 것이다. 이 치료에 동의하면 안된다. 근관을 채우는데 사용되는 물질이 나중에 줄어들어 치아혈관을 통해 들어가도록 하고 더 큰 문제를 일으키는 감염물질의 통로가 된다. 치과의사는 근관을 채우는데 사용된 물질이 줄어들지 않을 것이라고 안심시킬 것이다. 그러나 그 말이 사실이라 할지라도 죽은 치아의 문제, 세균이 차 있는 캐눌, 몸 속에 지속 되는 염증 활동은 감수해야한다. 안타깝지만, 근관 치료를 받기보다 치아를 뽑는 것이 더 낫다.

근관 치료와 달리, 쉽게 발견되고 치료 가능한 잇몸소실, 잇몸 염증, 충치등과 같은 치아 문제들은 치료 과정을 방해할 수 있으므로 치료 해야한다. 신체의 깨뜨릴수 없는 통일성을 이해하였다면, 해결하지 않고 간과하였던 치아 질환이 신체의 다른 부분에 심각한 손상을 줄 수 있음을 알게 될것이다.

수은을 치근관에 채우는 것은 절대로 해서는 안 된다. 씹고, 마시고, 삼키면서 적은 양의 수은이 신체로 스며들어와 일으키는 손상을 입증하는 많은 연구 자료가 있다.[71] 소량으로 지속적으로 스며든 강력한 신경 독소가 폐와 소화계 내벽을 통해 혈관으로 흡수되어 심각한 해를 끼친다. 이러한 위험성을 입증해 온 많은 과학적 연구 자료에도 불구하고, 치과의사들과 미국치과협회는 일단 수은이 치아에 안착되면 완벽하게 안전하다고 집요하게 주장하고 있다.[72] 이것은 사실이 아니다. 최근에는, 다양한 소량의 독성 비활성 충전제가 구강 내에 사용되고 있다.

치관(Crown)은 또 하나의 문제이다. 치관은 절대로 수은 충전 위에 끼워서는 안되고 수은이 함유된 은아말감이 입 안의 다른 부위에 있다면 금도 사용되어서는 안 된다. 두 가지 금속 사이에 작고 연한 전류가 발생하게 된다. 그 전류는 입 안에서 활동하는 효소나 음식을 소화 시키는 체내물질들을 방해할 가능성이 있다. 만약 치관이 필요하다면, 플라스틱이나 포셀린 같은 물질로 만들어져야 한다.

치아 마취는 주의를 갖고 다뤄질 필요가 있다. 신체가 독소를 제거할 때, 신체는 치과의사가 치아 치료의 통증을 덜기 위해 사용하는 마취제를 포함한 독성에 더욱 예민해진다. 거슨 환자는 마취제를 사용하기 전에 치과의사에게 아래 사항을 반드시 주문해야 한다.

- 일반적인 1회 분량의 1/3에서 1/2 이상은 사용을 금한다.
- 약을 혼합할 때에 에피네프린(epinephrine)의 사용은 금한다.
- 치료는 즉시 시작한다. (효과가 빠르게 사라진다).

치과 치료를 받고 온 후, 환자는 치료 일정에 없더라도 커피관장을 해야 한다. 추가의 통증이 발생하면 커피관장을 하게 되면 사라질 것이다.

주의 : 만약 치과의사가 환자에게 항생제를 복용하도록 한다면 거절하지 말아야 한다. 치아의 감염은 매우 심각할 수 있고 심지어 생명을 위협할 수 있다

〈사례〉

　우리는 치관 치료를 받은 치아를 제거한 뒤 상당한 호전을 보인 몇몇의 환자 기록을 가지고 있다. 거슨요법을 시행한 한 유방암 환자는 느린 경과를 나타내었다. 남편이 치아질환이 치료 과정을 더디게 만든다고 의심하기 시작하여, 치과 의사에게 진찰을 받게 하였다. 실제로, 충치구멍이 발견되어, 제거한 뒤 감염된 치아도 제거 하였다. 그 후에, 남아있던 유방 종양 조직이 빠르게 사라졌고, 환자는 회복되어 여러 해 동안 건강하게 지냈다.

　또 다른 사례로, 운동선수와 결혼하여 아이를 갖고자 하는 젊은 여성이었다. 그녀는 빨리 임신을 했으나 차례로 세 번의 유산을 겪었다. 치아를 자세히 진단하여 상당히 진행된 충치를 턱뼈에서 발견하였다. 아픈 치아를 뽑아내고 나자, 턱뼈의 감염은 완전히 사라졌다. 얼마 후, 그녀는 세 번의 정상적인 임신을 하게 되었다.

　한 아버지는 거슨 치유법 회보에 실렸던 치관치료를 받은 치아로 인한 손상에대한 기록에 감명을 받았다는 글을 썼다.73 회보의 글을 읽은 후, 예전에 받았던 약물치료에 효과를 보지 못하고 몇 년 동안 정신분열증으로 고통 받고 있던 아들에게 치아 검진을 받도록 하였다. 아들의 치아가 검진되었고 치관 치료를 받은 치아를 제거하자 아들은 점점 회복 되었고 더 이상의 약물치료가 필요 없었다.

● 섬유근육통

　이 만성질환은 생명을 위협하지는 않지만, 독성으로 인한 많은 종류의 질병 중 가장 뚜렷한 예로 여기에 포함하였다. 섬유근육통은 근육과 관절 주변의 연한 조직에 심각한 만성 통증을 일으킨다. 부신피질호르몬이 포함되어 있는 소염제로 통증을 조절하고자 하는 노력은 도움이 되지 않앓을 뿐만 아니라 지금까지 어떠한 치료효과도 발견 되지 않았다. 통증을 덜어주는 약물은 환자들이 잠을 자도록 도와주는데 사용된다. 섬유근육통 연구 연합의 보수적인 판단에 따르면 미국에서 6백만명이 넘는 사람들이 이 병을 앓고 있다고 한다.[74]

우리의 경험에 의하면 섬유근육통은 오염된 공기, 물, 농산물과 가공식품에 사용되는 식품 첨가물에 포함된 유독한 화학 잔여물의 복합적인 영향으로 야기되는 질병으로 치명적이다. 신체가 더 이상 유해물질을 방출할 수 없을 때가 온다. 간에 부담을 주지 않고 독소가 필수장기의 기능을 방해하지 않도록 하기 위해, 신체는 근육과 연한 조직으로 유해물질들을 내보낸다. 그곳에서 유독물은 통증을 유발하게 되고 참을 수 없을 정도의 고통을 동반하게 된다.

신체내에 독성물질이 축적되어 생기는 모든 질병들처럼, 섬유근육통도 유기농, 채식, 무독성 식이요법과 커피관장을 통한 집중적인 해독이 결합된 거슨요법으로 매우 빠르게 호전된다. 우리는 환자가 정상적인 활동을 다시 시작할 수 있을 정도로 통증을 줄이고 없애는데 몇 일정도 밖에 걸리지 않은 몇몇의 사례를 보아왔다. 진통제를 장기간 복용한 환자들은 지속되는 통증을 줄이고 치유에 이르는 데 몇 주가 걸릴 수 있다.

〈사례〉

멕시코의 거슨병원을 찾아와서 치유된 한 독일 여인의 재미있는 이야기를 들려주고자한다. 그녀는 심각하게 아파 거의 몸져 누워있었다. 몇 해 동안 섬유근육통을 앓았고, 그 질병의 최고 권위자로 알려진 의사를 발견하게 되었다. 그러나, 의사 자신이 더 심한 섬유근육통으로 고통을 겪고 있어서 도와줄 수가 없었다. 어느 날, 그녀가 통증으로 비참한 밤을 보낸 후 의사에게 전화를 걸었더니, 의사는 "지금 내 얘기 하는거요!"라고 불평을 토로하였다.

거슨요법의 한계

다양한 질병에 효과를 보이는 탁월한 치유력에도 불구하고 거슨요법은 만병통치법이 아니므로 부분적으로만 치료되거나 전혀 치료할 수 없는 병도 있다는 점을 기억해야 한다. 영양 공급과 해독을 주로 하는 강력한 거슨치료법이 어떠한 상황에서는 소용이 없는 분명한 이유가 있다. 이번 장에서 그 이유를 간단하게 '거슨요법으로 치료가 어려운 질병들' 과 '거슨요법으로 치료가 불가능한 질병들' 두 영역으로 나누어 살펴볼 것이다.

■ 거슨요법으로 치료가 어려운 질병들

● 뇌종양

오랜 치료기간을 거쳐 뇌종양으로부터 완전히 회복된 사례와 실패한 사례들을 보아왔다. 문제는 암 자체가 아니라 종양의 위치이다. 치유반응의 과정에서, 신체는 거의 항상 염증을 일으킨다. 이 염증은 일반적으로 종양 조직을 파괴하기 때문에 그 자체로는 바람직하다. 그러나, 염증은 또한 일반 조직의 팽창을 일으킨다. 뇌종양은 그러한 팽창이 가능한 공간이 없는 두개골 내에 위치하게 된다. "치료도중의 염증"은 그 팽창으로 두개골 내에서 심각한 압력을 유발하여 발작을 가져온다. 발작을 방지하기 위해서는 팽창을 줄이면서 조심스럽게 다루어야 한다. 따라서 치료하는 과정이 방해받게 되는 것이다. 염증은 그냥 두지만 심각한 두통을 줄이는 것과 발작 사이의 중도를 찾기가 매우 어렵다. 이런 딜레마는 당연히 환자들을 고민하게 만든다. 거슨요법을 포기하고 종래의 치료로 되돌아 간 몇 명의 환자가 있었다.

※ 뼈로 전이된 암

일부 암은 특정 조직으로 전이되는 악성 종양이 될 수 있다. 전립선 암과 유방암은 대부분 뼈로 전이 되는 것이 발견되었다. 뼈 조직은 치료가 어렵다. 잘 봉합한 일반 조직의 손상은 1주일이나 10일 내에 치료가 가능할 수 있으나, 골절은 수 주가 걸리며 종종 몇 달이 걸리기도 한다. 뼈에 전이된 암은 고통스럽기 때문에 환자들은 단호함을 잃지 않고 강한 마음을 먹고 치료 기간이 오래 걸린다는 것을 알고 있어야 한다.

※ 유방암 외상

거슨 박사는 분비기관의 암은 치료가 더 어렵다고 경고했지만, 유방암은 일반적으로 거슨요법으로 수년에 걸쳐 잘 치료할 수 있었다. 하지만 유방의 종양이 피부 밖으로 뚫고 나왔다면 상황은 달라진다. 감염으로 이어질 수 있는 외상은 치료가 훨씬 어렵고 최선의 치료와 인내를 요한다.

※ 백혈병

만성 백혈병은 몇 가지 종류가 있다. 이들은 주로 성인형 백혈병으로 별 문제가 되지 않는다. 그러나 어린시절 발병한 백혈병은 빨리 치료해야 하지만, 말처럼 전혀 쉽지 않다. 완전하고 집중적인 거슨요법을 시행하기 어렵고, 어린이의 저항 또는 다른 외부적 요인들로 인하여 치료는 방해 받고 느려지게 된다. 이러한 상황이 발생하면 급성 백혈병은 매우 빨리 진행되므로 거슨요법으로 이를 멈추거나 되돌리지 못한다.

※ 다발성골수종

백혈병처럼, 이 질병도 고형종양 부류에 속하지 않는다. "다발성 종양 덩어리가 생기는"[75] 골수종 세포들을 동반하는 골수의 질병이다. 일반적으로 허벅지 위쪽의 혈액을 형성하는 긴 뼈를 포함한 근처의 뼈에 침입하지만 골격계의 다른 부분도 침입한다.

이 질병은 2:1의 비율로 여자보다 남자에게 더 많이 나타난다.[76] 피를 생성하는 골수에 손상을 미치기 때문에 빈혈과 신장 손상을 일으킨다. 앞에서 설명했듯이, 뼈의 손상을 치료 하는 것은 훨씬 어려운데, 이는 다발성 골수종에도 적용된다. 최근의 연구에서 확인된 거슨 박사의 관찰결과에 의하면,[77] 이 질병은 다른 종류의 암보다 치료에 더 긴 시간이 걸리고 더 많은 비타민B_{12}가 필요하다. 골수종이 뼈에 침입하면, 외부의 자극 없이 약해진 뼈가 부서질 가능성이 높아진다. 거슨요법을 시행하여도 이런 골절은 매우 천천히 회복되었다.

스테로이드 치료와 화학요법

모든 약은 독성이 있다.[78] 따라서 장기간 복용하면 심각한 간 손상의 원인이 된다. 다발성 경화증, 루푸스, 관절염과 많은 질병에 일상적으로 처방되는 강력한 스테로이드제인 프레드니손은 신체의 저항력을 떨어뜨리고 심각한 기관 손상을 가져온다.[79] 장기간의 복용으로 손상이 지나치게 되면, 간이나 다른 필수기관들의 완전한 회복이 어렵거나 불가능 할 수도 있다.

화학요법은 훨씬 더 치명적이다. 화학요법을 받은 환자들의 질병이 호전되는 많은 사례를 보았으나, 특정 시점을 넘어서면, 강한 화학요법으로 인한 손상은 더 이상 원래의 상태로 되돌릴 수 없게 된다. 일반적으로, 유독한 약으로 장기간 치료 받은 환자는 비교적 짧은 기간 또는 전혀 치료를 받지 않은 환자보다 치료하기가 훨씬 더 어렵다.

■ 거슨요법으로 치료가 안되는 질병

거슨요법으로 수 백 종류의 만성 퇴행성 질병들의 치료가 가능하지만, 주로 중추 신경계에 영향을 미치는 몇 몇 질병들은 이 영양요법에 반응을 제대로 하지 않거나 전혀 치료가 되지 않는다. 뇌와 척수를 중심으로 한 중추신경계는 매우 분화되어있으므로 잃어버린 조직을 대체하지 못한다. 그런 이유로, 심각한 손상은 거의 치료가 불가능하다.

● 근위축성 측삭경화증

근위축성 측삭 경화증(ALS)은 운동뉴런 질병 또는 루게릭병으로 널리 알려져 있다. 의학계는 그 원인을 밝힐 수 없다고 생각하지만, 우리의 경험에 의하면 이 질환을 앓은 환자들은 살충제에 장기간 노출된 적이 있었다. 흥미롭게도, 건강한 송아지의 간을 주스로 만들어 환자들에게 복용하게 하였더니, 많은 환자들이 상당한 호전을 보였다. 가축의 간에, 식중독을 일으키는 박테리아인 캄필로박터 감염이 널리 퍼지면서 간 주스가 더 이상 안전하지 않기 때문에, 거슨요법으로 이 질환을 다스리는데 별다른 진전을 보지 못하였다. 거슨요법을 행하면 병세를 느리게 하는 효과는 있지만, 우리는 이를 실패라고 생각한다.

● 파킨슨병

파킨슨병(PD)은 도파민을 생성하는 뇌세포의 소실로 생기는 운동 장애 질병에 속한다. 파킨슨병의 네 가지 주요한 증상은 손, 팔, 다리, 턱과 얼굴의 떨림, 사지와 몸통의 경직, 움직임의 둔화, 자세의 불안정 또는 조정 능력의 상실이다. 상태가 나빠지면, 환자들은 걷고, 말하거나 간단한 작업을 하는데 어려움을 겪는다.

이 질환은 몸이 떨리므로 "진전(震顫)"으로도 알려져 있고, 보통 50세가 넘은 사람들에게 영향을 미친다. 대증요법에서는 환자들이 일시적으로 기능하도록 돕는 도파민이나 다른 약물을 사용하지만 근본 치료는 못하고 있다. 거슨요법 또한 치료법을 찾는데 실패하였다

알츠하이머병

초로성 치매로도 불리는 이 질병은 뇌의 전두엽과 후두엽의 퇴화로 발생한다. 테이버(Taber) 의학 백과사전에 따르면, "지적 기능이 점진적으로 되돌릴 수 없는 수준으로 떨어지고, 감정의 둔화, 언어와 걸음걸이의 불안정, 방향감각 상실, 기억력 감퇴"를 가져온다고 한다.[80] 많은 사례에서 거슨요법으로 상당한 효과가 있었다. 대부분의 심각한 증상을 경감시키거나 훨씬 나아지게 하였다. 질환이 있거나 손상된 뇌 세포를 나아지게 하거나 재생시키는 것은 가능하였지만 세포가 죽어서 사라져 버리면 병은 치료되지 못한다.

만성신장질환

이 질병은 투석이 필요한 단계까지 발전하면 다시 상태를 되돌릴 수 없다. 신장 특유의 기능은 신체의 항상성을 유지하기 위해, 과도한 미네랄(나트륨과 칼륨)과 혈액으로부터의 독성 물질뿐만 아니라 단백질이 소화되고 난 배설물(요소, 요산, 크레아티닌)을 걸러내는 것이다. 이것은 정교한 여과시스템인 기낭, 사구체를 거치며 이뤄진다. 만약 사구체가 염증과 과도한 독성으로 인해 삼투성을 잃고 더 이상 기능하지 못하면, 질병이 발생한다.

질병이 **80%** 이하의 신장 기능에 손상을 주었고, **20%**는 여전히 활동한다면, 질병이 치료 될 수 있고 환자들은 호전되어 생존 할 수 있다. 그러나 뇌 조직처럼, 신장 조직도 죽으면 사라진다. 따라서 거슨요법으로 호

전 되었던 환자들도 조직이 죽으면 정상적, 평균 식단으로 돌아 갈 수 없다. 생존하려면 평생 거슨 프로그램을 따르는 대가를 치러야 한다. 간단히 말하면, 신장질환은 치료 가능하고 장기간 생명을 유지할 수 있으나 완치되지는 않는다. 일단 투석이 시작되고, 신장 기능이 10% 이하로 떨어지면, 환자는 거슨요법을 계속 시도하지 말아야 한다.

● 기종(氣腫)

기종은 상당히 호전될 수는 있지만 완치가 될 수 없는 또 하나의 질병이다. 만성 폐색성폐질환으로도 불리는 기종은 이산화탄소를 거르고 산소를 혈액으로 들여보내는 기낭의 구조에 변화를 일으킨다. 폐 조직이 흡연, 오염된 공기의 독소, 염증에 의해 심각하게 손상되면, 흡입력을 잃고 공기의 교환이 심각하게 방해 받게 된다.

손상된 조직은 재생될 수 있지만, 죽은 조직은 없어진다. 약 50%의 정상적인 폐 조직만으로도 정상적으로 활동할 수 있으나, 완전히 회복 될 수는 없다.

● 근위축증

가족력과 관련있는(유전적) 병이라고 생각되는 이 병은 근육이 점점 위축되며 주로 어린 시절에 시작되며, 여자보다 남자에게서 많이 나타난다. 근원적인 원인은 "영양 불균형이나 대사작용 장애"로 알려져 있다.[81] 거슨 박사가 젊었을 때에는 그의 치료법에 이 병이 순조롭게 반응했으나 최근에는 좋은 결과를 보이지 못했으므로 불치병이라고 봐야 한다. 한 가지 사례를 들자면, 보통 어린 나이에 죽음을 가져오는 뒤셴형 근위축증(Duchenne's Disease)으로 진단받고 20년 이상 살아남았던 환자를 본 적이 있다.

요약

거슨요법은 아래 나열된 사람들에게는 효과가 없거나 심지어 유해할 수도 있다. 따라서 어떠한 상황에서도 이들에게는 거슨요법을 실행해서는 안된다.

- 투석 중인 환자들(칼륨 함량이 높은 거슨요법의 식단은 나트륨을 필요로 하는 투석을 불가능하게 만든다.)
- 장기 이식을 받은 환자들(거슨요법은 거부 반응을 일으킨다.)
- 뇌에 퍼진 흑색종 환자(다른 신체 부위의 흑색종은 효과적으로 치료 가능하나 이 경우 만은 치료에 반응이 없다)
- 화학요법을 받고있는 췌장암 환자(췌장암은 화학요법을 받지 않은 환자일 경우만 치료 가능하다.)

*참고자료

1. Taber's Cyclopedic Medical Dictionary (Philadelphia: F. A. Davis Company, 1993).
2. C. P. Rhoads, "Recent studies in the production of cancer by chemical compounds; the conditioned deficiency as a mechanism," Bulletin of the New York Academy of Medicine 18 (January 1942).
3. Thomas Thom, et al., "Heart Disease and Stroke Statistics.2006 Update: A Report From the American Heart Association Statistics Committee and Stroke Statistics Subcommittee, Circulation 113 (Jan. 11, 2006): 85-151.

4. Joseph M. Price, MD, Coronaries/Cholesterol/Chlorine (New York: Jove Books, 1969), p. 37.
5. "Coronary Heart Disease," MSN Encarta(encyclopedia_1741575718/Coronary_Heart_Disease.html).
6. E. Calva, A. Mujica, R. Nunez, K. Aoki, A. Bisteni and Demetrio Sodi-Pallares, MD, "Mitochondrial biochemical changes and glucose-KCl insulin solution in cardiac infarct," American Journal of Physiology 211 (1966): 71-76.
7. "Heart Attack Treatment Considered," Associated Press, Bucks County Courier (Nov. 25, 1998).
8. Ibid.
9. Ibid.
10. Lynn Fischer, W. Virgil Brown, Lowfat Cooking For Dummies, 1st ed. (Mississauga, Ontario: John Wiley & Sons Canada, Ltd., April 21, 1997), pp. 235-6.
11. Johanna Budwig, MD, Flax Oil as a True Aid Against Arthritis, Heart Infarction, Cancer, and Other Diseases (Vancouver, BC: Apple Publishing, 1994).
12. Lipitor? package insert, Pfizer Phamaceuticals.
13. Ibid.
14. Kash Rizvi, John P. Hampson and John N. Harvey, "Systematic Review: Do lipid-lowering drugs cause erectile dysfunction? A systematic review," Family Practice 19 (1) (2002): 95-98.
15. "Heart Disease and Stroke Statistics.2004 Update," American Heart Association (Jan. 1, 2004).
16. "National Diabetes Fact Sheet," Centers for Disease Control and Prevention (www.cdc.gov/diabetes/pubs/estimates.htm).
17. "Type 1 Diabetes," Children's Hospital of Wisconsin (display/PPF/DocID/22658/router.asp).
18. Ross Horne, The Health Revolution (Avalon Beach, NSW, Australia: Happy Landings, Pty. Ltd., 1980), pp. 311-312.
19. Note 1 (Taber's), supra.
20. H. J. Roberts, MD, Aspartame Disease: An Ignored Epidemic (West Palm Beach: Sunshine Sentinel Press, May 1, 2001).
21. Ibid.
22. Ibid.
23. Harold D. Foster, What Really Causes AIDS (Victoria, BC: Trafford Publishing, July 6,

2006).
24. Brazil nuts.50.20 RDA; next highest are mixed nuts.7.14 RDA
25. Note 1 (Taber' s), supra.
26. M. A. Krupp and M. J. Chatton, eds., Current Medical Diagnosis & Treatment 1983 (Los Altos, CA: Lange Medical Publications, 1983); see also D. J. McCarty, ed., Arthritis & allied conditions, a textbook of Rheumatology, 9th ed. (Philadelphia: Lea & Febiger, 1979) ("연골조직 질환은 대부분 후천성이며 발병 원인을 단정하기 어렵다.").
27. T. Colin Campbell and Thomas M. Campbell II, The China Study: Startling Implications for Diet, Weight Loss and Long-term Health (Dallas: BenBella Books, 2005), p. 184.
28. "Asthma Explained; the Search for Asthma Relief" (www.asthmaexplained.net).
29. Note 1 (Taber' s), supra.
30. "Allergy Facts and Figures," Asthma and Allergy Foundation of America (www.aafa.org/display.cfm?id=9&sub=30#prev).
31. Ibid.
32. "Neurology of Attention Deficit Disorder," Neurology and ADHD: Our Attention Deficit Disorder Brain, The ADHD Information Library (www.newideas.net/neurology.htm).
33. Feingold? Association of the United States (www.feingold.org).
34. Bernard Rimland, "The Feingold Diet: An Assessment of the Reviews by Mattes, by Kavale and Forness and Others," Journal of Learning Disabilities 16 (6) (June-July 1983): 331-3.
35. Peter R. Breggin, MD, "Report to the plenary session of the NIH consensus conference on ADHD and its treatment" (Nov. 18, 1998).
36. Kelly Patricia O' Meara, "Ritalin Proven More Potent Than Cocaine. Nearly 10 Million Kids Drugged," Insight (2001).
37. Simon Gilbody, MD, "What is the evidence on effectiveness of capacity building of primary health care professionals in the detection, management and outcome of depression?," World Health Organization, Regional Office for Europe (December 2004).
38. Carl C. Pfeiffer, MD, Mental and Elemental Nutrients: A Physician' s Guide to Nutrition and Health Care (New Canaan, CT: Keats Publishing, Inc., 1975), p. 145.
39. Ibid., p. 12.

40. Abram Hoffer, MD, "Megavitamin B-3 therapy for schizophrenia," Canadian Psychiatric Association Journal 16 (1971): 499-504.
41. "Death a Risk of Antipsychotics," Associated Press, Nature (Oct. 23, 2005), Alliance for Human Research Protection (www.ahrp.org/infomail/05/10/23.php).
42. Note 1 (Taber' s), supra.
43. National Headache Foundation: Educational Resources (www.headaches.org/consumer/topicsheets/migraine.html).국립두통연재단(The National Headache Foundation)보고에 의하면 2천9백50만명의 미국인들이 편두통을 앓고 있으며 15~55세의 인구 중에서 남성보다 더 많은 수의 여성들이 고통받고 있다고 한다. 또한, 70~80%의 환자들은 가족력을 가지고 있다. 많은 편두통 환자들이 긴장성 두통을 가지고 있어서 50% 이상의 환자들은 제대로 진단을 받지도 못하고 있다. 골드버그에 의하면 지난 10년 동안 편두통의 발병이 60% 이상 증가하였다고 한다. 미국건강통계국(National Center for Health Statistics)은 편두통으로 연간 근무일로는 30,000,000일 비용으로 45억달러의 손실이 발생하는 것으로 보고하고 있다. 다른 연구에 의하면, 5명 중 1명이 평생 한 번 이상 편두통을 경험하는 것으로 조사되었다. See also Jerry Adler and Adam Rogers, "The new war against migraines," Newsweek (Jan. 11, 1999), pp. 46-52. 이 보고가 이루어질 당시 미국에는 2천5백만명이 편두통으로 고통받고 있었다.
44. Topamax? Ortho-McNeil Neurologics, Inc. (index.html).
45. Note 1 (Taber' s), supra, p. 1342.
46. Ibid., p. 642
47. Ibid., p. 641.
48. Ibid.
49. "Overweight and Obesity: Introduction," DHHS-Centers for Disease Control and Prevention (www.cdc.gov/nccdphp/dnpa/obesity/index.htm) (page last modified: Aug. 26, 2006): "Since the mid-seventies, the prevalence of overweight and obesity has increased sharply for both adults and children. Data from two NHANES surveys show that among adults aged 20-74 years the prevalence of obesity increased from 15.0% (in the 1976-1980 survey) to 32.9% (in the 2003-2004 survey)."
50. "Obesity in children," New England Journal of Medicine 350 (2004): 236274.
51. "National diabetes fact sheet: general information and national estimates on diabetes in the United States, 2005," U.S. Department of Health and Human Services, Centers for Disease Control and Prevention (Atlanta, GA) (2005) (www.cdc.gov/diabetes/pubs/pdf/ndfs_2005.pdf).

52. "Heart Disease is the Number One Cause of Death," Centers for Disease Control and Prevention, Division for Heart Disease and Stroke Prevention (www.cdc.gov/DHDSP/announcements/american_heart_month.htm).
53. "AOA Fact Sheets: Obesity in Youth," American Obesity Association (www.obesity.org/subs/fastfacts/obesity_youth.shtml).
54. Frank Booth (boothf@missouri.edu).
55. "Research finds fatal flaw in industry's food labelling scheme" (Mar. 1, 2007), Sustainweb (www.sustainweb.org/news.php?id=169).
56. "Super Size Me," Academy Award-winning documentary film by Morgan Spurlock, director (release date: May 21, 2004) (Canada).
57. Ibid.
58. Note 27 (Campbell), supra, pp. 309-10.
59. "Doctor's file complaint over new milk ads," Nutrition Health Review (Spring 1995).
60. Ibid.
61. Ibid.
62. Ibid.
63. R. L. Weinsier and C. L. Krumdieck, "Dairy foods and bone health: examination of the evidence," American Journal of Clinical Nutrition 72 (2000): 681-689.
64. Note 59 (NHR), supra.
65. Ibid.
66. Ibid.
67. John Robbins, Diet for a New America (Novato, CA: New World Library, 1998).
68. John McDougall, MD, The McDougall Program for Women (New York: Plume, 2000).
69. Weston Price, Nutrition and Physical Degeneration, 15th ed. (New Canaan, CT: Keats Pub., 2003).
70. George Meinig, The Root Canal Cover-Up (Ojai, CA: Bion Publishing, 1994).
71. Hal A. Huggins, It's All in Your Head (New York: Avery Publishing (Penguin Group), July 1, 1993).
72. "Science Versus Emotion in Dental Filling Debate: Who Should Choose What Goes in Your Mouth?," American Dental Association Media Services press release (Chicago) (July 25, 2002).
73. Gerson Healing Newsletter, Vol. 14, No. 5 (September/October 1999), p. 9.

74. National Fibromyalgia Research Association (www.nfra.net).
75. Note 1 (Taber' s), supra, p. 1260.
76. Note 26 (Krupp/Chatton), supra.
77. Carmen Wheatley, in Michael Gearin-Tosh, Living Proof: A Medical Mutiny (London: Simon & Schuster, 2002), Appendix, p. 267.
78. Carolyn Dean, MD, Death by Modern Medicine (Belleville, Ontario: Matrix Verite, Inc., 2005); Carolyn Dean, MD, and Gary Null, "Death by Medicine" (www.healthe-livingnews.com/articles/death_by_medicine_part_1.html).
For their statistics on the number and cost of annual U.S. adverse drug reaction deaths, see also J. Lazarou, B. Pomeranz and P. Corey, "Incidence of adverse drug reactions in hospitalized patients." Journal of the American Medical Association 279 (1998): 1200-1205; D. C. Suh, B. S. Woodall, S. K. Shin and E. R. Hermes-De Santis, "Clinical and economic impact of adverse drug reactions in hospitalized patients," Annals of Pharmacotherapy 34 (12) (December 2000): 1373-9; Abram Hoffer, MD, "Over the counter drugs," Journal of Orthomolecular Medicine (Ontario, Canada) (May 2003). It is reprinted in Death by Modern Medicine (supra), Appendix C, pp. 349-58.
79. "Prednisone," MedicineNet.com (www.medicinenet.com/prednisone/article.htm).
80. Note 1 (Taber' s), supra, p. 510.
81. Ibid., p. 595.

제 7 장
신체의 방어기능 회복

  나는 어린이들이 소박하고 합리적인 생활원칙을 배우게 된다면, 건강하고 행복한 세상이 될 것이라는 낙관적인 희망을 가지고 있다. 우리는 자연과 자연의 신(神)에게로 돌아가야 한다.

- 루스 버뱅크(1849~1926)

  의사들과 대중들은 건강의 가장 중요한 바탕인 적절한 영양공급은 무시하고 약물치료에만 의존해왔다.

- 메리 키스박사(토론토 성미카엘병원)

  이제 독자들은 두 가지 기본적인 사실을 명확하게 이해하게 되었을 것이다.

  1. 신체의 방어기능과 자기치유 능력을 약화시키는 현대의 생활방식 때문에 우리의 건강과 행복이 침해 받고 있으며, 이로 인해 인간이 질병으로 고통 받고 있다.

  2. 복잡하고 정교하게 짜여진 영양프로그램인 거슨요법은 현대문명으

로 인한 독성을 제거하고, 신체의 손상된 방어기능을 회복하여 스스로 치유되게 도와 준다.

거슨 박사는 신체의 방어기능과 치유메카니즘을 항상 관련시켜 생각하였다. 그가 진료한 환자들이 거의 예외 없이 치유메카니즘에 장애를 입거나 심하게 손상된 후에 질병에 굴복당하는 것을 관찰하였다. 그는 또한 암과 같은 악성질환은 치유메카니즘이 극단적으로 붕괴되어 발생하므로, 파괴적인 과정을 개선하여 치유를 하려면 전문적이고 세심한 배려와 노력이 필요하다는 확신을 갖게 되었다.

거슨 박사의 가장 혁명적인 통찰은 만성질환은 근본적으로 영양결핍과 독성으로 인하여 생긴다는 깨달음이다. 이런 접근법은 개별질환의 증상에 하나의 명확한 원인을 대응시키는 데 치중하고 근본 문제점을 찾는 데는 소홀한 전통의학과 상당한 차이가 있다. 접근법의 차이가 거슨요법이 다른 전통적인 치료법과 명확하게 구분되는 점이다.

일단 근본 원인을 찾아내면 치료가 가능하다. 결핍에는 집중적인 영양공급을 하고, 독성은 체계적인 해독처리를 하면 개선할 수 있다. 이 두 가지 치료법은 매우 뚜렷한 효과를 보이는데 비해 방법은 간단하고 효과가 바로 명확하게 나타난다. 무엇보다 이 치료법들은 설득력이 있어 보인다. 이미 앞서 대략적으로 이 주제에 대해 논하였는데(3장 "적을 바로 알기" 참조), 구체적으로 적용하는 방법을 좀 더 자세히 살펴볼 필요가 있다.

영양공급

영양결핍을 해결하는 방법은 환자에게 가능한 최고의 음식을 최대량으로 공급하는 것이다. 그러나 심각한 병으로 고생하는 환자들은 많이 먹을 수 없다. 식욕과 소화력이 약하고 배설 능력도 떨어진다. 이런 상황에서 가장 손쉬운 방법은 주스를 섭취하게 하는 것이다. 대부분의 환자들은 신선하게 만든 유기농 주스는 한 시간에 한 잔씩 기꺼이 마실 수 있다. 주스를 마시는 일과에 익숙해지면, 신체가 절실히 필요로 하는 영양소들이 지속적으로 공급된다.

매 시간 **225㎖** 짜리 주스 한 잔을 소화하기 힘든 환자들에게는 치료 초기에는 **115㎖** 짜리 주스 한 잔을 매 시간 제공한다. 놀랍게도 불과 몇일 동안 주스를 섭취하고 집중적인 해독처리를 받고 나면, 환자들은 신선한 유기농 야채로 만들어진 하루 세끼의 식사와 보통 크기의 잔으로 **13잔**의 주스를 마시고, 틈틈이 과일을 간식으로 먹을 수 있게 된다. 환자들에게 충분한 영양공급이 이루어 지고 나면, 하루 약 **9kg**의 음식을 소화할 수 있게 된다.

매 시간 신선한 주스를 공급하는 것이 부담스럽다고(실제로 부담스럽다!) 생각하는 비판적인 사람들은 가끔 비타민이나 미네랄 보조식품을 복용할 것을 제안한다. 이들은 병든 신체조직은 제조된 영양물을 제대로 흡수하지 못하기 때문에 신체에 영양분을 공급하지 않고 그냥 통과해버린다는 사실을 모르고 있는 것이다. 주스 형태로 공급되는 살아 있는 신선한 야채와 과일만이 소화과정을 거쳐 신속하게 체내에 흡수된다.

해독

신체가 살아있는 영양소를 충분히 공급 받게 되면, 신속하게 흡수된 영양소는 몸 속에 쌓인 독소들이 세포에서 빠져나와 혈관을 통해 해독처리 본부라 할 수 있는 간으로 이동하게 한다. 그러나 흔히 말하는 정상적인 현대 식생활로 오랫 동안 살아온 환자들은 이미 상당한 양의 음식첨가물, 살충제와 같은 간의 활동을 방해하는 독성물질을 축적하고 있는 경우가 대부분이다. 이런 상태에서는 신선한 영양소에 의해 조직에서 분리되어 들어오는 독소를 간이 제대로 처리할 수 없게 된다.

　이렇게 정체상태가 된 독소가 신속히 제거되지 않으면 신체는 오히려 독성의 위험에 노출되어 간의 기능이 정지되거나 심하면 생명이 위협을 받을 수도 있다. 따라서 거슨요법에서는 신속한 해독을 위해 커피관장을 자주 해주는 것이 매우 중요하다. 간에서 독성 물질을 제거하지 않고 종양조직을 죽이는 방법을 채택하는 암 치료법들이 있다. 이들 치료법을 시행하는 동안에는 간에 쌓인 독성 물질이 배출되는데 필요한 시간을 주기 위해 일시적으로 치료를 중단해야 하는데, 이렇게 되면 치료 효과가 줄어 들게 된다. 하지만, 거슨요법은 규칙적으로 해독처리를 하므로 지속적으로 치료를 진행할 수 있다. 커피관장이 효과적이며 반드시 필요한 과정임을 보여주는 것이라 할 수 있다. 커피관장으로 해독을 하지 않으면 신선한 영양공급으로 배출된 독성물질로 인하여 간이 더 손상될 수 있다. 거슨요법을 시행하고자 하는 사람은 반드시 커피관장을 하여야 한다.

제8장
거슨요법이 효과적인 이유

거슨요법의 기본 원리는 간단하고 명확하며, 지난 60년 동안 놀라운 치료결과를 보여주고 있다. 그럼에도 몇 가지 의문은 남는다. 거슨 박사가 세련된 연구시설도 없던 수십년 전에 직관과 끊임 없는 연구, 임상경험을 바탕으로 체계화한 거슨요법의 타당성을 인정하는 연구결과가 있는가? 간단히 말해, 누군가 이 요법이 효과가 있는 이유를 밝혀내었느냐는 의문을 가질 수 있다.

정답은 긍정적이다. 1959년 거슨 박사의 사망 이후, 여러 명의 저명한 학자들이 거슨 박사의 통찰과 방법이 옳았음을 입증하는 연구결과를 발표하였다. 이 연구결과들은 거슨요법이 제대로 시행되었을 때 효과가 탁월한 이유를 설명해주고 있다. 거슨요법을 가장 잘 뒷받침하는 과학적 연구 사례를 살펴보자.

1970년대 후반, 물리학자이고 수학자이면서 생체물리학자인 프리먼 코프 박사는 논문에 이렇게 썼다. "고칼륨, 저나트륨 중심의 거슨요법이 많은 말기 암 환자를 치료한 것으로 확인되었다."[1] 다른 논문에서, 코프 박사는 세포는 어떤 형태로 손상되어도 같은 반응이 일어난다고 기록하고 있다. "손상된 세포는 우선 칼륨을 잃고, 나트륨을 받아들이게 되면 세포가 수분을 흡수하여 부풀어 지게 된다(세포 부종). 세포가 수분이 많아 부풀려지게 되면, 에너지 생산과 단백질 합성, 지방의 대사가 억제된다. 거슨은 이미 1920년대에 환자를 진료하면서 발견한 식이요법과 나트륨을 제거하고 칼륨이 풍부한 식사와 간의 해독을 통해 조직손상을 바로 잡을 수 있었다."[2] 코프 박사의 지적은 손상된 세포가 처리할 수 없는 단백질과 지방을 엄격히 금하고, 칼륨을 늘리고 간 해독을 중심으로 하는 거슨요법이 타당하다는 것을 간명하게 입증해주고 있다.

1988년에 시카고 대학의 패트리샤 워드는 미국기술평가국과 협약하여 거슨요법에 대한 탁월한 특수논문을 발표하였다. 워드 박사의 연구가 새로운 연구에 근거한 것은 아니지만, 연구 내용이 치밀하고 명확하여 언급하고자 한다. 워드 박사는 거슨 박사를 "임상현장에서의 관찰력이 탁월한 학자 중의 학자" 라고 하면서[3], 자신도 관찰 결과, 고칼륨 저나트륨을 섭취하는 환자들이 소변으로 엄청난 양의 나트륨을 배출하며, 동물 단백질 섭취를 줄이면 그 양이 더 늘어난다는 사실을 발견하였다고 보고 하였다. 그녀는 또 다음과 같이 덧붙였다. "거슨 박사는 많은 양의 단백질 섭취를 권장하는 의료계의 관행이 잘못되었다는 것을 밝혔으며, 적어도 환자들에게 6주~8주 동안 동물 단백질을 섭취하지 못하도록 하였다."[4]

거슨 박사가 암환자에게 동물 단백질을 섭취하지 못하도록 것이 옳았음을 뒷받침하는 연구가 "현대 면역학의 아버지"로 알려진 미네소타대학의 로버트 굿 박사에 의해 진행되었다. 굿 박사는 기니피그로 실험을 하였는데, 한 그룹에게는 단백질이 없는 음식을 공급하고, 다른 그룹은 흔히 먹는 동식물 음식을 공급하였다. 굿 박사는 단백질이 없는 음식을 섭취한 기니아 피그의 면역력에 문제가 있을 것으로 예측하였으나, 반대의 결과를 얻었다. 기니피그의 흉선 임파선이 매우 활성화되어 상당 동안 유지되었다. 굿 박사는 단백질을 제한함으로써 면역력을 자극하게 되었다는 것을 알게 되었다. 이는 거슨요법의 원리가 타당함을 확인시켜 준 것이다.[5]

거슨 환자들은 야채 주스, 감자, 오트밀과 같은 음식에 포함된 쉽게 흡수 가능한 식물성 단백질을 충분히 공급 받는다. 동물성 음식만 단백질을 가지고 있다는 잘못된 믿음이 널리 펴져있다. 그와는 반대로, 소, 돼지, 양 등 우리의 식품이 되는 동물은 채식주의자들이다!

캐나다 빅토리아대학의 해롤드 포스터 교수는 암 사망률을 토양의 미네랄 결핍과 수분 공급의 시각에서 접근하였다. 포스터 박사는 또한 특별한 치료 노력을 하지 않고도 일부 혹은 전체 암 종양이 사라진 소위 "자발적" 암 치료를 한 200명의 사례를 컴퓨터로 분석하였다.[6] 포스터 교수의 연구결과에 의하면 대부분의 경우 종양이 줄어들거나 사라진 것은 "자발적"인 것이 아니라 민간요법과 함께 생활습관을 과감하게 바꾸고 다양한 보조요법을 실시하였기 때문인 것으로 나타났다. 200명의 환자 가운데, 10명이 거슨요법을 실행하였고, 그 보다 많은 수의 환자들은 주스와 해독처리 등 부분적으로 거슨요법을 사용한 것으로 나타났다. 이들이 표준적으로 섭취한 식단은 상당 부분 거슨요법과 유사하였는데, 이는 이들 환자가 회복된 것이 어느 정도 거슨요법 때문인 것으로 볼 수 있다. 포스터 박사가 내린 가장 중요한 결론은, 이른바 자발적 치유라는 것은 전혀 자발적인 것이 아니라 주류 의학을 벗어난 대체-보완요법으로 치료된 것을 의학계에서 그런 식으로 간단히 범주화한 것에 지나지 않는 다는 점이다.

거슨요법에서 가장 중요한 부분 중 하나가 커피관장으로 간과 담즙을 해독하는 것이다. 거슨 박사는 커피관장이 담즙관을 팽창시켜서 간에 축적된 독성물질이 배출되게 한다는 사실을 알고 있었다. 이 발견은 최근에 와텐버그, 스파민스, 램 등의 연구자에 의해 입증되었다.7 미네소타대학 병리학과의 이 세 과학자는 직장으로 커피를 투입하면 간의 효소체계(글루타치온 S-전이효소)를 자극하여 혈관에서 독성이 있는 프리레디컬을 제거할 수 있다는 사실을 밝혀내었다. 이 효소의 정상적인 활동이 커피관장을 하면 6~7배 가량 증가하여 해독작용이 크게 증가하였다. 커피는 또한 칼륨이 풍부하여 결장 안의 근육에 칼륨함량을 높여 주어 장이 위축되는 것을 막아준다.

1980년에 "암치료에 식이요법을 사용한 경험"이라는 제목으로 독일의 의학저널에 주목할 만한 연구 결과가 보고되었다.8 글을 기고한 오스트리아 그라츠 병원의 피터 레흐너(Peter Lechner) 박사는 전통적인 치료와 함께 거슨요법을 다소 수정한 형태의 치료를 받은 60명의 환자들을 6년간 연구한 결과를 보고하고 있다.

레흐너 박사에 의하면, 거슨요법을 상당히 축소한 이 방법은 전통적인 암 치료를 대체하여 적용된 것이 아니라 보조수단으로 사용되었다. 더욱이 환자들이 이 영양요법을 각자의 집에서 실시하여 엄격한 통제와 감독이 이루어지지 않았다. 그럼에도 불구하고 6년 후에 레흐너 박사는 다음과 같은 결과를 발표할 수 있었다.

- 환자들은 일반적으로 방사선이나 화학요법 부작용이나 수술 후 고통을 덜 겪는 것으로 나타났다.
- 환자들이 진통제나 향정신성 약물을 요청하는 사례가 비교집단에 비해 적었다.
- 간으로 전이가 더 느리게 진행되었다.
- 환자의 심리상태가 치료 기간 내내 양호하였다.
- 말기암 단계에서 나타나는 영양결핍으로 인한 심한 에너지 고갈 상태가 없어지거나 적어도 대부분의 경우에 상당히 늦추어 졌다.

한 77세의 여성 환자는 전통적인 암치료법을 받지 않고 영양요법만으로 완치를 하였다. 6년 동안의 임상 연구과정 동안, 레흐너 박사와 그의 동료들은 제라시(Djerassi 1959), 카푸만(Kaufmann 1963)등의 연구결과를 추적하여 거슨 박사가 시행한 커피관장이 효과적임을 확인하였다.[9] 이 연구에 의하면 커피의 두 가지 주성분인 카페스톨(cafestol)과 카페올(kahweol)은 간에서 독성을 제거하는 주된 물질인 글루타치온 S-전이효소의 활동을 7배나 증가시켜 주었다.

레흐너 박사가 조심스럽게 정리한 결론은, 간략한 형태의 거슨요법 만으로도 전이된 종양을 가진 환자들이 예상 밖의 좋은 치료 결과를 보여 준다는 점을 분명히 하고 있다.

가장 최근에 거슨요법의 항암효과에 대한 깊이 있는 연구는 영국 분자교정종양학회 회원인 카메론 휘틀리에 의해 이루어졌다.[10] 그녀는 1994년 여러 군데 골수종양 진단을 받은 옥스퍼드대학 영문학 교수인 친구, 마이클 게린-토쉬의 경험을 통해 이 분야에 관심을 가지게 되었다. 그의 예후는 매우 좋지 않았다. 치료를 받지 않으면 6~9개월 생존이 가능하고, "적절한" 화학요법을 받으면 1~2년 살 수 있다는 진단을 받았다. 토쉬는 화학요법을 거부하고, 상당 기간 동안 자료를 뒤지다가 거슨요법과 함께 명상, 침, 중국식 호흡 수련을 하기로 결심하였다. 그는 암 선고에서부터 지금의 상태를 <의학의 반란>[11]이라는 책에서 탁월한 글솜씨로 재미있게 기록하고 있다.(예상과 달리 그는 11년을 더 살다가 치과 치료 후 혈액 감염으로 숨을 거두었다.)

친구의 진행상황을 지켜보면서, 휘틀리 박사는 거슨 박사가 직관적으로 50년 후에 항암 효과가 있을 것으로 밝혀진 음식들을 골라서 체계적인 요법을 만들었다는 사실에 깊은 관심을 가지게 되었다. 휘틀리 박사는 자신이 보고 확인한 것을 "0.005%의 생존 사례"라는 에세이로 적어서 저명한 의사들에게 자문을 구한 후 토쉬 박사의 책에 후기로 실었다.[12] 휘틀리 박사는 거슨식단에는 현대의 연구결과 탁월한 항암효과가 있는 것으로 밝혀진 몇 가지 성분이 포함되어 있다고 지적하고 있다.(오메가 3 지방산이 풍부한 아마인유, 양배추, 브로콜리 등의 십자화과 채소, 미네랄과 바이오프라보노이드 성분이 풍부한 과일과 야채 등이 이에 해당된다.)[13] 그녀는 다음과 같이 덧 붙이고 있다. "거슨요법에 사용되는 과일과 야채는 현재 진행되고 있는 영양공급을 통한 암치료 연구에서 집중적인 분석이 필요하다. 거슨 박사는 과학적인 지식체계를 완성하지는 못했지만, 경험을 통해 유기농 야채와 과일 제품들을 암 환자들에게 효과적으로 투입하여 치료 효과를 가질 수 있는 체계적인 방법을 만들어 내었다."[14]

휘틀리 박사는 연구의 나머지 부분은 주스와 커피관장 등 거슨요법의 핵심적인 방법에 대해 검토하면서 모든 방법이 과학적으로 정당하다고 밝히고 있다. 그녀가 언급한 다음 대목이 연구의 결론이라 할 수 있을 것이다. "전통 의학에서는 암을 화학요법, 방사선요법을 통해 치료하면서 이미 무너진 면역시스템에 더 부담을 주기만 할 뿐, 이를 회복시키기 위한 노력을 하지 않는다. 그러나 거슨 박사는 암과 싸우기 위해서는 면역체계가 반드시 필요하므로 면역능력을 증강시키면 생존의 가능성이 높아진다는 사실을 알고 있었다."[15]

시간이 흐르고, 전통적인 암 치료 방식의 실효성에 대한 의문이 제기되면서, 영양요법에 관한 연구가 급속히 늘어나고 주류 의학에서 중요한 위치를 차지하고 있다. 영양학에서의 최근 발견은 거슨요법의 원리와 방법이 무해하면서도 정확하며, 질병을 치유하고 건강을 유지하는 탁월한 길임을 반복적으로 입증하고 있다.

참고자료

1. Freeman Widener Cope, "A medical application of the Ling Association-Induction Hypothesis: the high potassium, low sodium diet of the Gerson cancer therapy," Physiological Chemistry and Physics 10 (5) (1978): 465-468.
2. Freeman Widener Cope, "Pathology of structured water and associate cations in cells (the tissue damage syndrome) and its medical treatment," Physiological Chemistry and Physics 9 (6) (1977): 547-553.
3. Patricia Spain Ward, "History of the Gerson Therapy" (1988) under contract to the U.S. Office of Technology Assessment.
4. Ibid.
5. Robert A. Good, MD, The Influence of Nutrition on Development of Cancer Immunity and Resistance to Mesenchymal Diseases (New York: Raben Press, 1982).
6. "Lifestyle Changes and the 'Spontaneous' Regression of Cancer: An Initial Computer Analysis," International Journal of Biosocial Research 10 (1) (1988): 17-33.
7. V. L. Sparmins, L. K. T. Lam and L. W. Wattenberg, "Proceedings of the American Association of Cancer Researchers and the American Society of Clinical Oncology," Abstract 22 (1981): 114, 453.
8. Peter Lechner, MD, "Experiences with the Use of Dietary Therapy in Surgical Oncology," Aktuelle Ernaehrungsmedizin 2 (5) (1990).
9. C. Djerassi, et al., "The Structure of the pentacyclic Diterpene Cafestol," Journal of the American Chemical Society 81 (1959): 2386-2398; see also P. Kaufmann and A. K. Sengupta, "Zur Kenntnis der Lipoid in der Kaffeebohne. III Die Reindarstellung des Kaweals," Fette, Seifen und Anstrichmittel (Berlin) 65 (7) (1963): 529-532.
10. Carmen Wheatley, in Michael Gearin-Tosh, Living Proof: A Medical Mutiny (London: Simon & Schuster, 2002), Appendix, pp. 267-308.
11. Ibid.
12. Ibid.
13. Ibid.
14. Ibid.
15. Ibid

제 2 부
올바른 거슨요법 지침

지금까지의 내용은 거슨요법의 철학과 원리를 소개하고 이 치료법이 건강과 치료에 대해 어떻게 대처하는지 설명하였다. 이제 독자들은 적절한 영양섭취가 건강과 웰빙에 아주 중요할 뿐아니라 질병과 고통에 대항하는 가장 강력한 수단이라 것을 충분히 이해하게 되었을 것이다.

이제는 이 독특한 치료법을 실행하는 방법을 알아 볼 차례이다. 지금부터는 이 치료법의 구성 요소들을 한 단계씩 살펴보고 막스 거슨 박사가 고안해 낸후 60년 이상 동안 전 세계에서 수천명을 상대로 실험된 이 완벽한 프로그램을 살펴 보고자 한다. 이 치료법을 대하는 여러분의 관심사가 심각한 병을 치료하고자 하든, 작은 질병을 극복하고자 하든, 건강 전도사로 거듭나길 원하든, 새로운 시야가 열리게 될 것이다.

한 가지만 기억하자. 심각한 질병상태에서 벗어나기 위해 거슨요법을 따르고자 한다면 결단, 인내, 그리고 프로그램에 대한 명료한 이해가 필요하다. 아울러, 이 치료법은 대부분이 "스스로 실행하는" 치료과정이다. 멕시코에 있는 거슨병원에 입원할 수도 있겠지만 치료의 주요 과정은 가정에서 이루어져야 한다. 이 말은 여러분이 곧 스스로에 대한 고독한 책임자로서 누구의 감독도 받지 않고 충실하게 규칙을 지켜야만 한다. 하지만 이미 이 완벽한 치료법을 선택할 정도로 통찰력을 가졌다면 작은 속임수로도 고통 받을 사람은 곧 자신임을 잘 알 것이다.

대부분의 환자들은 이 프로그램을 시작한 후 불과 며칠 내에 호전반응을 경험하고 나면 이 프로그램에 필요한 자기절제력을 갖게 된다. 식욕이 좋아지거나 고통이 덜어지고, 활력이 생기고 숙면을 취하게 되는 등의 호전반응이 나타나면 환자는 치료에 대해 확신을 가지게 된다.

거슨연구소에서 인증한 훈련을 받은 거슨요법의사는 아직 그 수가 적어서 주변에서 찾기 어려우므로, 거슨요법을 시행한다고 하는 엉터리 치료사들을 조심하기 바란다. 그 사람들은 여러분을 치료하기는 커녕 아프게 할 수 있다. 당신의 일상생활에 변화를 주지 않으면서 경과를 기꺼이 지켜줄 수 있는 애정있는 의사를 찾는 것이 최선의 길이다. 의사가 하는 주 업무는 치료 초기단계에서는 4주나 6주에 한번씩, 치료 후반 단계에서는 그 보다 적은 횟수로 혈액 검사와 소변 검사를 준비해 주는 것이다. 거슨 치료의 결과는 통상적인 결과와 간혹 다르므로, 26장, "거슨요법의 검사결과"를 참조하여 치료 결과를 가늠해 보길 바란다.

제 9 장
거슨식 주거환경

    환자가 거슨 치료 시설에서 치료를 시작하거나 가정에서 직접 시행하든 상관없이, 치료의 대부분(중병일 경우는 2년 이상, 기타 만성질환 경우는 2년 이하)은 환자의 가정에서 이루어지게 된다. 치료기간 동안 가정은 병원 역할을 하게되므로 치료에 집중할 수 있고 어떤 방해도 받지 않게 해야 한다.

    어떻게하면 이렇게 할 수 있을까? 거슨프로그램의 두 가지 핵심은 영양공급과 해독이라는 사실을 상기해 보면 쉽게 이해할 수 있다. 만성질환으로 고생하는 환자는 독(毒)에 노출되고 영양이 부족한 상태이므로, 첫 번째로 해야할 일은 가정내에 있는 유독 화학물과 유독 집기류를 모두 치워버리는 것이다. 대부분의 현대 가정에는 유독 화학물이 엄청난 양으로 존재한다. 각종 세제류를 비롯하여 노동력을 덜어주는 장비들은 소위 전자스모그라 불리는 독성물질을 내뿜고 있는데도 우리는 매일 그 물건들을 사용하면서 당연한 것으로 받아 들이고 있다. 신체에 치명적인 영향을 끼친다는 사실을 깨닫고 나서야 없앤다.

    거슨 치료의 두 번째 핵심은 환자에게 충분한 영양을 공급하는 것이므로 적절하게 갖추어진 부엌은 매우 중요한 시설로서 매일 많은 양의 음식과 음료를 준비하는 곳이다. 올바른 거슨식 부엌에 들어갈 기구와 시설부터 정리하여 보자.

냉장고

많은 양의 유기농산물을 보관하기 위해 큰 냉장고 하나나 보통 크기의 냉장고 두개가 필요하다. 냉장고 속에 보관할 필요가 없는 뿌리야채를 저장하는데는 시원하고 환기가 잘되는 식료품 저장실이나 세탁실이 이상적이다.

주스기

즉석에서 만드는 유기농 주스는 거슨프로그램에서 가장 중요한 요소이므로 주스를 만드는 기계는 가능한 성능이 좋아야 한다.

시중에는 다양한 모델이 있는데, 가장 단순하고 값싼 것은 원심력을 이용하는 것으로 가장 널리 사용되는 모델이다. 이 모델은 유기물은 파괴하고 효소가 부족한 주스를 만들므로 치료용으로 사용할 수 없다. 또 다른 종류는 챔피언 주스기인데, 이 모델은 더 많은 미네랄과 주스액를 만들어 낸다. 하지만 이 모델 역시 주스를 많이 만들어 내는 게 아니라 아랫부분은 물이고 상층부는 채소를 갈아 만든 죽 같은 층이 형성되어 만족스럽지 못하다. 이 모델은 분쇄기용으로는 사용가능하다. 이 모델은 여과기 아래에 판이 설치되어 이 판으로 갈려진 과육이 내려온다. 이후 과육은 손으로 조작하는 프레스를 사용하여 주스를 짜내게 된다. 이 두가지 품목의 가격은 약 400달러 수준이다. 챔피언 주스기는 미국 및 몇몇 국가에서 널리 구매가능하다. 사용설명서는 The Juice Press Factory(www.juicepressfactory.com)' 에서 확인가능함.

한국에서 수입하여 미국에서 만들어지는 기계들은 두 개의 나선형 날을 사용하여 서로 맞물려 분쇄한다. 챔피언 주스기보다 좋은 주스를 만들어 내므로 환자가 중증 암으로 고통받는 경우가 아니라면 사용 가능하다. 이런 "단일 공정" 주스기는 분쇄기와 압착기로 구성된 "이중 공정"을 사용할 것을 추천한 거슨 박사의 견해와는 일치하지 않지만 "단일공정"으로 분쇄와 압착을 동시에 하므로 노워커(Norwalk)보다 많은 효소를 추출한다. 하지만, 효소 못지 않게 중요한 미네랄 추출에 대해서는 언급이 없다. 이제품은 한국에서 40만원대에 구입이 가능하다.(그린파워녹즙기 www.greenpower.co.kr)

최고의 이중 공정주스기는 노워커에서 나온 수압식 프레스 주스기로 외장을 스테인레스 스틸이나 우드그레인 플라스틱 커버로 매우 보기 좋게 만들어 놓았다. 두가지 모델 모두 음식과 접촉되는 부품은 스텐으로 만들어져 있다. 노워커는 전체가 자동으로 작동되며 프레스를 작동시키는 단순한 레버로 구성되어있다. 서비스와 품질보증도 좋으며 가장 비싼 주스기로서 2,100달러에서 2,250달러 수준이다. 스텐레스 스틸 외장 모델은 유럽의 220~240볼트 전압에 맞출수 있는 레버가 있다. 상세 정보는 웹사이트 Norwalk Juicers California(www.nwjcal.com)에서 얻을 수 있다.

■ 주스기 관리

통상적인 부엌내 청소와 별도로 주스기는 주스액이나 섬유질을 깨끗이 없앤 상태로 보관하여야 한다. 이런 찌꺼기는 쉽게 부패하고 말라 붙어 파리같은 곤충과 미생물이 모여들게 한다.

주스기는 사용후 매번 청소해 두어야만 오염을 방지할 수 있다. 청소를 하는데는 많은 시간이 걸리지 않는데, 음식과 닿는 부분은 모두 스텐으로 되어있고 쉽게 분리 가능하다. 씻은 후 말려서 다음 사용을 위해 재조

립하기가 쉽기 때문이다. 깨끗한 스폰지나 천을 주스기용으로 사용하여야 하며, 세척시에는 비누나 세제를 사용하면 아무리 적은 양이라도 채소와 접촉하는 부품에 남아있게 되기 때문에 사용하지 않는 것이 좋다. 노워커 주스기 사용자라면 윗부분의 프레스 판을 닦도록 한다.

주스기를 청소하는 행주는 비누를 쓰지말고 물로 깨끗이 헹구어서 다음에 사용할 때까지 냉동고에 보관한다. 당근과 사과 주스용 행주와 푸른 채소 주스용 행주를 별도로 사용하는 것이 가장 좋다.

밤에는 모든 주스를 만든 후 약간의 비눗물로 씻은 후 비누층이 남아있지 않도록 철저히 헹구어야 한다. 아주 소량의 비누 잔여물이라도 주스 속으로 들어가게 되면 환자에게 설사, 경련이나 더 심한 증상을 유발시킬 수 있다. 똑같은 원리가 주스용 행주에도 적용된다. 비누를 약간 탄 물로 씻고 주의해서 비누 잔여물이 남지 않도록 헹구어 준다. 밤에는 행주를 냉동고에 보관한다. 챔피언 제품같은 분쇄기와 유압식 프레스를 사용한다면 동일한 절차를 거쳐 세척하고 청결하고 비누성분이 남아있지 않도록 해야 한다.

스토브와 오븐 : 전기식과 가스식

두 가지 타입 모두 이상적이라고는 할 수 없다. 온도 조절하기는 가스식이 다루기 쉽지만, 산소를 연소시켜서 환자가 부엌에서 시간을 보내다 보면 산소가 없어진 공기는 해롭게 된다. 부엌은 환기가 잘 되어야 하는데, 기온이 찬 겨울에는 환기가 어려우므로 정상적인 산소량을 유지하기 위해서 부엌이나 거실에 실내 오존 발생기를 설치할 수도 있다.

주의 : 오존량 수준이 너무 높으면, 화염에 노출될 경우 불이 붙을 수 있다.

전기 스토브나 오븐은 미국내 대부분 지역에서 가스제품보다 사용하는데 비용이 더 든다. 전기제품이 가스보다 더 깨끗하고 산소를 소모하지 않아서 좋기는 하지만, 전기제품은 야채를 올바르게 요리하는데 매우 중요한 온도를 조절하기 더 어렵다.

■ **전자레인지**

전자레인지는 그 속도와 효율성 때문에, 심각한 건강상의 위험성이 있음에도 불구하고 전 세계 수많은 가정에 퍼져있다. 많은 전자레인지에는 안전에 관한 보증문구가 포함되어 있는데 이 때문에 일반인들이 실상은 그렇지 않음에도 안전하다고 믿게 된다.

스위스 등의 지역에서 실행한 연구에 의하면[1] 전자레인지를 사용하면 음식에 해로운 화학반응을 일으키고 영양소를 파괴하고 분자구조를 깨뜨려 천연 아미노산을 유독하게 만든다고 한다. 음식에 가해지는 열은 고르게 전달되지 않아 딱딱한 음식의 중앙부까지 열이 미치지 않아 한정된 부분만 뜨겁게 한다. 액체류는 과열되고 심하게 탈 수 있다. 더 심각한 것은 전자레인지는 사용되지 않을 때에도 전자파를 부엌 에 방출하여 "요리하는 사람을 요리한다."[2] (재미있게도 건강상의 이유로 구 소련에서는 1970년대에 사용을 금지하였다.)[3] 만일 전자레인지를 가지고 있다면 없애는 것이 좋으며, 코드를 뽑아버리고 어떤 경우에도 사용하지 않는 것이 좋다.

주전자와 금속 주방도구

알루미늄이 음식과 접촉하면 소량의 알루미늄이(토마토 같은 채소와 접촉하면 상당량의 알루미늄이) 용해되어 음식과 섞인다. 이 금속은 상당히 독성이 강하여 뇌를 손상시키거나 알츠하이머 병을 유발하는 것으

로 알려져 있다.4

알루미늄 제품은 완전히 없애고 알루미늄 호일로 음식을 싸지 말아야 한다. 바닥이 두텁게 처리된 스텐레스 주전자나 유리 주전자(Pyrex) 또는 에나멜 코팅된 주철 주전자를 사용하는 것이 안전하다. 스텐레스 조리기구나 나무 스푼이 최고이며, 가능하면 은제 식기류를 사용하는 것이 좋다.(은제 포크나 스푼, 나이프에서 나오는 소량의 콜로이드 상태의 은(銀)은 면역체계를 자극하는 소중한 물질이다.)

압력조리기구는 사용하면 안된다. 압력조리기구는 매우 높은 온도에서 사용하므로 영양소를 손상시킨다. 거슨요법의 기본 규칙중 하나는 음식을 매우 천천히 낮은 온도에서 영양 파괴 없이 조리하는 것이다. 몇몇 도자기류에 사용되는 유약은 독성이 있어 영양소를 가장 많이 파괴한다.5

정수기

놀랍게 들리겠지만, 거슨치료를 받는 환자들은 물을 마시지 않는다. 여기에는 두가지 이유가 있다. 우선, 환자들이 하루에 마시는 13잔에 이르는 신선한 유기농 주스와 수분이 풍부한 수프, 샐러드나 과일을 통해 필요한 최고 품질의 영양액을 섭취한다. 다른 한편으로는, 물을 마시면 환자들의 빈약한 소화액을 묽게 만들어 영양섭취가 어렵게 된다. 물은 수프나 차를 만들 때, 그리고 관장을 하는데 사용되는데 이런 용도의 물은 매우 깨끗한 물을 사용하여야 한다.

시장에 출시된 다양한 여과장치중 역삼투압 방식은 물속에 매우 해로운 불소화합물이 전혀 없는 곳에서만 사용될 수 있다.(5장 "방어기능의 붕괴" 참조) 불순물이나 유독 화학물, 그리고 무엇보다 불소화합물이 없는 물을 얻는 가장 안전한 방법은 가정 내에 증류장치를 마련하는 것이다.

많은 종류의 증류기를 다양한 가격대로 구매할 수 있다. 선택은 가격과

가정에서 필요한 물의 양에 달렸다. 환자 혼자라면 하루에 7~8ℓ를 섭취할 것이고 다른 가족 구성원이 거슨식 음식을 먹거나 관장을 시행한다면 더 많은 양의 물이 필요할 것이다. 증류기에는 전기가 연결되어야 하고 물을 공급하는 관을 추가로 설치하여야 하므로 많은 환자들은 세탁실이나 차고에 증류기를 설치한다. 증류기는 3일마다 한번씩 분리하여 세척해야 한다. 남겨진 찌꺼기를 보면 누구든 물을 철저히 정화시켜야 할 필요성을 알게될 것이다.

증류는 물이 기화점까지 끓고 난 후 관을 통하여 흐르면서 식혀져 다시 액화된다. 물속의 미네랄이나 다양한 불순물과 부가물은 기체로 변하지 않으므로 액화된 물은 유해한 성분이 없게 된다. 그러나 벤젠같은 휘발성 액체인 경우는 끓어서 다시 순수한 물 속으로 응축된다. 이러한 휘발성 물질을 없애기 위해 모든 증류기에는 탄소 알갱이가 든 작은 관을 설치하여 증류된 물이 깨끗한 용기내로 모일 때 탄소 필터를 통과하도록 하여 원치 않는 휘발성 물질을 제거해야 한다.

건강 전문가들이 증류수가 몸에서 미네랄을 빼앗아가므로 사용하지 말라고 하는데 이는 잘못된 생각이다.6 물속에 있는 미네랄(소금이나 칼슘)은 일반적으로 유기물이 아니므로 체내로 거의 흡수되지 않고 해로운 것이다. 다른 한편으로 환자는 매일 많은 양의 주스를 통해 충분한 유기성 미네랄을 섭취한다. 그러므로 수돗물 속에 함유된 미네랄을 섭취하지 않는 것이 이득인 셈이다.

세제

거슨요법을 위해 사용하는 주방기구들을 잘 세척하는 것은 매우 중요하지만 앞서 말하였듯이 유독한 제품을 사용하지 않도록 특별한 주의를 기울여야 한다.

■ **염소**

 염소는 표백제이면서 강력한 살균제로 온갖 종류의 세균을 죽이거나 억제할 수 있다. 바로 이런 이유로, 현재 모든 가정이나 수영장, 수돗물에 사용된다. 염소는 치명적이고 안전하지 못하여 갑상선에서 요오드를 없앨 수 있으므로 사용하지 말아야 한다. 몇몇 부엌 세제류 중에는 염소성분이 없는 것이 있으니 이런 종류를 사용하면 된다. 아니면 엿기름 식초 (**malt vinegar**)를 물과 반반 섞어 세척제를 직접 만들어 스프레이 용기에 옮겨 담아 유리나 광택 있는 부위를 세척하는데 사용하는 것도 좋은 방법이다. 단, 목재에는 사용하면 안된다. 그냥 비누나 뜨거운 물을 사용하는 것도 추천할 만한 방법이다.

 석회질이 말라 붙은 딱지를 없애기 위해서는 탈지면을 식초에 적신 후 수도나 욕실의 물꼭지를 둘러싸고 30분 정도 그대로 두었다가 비누와 물로 씻어낸다. 스텐레스 팬은 올리브 오일로 세척하는 것이 좋다. 결과는 놀라울 정도이지만 올리브 오일을 사용할 때에는 적은 양으로 완전히 씻어내야 한다.

■ **용해제**

 페인트나 구리스, 접착용해제는 모두 독성이 있어 환자에게 치명적이다. 사용해야 한다면 집 밖에서 사용하고 부엌 내로 스며들지 않도록 해야한다.

■ **식기세척기용 비누**

 대부분의 식기세척기에는 두 번 세척과 한 번 헹굼 기능이 있다. 거슨요법에는 기름진 음식이나 구워낸 음식을 사용하지 않으므로 세척기능은 한 번만 하고 헹굼기능을 두 번 하여 비누가 완전히 씻겨 나가도록 한다. 식기세척기용 비누성분을 완전히 제거하여 식기에 독성 잔여물이 남지 않도록 한다.

■ 세탁비누와 표백제

세탁기를 이용하여 세탁을 한다면 식기세척기를 사용할 때와 동일한 원리가 적용된다. 적절한 비누를 사용하고 필요에 따라서 표백제를 사용하되 세탁기 밖으로 흘리지 않도록 하고 환자가 냄새를 맡지 않도록 해야한다.(환자가 냄새를 맡게되면 영향을 받게 된다.) 세탁물은 가능한 두 번의 헹굼을 통해 완전히 헹구어 질 수 있도록 한다.

■ 섬유 유연제

액체 형태이든 분말 형태이든 섬유 유연제는 사용하지 않는 것이 좋다. 어떤 형태로든 섬유 유연제를 사용하게 되면 완전히 씻겨나가지 않는 화학물질의 막이 형성된다. 이는 천식 환자 같은 민감한 이들에게 자극적인 반응을 일으킨다. 대안으로 해롭지 않은 증류된 백식초 1/4컵 정도를 세척시 넣어 사용하는 것을 추천할 만하다. 옷도 부드러워 지고 정전기 발생을 없애 줄 것 이다. "손세척"이라 표시된 섬세한 옷감을 세탁할 때는 순한 비누와 고무 장갑을 사용한다.

드라이클리닝

드라이클리닝은 집 밖에서 행해지므로 환자에게 직접적인 영향을 끼치지는 않는다. 그러나, 드라이클리닝이 된 옷가지를 집안으로 들여 놓았을때는 비닐 커버를 벗겨 문밖에 두어 잔여 화학물질이 날아가도록 해야한다.

에어로졸과 스프레이

분무제는 사용하지 않도록 한다. 공기중에 한 번 뿌려지면 불가피하게 호흡기를 통해 흡입하게 된다. 독성 살충제는 가장 위험하다. 그러나 창문이나 오븐을 세척하는 화학물질도 공기중으로 분무되면 흡입된다. 창문 세척제를 사용한다면 천에 소량을 적셔 창문을 닦되 분무하지 않도록 한다. 오븐을 세척하는 것은 별 문제가 되지 않는데, 거슨식 음식은 지방질이 없어 요리 후에 찌꺼기를 남기지 않으므로 오븐을 세척할 필요가 거의 없기 때문이다.

화장실

염소성분이 함유된 세척제는 욕실에 사용하지 말아야 한다. 시중에 나오는 3%짜리 과산화수소수로 소독하는 것이 좋다. 비누는 순한 것으로 하고 방취제는 뿌리지 않도록 한다. 면도용 비누는 피부에 칠하는 타입으로 하고 에어로졸 캔이나 스프레이식은 사용하지 않는다. 면도 후 바르는 로션이나 겨드랑이 탈취제도 사용하지 않는다.(5장 방어기능의 붕괴, "화장품"을 참조) 화장지는 향기나는 제품이 아닌 보통의 흰색 제품을 사용한다.

거실공간

생활이 이루어지는 주거공간에서도 주의를 기울이지 않으면 각종 독성물질의 피해를 입을 수 있다. 대표적인 유독 물질은 가구 광택제로서 화학 용제가 들어 있으므로 멀리하여야 한다. 양탄자 청소도 위험성이 있으니 직접 세척을 하거나 청소대행업체에 세척을 의뢰할 때 화학 세제를 사용하지 말고 오로지 비누만을 사용하도록 해야 한다.

새 양탄자를 사용할 때에는 매우 심각한 독성피해를 입을 수 있는데,[7] 대체로 살충제나 때가 타지 않도록 화학물질을 사용하기 때문이다. 어쩔 수 없이 새 양탄자를 깔아야 할 때에는 무독성 제품을 사용한다. 민감한 사람들은 알레르기 반응을 일으켜 몇 몇 제조업체를 고소하여 그 결과 현재는 무독성 양탄자가 생산되고 있다.[8]

훨씬 더 위험한 일이 곤충을 박멸할 때 일어난다. 어떤 업자들은 곤충을 없애기 위해 화학 가스를 집안 곳곳에 스며들게 한다. 커버를 벗겨내고 환기를 시킨 후에도 다량의 유독 물질이 가구나 양탄자, 커튼 따위에 남게 된다. 가스가 완전히 제거되기 까지는 약 여섯 달이나 걸린다. 독성이 없는 방법들이 있다. (예를 들면, 냉동하여 없애는 방법을 찾아보라.)

주거 공간에 주기적으로 방향제나 여타 화학물질을 사용하는 경우가 있는데, 아무것도 사용하지 않는 것이 건강에 더 이롭다.

페인트 칠

환자가 회복 중일 때에는 집안 내부 어느 곳에도 페인트 칠을 하지 말아야 한다. 벽체는 순한 비눗물로 씻어 내면 얼룩을 지울 수 있다. 완전히 깨끗하게 보이진 않겠지만 한 동안은 환자의 회복을 절대적으로 우선시하여야 한다.

정원용 스프레이/살충제

어떤 생활 공간은 어쩔 수 없는 곳도 있는데, 이웃 주민이 자기네 정원에 농약을 살포할 경우 같은 때이다. 이럴 때에는 창문을 모두 닫고 공기청정기와 오존 생성기를 사용하여 환자를 보호해야 한다. 비슷한 문제가 인근의 농촌지역에서 농약을 살포할 때도 발생할 수 있다. 언젠가 그럴 경우가 있었는데 회복 중인 환자가 심한 부작용을 보이며 병이 재발하여 한 동안 집을 옮기고 난 후 다시 건강을 회복할 수 있었다.

*참고자료

1. Hans Hertel and Bernard H. Blanc, "Microwave Ovens"(Vol. 22, No. 2) and "Microwaves the Best Article Yet," Price-Pottenger Nutrition Foundation, PPNF Journal 24(2)(Summer 2000).
2. Ibid.
3. Ibid.
4. Virginie Rondeau, Daniel Commenges, Helene Jacqmin-Gadda and Jean-Francois Dartigues, "Relation between Aluminum Concentrations in Drinking Water and Alzheimer's Disease : An 8-year Follow-up Study," American Journal of Epidemiology 152(2000) : 59-66.
5. Dixie Farley, "Dangers of Lead Still Linger," U.S. Food and Drug Administration, FDA Consumer(January-February 1998)(www.cfsan.fda.gov/~dms/fdalead.html).
6. P. Airola, How To Get Well(Phoenix : Health Plus Publishers, 1974).
7. Cindy Duehring, "Carpet Concerns, Part Four : Physicians Speak Up As Medical Evidence Mounts," Environmental Access Research Network(Minot, ND) (www.holisticmed.com/carpet/tc4.txt).
8. Fluoride Action Network, Pesticide Project, Class Action Suit-PFOA (www.fluoridealert .org/pesticides/effect.pfos.classaction.htm).

제 **10** 장
금지된 음식

　어떤 음식들은 거슨식으로 잘 배합되었을 때 훌륭한 치료역할을 하는 반면, 어떤 음식들은 환자들이 절대로 먹어서는 안된다. 거슨 박사는 <암식사요법 : 50사례의 임상결과(A Cancer Therapy : Results of Fifty Cases)>[1]라는 그의 저서에서 많은 "금지 음식"을 소개하고 있다. "금지 품목"이 더 정확한 이름일 듯하다. 왜냐하면 그 책에서는 음식만을 언급하지 않기 때문이다. 거슨 프로그램을 처음 접하는 사람들은 보통사람들이 일상생활에서 먹고 건강에 지장없다고 여기는 음식들을 금하고 있다는 사실에 의아해할 것이므로, 왜 그런 음식들을 먹지 말아야 하는지를 살펴보자. 규칙이나 규정은 그 속에 숨은 이유를 알게되면 지키기가 쉬워진다.

　사실 오늘날의 금지 품목 리스트는 거슨 박사가 처음 만든 리스트보다 더 길다. 거슨 박사는 책을 반세기 전에 저술하였고 그 이후에 건강을 저해하는 많은 변화가 생긴 것이다. 대규모 식품산업이 발전하여 편의를 위해 만들어지는 수많은 음식 첨가제가 아무렇게나 사용되었으며 그에 따라 사람들의 식습관도 변화하여 소위 식품미용제라 일컫는 물질을 섭취하게 되어 부작용을 일으키고 있다.

가장 나쁜 것중 하나는 설탕 대용품인 아스파테임인데,[2] 뉴트라스위트, 스푼펄 등의 이름으로 시판되는데, 매우 독성이 높으며 시중에 판매되는 약 5천가지의 가공식품에 함유되어 있다.[3] 마지막으로 결코 가볍게 볼 수 없는 것으로, 모든 가공 식품에 들어 있는 소금은 피부 손상과 암 성장을 자극한다.[4] (5장, "방어기능의 붕괴" 참조)

덧붙여, 기업방식으로 생산되는 농산물에는 유독 살충제, 제초제, 살균제, 성장촉진제, 호르몬제, 항생제 그리고 FDA로부터 사용 인가를 받은 수천 가지의 물질 중 적어도 한 종류의 잔유물이 다량으로 들어 있다.[5] 사실 이런 물질들을 하나씩 따로따로 검사해 보면 무해한 것으로 결론이 날지 몰라도, 실생활에서 다른 물질과 섞이면 유해한 칵테일로 변한다. 화학물질들은 유독하며 거슨요법으로 회복시키고자 하는 간에 손상을 입힌다는 사실을 기억하도록 하자

아래 내용은 거슨요법 치료를 받는 환자들을 위한 두 가지 기본 원칙이다.

- 냉동, 소금처리, 정제, 황산처리, 훈제, 절임, 방사선, 초단파 등 기타 다른 수단이나 방법으로 가공 처리되어 캔이나 병에 담긴 식품은 반드시 금해야 한다.
- 유기농산물로 인증받은 과일이나 채소만을 섭취해야 한다. 이런 식품들은 농약의 독성이 없으며 건강한 토양, 즉 최적의 건강에 필수적인 비타민, 효소, 미네랄, 미량 원소 그리고 미생물이 함유된 토양에서 재배된다.

오늘날 유기농법으로 경작된 토양은 불과 15년 전과 비교해서 동일한 수준의 유익한 미네랄을 함유하고 있다고 할 수는 없으나 거슨식 치료를 받는 환자들은 상당량의 유기농 식품과 주스를 통해서 부족분을 보충받

을 수 있다.

 금지된 품목을 살펴보면, 담배와 알코올의 유해함은 설명할 필요도 없이 잘 알려져 있다. 그 다음으로, 소금과 각종 지방(아마인유는 제외)도 피하여야 한다. 물론 둘 중 하나라도 함유하고 있는 식품이라도 금지식품이 된다.(예를 들어, 아보카도 열매는 지방성분이 많으므로 금지된다.) 소금과 지방을 금하여야 한다는 사실을 이해하고 있다면 아래의 금지품목은 상세한 설명 필요없이 이해가 될 것이다.

 분명하게 기억하기 위해 큰소리로 이렇게 반복해 말해보자. "건강과 치료에 도움이 되는 음식만을 섭취하자, 다른 음식은 금한다."

금지 식품과 용품

- 모든 가공 식품
- 알코올
- 아보카도 열매
- 씨앗류(건포도는 제외)
- 음식, 치약, 구강세정제에 함유된 탄산소다
- 병이나 캔에 담겨 시판되는 음료
- 케이크, 캔디, 초콜릿, 사탕류(소금과 지방성분만 많고 영양가치가 전혀 없음)
- 치즈
- 코코아
- 음료용 커피(약품이나 향수원료로 사용되는 경우는 제외)
- 화장품, 모발 염색이나 퍼머(5장 "방어기능의 붕괴" 참조)
- 크림
- 오이(소화가 잘 되지 않음)

- 건조된 식품(황처리를 하거나 기름 바른 것)
- 음용수(9장, "거슨식 주거환경"의 증류수 참조)
- 엡솜(Epsom) 소금(발 목욕에도 사용)
- 지방질과 기름기(아마인유는 예외)
- 밀가루(백색밀가루 및 기울을 제거하지 않은 완전 밀가루, 그리고 파스타 같은 밀가루 제품)
- 허브류(허용된 것은 제외)(12장, "음식과 주스 준비")
- 아이스크림과 샤베트(인공향료 및 감미료와 크림)
- 콩과식물(치료과정의 후반부에만 이따금 사용)
- 우유(탈지유 또는 저지방 우유도)
- 버섯
- 견과류(지방 성분이 높음)
- 오렌지와 레몬 껍질(아로마 오일을 함유함)
- 피클
- 파인애플(냄새가 강함)
- 소금과 소금 대용품
- 콩과 모든 콩 제품(예로 두부나 두유)
- 양념(냄새가 강함)
- 설탕(정제된 흰색 설탕)
- 차(카페인이 들어 있는 흑차 혹은 녹차; 흑차티에는 천연불소 성분이 풍부하다.)

거슨 박사가 콩과 콩제품을 금한 것이 처음에는 놀랍게 들릴 것이다. 왜냐하면 콩은 이상적인 채식 음식이라고 널리 알려져 있기 때문이다.(즉, 단백질 함유량이 높고 지방과 콜레스테롤 함유량은 낮다) 동북아

지역에서 많이 섭취하는데 그곳의 암 발생률은 서구보다 훨씬 낮다.

그러나, 상업적인 목적으로 꾸며진 말 뒤에 숨겨진 진실은 매우 다르다. 콩은 미국내에서 매우 큰 사업이며 슈퍼마켓에서 판매되는 식품의 **60%** 정도는 콩으로 만든 것이다. 사실 콩에는 지방분이 많고, 적어도 30가지의 알레르기 유발 단백질이 있어 민감한 사람들에게는 심각한 손상을 줄 수 있다.6 콩에는 또한 피틴산(**phytic acid**)이 들어있어서 주요한 미네랄의 흡수를 방해하는 효소 억제제로서 주스에 함유된 산화 효소의 치유력을 없애며, 응고 촉진제로서 혈액 세포를 응집시킨다. 이것은 콩을 거슨요법에서 완전히 제외시켜야 하는 충분한 이유가 된다.

주의 : 20년 전부터 유행한 "집에서 기르는" 음식인 씨앗의 싹과 밀잎은 통곡물로 영양이 풍부한 것으로 알려져 있지만, 거슨요법을 시행하는 환자들은 사용해서는 안된다. 우리의 경험에 의하면, 안타깝게도, 이 두 가지 음식은 부작용이 있는 것으로 밝혀졌다.

두 명의 거슨 환자가 병원에서 점심과 저녁식사에 보통의 샐러드 대신 상당량의 발아씨앗을 먹었다. 그리고는 두 명 모두 얼마 안되어 수개월간 증상을 드러내지 않고 있었던 결핵성 피부염과 자궁암이 재발하였다. 다른 결핵성 피부염 환자들은 병원에서 제공되는 샐러드나 주스를 통해 발아씨앗을 섭취하였는데 그들 역시 호전반응을 멈추고 상태가 더 나빠졌다.

이후 얼마 안되어 연구가들에 의해 발아씨앗에는 **L-카나바닌(canavanine)**이라 불리는 미숙 단백질이 함유되어 있어서 면역체계를 억제하는 것으로 밝혀졌다.7 거슨병원에서는 발아씨앗을 즉시 금지하였고 초기의 문제점들은 곧 사라졌다. 이전에 치료를 받은 환자들도 발아씨앗의 섭취를 금하도록 권고하였다.

갯보리 주스에는 많은 유익한 영양소가 들어있으나, 소화가 어렵고 위를 자극하는 경향이 있어서 약 **30ml** 정도만 섭취할 수 있다. 직장 삽입으로 사용했을 때는 심각한 자극증세를 일으킬 수 있다. **225ml** 유리잔에 샐러드 녹야채, 근대, 약간의 고추, 적색 양배추, 그리고 사과 한 개가 들어가는 거슨식 주스는 소화 흡수가 잘 되며 영양 손실과 부작용 없이 하루에 4잔 정도를 섭취하면 된다.(12장 "음식과 주스 준비" 참조) 이런 이유로 갯보리 주스를 섭취하지 않아야 한다.

임시로 금지하는 음식과 품목
- 버터
- 코티지 치즈(무소금, 탈지방)
- 계란
- 생선
- 육류
- 요구르트(기타 발효 유제품)

금지된 개인용품과 주거용품
- 에어로졸
- 카페트(신품)
- 화학 세척제(9장 "방어기능의 파괴"을 보라.)
- 염소 표백제
- 화장품(5장 "신체 면역체계의 손상"을 보라)
- 연고
- 페인트(신품)
- 향수

- 살충제
- 목재 방부제

*참고자료

1. M. Gerson, A Cancer Therapy : Results of Fifty Cases and The Cure of Advanced Cancer by Diet Therapy : A Summary of Thirty Years of Clinical Experimentation, 6th ed.(San Diego, CA : Gerson Institute, 1999).
2. Aspartame(NutraSweet?) Toxicity Info Center(www.holisticmed.com/aspartame) ; see also H. J. Roberts, MD, "Does Aspartame Cause Human Brain Cancer?," Journal of Advancement in Medicine 4(4)(Winter 1991).
3. Joseph Mercola, MD, "Can Rumsfeld 'Defend' Himself Against Aspartame Lawsuit?" (www.mercola.com/2005/jan/12/rumsfeld_aspartame.htm) ; see also Note 2(Roberts), supra.
4. Freeman Widener Cope, "A medical application of the Ling Association-Induction Hypothesis : the high potassium, low sodium diet of the Gerson cancer therapy," Physiological Chemistry and Physics 10(5)(1978) : 465~468.
5. Healthy Eating Adviser : Food Additives(www.healthyeatingadvisor.com/food-additives.html)(updated 2006).
6. "Soy Dangers Summarised," SoyOnlineService(www.soyonlineservice.co.nz/03summary.htm).
7. M. R. Malinow, E. J. Bardana, Jr., B. Pirofsky, S. Craig and P. McLaughlin, "Systemic lupus erythematosus-like syndrome in monkeys fed alfalfa sprouts : role of a nonprotein amino acid," Science 216(4544)(Apr. 23, 1982) : 415~417.

제 11 장
권장 식품

"아무리 좋은 약이라도 10가지 병중 8~9가지 병만 치료할 수 있다. 약품으로 치료할 수 없는 병은 음식으로만 치료할 수 있다."

- 황제내경(중국, B.C. 400년경)

"음식은 약보다 더 좋은 약이다."

- 영국의 선도적 영양학자 패트릭 홀포드의 저서명

 거슨식 생활방식을 처음 접하는 사람은 앞장에 나온 금지식품 항목을 보고는 놀라, "그럼 도대체 뭘 먹어야 하죠?" 하고 물어본다. 이는 깊이 생각해 볼 중요한 질문이다. 이런 질문을 하는 것은 우리가 얼마나 자연식, 무엇보다도 과일을 포함한 다양한 식물성 음식에서 멀어져 있는지 보여준다. 소위 문명세계에서 살고 있는 대다수 사람들은 채소를 주요리인 육류나 생선과 함께 나오는 보조 음식으로 그리고 과일은 디저트로밖에는 보지 않는다고 짐작할 수 있다. 이제는 몇가지 즐거운 발견을 생각해 볼 때이다.

 사실은 식물성 음식은 거슨식 식단의 기초이며 동물성 음식보다 뛰어나다. 더 담백하고 깨끗하며 소화 흡수도 더 뛰어날 뿐 아니라, 각각의 채소는 비타민, 효소, 미네랄, 기본 원소가 미묘하게 섞여 있어서 서로 상승

효과를 내며 기운이 떨어진 신체에 귀중한 영양을 제공해 준다. 치료 효과가 없는 해로운 음식 품목들을 제외시켜 보면 폭넓고 다양한 식물성 음식이 분명하게 드러난다. 식물성 음식의 유용성과 아름다움을 인정할 필요성이 있다.

예술가의 눈으로 신선한 유기농 과일과 채소들의 펼쳐진 모습을 보라. 강렬한 색상과 다양한 모양의 당근, 짙은 붉은색의 양배추, 매끄럽고 부드러운 연녹색 잎사귀의 꽃양배추, 베이지색의 배, 다양한 색깔의 사과와 반투명의 푸른 포도를 주목하라. 종류도 다양하며, 시각적 아름다움은 먹는 즐거움을 배가 시킨다.

채소 왕국의 초보 탐험가들에게 또다른 놀라운 즐거움은 채소와 과일의 진정한 맛을 알아내는 것이다. 처음에는 소금과 후추 없이 채식을 하면 맛이 밋밋하고, 솔직히 말해 아무런 맛도 없지만 사실은 그런게 아니다. 평생 동안 지나치게 소금을 많이 섭취하여서 혀의 미각돌기가 음식의 진짜 맛을 전달하지 못하게 되어 소금의 섭취량을 늘려야만 맛을 느끼게 된 것이다. 소금 섭취가 없는 거슨 왕국에서는 마비된 미각 돌기를 회복시키는데 일주일 정도가 걸린다. 일단 미각이 회복되면 과일과 채소가 갑작스레 맛있게 느껴지기 시작할 것이다. 동시에 후각 역시 더 예민해지고 식사의 즐거움을 만끽하게 될 것이다.

현대 의학의 아버지인 히포크라테스는 약 2,500년 전에 "음식을 약으로 삼아라, 그리고 약을 음식으로 삼아라"라고 말하였다. 우리가 한 마디 더하자면, "그 약은 오로지 맛있는 음식으로만 만들어라."

제 **12** 장
음식과 주스 준비

"1등급 수프는 2등급 그림보다 더 창조적이다."

- 아브라함 마슬로우

거슨요법에 맞는 주방이 갖추어지고 집에서 모든 금지 식품과 물건들을 없애버렸다면, 음식 준비를 위해 매우 중요한 임무에 대해서 알아보아야 할 것 같다. 최상의 결과를 얻기 위해서 이 간단한 원칙은 충실하게 지켜져야 한다.

모든 식재료는 유기농이고 가능한 신선하여야 한다. 이상적으로는 유기농 정원에서 직접 가꾼 신선한 재료를 얻을 수 있어야 한다. 불행하게도 우리가 사는 세상은 이상적인 곳이 아니므로 타협을 하여야만 한다. 차선책은 샐러드나 채소를 소량으로 자주 쇼핑하여 오랫 동안 보관하는 일이 없도록 하는 것이다. 사과, 배, 오렌지, 뿌리채소는 품질에 큰 손상 없이 보관할 수 있다.

좋은 음식을 준비하는 두가지 중요한 기본 원칙은 다음과 같다.

- 모든 좋은 음식은 주의를 기울여서 가능한 영양분이 보존되도록 조리하여야 한다. 조리는 낮은 열로써 천천히 하여야 한다. 높은 온도는 채

소 속의 영양소를 변화시켜 소화흡수를 어렵게 한다. 채소는 껍질을 벗기지 말아야 하며(귀중한 영양소는 껍질 속이나 껍질 바로 아래층에 있다) 물로 씻어 잘 문질러 주면 된다. 감자, 옥수수, 사탕무와 같이 물속에서 충분히 끓여 주어야 하는 채소를 제외한 다른 채소들은 적은 양의 물이나 수프를 만드는 재료("히포크라테스 수프"), 혹은 얇게 썬 양파나 토마토 위에 놓고 조리를 하여 수분이 충분히 공급되어 불에 타지 않도록 한다. 채소나 과일을 자르는 순간에 영양소의 손실과 함께 산화가 시작되므로 요리를 할 준비가 완전히 되었을 때 칼질을 하여야 한다.

- 음식은 맛이 있고 다채롭고 즐겁게 먹을 수 있어야 통상적인 서구식 식단과 다른 식단이 될 수 있다. 음식의 종류가 다양하면 식욕이 돋구어지는 법이다. 좋은 음식은 또한 다양한 미네랄과 신체에 필요한 영양소를 공급해 준다. 시각적으로도 맛있게 보여야 한다. 특히 샐러드는 잘게 썬 토마토와 다양한 색상의 후추와 푸른 채소잎들과 섞고 붉은 무와 약간의 골파를 첨가하면 정말 맛있게 보인다.(더 상세한 내용은 28장, "조리법"을 참조)

저녁 식탁 위에 작은 화병을 놓으면 훨씬 더 맛있게 만드는 마력이 있다. 거슨식 식사는 생식과 조리식 사이에서 훌륭한 조화를 이룬다. 환자들은 상당량의 주식(主食)을 조리식으로 먹어야 할 것 같지만 반드시 그런 것만은 아니다. 많은 양의 생야채 샐러드로 식사를 시작하여 생과일로 마치고 매일 열 세잔의 신선한 신선한 주스를 마시게 된다. 조리한 음식도 필요하다. 거슨박사의 경험에 따르면 주스와 생식만 하면 환자들이 소화를 잘 못 시킨다. 사실, 조리된 음식은 식단을 다양하게 하고 먹고자 하는 양보다 더 먹을 수 있게 한다. 또한 부드러운 음식이므로 생식과 생주스가 잘 소화되도록 도와준다.

조리식 중 가장 널리 알려진 것은 "히포크라테스 수프"라 불리는 특별한 수프로서 이 음식은 신장내 독성을 제거하여 특히 추운 날씨에 기운을 돋운다. 조리식은 위장내에서 일종의 "흡수지" 역할을 하여 지속적으로 상당량의 주스를 처리하는데 도움을 준다. 그렇다 하더라도 환자가 매일 취하는 음식 가운데 조리된 음식은 **1.5kg**을 차지하는 반면, 대부분 주스로 섭취하는 생식은 약 **8kg**에 이른다.

중요한 주스

몇몇 예외를 제외하면 4가지의 주스만이 모든 범주의 환자들에게 적용된다. 기본적인 주스는 다음과 같다.

- 사과와 당근 혼합 주스
- 당근만으로 만든 주스
- 푸른 채소로 만든 주스
- 오렌지 주스

특별한 경우에는 다른 종류의 주스가 사용된다. 예를 들어, 설사에는 오렌지 대신 포도 주스를 마신다. 왜냐하면 포도주스에는 설탕 성분이 덜 함유되어 있기 때문이다. 콜라겐 병을 앓는 환자들은 유자차를 마시는 대신 사과주스 같은 과일주스를 마셔야 한다.

사과/당근 주스

사과와 당근 각 **250g** 정도를 껍질을 벗기지 말고 솔로 문질러 씻은 후, 갈아서 압착식 주스기로 즙을 짜내어 즉시 마신다.

■ 당근 주스

당근 300g 정도를 위와 같은 방법으로 즙을 짜내어 즉시 마신다.

■ 야채 주스

로메인(상추의 일종), 붉은색 잎양상추, 꽃 상추, 에스캐롤(상추의 일종), 2~3장의 붉은 양배추, 어린 사탕무우의 속, 스위스 근대, 약간의 초록색 작은 피망과 물냉이를 사용한다. 갈때에는 중간 크기의 사과 하나를 넣는다. 가능한 이런 재료들을 많이 구한다. 만약 위에 말한 재료들을 구하지 못한다고 시금치나 셀러리 같은 대체 재료를 사용하면 안된다. 위에서 했던 것과 같은 방법으로 압착하여 즙을 내어 즉시 마신다. 효소는 짧은 시간 내에 죽기 때문이다.

■ 오렌지(또는 포도) 주스

전동식이든 수동식이든 압착식 주스기만을 사용하되 껍질은 짜내지 않는다. 방향유가 포함된 껍질은 해로우며 치료를 방해할 수 있다.

매일 먹는 식사

거슨식 치료를 받는 환자들이 평균적으로 매일 먹게되는 식단은 다음과 같다.

■ 아침식사

- 증류수로 요리하고 적은 양의 꿀이나 말린 과일(전날 찬물에 담가 두었거나 뜨거운 물을 부은)로 단맛을 낸 오트밀 큰 한 사발
- 신선하게 짠 오렌지 주스 한 잔(240cc정도)
- 약간의 생과일이나 조린 과일

- 선택사항 : 소금이 없는 유기농 호밀빵 구운 것

점심식사

- 아마인유로 드레싱한 혼합 생샐러드 큰 한 접시(28장 "조리법"에 나오는 '아마인유과 레몬주스 드레싱 요리법' 참조)
- 250cc 정도의 "스페셜 수프 즉 히포크라테스 수프"
- 굽거나 삶거나 으깨거나 다른 방식으로 준비된 감자
- 한 두 가지의 신선하게 조리된 채소
- 디저트로 생 과일 또는 과일 스튜

저녁식사

- 점심식사와 같은 순서로 준비하되 다양한 다른 종류의 야채와 과일을 디저트로 준비한다.

주의 : 점심때나 저녁식사 시에 그리고 환자가 필요한 음식을 다 먹은 후에 한 조각 정도의 소금이 들어 있지 않은 유기농 귀리 빵을 먹게 되는 경우에는 많이 먹지 않도록 하여, 배가 불러 치료에 꼭 필요한 음식을 먹지 못하는 일이 없도록 하여야 한다.

기본적인 조리법

완전한 거슨식 조립법은 28장, "조리법"을 참조하시기 바람

다음에 나오는 조리법은 환자들에게 있어서 가장 필수적인 매일의 식단을 위한 기본적인 요리에 관한 것이다.

■ **아침식사**

　1인 식사를 위해, 압착한 귀리 140g을 1½컵(12온스)의 증류수에 넣는다. 찬물에 넣고 6~8 분정도 끓이면서 가끔씩 저어준다. 조리되는 동안, 오렌지 주스를 짜고 처방 받은 영양소가 있으면 첨가한다.(14장. "영양물 처방" 참 고) 이렇게 만든 오트밀과 함께 밤새 찬물에 담가두었거나 뜨거운 물에 두 시간 정도 불려서 죽처럼 만든 유황성분을 없앤 말린 과일(살구, 사과, 자두, 건포도, 망고)이나 생으로 또는 푹 삶은 사과나 자두, 제철에 나온 과일(복숭아, 숭도복숭아, 포도, 배)을 내어 놓는다. 베리류는 사용하지 않는다. 하루에 2 티스푼 정도까지 허용된 감미료(꿀, 단풍나무 시럽, 사탕수수 주스 혹은 유황을 없앤 당밀같은 감미료)를 사용한다.

■ **점심식사**

　샐러드를 만들기 위해 다양한 상추류, 즉 붉은 잎 상추, 로메인, 에스카롤, 샐러드 보울, 그리고 꽃 상추를 자르고 썰어서 섞고, 여기에다가 잘게 썬 푸른색 양파, 무우, 약간의 샐러리와 토마토, 콜리플라워, 피망과 물냉이 썬 것을 더한다. 드레싱(28장 "조리법"에 나오는 아마인유와 레몬 주스 드레싱 만드는 법을 참조 바람)은 아마인유를 큰 숟가락으로 1스푼(치료를 시작한지 한달 동안은 1 테이블 스푼, 이후 2 티스푼으로 줄임)떠서 사과 사이다나 적포도 식초나 레몬 혹은 라임 주스와 섞는다. 그리고 맛을 내기위해 마늘을 더한다.

　"스페셜 수프 또는 히포크라테스의 수프"는 치료기간 동안 1일 2회씩 먹는다. 시간과 노력을 줄이기 위해 이틀치 4끼 분량을 충분하게 냉장고에 보관하였다가 먹는다.

■ 스페셜수프-히포크라테스 수프

- 중간 크기 샐러리 뿌리 1개(혹은 3~4개의 샐러리 가지(즉, 파스칼))
- 중간 크기 파슬리 뿌리 1개(혹은 생략 가능)
- 서양부추파 작은 것 2개 또는 큰 것 1개(혹은 양파 작은 것 2개)
- 양파 중간 것 2개
- 맛을 내기 위한 마늘(넣어서 요리하기 보다 생마늘을 짜서 수프에 첨가)
- 파슬리 약간
- 토마토 200~400g(원한다면 약간 더)
- 감자 400g

채소들은 문질러 씻고 얇게 썰거나 깍두기 모양으로 자른다. 큰 냄비에 넣고 물을 채소를 덮을 만큼만 붓고 불에 얹어 약한 불에 천천히 1시간 반에서 2시간 동안 모든 채소들이 부드럽게 될 때까지 삶는다. 분쇄기에 넣어서 섬유질을 제거한다. 수프를 식혀서 냉장고에 보관한다.

주의 : 대개의 양념들은 산성 향이 강하여 자극적이고 치유반응을 저해한다. 그래서 다음과 같은 부드러운 양념들만을 매우 적은 양으로 사용한다-피멘토, 아니스, 월계수 잎, 고수풀(미나리과), 딜, 회향, 육두구, 마저럼, 로즈메리, 사프란, 샐비어, 수영(sorrel), 섬머 사브리, 타라곤, 백리향 등과 골파, 마늘, 양파 그리고 파슬리는 많은 양을 사용해도 된다. 허브차인 카모마일와 박하도 자주 사용한다. 상세한 내용은 제 13장, "커피관장"과 제 16장, "치유반응"을 참조바람.

제 13 장
커피관장

처음 접하는 이들에게 커피관장은 거슨요법에서 가장 놀랍고 특이한 부분이다. 비판적인 사람들은 커피관장의 목적이나 기능을 제대로 이해하지 않고 비평하고 조롱하기도 한다. 그러나, 이 간단한 해독과정을 거치지 않고 거슨요법은 효과를 나타낼 수 없다. 자세히 살펴보기 전에 간단히 그 이유를 말하고자 한다.

환자가 거슨요법을 전체적으로 받게 되면, 음식, 주스, 약물처방을 통하여 면역기능이 강화되면서 종양조직을 공격하여 파괴하고, 다른 한 편으로는 신체조직에 축적되어 있던 독성물질이 빠져 나온다. 이 정화과정에서 한꺼번에 배출되는 독성물질을 처리하느라 이미 손상을 입어 약해져 있는 간이 부담을 받거나 중독될 수 있다. 이런 사실을 깨달은 거슨 박사는 70년 전에 커피관장을 개발하게 되었다. 거슨 박사는 커피관장으로 해독처리를 하지 않으면 간이 굳어져 환자가 사망할 수 있다는 사실을 알게 되었다. 이 장에서는 커피관장이 어떻게 간의 부담을 줄여 줄수 있는지 자세히 살펴보고자 한다.

보통 관장이라고 하면, 어떤 물질을 직장 안으로 투입하여 장을 비우기나 영양물이나 약물을 공급하는 것을 말한다. 사실, 이 방법은 매우 오래된 의료 기법이다. "현대의학의 아버지"인 히포크라테스는 **2,600**여년 전에 물 관장을 해야 하는 몇 가지 사례를 기록하고 있다. 인도에서는 **B.C. 500**년경에, 요가에 대해 처음으로 기록한 파탄잘리에서 내장 청소를 위해 관장을 추천하고 있다. 전설에 따르면 고대 이집트의 지혜의 새인 이비스는 자신의 구부러진 긴 부리로 스스로 관장을 하였다고 한다. 좀 더 근래인, 루이 **14**세 시대의 한 궁녀가, 풍성한 치맛자락 아래로 관장을 한 것으로 전해지며, 몰리에르의 연극 "상상병 환자"에서 주인공은 무대 위에서 관장을 즐겼다고 기록되어 있다. 이 간단하고 안전한 방법이 주로 서구에서 사용되지 않은 것은 최근의 일이다.

독일에서 커피를 관장 재료로 사용하기 시작한 것은 1차대전이 끝날 무렵인 **1914~1918**년경이었다. 독일은 당시 연합군의 봉쇄를 당해 생활필수품이 절대적으로 부족하였는데, 그 가운데 모르핀이 가장 절실한 품목이었다. 그 와중에 수천명의 부상당한 군인들이 야전병원으로 밀려들었고 대부분 외과수술을 해야만 하였다. 수술 후 고통을 완화시킬 수있는 모르핀이 충분하지 못하였다. 수술 후 고통을 견디게 해줄 방법이라고는 물 관장을 사용하는 것이 고작이었다.

봉쇄로 인하여 물품이 부족하게 공급되었지만, 커피는 비교적 충분하게 공급되었으므로 과로에 시달리는 의사들이 잠을 깨우는데 도움을 주었다. 환자의 고통을 줄이는데 전력을 기울이던 간호사들은 남은 커피를 관장 물통에 섞어 사용하게 되었다. 간호사들은 의사들이 커피를 마시고 도움을 받은 것처럼 커피가 병사들의 진통에도 도움이 될 것이라 추측한 것이다. 놀랍게도 병사들은 실제로 고통이 줄어들었다고 보고하였다.

이 우연한 발견이 의학연구자인 게팅겐 대학의 메이어 교수와 후에버너 교수의 귀에도 들어가게 되었다.[1] 두 사람은 쥐의 직장 속으로 카페인을 주입한 후 효과를 검증하였다. 두 사람은 카페인이 항문혈관 (hemorrhoidal vein)을 통해 문맥계(portal system)을 거쳐 간으로 들어가면서 담도관을 개봉하여 간에 축적된 독성물질을 배출되게 한다는 사실을 알아내었다. 이 사실은 70년이 지난 1990년에 오스트리아 그라츠병원의 암 전문의인 피터 레흐너 박사가 거슨요법을 조금 변형하여 암환자들을 상대로 6년 간의 임상실험을 한 후 그 타당성이 입증되었다.[2] 그는 독립적인 실험결과를 인용하면서 간 해독 작용을 하는 커피의 두 가지 성분을 명확히 밝히고 있다.(8장 "거슨요법이 효과적인 이유" 참조 바람)

거슨 박사는 자신의 치료법을 체계화하던 초기 단계부터 관장의 이로운 점을 잘 알고 있었으며, 커피관장은 오늘날까지 거슨요법의 가장 핵심적인 부분이 되고 있다. 환자가 12~15분 동안 커피관장을 하는 동안, 신체의 모든 혈액이 3분마다 한 번씩(총 4~5차례) 간을 통과하며, 이때 조직에서 나온 독성물질을 운반하게 된다. 이 독성물질은 카페인의 자극으로 담도관을 통해 배출된다.

독성물질이 체외로 나가기 위해서는 소장(약 7m), 결장(약 1.5m), 직장, 항문을 통과해야 한다. 담즙관에서 나온 독성물질이 장 속을 지나면서 일부가 다시 체내로 흡수되면서 환자가 불편함을 느낄 수 있는데, 해독 초기 단계에서 불편을 호소하는 환자들이 많다. 초기 단계에서 하루 5회 이상 관장을 하여 독성을 지속적으로 제거하고, 피마자유 기름 처방을 하는 것도 환자의 불편을 줄이기 위함이다.("피마자기름 처방" 참조)

*주의사항 : 일부 유명인사들 가운데 장세척이 유행하고 있는데, 거슨 환자들은 장세척을 하면 해롭다. 거슨 박사도 일찍이 이 점을 분명히 하였고, 오늘날 우리도 그의 결론을 따르고 있다. 장세척을 하게 되면 최고 5리터에 이르는 물이 전체 대장에 들어가면서 압력으로 장이 팽창하게 된다. 물이 배출되면서 동시에 결장 속에 있는 액체와 효소, 미네랄 등 다

른 영양소와 함께 소화에 필수적인 이로운 박테리아들을 씻어 내어 버리게 된다. 이로 인하여 미네랄 불균형을 초래할 위험이 높아진다. 한편으로 장세척은 담즙관을 개봉하여 간이 독성물질을 배출하여 청결해지도록 하는 커피관장에 전혀 도움이 되지 못한다. 어떠한 경우라도 장세척은 커피관장을 대신 할 수 없다.

지금까지 커피관장의 역사와 배경을 살펴보았고, 이제 실제로 적용하는 방법에 대해 살펴보도록 하자.

기초 준비사항과 사용 방법

커피관장의 기본 요소들은 다음과 같다.

- 유기농으로 생산된 살짝 구워서 간 커피
- 정제 혹은 증류된 물
- 관장 장비

장비는 시중에 나오는 제품 중에 부적당한 것도 있으므로 신중하게 골라야 한다. 초기형태인 혼합실린지는 고무로 된 온수통에 튜브와 뾰족한 삽입부가 연결되어 있다. 이 제품은 가끔 사용하거나 여행 중에 사용하기에 편리하지만 청소하기가 쉽지 않다. "혼합실린지"형태가 아닌 고무주머니형태의 제품은 개봉부가 넓어 청소하기 훨씬 쉽다. 단점은 지속적으로 사용하기 위해 세워두기 쉽지 않다는 점이다.

거슨요법을 받는 환자들에게 가장 인기 있는 것은 플라스틱 통인데 직장으로 주입된 커피의 양을 알기 쉽게 표시해준다. 이 통은 청소하기도 쉬운데, 딱 한가지 단점은 떨어뜨리거나 너무 세게 씻으면 깨어지기 쉬워 자주 바꿔야 한다.

부속 장치와 합쳐 약 5만원 정도의 비교적 저렴한 가격으로 구입 가능한 스테인레스 통을 사용하면 이런 단점을 극복할 수 있다. 스테인레스 통은 깨어지지 않고 청소하기도 쉬우며, 플라스틱 통은 불가능한 더운 물로도 세척이 가능하다. 고무 튜브는 일정 기간마다 갈아 주어야 한다. 이 형태의 유일한 단점은 투명하지 않기 때문에, 관장이 진행되는 경과를 정확히 알 수 없는 점이다.

표준적인 1회 관장에는 3 큰스푼의 가볍게 볶은 유기농 커피와 약 1리터(32온스) 가량의 정수된 물을 섞어서 사용한다. 순서는 간단하다. 물이 끓으면, 커피를 넣고 3분 가량 더 끓인다. 온도를 낮추고 15분 동안 끓이다가 식힌 후 천이 부착된 여과기로 거른다(깨끗한 리넨이나 나이론을 사용해도된다.) 거른 후에 남은 양을 확인하여 증발된 수분만큼 물을 채워서 전체 0.9리터 정도(1쿼트)가 되게 하여야 한다.

거슨요법을 받는 환자들은 하루 필요한 분량을 한꺼번에 준비하는 것이 매 4시간마다 필요한 양을 준비하는 것보다 효율적이다. 쉽게 말하자면, 시간과 노력을 아껴서 커피 농축물을 만드는 것이다. 적어도 3리터를 담을 수 있는 주전자에 정수된 물 2리터를 끓인 후 하루에 필요한 분량인 15스푼의 커피를 넣고 앞에서 말한 순서대로 준비하면 된다. 액체를 거른 후, 0.9리터(1쿼트) 용량의 항아리나 주스병을 5개 준비하여 커피농축액을 같은 분량으로 나누어 담고, 물을 부어 한 병당 225㎖ 가량 (8온스)되게 물을 충분히 채운다.

1회 관장에 사용되는 커피혼합물(225㎖의 커피농축물에 그 3배의 물을 부어 혼합액 전체가 1리터)을 체온과 같게 데워서 관장용 통에 담고 흘러 내리지 않도록 처음에는 튜브를 잠궈 두어야 한다. 관장을 시작하기 전에, 튜브 속의 공기를 제거하기 위하여 소량의 액체를 먼저 흘려 보내야 한다.

소화기관이 작동하도록 과일 작은 조각을 한 입 먼저 먹는 것도 좋은 방법이다. 특히, 아침에 일어난 후 처음 관장을 하기 전에 과일 한 점을 먹으면 좋다. 이렇게 하면 약간의 당을 공급하여 잠자는 동안 낮아진 혈당을 높여주게 된다.

환자를 편안하게 해주어 긴장하지 않을수록 관장을 쉽게 할 수 있다. 긴 소파나 접이침대가 없으면, 욕실 바닥에 크고 부드러운 수건이나 담요를 깔고, 그 위에 관장용 매트나 부드러운 폴리에스터 샤워 커튼을 덮어 실수로 커피가 쏟아져도 젖지 않도록 하고, 머리에는 베개나 쿠션을 덴다. 관장 통은 몸 보다 약 40센티미터 정도 높은 곳에 걸어 두거나 받침의자 위에 세워 둔다. 커피는 너무 빠른 속도나 높은 압력으로 흘러 들어가지 않게 해야 한다. 튜브 끝의 약 2센티미터 정도는 바셀린을 바르고, 약 16~20cm가량 항문 속으로 밀어 넣고, 튜브의 잠금 장치를 풀어 커피가 흘러 들어가게 한다. 환자는 다리를 엄마 뱃속에 태아처럼 구부리고 오른쪽으로 돌아 누워서 긴장을 풀고 숨을 깊게 쉰다. 커피가 다 들어간 후 12~15분 동안 있다가 뽑아 낸다.

우리 환자들은 대부분 관장하는 동안 편안한 시간을 즐기면서, 음악을 듣거나 책을 읽고, 명상을 하기도 한다. 한 젊은 여성은 2년 동안 치료 끝에 뇌종양을 치유하였는데, 처음에는 고전 서적을 읽더니, 나중에는 철학과 수학 관련 서적을 읽고 나중에 장학금을 받기도 하였다. 또한 암에서도 완전히 회복되었다.

주의 : 화학요법을 받은 환자들에게는 관장을 줄여서 한다. 이런 환자들에게는 해독 작업을 천천히 조심스럽게 진행하여 한꺼번에 독성이 강한 화학치료 잔여물이 빠져나와 위험한 상황이 되지 않도록 해야 한다.

적정 용량과 횟수

화학치료를 받지 않고 심하게 쇠약해지지 않은 "정상적인" 환자들은 4시간마다 한 번씩(오전 6시, 10시, 오후2시, 6시, 10시) 관장을 하고, 동시에 처방대로 12~13잔의 주스를 마신다. 주스를 마시는 것은 필수 사항이다. 관장은 결장의 일부에만 미치지만, 관장 과정에서 장 속의 영양분도 함께 제거되므로, 미네랄이 풍부한 주스를 섭취하지 않으면, 전해질의 불균형이 초래된다. 일반적으로 한 번 관장을 한 후 3잔의 주스를 마시는 것이 가장 적당하다.

4시간마다 실시하는 관장 계획을 수정하여 더 자주 해야 할 때도 있다. 일시적으로 관장 횟수를 늘릴 경우에는 주스를 더 많이 섭취할 필요는 없다. 관장은 통증을 덜어 주는 훌륭한 방법이다. 만약 어떤 환자가 심한 통증을 호소한다면 4시간이 되기 전에 한번 더 관장을 해주어도 무방하다. 거슨 박사도 큰 종양이 파괴되어 체내에서 흡수되는 경우처럼 특수한 상황에서는 새벽 2~3시에 한번 더 관장을 하여 아침에 두통이나 반혼수상태를 느끼지 않도록 해주는 것이 좋다고 제안하고 있다. 어떤 환자는 통증, 가스, 기타 불편을 줄이기 위해 2시간마다 관장을 하기도 한다.

관장을 하는 것이 장의 정상적인 배변 활동을 방해하지 않는다는 점을 이해하는 것이 중요하다. 이 문제를 염려하는 환자들이 가끔 있는데, 이들의 불안은 근거가 없다. 간과 소화기관이 완전히 회복되면, 정상적인 배변활동이 이루어진다. 변비로 고생하던 사람들도 변을 쉽게 볼 수 있게 된다.

부작용

많은 환자들이 관장법을 별 어려움 없이 익히고, 가벼워지고 에너지가 솟는 기분을 좋아하게 된다. 어떤 환자들은 불편함을 호소하기도 한다.

관장을 하면 대충 다음과 같은 불편함을 느낀다.

　환자들 중에는 모르핀 등 진통제를 과다 사용하여 장 속에 숙변을 많이 담고 입원하는 이들이 있다. 진통제는 장의 연동운동을 저하시켜 심한 변비를 유발하게 된다. 그 결과 이 환자들은 1 쿼트(약 0.9리터)의 커피 용액 전부를 받아들일 수 없고, 장 속에 담고 있기도 쉽지 않다. 이런 환자에게는 받아들일 수 있는 양만큼 받아들여 몇 분이라도 장 속에 품고 있다가 배출하게 한다. 그리고 남은 커피 용액을 주입하여 같은 과정을 되풀이하게 한다. 가능한 12~15분 동안 커피를 장 속에 머무르게 하는 것이 좋다. 일반적으로, 2~3일이 지나면 장 속의 숙변이 제거되고 나면 별 어려움 없이 전체 커피 용액을 받아들여 장 속에 품을 수 있게 된다.

　일부 환자들은 장에 가스가 차서 커피가 직장으로 제대로 들어가지 않아서 불편을 호소하기도 한다. 이 경우에는 180~290㎖의 소량의 커피를 결장에 투입 후 통의 위치를 환자 몸과 같은 높이로 낮추어 커피가 다시 통으로 흘러나오게 한다. 이렇게 하면 가스가 나오면서 통에 "거품"이 일기도 한다. 다시 통을 들어 올려 가스를 제거한 후에는 관장을 하기가 훨씬 쉬워진다.

　커피 용액이 장 안으로 잘 흘러 들어 갈 수 있도록 오른쪽으로 누워서 관장을 하게 된다. 그러나 수술, 관절염, 종양으로 인하여 오른쪽으로 눕는 것이 고통스러울 수도 있다. 이런 경우에는 환자가 등을 대고 누워 두 다리를 위로 들어올린 상태에서 관장을 하여야 한다.

　직장이 심하게 쓰린 경우에는, 약 60~120㎖의 커피 농축액을 물대신 카모마일(국화과의 약용식물)차에 희석하여 사용할 수 있다. 카모마일 차가 결장을 진정시키는 동안 소량의 커피만으로도 간을 해독하는데 도움이 된다. 카모마일 차를 사용하는데 시간 제한은 없다. 환자가 설사를 심하게 할 경우에는 카모마일 차만 사용하여 관장을 하여도 아침에 기분이 좋고 저녁에 숙변이 제거된다.

카모마일 차를 만들려면, 28g정도의 말린 카모마일 꽃잎을 유리그릇에 넣고 0.5리터 가량의 끓는 물을 붓고 뚜껑을 덮어서 따뜻한 곳에 15분 가량 두어 우러나오게 한다. 걸러서 식힌 후 마개가 있는 병에 담아 최장 3일 동안 보관한다. 더 많은 양이 필요하면 앞서 말한 비율대로 양을 늘리면 된다. 카모마일는 거슨요법에서 관장 재료 혹은 차의 형태로 가장 많이 사용되는 허브 중의 하나이다.

가끔은 처음 2~3일 동안 아무 문제 없이 관장을 잘 하던 환자가 갑자기 28㎖ 정도의 소량의 커피용액만 결장 안으로 받아 들일 수 있는 경우도 있다. 이런 현상은 호전반응일 수도 있는데, 해결책은 주입 가능한 만큼 주입하여 배출 후 다시 남은 양을 주입하는 것이다. 커피 용액을 3차례 나누어 소량으로 주입하여도 별 문제가 되지 않는다. 호전반응은 16장 "치유반응"에서 자세히 다루고 있다. 간단히 말하면 호전반응은 지나치게 많은 담즙이 방출되어 장이 수용할 수 없는 수준에 이르게 되면 발생한다. 그렇게 되면 담즙이 흘러 넘쳐 위로 역류하게 된다. 위는 음식을 받아들여 소화시키기 위해 산성을 유지해야 하는데, 알카리성인 담즙이 흘러 들어오면 심한 불쾌감을 느끼게 된다. 위는 음식이나 음료를 받아들이지 못하고 환자는 구토를 하게 된다. 이런 호전반응은 독성이 있는 담즙을 배출하게 되어 그 자체로는 좋은 징후이다. 그러나 이 과정에서 위 점막이 흥분되므로 곧 바로 진정시켜 줄 필요가 있다. 박하차나 오트밀죽을 마시면 효과가 있다. (16장, "치유반응" 참조) 동시에 커피관장을 줄여서 담즙이 지나치게 방출되지 않도록 해주어야 한다. 다음 2~3일 동안은 메스꺼움과 구토가 없어질 때까지 하루 2회의 카모마일 관장과 1회의 커피관장을 해준다. 상태가 안정되면 정해진 일과대로 치료를 다시 시작하면 된다.

호전반응 동안 환자가 구토나 설사를 하게 되면 신체에서 수분이 빠져 나가므로 탈수를 막아야 한다. 한 가지 방법은 커피 대신에 더 많은 카모마일 관장을 사용하는 것이다. 또한 당근/사과 주스와 야채 주스를 직장에 주입할 수 있다. 보통의 **240g** 주스 1잔을 따뜻한 물에 담가서(스토브가 아닌) 체온 정도로 데운 후 직장으로 서서히 주입한다. 이것은 관장이 아니므로 환자는 액체가 흡수될 때까지 들고 있어야 한다. 침대에 가만히 누워 **10~15분** 정도면 전부 주입된다. 이런 방식으로 4시간마다 주스를 마시지 않고 직장으로 주입하여도 된다. 이 방식은 환자가 호전반응 동안 주스를 마시지 못하고 보기만하여도 역겨워할 때 효과적이다.

주의 : 오렌지 주스는 직장을 통해 주입하면 안된다.

또 다른 문제는 환자가 **0.9리터**의 정해진 커피용액을 받아들인 후 **12분**이 지나도 다시 배출할 수 없을 경우이다. 이런 일이 발생하면, 먼저 관장을 한 번 더하여 먼저 들어간 용액을 밀어내도록 하는 것이다. 그래도 되지 않으면 환자가 겁에 질리기 쉽게 된다. 이렇게 직장이 막히는 것은 직장의 경련으로 용액을 배출하지 못하게 되기 때문이다. 직장은 약 **5리터** 정도를 받아 들일 수 있으므로, 이런 현상은 위험하지 않다. 경련으로 문제가 발생하면 옆으로 누워 따뜻한 물이 든 병을 위에 대고 진정시켜 주어야 한다. 그래도 상황이 나아지지 않으면 소량의 피마자 기름(아주까리기름)을 직장에 바르면 일반적으로 직장이 이완되어 용액이 배출된다. 이런 상황이 다음 관장 때까지 더 계속된다면, **2 테이블 스푼**의 칼륨복합제를 관장액에 넣으면 된다. 이렇게 하면 경련이나 혈관의 뭉침을 해소할 수 있다.

주의 : 직장이나 결장이 자극되지 않도록 2~3일 이상은 이 방법을 사용하면 안된다.

정해진 관장 일과를 따르다 보면 환자들은 수년 동안 얼마나 많은 노폐물을 몸 속에 쌓아 두고 있었는지 깨닫게 된다. 신체가 스스로 정화되기 시작하면, 커피용액이 배출되면서 다양한 노폐물이 섞인 숙변을 함께 배출하게 된다. 이 가운데는 여러 종류의 기생충들도 포함되어 있다. 전문가들은 약 85%의 사람들이 기생충을 직장에 가지고 있으므로 쉽게 배출될 수 있게 되어 있다고 말한다. 그러므로 장에서 배출된 커피가 숙변을 제거한다는 사실은 놀랄 일이 아니라, 해독과 정화가 진행되고 있음을 증명하는 것이다.

피마자기름 처방

앞서 말한 대로, 중요한 역할을 하는 커피관장을 통해 간에서 나온 독성물질이 7미터 가량의 소장, 1.5미터 가량의 대장을 거쳐 항문으로 빠져나가는 데는 긴 시간이 걸린다. 노폐물이 이렇게 배출되면서 간에서 나온 일부 독성물질은 다시 장을 통해 흡수된다. 여러 해 동안 잘 못된 식습관으로 축적된 노폐물과 종양이 파괴되면서 생긴 독성물질을 체내에서 완전히 배출하는 데는 상당한 시간이 걸린다. 거슨요법을 시행하는 데는 시간이 중요한데, 특히 중환자들에게는 그렇다. 거슨 박사는 독성물질이 다시 장으로 흡수되는 것을 최소화하기 위하여 노폐물이 배출되는 과정을 신속하게 할 필요가 있다고 생각하였다. 관장이 도달하지 못하는 소장에 축적된 노폐물을 제거하고 배설을 신속하게 하여, 중환자를 치료하기 위해 거슨 박사는 피마자기름을 사용하였다.

피마자기름을 구강이나 관장으로 투입하여 장에서 노폐물의 배출을 촉진하게 한다. 환자는 새벽5시경 일어나 2 큰술의 피마자 기름을 넣고, 블랙커피 1/2 ~ 2/3컵에 반 스푼의 유기농 설탕을 섞어서 마신다.(당뇨환자는 설탕을 넣지 않는다.) 설탕이 들어간 커피에 거부감을 가지고 있는 사람들은 설탕이 위장의 연동운동을 돕고 저혈당을 막아 준다는 점을 이해할 필요가 있다. 아침 6시에 하는 관장과 아침식사는 일정대로 한다. 피마자기름을 구강으로 복용한 후 5시간 후에(오전10시경), 커피관장 대신 피마자기름 관장 한다.

    피마자기름 관장은 별도의 통을 이용하여 한다. 관장 통에 4 큰 술의 피마자기름을 넣는다. 1/4 티스푼의 소 담즙파우더를 넣고 잘 젓는다. 거슨요법에서 정한 커피관장으로 225㎖의 커피 농축물에 1리터의 물을 혼합하여 준비하여 체온과 같은 온도로 데운다. 부드러운 화장용 비누(세정제는 안 됨)를 커피에 담가 비누를 문지른다. 비누가 약간 풀린 관장 커피를 소 담즙 파우더와 섞인 피마자 기름과 섞는다. 가능한 용액에 기름기가 흐르게 잘 젓는다. 전기로 작동되는 젓는 도구를 사용해도 되지만, 이때는 관장을 하는 동안 기름 성분이 위로 떠오르게 된다. 환자들이 스스로 기름과 커피가 잘 섞이게 젓는 것이 쉽지 않으므로 보조자가 필요하다. 커피와 혼합된 피마자 기름이 모두 주입되면 잠시 동안 품고 있어야 한다. 그러나 이 과정은 쉽지 않아 곧 바로 용액이 흘러 나오기 쉽다. 그대로 나오면 다시 배출하여도 상관없다. 이 방법은 짧은 시간에도 관장효과를 보인다. 피마자기름 처방은 치료 초기 4~5개월 동안 이틀에 한 번씩 하며, 그 이후에는 천천히 횟수를 줄여서 실시 한다.

주의 : 화학요법을 받은 적이 있는 환자들에게 피마자기름을 사용해서는 안된다.

    피마자기름을 처방하면 반응이 환자마다 다양하게 나타난다. 대부분

환자들은 기름의 세척효과로 인하여 다소의 불편함을 느끼게 된다. 따라서 피마자기름을 섭취한 날에는 화장실 가까이에 있는 것이 좋다. 일부 환자들은 기름 냄새와 맛을 역겨워하기도 한다. 피마자기름을 마시기 전에 과일을 한 조각 먹거나, 마시고 난 후 바로 오렌지 한 입을 먹으면 불쾌한 느낌을 줄일 수 있다. 어떤 환자들은 오일을 구강 안쪽으로 곧 바로 넘기기 위해 커피 잔에 오일을 섞어서 빨대나 튜브를 사용하여 흡입한 후 곧 바로 커피를 마시기도 한다.

이 때가 거슨요법에서 환자들이 커피를 마시는 유일한 때이다. 커피를 마시는 것은 위장 근육을 자극하여 가능한 신속하게 기름이 밖으로 나오게 하기 위함이다. 그렇게 하면 기름이 위장에 있는 여러 시간 동안 불쾌감을 느끼지도 않고, 뒤 따르는 아침 식사와 주스를 즐길 수 있다. 어떤 환자들은 커피 대신에 박하차나 다른 허브를 사용해보기도 하였는데, 결과는 의심의 여지 없이 커피가 가장 효과적이므로 커피를 마시지 않는 사람도 커피를 마시는 것이 좋다.

장비 세척

거슨요법에 사용되는 기구들과 마찬가지로 관장통도 청결하게 관리하여야 한다. 기구들을 자외선 살균 처리할 필요는 없다. 사용 후, 통은 더운 비눗물로 씻고, 튜브에도 이 물을 통과시켜 깨끗이 씻고 비누가 남지 않도록 철저하게 헹구어야 한다. 1주일에 2~3회 정도 과산화수소를 구하여 3% 용액을 한 컵 정도를 통의 마개를 막고 넣어 하루 밤 동안 두어 세균과 불순물을 없앤 후 아침에 사용하기 전에 깨끗이 헹구어서 사용한다.

주의 : 플라스틱 튜브를 통에 연결된 상태로 보관하면, 느슨해지거나 떨어져 나가게 되어, 원하지 않은 커피 샤워를 하는 불상사를 당할 수도 있다. 연결 부위를 자주 점검하고, 필요하면 느슨한 부분을 2센티미터 가량 자르고 단단한 부분을 다시 연결하여도 된다. 통을 더운물로 씻을 때마다 연결된 튜브를 분리해 두면, 원래 모양으로 줄어 들어 있게 되어 느슨해져서 터지는 사고를 막을 수 있다. 피마자기름을 담는 통도 마찬가지 방법으로 깨끗하게 세척하여야 하는데, 더운 물과 비누를 좀 넉넉히 사용해야 기름 찌꺼기를 깔끔하게 제거할 수 있다. 마지막으로 통 안쪽을 종이타올로 닦아내면 된다.

참고자료

1. M. Gerson, A Cancer Therapy: Results of Fifty Cases and The Cure of Advanced Cancer by Diet Therapy: A Summary of Thirty Years of Clinical Experimentation, 6th ed.(San Diego, CA: Gerson Institute, 1999).
2. Peter Lechner, MD, "Dietary Regime to be Used in Oncological Postoperative Care," Proceedings of the Oesterreicher Gesellschaft fur Chirurgie(Jun. 21-23, 1984).

제 14 장
영양물 처방

 증상에 대응하는 약물을 처방하는 대중요법 중심의 현대의학에서, 일반적으로 "약물치료(medications)"라고 하면 말 그대로 약물(drug)을 의미한다. 급성 질환이나 응급 상황에서는 많은 약물들이 생명을 구하고 매우 귀중한 역할을 하지만, 만성 질환의 경우에는, 신체에 이질적인 인공합성 약물은 병의 근본 원인은 그대로 두고 증상을 억누르거나 완화시키는 것에 지나지 않는다. 약물의 투여는 부작용을 낳고 부작용을 다스리기 위해 더 많은 약물을 투여해야 하는 악순환의 고리에 빠지게 된다.
 거슨요법에 사용되는 약물은 전혀 다른 성질의 것들이다. 약이라기보다는 신체 시스템의 정상적인 기능을 위해 필요한 천연물질로 구성된 영양 보조물질이다. 천연 물질이기 때문에 신체에 해가 되는 부작용이 전혀 없다. 이 영양물들은 병든 신체가 정상으로 회복되기까지 결핍된 부분을 보충해주는 역할을 하게 된다. 이 물질들은 순수하므로, 정량을 사용해야 하는 타이로이드/요오드 보조물질을 제외하고는, 실수로 과용하거나 적게 복용하여도 전혀 해가 되지 않는다.

처방되는 영양물을 하나씩 자세히 살펴보기로 하자.

칼륨 혼합물

거슨 박사는 모든 만성 퇴행성 질환에서는 나트륨(sodium)이 세포에 침투되면서 칼륨이 결핍되어 조직에 손상이 일어난다는 점을 발견하였다. 대부분 선진국가에서의 일반적인 식단에는 너무 많은 소금(나트륨)이 포함되어 있어서 체내의 균형이 깨어지고 있다.[1] 이 문제를 해결하기 위해, 거슨 박사는 이미 칼륨이 풍부한 유기농 야채 식단에 많은 양의 칼륨을 첨가하여 처방 한 후, 환자의 몸에서 부종이 생기면서 과도한 나트륨이 배출되고, 혈압과 통증이 줄어드는 것을 관찰하였다.

칼륨 혼합물을 만들려면, 약 1ℓ의 정수된 물에 100g의 칼륨소금을 용해시킨 후 햇빛이 들지 않도록 투명하지 않은 유리병이나 검정 종이에 싸서 보관한다. 집중적인 치료에는 10잔의 과일/야채 주스에 칼륨 혼합액 4 티스푼을 첨가한다. 3~4주 후에는 칼륨의 양을 절반으로 줄인다.

심하게 아픈 환자들의 경우, 신체 각 기관에 정상적인 칼륨 함량을 공급하는데 여러 개월, 심지어 1~2년이 걸리기도 한다. 혈액 검사 결과 나타나는 혈중 칼륨(serum potassium)의 수치는 세포내의 칼륨 정도와는 무관하다. 낮은 혈중 칼륨 수치는 고갈된 조직이 칼륨을 재흡수하고 있다는 의미이므로 치유가 진행된다는 지표가 될 수 있다. 수치가 높으면 칼륨이 소실되고 있다고 볼 수 있다.

타이로이드 루골액

거슨 박사의 시대부터 대부분 암 환자들이 기본적인 신진대사의 저하로 고생한다는 것은 알려진 사실이었다.[2] 신진대사 저하는 주로 수돗물에 포함된 염소에 의해 생기며,[3] 불소에 의해 더 악화된다.[4] 두 가지 물질은 모두 갑상선에서 요오드를 제거하여 갑상선이 제 기능을 못하게 한다. 갑상선은 체온을 조절하여 신체의 신진대사를 조절하고, 모든 호르몬 체계의 적절한 기능과 면역체계에도 영향을 준다.

루골액 50% 농도의 형태로 타이로이드와 요오드를 환자에게 투여하면, 면역체계가 다시 활성화되고 치유가 시작된다. 환자의 신진대사 능력에 맞는 양을 복용하여야 하는데, 처음 3~4주 동안에는 보통 암 환자들은 5알의 타이로이드와 18 방울의 루골액(한 잔의 오렌지 주스와 5잔의 당근/사과 주스에 각 3방울씩)을 매일 복용하는 것으로 시작한다. 그 후에는 2알이나 2알 반의 타이로이드와 12방울의 루골액으로 줄이고 환자의 상황에 맞게 의사의 지시대로 따른다. 악성이 아닌 질환으로 고생하는 환자들은 소량의 타이로이드와 루골액을 이용한 치료를 하여도 무방하다.(19장 "악성이 아닌 질환의 치료" 참조)

나이아신(비타민 B_3)

나이아신은 니코틴산 혹은 비타민 B_3를 통상적으로 부르는 명칭인데, 단백질의 소화를 돕고, 모세혈관을 개방하여(신선한 주스를 마신 후) 신선한 산소를 공급 받은 혈액이 모든 신체조직에 공급되게 한다. 순환을 촉진시키므로 복부 부종과 통증을 줄이는 데도 효과적이다. 복용량은 한 번에 50mg짜리 한 알을 하루 6회 복용한다. 이렇게 복용하면 흔히 말하는 "나이아신 플러쉬" 현상이 나타나는데, 얼굴과 가슴 상부가 일시적으로 붉어지고, 약간 가려움을 느끼게 된다. 이런 현상은 전혀 해가 없고 금방 없어 진다.(플러쉬가 없는 나이아신은 효과가 없으니 바꾸지 않는 것이 좋다.) 여성들의 생리 중이나 어떤 형태로든 출혈이 있으면 복용을 중단해야 한다.

간 캡슐

심하게 중독되고 손상을 입은 암환자들의 간 기능을 개선하기 위해서는 최상의 영양공급과 치료가 필요하다. 거슨요법에서는 이 목적을 달성하기 위해 건강한 동물의 간을 지방을 제거하고 건조한 후 가루로 만들어 캡슐형태로 공급한다. 당근 주스와 함께 하루 3차례 매회 2 캡슐의 간 파우더를 복용하게 한다. 버지니아 리빙스턴 박사에 의하면,5 당근 주스와 간 파우더가 결합하면 종양조직을 공격하는 데 필수적인 아브시스산(酸)(식물의 생장 기능을 조절하는 호르몬으로 비타민A로 전환된다)을 만들어 낸다.

비타민 B_{12}와 생간 주사

이 주사는 일반적으로 비타민B_{12}가 부족한 간의 회복을 돕기 위한 보조수단으로 이용된다. 암 환자들은 대부분 빈혈상태이기 때문에 혈중 헤모글로빈 수치를 높이고 적혈구의 생성과 성장을 촉진하기 위해서 비타민 B_{12}를 보충해주어야 한다. 비타민 B_{12}는 여러 형태의 빈혈을 막아주고 척추(spinal cord)의 퇴행을 막아 준다. 동물 실험결과, 이 비타민은 노화, 만성질환, 수술, 퇴행성질환, 갖가지 형태의 중독으로 인한 조직의 손상을 회복시키는 효과가 있음이 밝혀 졌다. 소간의 내부근육추출물 3cc에 1cc의 20분의 1에 해당하는 **50mcg**의 비타민 B_{12}소량을 4개월 이상 매일 복용한다. 그 이후에는 이틀에 한 번 정도로 줄여도 된다. 1년 정도가 지난 후에는 1주일에 2회 가량만 복용하여도 된다.

판크레아틴(췌장효소)

판크레아틴은 췌장 소화효소를 추출하여 얻어진 것으로 지방, 단백질, 설탕을 분해하는데 필요하다. 거슨환자들은 지방, 단백질, 설탕을 섭취하지 않지만, 췌장에서 추출된 효소가 체내에 들어가면 종양조직을 분해하고 제거하는데 중요한 역할을 하게 된다. 복용량은 하루에 4회씩 **325mg**짜리 3알을 매회 복용하는데, 식후에 한 번씩과 오후 3~4시경 한 차례 더 복용하면 된다. 큰 종양을 제거하기 위해서는 하루 2~3알의 **1,200mg**짜리 판크레아틴을 추가 처방할 수 있다. 일부 환자는 판크레아틴을 받아들이지 못하기도 한다. 거슨 박사는 육종(sarcoma)환자에게는 판크레아틴을 처방하지 않았다

아시돌 펩신

 이 영양물질은 소화에 도움을 주는 위액을 공급해주는데 위산과 소화 펩신이 부족한 만성질환자들에게는 절대적으로 필요한 성분이다. 위액이 부족한 만성환자들은 식욕이 없고 소화력도 약하다. 거슨요법은 환자가 최상의 음식과 즙을 섭취하는 데 기초를 두고 있기 때문에, 음식의 섭취와 소화를 위해 위를 강화시켜줄 필요가 있다. 아시돌 펩신은 단백질의 소화를 돕고 철분의 흡수를 원활하게 해주며, 가스가 차서 복부가 팽창하는 것을 없애 준다. 하루 6알 복용하는데 매 식사 전 2알씩 복용하면 된다. 위산이 역류하거나, 위궤양 혹은 다른 위의 염증이나 과민상황에서는 아시돌을 섭취하면 안된다.

소 담즙 가루

 소의 담즙 분말은 피마자 기름과 커피관장에 사용되는 피마자기름에 윤기를 더하는데 도움을 준다. 분말을 피마자기름에 섞어서 저은 다음 약간의 비누가 들어간 커피를 혼합한다.

아마인유

식용가능한 아마인유는 필수지방산과 리놀린산이 풍부하며 요한나 부드빅 박사가 발견한 오메가3 군의 영양소를 많이 함유하고 있다.[6] 아마인유의 치료 효과는 다음과 같은 것을 들 수 있다.

- 세포막에서 산소를 흡수하여 세포에 산소를 공급한다.
- 지용성 독성을 분해하고 치아의 치태(프라그)를 제거해준다.
- 면역체계에 중요한 비타민 A를 운반하는 역할을 한다.
- 과도한 콜레스테롤을 줄여주는 데, 이는 치료 초기에 환자의 콜레스테롤 수치가 높아지기 쉬우므로 매우 중요한 기능이라 할 수 있다.

용량은 치료가 시작한 후 한 달 동안은 하루 2테이블스푼 복용하다가, 이후에는 하루 한 스푼으로 줄이면 된다.(대부분 다른 영양물 투여도 30일 이후에는 한 스푼으로 줄이게 된다.)

코엔자임 Q10

최근에 거슨요법에 포함된 코엔자임은 지금은 사용하지 않는 생간즙에 있던 영양분을 대체해주기 때문에 중요한 역할을 한다. 어떤 환자들은 이 영양물질에 매우 민감한 반응을 보이기 때문에 처음에는 매우 세심하게 처방이 되어져야 한다. 시작 단계에서는 하루 **50mg** 정도로 5일에서 7일 동안 투여하고, 그 다음에 하루 **100mg**, 환자가 수용 가능하면 **500~600mg**까지 처방 가능하다.

*참고자료

1. Freeman Widener Cope, Physiological Chemistry and Physics 10(5)(1978).
2. Kathy Page, "Hypothyroidism and Cancer," supplementary memorandum, UK Parliament Select Committee on Science and Technology(June 2000).
3. Joseph M. Price, Coronaries, cholesterol, chlorine(Salem, MA: Pyramid Books, 1971).
4. P. M. Galetti and G. Joyet, "Effect of fluorine on thyroidal iodine metabolism in hyperthyroidism," Journal of Clinical Endocrinology and Metabolism 18(10)(October 1958): 1102-10.
5. Personal communication from Dr. Livingston to Charlotte Gerson(February 1977).
6. Johanna Budwig, MD, Flax Oil As a True Aid Against Arthritis Heart Infarction Cancer and Other Diseases, 3d ed.(Ferndale, WA: Apple Publishing, December 1994).

제15장
약물 없이 통증 다스리기

거슨요법을 받으러 오는 많은 환자들이 모르핀, 코데인 등의 진통제를 달고 생활하는 사람들이다. 이 약물들은 독성이 매우 강하다.1 거슨요법의 기본적인 목표가 신체에서 독성을 제거하는 것이므로, 약물을 사용하지 않고 통증을 다스릴 수 있는 가능한 모든 방법을 찾아야 한다.

독성을 제거하는 가장 간단한 방법은 커피관장이다.(13장 "커피관장" 참조) 간에 축적된 독성물질을 제거하면 간은 체내에 축적된 더 많은 독성물질을 흡수하고 배출하게 해주어, 환자는 단 시간 내에 편안함을 느끼게 된다. 그러나 관장으로는 고통을 한꺼번에 없애주지 못하므로 아스피린, 이부프로펜, 타이레놀 등 진통제의 도움이 일시적으로 필요하다. 환자가 모르핀에 익숙해진 상태라면 이들 진통제는 효력이 없다. 이럴 경우, 거슨요법을 시행하는 의사들은 다음의 방법을 사용하게 된다:

- 피마자기름 팩
- 진흙 팩
- 인공발열요법

- 레이어트릴(살구와 복숭아씨에서 추출한 항암물질)
- 산소요법
- 점프하기
- 3종 처방(Triad)-아스피린 한 알, 비타민C 500mg, 나이아신 한 알(50mg)

다음 장에서는 이 방법들에 대해 자세히 설명하고자 한다

피마자기름 팩

따뜻한 피마자기름 팩은 간 주변을 포함한 신체의 모든 근육과 뼈의 통증, 경련 및 뒤틀림을 완화시켜주는데 도움이 된다. 이 팩은 또한 순환을 촉진하고, 근육을 이완시키고, 독성을 분산하는 효과가 빠르고 믿을 만하다. 피마자기름 팩을 준비하려면 하얀 모직 융(혹은 면 융)을 같은 크기로 통증 부위를 덮을 수 있게 자른다. 보통은 가로×세로 9×11인치 크기이다. 한 조각의 융을 평평한 바닥에 깔고 얇게 피마자기름을 바른다. 그 위에 두 번째 융을 덮고 피마자기름을 또 한 번 바른다. 그리고 세 번 째 융을 덮으면 세 겹의 샌드위치처럼 된다. 이 팩을 통증 부위에 붙이고, 좀 넓은 비닐을 씌워 침대시트나 잠옷이 더러워지지 않도록 한다. 마지막으로 따뜻한(뜨겁지 않은) 물 병을 팩 위에다 얹어 둔다. 이 방법이 신체의 전자기장에 방해가 되지 않으므로 전기로 데우는 패드보다 더 낫다.

병의 물이 차가워져 더운물로 교환해주면 12시간까지 효과가 지속된다. 일부 환자는 피마자기름 팩이 간의 치유활동을 활성화시키면서 약간의 불편함을 호소하기도 하였다. 이럴 경우에는, 팩을 제거하였다가 보관해 두었다가 다시 사용하면 된다. 어떤 환자들을 피마자기름 팩과 진흙 팩을 번갈아 사용해보니 효과가 탁월하였다고 보고 하고 있는데, 이 방법도 추천할 만하다.

진흙 팩

진흙 팩은 관절염과 물이 차서 생긴 통증을 진정시키는데 도움을 준다. 가장 좋은 진흙은 몬모릴로나이트인데, 이 광물성 점토는 피부 속의 독성도 흡수한다. 박하 차에 이 진흙을 타서 마시면 설사를 없애 주고 식중독에서 벗어날 수도 있다. 진흙 팩은 전 세계 곳곳에서 오랫동안 사용되었다. 심지어 머리에다 바르면 두통과 편두통을 완화시켜주기도 한다.

진흙 팩은 건조된 진흙 가루를 정수된 물에 섞어서 펴질 수 있게 적당히 끈적끈적한 패치 형태로 만든다. 약 **2~3mm** 두께의 진흙을 깨끗한 천에 골고루 펴서 통증 부위에 바르고 그 위에다 비닐이나 모직 천을 덮는다. 2~3시간 동안 환부에 두었다가 건조해지면 버리면 된다. 하루 2~3회까지 필요에 따라 사용할 수 있는데, 상처가 밖으로 드러난 경우에는 사용하지 않는다.

발열요법

환자가 통증, 특히 뼈의 통증으로 고통 받고 있거나, 예상되는 치유반응이 나타나지 않아 불편함을 호소한다면, 간단한 조치를 취하면 환자에게 도움이 될 수 있다. 그 가운데 하나가 따뜻한 물을 이용한 발열요법이다. 이 방법은 환자를 불소처리가 되지 않은 보통 목욕물보다 뜨거운 물에 턱까지 담그게 하는 것이다. 환자가 온도에 익숙해지면 더운물을 더 넣어 섭씨**39**도 혹은 그 보다 약간 높여도 무방하다. 이 요법의 목적은 순환을 촉진시켜 통증을 줄이고 환자의 체온을 높여 열이 나도록 하기 위함이다.

악성조직은 고온에 민감하여 열에 의해 괴사될 수 있다. 따라서 체온을 섭씨**39**도까지 높이면 진통에 상당한 도움이 된다. 열이 **40**도 이상으로 높아지는 경우는 아직 본적이 없다. **41**도를 넘지 않으면 신체에 아무런 피해가 없다. 간호사나 보조원이 항상 곁에서 수온을 점검하고 안전을 위해 욕조 곁에서 대기하는 것이 좋다. 땀으로 빠져나간 수분을 보충하기 위하여 허브 차를 마시게 하고 이마에 시원한 수건을 올려주면 좋다. 약 20분 동안 목욕을 하게 한 후 환자를 신속히 마른 타올로 닦아주고 따뜻한 침대에 눕혀 체온이 정상으로 돌아오도록 한다.

발열요법은 심장질환, 고혈압, 호흡기 질환 혹은 고령으로 심장이나 조직이 약한 환자들에게는 적절하지 않다. 불소 처리가 된 수돗물을 절대로 사용해서는 안된다.

발열 효과를 높이기 위해서 일부 암환자들에게는 목욕을 하기 15분 전에 레이어트릴을 정맥주사한다. 비타민 B_{17}로도 알려진 레이어트릴은 살구씨에서 추출되며, 시아닌 성분을 가지고 있지만 독성은 없다. 이 물질은 건강한 정상세포에는 해를 주지 않는다. 건강한 세포는 시아닌을 중화시키는 로다나아제(rhodanase)라는 효소를 가지고 있기 때문이다. 그러나 종양세포는 이 효소가 부족하므로 레이어트릴이 공격하여 종양을 없앨 수 있다. 실험결과 레이어트릴을 정맥 주사하게 되면, 종양의 온도가 1°까지 더 높아지는 것을 확인하였다. 발열요법으로 환자의 전체 체온이 높아지면, 종양을 공격하여 파괴하는 효과가 더 커진다.

산소요법

여분의 산소를 포함한 두 가지 화합물이 진통에 도움이 된다. 하나는 물에 수소 원자 하나가 추가로 단일 결합한 과산화수소(H_2O_2)이고, 다른 하나는 산소 분자(O_2)에 산소가 하나 더 추가된 오존(O_3)이다. 오존은 자극성이 있다고 알려져 있기는 하지만 적절하게 사용되면 진통과 치료에 강력한 도움이 된다. 오존치료의 효과는 다음과 같은 것을 들 수 있다.(이 때 말하는 오존은 산소 90%와 오존 10% 혼합물)

- 세균과 바이러스를 공격하여 죽인다.
- 종양조직을 공격하여 파괴한다.
- 혈액에 산소 공급을 증가시킨다.
- 독성이 있는 프리레디컬을 공격하여 신체가 이 프리레디컬을 배출하는 것을 촉진시킨다.

과산화수소는 손쉽게 저렴한 가격으로 약국이나 슈퍼마켓에서 구입이 가능하다. 보통 3% 수용액으로 시중에 나오는데, 이 농도가 피부에 바르기에 안전하기 때문이다. 1.8리터 정도를 목욕물에 타서 사용하기도 한다. 따뜻한 목욕을 한 후에 과산화수소를 피부에 문지르면 기공을 통해 혈관으로 흡수되기 때문에 더 효과적이다.

오존치료는 오존을 발생하는 기계를 필요로 하므로 시행하기 쉽지 않다. 이 기계는 사용법을 훈련 받은 사람만 작동할 수 있다. 목욕물에 오존을 혼합하는 기계도 있는데 비용이 비싸고 산소 탱크 등을 필요로 하기 때문에 가정에서 환자가 사용하도록 추천할 만 하지 않다.

점프하기

통증을 줄이기 위해 탄력이 있는 원형 점프대에서 가볍게 뛴다고 하면 이상하게 들리겠지만, 매우 효과적이다. 환자에게 점프대 위에서 심하게 뛰지 않고 제자리에서 걷듯이 발꿈치를 들어올리도록 분명한 주의를 주어야 한다. 이 동작은 하강시에는 무게감을 느끼게 하고 상승 시에는 잠시 동안 가벼워짐을 느끼게 한다.

이 동작은 임파선의 순환을 자극하고 촉진시켜 환자가 통증이나 혈관의 경직감을 극복하는데 도움을 준다. 점프대에서 가볍게 걷는 동작을 하루 5~6회 가량하며, 한 번에 30초를 초과하면 몸에 무리를 주게 되어 좋지 않다.

3종 처방

거슨 박사는 세가지 물질을 섞어서 많은 질병을 성공적으로 치료하였다. 환자의 몸에서 독소가 충분히 제거되고 나면, 이 세가지 정제를 함께 투여하면 한 종류만 투여할 때보다 더 강력한 효과를 보인다. 지금 우리 진료진이 3종처방(Triad)이라고 부르는 이 혼합물은 진통에 효과가 탁월하며 단잠을 자게 도와 준다. 아스피린 한 알에, 비타민 **C 500 mg**, 나이아신 **50 mg**으로 구성된 이 처방은 4시간마다 하루 5회까지 필요할 경우 투여가 가능하다.

※ **참고자료**

1. "Drugs and Chemicals of Concern: Summary of Medical Examiner Reports on Oxycodone-Related Deaths," U.S. Department of Justice, Drug Enforcement Administration, Office of Diversion Control(www.deadiversion.usdoj.gov/drugs_concern/oxycodone/oxycontin7.htm)

제 16 장
치유반응

　명현현상(flare-up)이라고도 하는 치유반응은 거슨요법에서 반드시 거치게 되는 중요한 부분이다. 치유반응은 오해하기 쉬운 과정이므로, 환자들이 치료를 시작하기 전에 치유반응의 성격과 기능을 정확하게 이해하고 있어야 한다. 치유반응은 여러가지 불쾌한 증상을 보이지만 치료가 시작되고 있음을 보여주는 증거이므로 환영하여야 할 현상이다.

　치료를 위해 반드시 거쳐야 하는 치유반응이 언제 어떻게 시작되는지 알아보기로 하자. 일반적으로, 전체 치료프로그램을 시작한 지 3~4일이 지나면 환자의 기분이 나아지고, 통증이 줄어 들고, 식욕이 좋아지며 외관상으로 종양이 줄어드는 것을 볼 수 있다. 환자들은 이런 긍정적인 변화에 매우 고무되게 마련이다. 이 때쯤 환자들에게 치유반응이 진행되고 있음을 상기시켜주고, 치유반응이 해독에 어떻게 도움이 되는지 잘 설명해주어야 한다. 제대로 준비를 하지 않아 갑작스런 상황에 직면하게 되면 당황하는 것은 것은 당연하다.

　신체가 암이나 다른 만성질환으로부터 치유가 되기 시작하면, 거슨 박사가 말한 "치유메카니즘"이 활성화되고 면역체계가 작동된다. 신체가 치유를 위해 염증을 일으키고 조직에서 독을 방출하게 되면 간은 많은 독성물질을 처리해야 하는 부담을 안게 된다. 이 과정에서 때로는 고열과 여러 차례의 우울증이나 공포감이 동반되기도 한다.

환자들은 또한 메스꺼움, 독성이 강한 설사, 식욕부진, 심지어는 야채즙과 음식에 혐오감을 가지게 된다. 평소보다 많은 가스가 생기고 간이 독성물질로 부담을 받게 되어 커피관장을 하는데도 어려움을 겪게 된다. 미리 알려주지 않으면 환자들이 자신의 상태가 악화되고 있다고 느끼는 것은 당연하다. 환자들은 마음이 약해지고 불안해지며 불편함을 호소하게 되며 가끔은 통증이 다시 찾아오기도 한다. 부작용 중의 하나라 할 수 있는 우울증에 걸려, 거슨요법 때문에 병이 악화되고 있다고 의심할 수도 있다. 그러나 거슨요법을 시행하는 의사나 의료진은 이 증상들이 치유반응이 진행되고 있음을 보여주는 것임을 잘 알고 있으므로 환자들을 안심시키고 공포심을 없애 줄 수 있다.

첫 번째 명현현상은 신체가 정상적인 치유를 진행할 만큼 회복되지 않은 상태에서 치료에 반응을 보이는 단계이므로 일반적으로 짧게 나타난다. 이 짧은 기간에도 신체는 상당한 치유효과를 보인다. 악성 조직을 공격하는 것은 물론이고, 오래된 상처나 골절, 응어리 진 상처와 불균형, 만성적인 고혈압이나 당뇨가 치유되기 시작한다. 신체는 선택적으로 치유되지 않으므로 이 모든 과정을 지연시키거나 멈추는 것은 불가능하다. 신체의 치유가 시작되면 생명을 위협하는 눈 앞의 질병뿐만 아니라 모든 손상을 한꺼번에 치유하게 된다. 거슨요법이 전체적 치료라는 말이 그런 연유에서 생겨난 것이다. 거슨요법을 하게 되면 암 환자들은 암과 함께 알레르기, 만성 편두통, 관절염, 근육섬유종 등 잠재된 질병까지 물리치게 된다.

환자들이 치유현상에 어떻게 반응하게 되는가? 이 질문에 대한 답은 대다수 환자들의 반응 사례를 바탕으로 일반화 할 수 밖에 없다. 개인마다 체질이 다르고 병력이 다양하므로 치유반응도 다르게 나타난다. 명현현상이 얼마 동안 지속되는지 알고 싶어하는 환자들에게도 마찬가지 이유에서 정확한 답을 하기 쉽지 않다. 대부분의 경우, 첫 번째 반응은 미미하게 나타나며 몇 시간에서 하루 이틀 정도 지속된다. 두 번째 반응은 길게 지속되며 정도가 강하게 나타난다. 주스와 영양물공급으로 영양소와 효소를 공급받은 신체에서 독성이 제거되고 면역체계가 강화되었기 때문에, 신체가 더 강력하게 대응할 수 있게 된다.

대부분의 경우, 두 번째 명현현상은 치료가 시작된 후 **6주**쯤에 나타난다. 세 번째는 치료 후 **3개월**에서 **3개월 반** 정도 지난 후에 가장 심하게 나타난다. 다시 한 번 강조하지만, 이 시점은 정확한 것이 아니라 경험한 환자들의 사례를 토대로 추정한 것이다. 화학치료를 앞서 받은 환자들은 다른 반응을 보인다.(제18장 참조)

명현현상으로 불편해하고 당황하는 환자들을 어떻게 도와주어야 할까? 치료를 멈추거나 커피관장과 주스 복용을 중단하게 되면 치료과정이 급격하게 지체된다. 환자들에게 명현현상의 불편함을 미리 자세히 알려주는 것이 최선이다.

메스꺼움

메스꺼움을 느끼면서도 환자가 주스를 마실 수 있으면 계속 마시게 하는 것이 좋다. 환자가 주스를 심하게 꺼리면 체온 정도로 살짝 데워서 관장 통에 부어 직장을 통해 주입할 수 있다. 이것은 관장이 아니므로 즙을 배출시킬 필요가 없다.

환자는 편안하게 침대에서 두 다리를 태아와 같은 자세로 끌어당기고 누워서 주스가 흡수되도록 한다. 일시적으로 주스를 마실 수 없는 환자들에게는 직장으로 주입하고(오렌지 즙은 안됨) 따뜻한 오트밀 죽과 많은 박하 차를 마시게 하여 위장을 진정시키고, 주스가 제공하는 것과 같은 필요한 성분을 제공해주어야 한다.

오트밀 죽을 만들려면 **28g**의 오트(귀리)와 **150㎖**의 물을 섞어 끓인다. **10~15분간** 끓인 후 고체성분을 걸러낸다. 차 여과기를 이용하여 가능한 오트를 걸러내고 물보다 조금 걸쭉한 상태의 액체를 뽑아내어 식기 전에 마신다.

치유반응으로 인하여 주스에 민감한 환자들에게는 **60㎖**의 죽을 유리잔에 넣고 그 위에 **180㎖**의 주스를 얹어서 마시게 한다. 박하 차는 메스꺼움을 줄여주고, 소화불량이나 가스를 없애는데 도움이 된다. 박하(페퍼박하와 스페어박하 두 종류가 있다)는 정원에서도 쉽게 기를 수 있고 번식력이 강해 쉽게 퍼져나간다. 큰 스푼으로 가득 한 스푼이면 한 잔의 차를 만들 수 있다. 끓는 물을 부은 후 **12~15분** 동안 우려낸 다음 걸러낸다. 티백의 경우에는 반드시 유기농 제품을 이용하여야 한다. 티백 하나면 두 잔의 차를 충분히 만들 수 있다. 마른 잎으로 된 박하를 이용할 경우에는, 주전자에 한 스푼의 잎을 넣고 증류된 물 2컵을 부어 위와 같은 과정을 거치면 된다.

박하 차를 보온병에 담아 환자의 침대 곁 테이블 위에 두고 취침 중 목이 마르면 마시게 하는 것도 좋은 방법이다.

통증

피마자기름 팩이나 진흙 팩을 부분적으로 이용할 수 있다.(제15장, 약물없이 통증 다스리기 참조) 환자는 통증을 느끼고 약해지게 되는데, 이때는 침대에서 휴식을 취하는 것이 최선이다. 환자가 치료를 받기 전에 모르핀을 심하게 투여한 경우가 아니면 아스피린 한 알, 비타민C **500mg**

한 알과 나이아신 **50mg**을 한꺼번에 하루 **4~5**차례 복용하면 통증을 줄일 수 있다. 앞서 많은 모르핀이나 진통제를 복용한 환자라면, 이 **3**종 진통제(triad)가 체내에서 약물의 독성을 제거하고 효과를 나타내는 데는 시간이 걸린다. 계속 시도하다 보면, 반드시 효과가 나타나게 된다.

우울증

거슨 박사는 환자들이 명현현상 동안 일시적으로 우울해지고, 희망을 잃고, 눈물로 보내기도 한다는 점을 잘 알고 있었다.[1] 이런 감정적인 동요는 체내에서 진행되는 해독과정과 동시에 진행된다: 신체와 마음은 불가분의 관계이다.(24장, "거슨 요법을 받는 환자들을 위한 심리적 지원" 참조)

관장을 평소보다 자주 해주면 치유반응으로 인한 불안정한 상태를 줄일 수 있다. 심하면 아무런 이유도 없이 간병인과 싸우는 환자도 있다. 체내 아드레날린의 분비가 촉진되는 과정에서 공격적인 반응이 나타나므로, 환자의 기분을 좋게 해주면 별로 놀랄 일은 아니다. 보살펴 주는 사람은 뜻밖의 환자의 공격적인 말이나 비난에 상처를 입을 필요가 전혀 없다. 환자는 이런 감정의 동요를 통제할 수 없으며, 시간이 지나면 뉘우치게 된다. 다시 말하지만, 커피관장을 하면 우울증을 줄일 수 있다. 이런 치유반응은 심리적인 치유과정이라 할 수 있다. 일단 치유반응이 끝나면, 환자는 낙천적으로 되고 치유에 대한 희망을 가지게 된다.

커피관장의 어려움

13장, "커피관장"을 참조

고열

고열이 나는 것은 면역체계가 반응하고 있다는 환영할 만한 표시이다. 열이 나기 시작하면 신체의 면역체계는 악성조직을 공격하게 된다. 아스피린이나 다른 약물로 열을 내리려고 해서는 안 된다. 환자를 편안하게 해주고 이마에 얼음이 아닌 시원한 물에 담근 수건을 올려서 시원하게 해준다. 30년 동안 단 한 차례도 체온이 뇌나 간에 손상을 줄 정도(41°C 이상) 올라가는 것을 본 적이 없다. 우리가 본 최고 온도는 40.3°C였는데, 이 정도는 불편하기는 하지만 결코 심각하지는 않다. 몸이 알아서 조절하는 능력이 있으므로 치료가 진행되면, 열이 인위적으로 발생하지 않으며, 몸은 스스로를 죽일 만큼 치유활동을 하지 않는다.

요약

위에 제시한 방법들은 회복되는 환자들이 경험하는 일반적인 증상들을 완화시키는 것이다. 그러나, 치유반응은 매우 다양한 형태로 나타난다.

〈사례〉

널리 유행하던 흑색종(melanoma)에 걸렸다가 빠른 속도로 회복되며 종양조직이 사라지고 있던 한 여인이 있었다. 어느 날, 이 환자의 아들이 병원에 전화를 걸었다. "어젯밤, 어머니가 집 주위를 정신 없는 사람처럼 혼자 이상한 소리를 중얼거리며 다녀서 침대에 모셔다 눕혀 드렸어요. 그런데, 아침이 되어도 일어나지 않으셔서 근처 병원 응급실로 데려 갔더니, 의사가 말하기를 흑색종이 뇌에까지 퍼져서 엄마가 죽어가고 있다는 겁니다. 어떻게 해야 하죠?"

거슨요법을 담당하던 의사는 아들에게 즉시 어머니를 병원에서 퇴원시켜 집으로 데려가서 매 두 시간마다 커핀 관장을 하도록 강하게 요청하였다. 그 환자는 종양조직과 독성물질을 배출하는 것보다 더 빠른 속도로 흡수하고 있었다. 독성물질들이 몸 속을 돌아다니다가 뇌에 까지 이르게 된 것이다. 그런데도 관장을 늘리기보다 침대에 눕혀만 두었던 것이다. 밤 사이 더 많은 종양조직이 체내로 흡수되어 아침쯤에는 환자가 거의 반 혼수상태가 되고 말았다. 매 두 시간마다 커피관장을 한 후 문제는 해결되었고 환자는 회복되었다.

또 다른 환자는 턱에 생긴 종양으로 입 천장을 수술하여 제거하였는데, 암이 폐에 까지 전이 되어 고통 받고 있었다. 거슨요법을 시행한 지 약 5일 후에 오른쪽 다리에 심한 통증을 느끼기 시작하였다. 당연히, 다른 암 환자들처럼 이 환자도 거슨요법 때문에 암이 퍼져나갔다고 생각하였다. 그런데, 다리를 X레이에 찍어보니 정강이에 있던 오래된 상처가 사라지고 있는 것으로 나타났다. 종양도 없었다. 몇 일 후에 이 환자의 다리는 완전히 치유 되었다.

2차 대전 중에 말라리아를 앓았던 경력이 있는 흑색종 환자도 흥미로운 경우였다. 말라리아 치료를 위해 퀴닌(quinine)과 아타브린(atabrine)을 수년간 복용하다가 멈추었다. 그후 1년 에 2회 정도 말라리아에 걸렸다. 어느 해에 또 말라리아가 찾아오고 있음을 느꼈는데, 흔히 나타나던 발열과 오한이 느껴지지 않았다. 그 후 얼마 지나지 않아 이 환자는 종양이 발견되었는데 수술 결과 흑색종으로 밝혀졌다. 몇 개월 후 다른 종양이 나타나자 이 환자는 거슨병원을 찾아왔다. * 퀴닌(quinine)과 아타브린(atabrine)-말라리아 치료약

몇일 지난 후 그는 전형적인 말라리아 증상인 오한과 발열을 경험하였다. 말라리아 기생충이 몸 속에 있었는데 면역체계가 작동하지 않아 발열현상이 그 동안에는 없었던 것이다. 거슨요법을 시행하자 면역체계가 다시 작동되면서 말라리아가 공격하면 체온이 40.2°C까지 올랐다. 아침

쯤에는 열이 내렸지만, 다음 날에도 오한과 발열은 계속되었다. 거슨요법을 담당한 의사들은 열을 내리려고 하지 않고, 환자가 편안하도록 하였다. 둘째 날 아침에는 새로 생긴 종양이 80% 정도 줄어들어 거의 형체를 알아볼 수 없었다. 환자는 그 후로 흑색종이 재발되지 않았다.

흑색종이 전이된 한 여성 환자가 초기 2형 당뇨와 오른손의 모양이 바뀌는 관절염을 합병증으로 가지고 거슨병원을 찾아 왔다. 3주가 지나자 혈액과 소변 검사 결과 당뇨 증상은 없었고 통증과 함께 휘어져 있던 손가락도 통증이 사라지고 점점 바른 모양을 되찾기 시작하였다. 집으로 돌아간 지 2~3개월이 지난 후 어느 날 밤 오른 쪽 복부에 찢어지는 듯한 통증을 느끼며 깨었다. 복부가 진홍색으로 변하여 열이 나고 있었다. 첫 번째의 공포스런 통증이 있은 후, 그녀는 증상이 35년 전 맹장절제 후 생긴 자국 주위에만 나타나고 있음을 알게 되었다. 곧 증상들이 사라지고 보일 듯 말듯한 작은 상처만 남게 되었다.

위에 언급한 사례는 무작위로 선택한 몇몇에 불과하다. 거의 모든 환자들이 치유반응 과정에서 잠재된 오랜 질병을 치유하였다는 점을 유념할 필요가 있다.(가령, 오래된 폐렴이 가슴 통증과 무기력을 유발하고, 치료가 된 골절이 다시 통증을 보이기도 하다가 사라지고, 동맥과 정맥 속에서 일시적으로 높아진 콜레스테롤이 분해되어 사라지기도 한다.) 이런 현상은 불과 몇 일 동안 나타나다가 사라지며, 환자의 상태는 전 보다 훨씬 나아진다. 그러나 이런 호전반응이 너무 길게 지속되면 혈액과 소변 검사를 통해 치유반응이 아니라 감염이 생기지는 않았는지 자세하게 검사를 해보아야 한다. 환자들이 미네랄 불균형을 겪는 경우도 있는데, 이 때는 혈중 영양분의 균형을 바로 잡아 주기 위해 미네랄을 정맥주사 해주어야 한다.

*참고자료

1. M. Gerson, A Cancer Therapy: Results of Fifty Cases and The Cure of Advanced Cancer by Diet Therapy: A Summary of Thirty Years of Clinical Experimentation, 6th ed.(San Diego, CA: Gerson Institute, 1999), pp. 201~202.

제17장
전체 치료과정

    심하게 허약하거나 화학요법을 받지 않은 일반 환자들을 위한 전체 치료과정을 기술해두었다. 표 17-1의 매 시간 별 일정은 치료 시작 후 3~4주 동안 적용된다. 그 뒤의 완화된 일정은 표 17-2의 연간 일정표를 참조하기 바란다.

표 17-1에 대한 설명

- 영양물의 투여에 관한 부분은 14장 "영양물 처방"을 참조하기 바란다. 수정된 부분은 전문가의 지시대로 따라야 한다.
- 빈 일정표를 따로 만들어 영양물 투여, 관장 횟수, B_{12}와 간 주사의 횟수가 수정되면 다시 조정하여 적으면 된다.
- 피마자 기름 관장은 이틀에 한 번 혹은 담당의사의 지시에 따라 시행한다.
- 전체 치료를 진행하는 방법에 대한 안내는 9장 "거슨요법에 알맞은 주방도구"와 13장 "커피관장"에 잘 나와 있으니 주의 깊게 읽어 주기 바란다.

■ 표17-1 전형적인 암환자의 시간대별 치료계획

	관장	식사	아마인유 (큰술)	아사돌펠신	주스 (8온스)	포타슘 복합제	루골액 1/2 농도 (방울)	타이로이드 (g)	나이아신	간캡슐	췌액소 (1알 =0.325g)	생간(3cc)+V B12(1/20cc)
오전6:00	커피											
오전8:00		조식		2캡슐	오렌지	4 티스푼	3	1	50 mg		3알	
오전9:00					녹즙	4 티스푼	3					
오전9:30					당근/사과	4 티스푼	3					
오전10:00	커피				당근/사과	4 티스푼	3	1	50 mg			
오전11:00					당근					2알		
오후12:00		점심	1	2캡슐	당근/사과	4 티스푼	3	1	50 mg		3알	
오후1:00	커피				녹즙	4 티스푼	3					
오후2:00					당근	4 티스푼	3			2알		
오후3:00	커피				당근/사과	4 티스푼	3					
오후4:00					당근					2알		
오후5:00					당근/사과	4 티스푼	3	1	50 mg		3알	
오후6:00	커피				녹즙	4 티스푼	3					
오후7:00		저녁	1	2캡슐	당근/사과	4 티스푼	3	1	50 mg		3알	
오후10:00	커피											

표 17-2에 대한 설명

환자의 검사 결과에 따라 타이로이드 처방은 줄이거나 늘릴 수 있다.

■ 표 17-2 전형적인 암 환자의 연간 치료일정

치료기간	주스	식사/아마인유	아시돌필신 캡슐	포타슘 복합제 (티스푼)	타이로이드	루골액 (1/2농도)	나이아신	췌액소	간즙과 B12주사	커피 관장	피마자 관장
2~3주	오렌지 1, 사과당근 5, 주스 4, 당근 3	정상/아마인유 2 큰숟추가	3×2	10×2	5×1	6×3	8×1	4×3	하루 1회	4시간마다	이틀 1회
3주	위와 동일	정상/아마인유 1 큰숟추가	3×2	10×2	3×1/2	6×1	6×1	4×2	하루 1회	4시간마다	이틀 1회
5주	위와 동일	위와 동일	3×2	8×2	2×1/2	6×1	6×1	4×2	하루 1회	4시간마다	이틀 1회
4주	위와 동일	요구르트 87㎖	3×2	8×2	3×1/2	6×1	6×1	4×2	하루 1회	4시간마다	이틀 1회
5주	위와 동일	요구르트 170㎖	3×2	8×2	3×1/2	6×1	6×1	4×2	하루 1회	4시간마다	주 2회
4주	위와 동일	요구르트 230㎖	3×2	8×2	3×1/2	6×1	6×1	4×2	하루 1회	하루 3회	주 2회
6주	위와 동일	위와 동일	3×2	8×2	2×1/2	6×1	6×1	4×2	이틀 1회	하루 2회	주 1회
6주	위와 동일	위와 동일	3×2	6×2	2×1/2	6×1	4×1	4×2	주 2회	하루 2회	
6주	위와 동일	위와 동일	3×2	8×2	2×1/2	4×1	4×1	4×2	주 2회	하루 2회	
9주	위와 동일	위와 동일	3×2	8×2	2×1/2	4×1	4×1	4×2	주 2회	하루 2회	
9주	위와 동일	위와 동일	3×2	8×2	2×1/2		4×1	4×2	주 1회	하루 1회	
7주	위와 동일	위와 동일	3×2	8×2	2×1/2	5×1	4×1	4×2	주 1회	하루 1회	

제 18 장
화학치료를 받은 환자나 허약한 환자에 대한 거슨요법 적용

주의 : 이 두 부류의 환자들에게 공통적으로 아래 수정내용들이 적용된다.

거슨 박사가 활동하던 시기에는 화학요법 약물들이 이제 막 생겨나기 시작하고 있었고, 그 효과에 대해서도 알려진 바가 거의 없었다. 그런 이유로 거슨 박사의 명저인 <암 식사요법: 50사례의 임상 결과 A Cancer Therapy: Results of Fifty Cases>에는 화학요법에 대한 언급이 없다.[1]

독성이 강한 약물을 암환자에게 투여하면 악성 암세포는 죽고 건강한 세포는 회복된다는 이론에 근거하여 화학요법을 대대적으로 실시한 것은 거슨 박사가 사망한 후 몇 년이 지난 후부터였다. 지금은 세계 곳곳에서 보편적으로 사용되고 있다. 다른 치료의 보조 치료수단으로 사용되기도 하고, 수술을 하기 전에 종양을 줄어 들게 하기 위해 화학요법을 사용하기도 하는데, 말기 암 환자들에게는 더 자주 사용하고 있다. 의사들에게 정직하게 물어 보면, 많은 의사들이 화학요법이 불과 몇 개월 수명을 연장해주는 것일 뿐 "치유"를 약속해주지 못한다는 점을 시인한다.

여기에서 랄프 모스를 포함한 많은 학자들에 의해 광범위하게 논의된 화학요법의 장단점에 대해 논하고자 하는 것은 아니다.(제20장 "기억해야 할 것들"을 참조)[2] 우리의 주된 관심사는 이미 독성 화학약물로 치료를 받은 경험이 있는 환자의 치료에 적합한 치료프로그램을 만들어 내는 것이다.

거슨 박사가 사망한지 18년 후, 멕시코 거슨병원에서 첫 치료를 시작했을 때, 의사들은 화학치료를 받은 환자들을 받아들이는데 망설였다. 그들이 지침으로 삼은 <암 식사요법: 50사례의 임상 결과 A Cancer Therapy: Results of Fifty Cases>[3]에는 화학요법에 대한 언급이 전혀 없었기 때문이다. 시간이 지나 화학요법에 대해 이해를 하게 되면서, 그 장점을 알게 된 후 두 명의 화학요법을 받은 환자의 간청을 조심스럽게 받아들였다. 당시, 매우 독성이 강한 화학약품으로 인한 신체의 손상이 더해졌음을 알게 된 의사들은 이 환자들에게서 체내에 축적된 독성을 제거하기 위해 정해진 해독처리를 해야 한다고 생각하였다.

이를 위해 의사들은 피마자 기름 처방을 포함한 엄격하고 집중적인 치료 프로그램을 적용하였는데, 피마자 기름이 독을 너무 빨리 제거하여 혈액 속으로 보내면서 환자들의 혈액 속에 화학약물이 많아져서 오히려 고통스러워 하는 것을 보고 충격을 받았다. 응급실로 실려간 두 환자는 다행스럽게 생명을 건졌다. 이런 일이 있은 후부터 의사들은 화학요법을 받은 환자들에게는 피마자기름을 쓰는 대신에 간에 심한 부담을 주지 않고 독성물질이 너무 빨리 배출되지 않도록 하기 위해 다소 간소화된 처방프로그램을 적용하기 시작하였다.

그 이후 우리는 화학치료를 받은 환자들이 장기적으로 만족스러운 회복을 하며 서서히 결과가 나타나는 것을 보아왔다. 인공화학물이 체내에 쌓여 독성이 강해지므로 치료의 결과를 확실하게 장담할 수도 없다.(27장 "치료된 환자사례"에서 화학치료를 받다가 실패하여 퇴원 후 거슨요법으로 회복된 환자들 이야기를 참조)

화학치료를 받고 온 환자들도 치유반응을 보인다.(16장. "치유반응" 참조) 첫 몇 개월 동안은 환자마다 치유반응을 다르게 나타낸다. 화학물질이 체내에 없는 환자들과 달리, 대부분 화학요법 경험 환자들은 치료를 받은 후 6개월 후에 치유반응이 나타나기 시작한다. 화학치료를 받은 환자들은 체내 기관과 조직에 축적되었던 독성물질을 방출해내면서 화학치료를 받을 때와 비슷한 고통을 겪기도 한다. 보통 화학치료보다 고통의 정도는 약하다. 머리카락 빠짐, 메스꺼움, 입안 통증, 적혈구나 백혈구 감소, 무기력함이나 검사결과 수치가 좋지 못하는 등의 증상을 보인다. 어떤 환자들 피부를 통해 방출되는 화학물질의 냄새를 느끼기도 한다. 가끔 관장을 하면 화학물질 냄새가 나기도 한다. 6개월째 나타나는 이런 화학반응이 약 3주간 지속된 후 환자의 증상은 상당히 호전되기 시작한다. 화학치료로 인한 증상이 없어지고, 혈구의 수치가 증가하고, 종양은 위축되기 시작하고, 머리가 다시 자라고 활력을 되찾기 시작한다.

화학독성물질을 제거하는 이 과정이 끝나면, 중요한 치료과정인 피마자기름 처방이 추가된다. 환자는 피마자기름 관장 하나만을 우선 시작하게 된다. 보통 사용하는 양보다 적은 2티스푼을 2~3주 동안 매주 2회 정도 커피관장에 추가한다.(13장. "커피관장" 참조) 환자에게서 특별한 반응이 나타나지 않으면, 그 다음 3주 동안에는 4 티스푼 정도로 양을 늘린다. 이렇게 늘린 양도 무리 없이 받아들이면, 피마자 기름 한 티스푼을 직접 입으로 먹고 데운 커피를 한잔 마신다. 5시간이 지난 후 피마자기름 관장하는 것을 매주 2회씩 한다. 그 후에는 환자의 상태에 따라 점차 피마자 기름의 양과 커피관장의 횟수를 늘려나가면서 최종적으로 정상적인 피마자기름 관장을 받게 하고 전체치료 프로그램도 일반환자들과 같은 수준으로 적용한다.

표 **18-1**는 화학치료를 받은 환자들이나 심하게 손상된 환자들을 위해 수정된 치료법을 상세하게 보여 주고 있다.

표 **18-1**에 대한 주의사항
- 빈 일정표를 준비해두었다가 나중에 처방이나 관장과 B_{12}주사 횟수 등이 바뀌면 수정하여 채워 넣는다.
- 추가 지시가 있기 전에는 피마자기름 처방을 하지 않는다.
- 주스, 관장, 영양물 투여 횟수등에 관한 정확한 처방은 거슨요법을 훈련 받은 전문가만 수정할 수 있다.

■ 표 18-1 체력이 허약해진 환자와 화학요법을 받은 환자들을 위한 시간별 일정

시간	관장	식사	아마인유(큰술)	야사툴 멥신	주스(230㎖)	포타슘 복합제	루골액(1/2 농도)	타이로이드(g)	나이아신	간캡슐	췌액소(1알=0.325g)	생간+V B₁₂
오전8:00		조식		2캡슐	오렌지	2 티스푼	1방울	1	50 mg	2	3	
오전9:00	커피				녹즙	2 티스푼						
오전10:00					당근/사과	2 티스푼	1방울		50 mg			
오전11:00					당근	2 티스푼				2		매일 1회
오후12:00		점심	1	2캡슐	녹즙	2 티스푼	1방울	1	50 mg		3	
오후1:00	커피				당근/사과	2 티스푼						
오후2:00					녹즙	2 티스푼			50 mg			
오후5:00					당근/사과	2 티스푼	1방울		50 mg		3	
오후6:00	커피				녹즙	2 티스푼						
오후7:00		저녁	1	2캡슐	당근/사과	2 티스푼	1방울	1	50 mg	2	3	

이해하기 쉽도록 일정에 포함된 영양물을 아래에 정리해본다.

- 주스는 종류별로 225㎖짜리 10잔, 심한 손상을 입은 환자는 8잔 혹은 120㎖온스 짜리를 10잔 마신다. 소화를 쉽게 하기 위해 60㎖ 정도의 잘 갈아 만든 오트밀죽을 주스와 함께 먹으면 좋다.(16장, "치유반응"참조)
- 칼륨복합제 18 큰 스푼(9잔에 2 큰 스푼씩)
- 타이로이드 -한알 반~ 3알
- 루골액 5방울(1/2 농도)
- 50mg의 나이아신 5알(출혈이 있을 경우는 제외)
- 아시돌펩신 6캡슐
- 간 파우더 6캡슐
- 췌액소 12알
- 간추출물 3cc와 B12 50mcg-매일 1회 정맥주사
- 커피관장 3회
- 200~600mg 코엔자임큐10-처음에는 50mg짜리 하루에 한알 복용

식사는 변동이 없으며, 유기농 아마인유 2테이블 스푼을 매일 1개월 동안 복용하다가, 그 이후에는 하루 1테이블 스푼씩을 먹는다.

*참고자료

1. M. Gerson, A Cancer Therapy: Results of Fifty Cases and The Cure of Advanced Cancer by Diet Therapy: A Summary of Thirty Years of Clinical Experimentation, 6th ed.(San Diego, CA: Gerson Institute, 1999).
2. Ralph W. Moss, The Cancer Industry: Unraveling the Politics(revised edition of the original The Cancer Syndrome)(New York: Paragon House, 1989).
3. Note 1(Gerson), supra.

제19장
악성이 아닌 질환의 치료

 오랜 임상경험을 통하여 거슨 박사는 악성이 아닌 질환(nonmalignant disease)을 가진 환자는 간이 아프거나 손상된 반면, 악성질환을 가진 환자는 간이 독으로 중독되어 있다는 결론을 내리게 되었다. 이런 차이게 근거하여, 환자에 맞게 치료법을 조절하여 악성이 아닌 질환을 가진 환자에게는 강도가 낮은 처방을 하였다. 동시에 악성 질환자들도 완전한 치료프로그램과 유사한 엄격한 프로그램을 시행하면 신속하게 회복된다고 명시하고 있다.

 악성이 아닌 환자들을 위한 치료법은 손쉽게 따를 수 있고 환자가 일을 하면서도 시행할 수 있다. 대부분 사람들이 장기간 일을 비울 수 없고 노동의 대가에 의존하여 살아가기 때문에 이 방법은 상당한 장점이 있다. 표 19는 악성이 아닌 질환을 앓고 있는 환자들을 위한 전형적인 시간대별 일정표이다.

 환자의 상태에 따라 주스 마시는 횟수를 10회나 8회 정도로 줄여도 된다. 주스는 사과와 당근 주스를 4회, 녹즙 3회, 오렌지 주스 1회 정도가 알맞다. 8회 이하로 줄이면 효과가 없다. 콜라겐 질환에 해당하는 루프스,

류머티스관절염, 피부경화증을 가진 환자들은 오렌지 주스를 마시면 안 된다. 신선하게 압착해서 짠 사과 주스, 당근 주스 혹은 주스를 대신 마시는 것이 좋다. 음식 섭취, 커피관장, 독성물질을 피하려는 세심한 주의를 기울이는 것은 당연히 필요하다.

일을 하기위해 일상으로 돌아갈 경우에 따를 수 있는 자세한 처방은 **20**장, "잊지말아야 할 사항"의 "가족의 도움"을 참조하기 바란다.

■ 표 19-1 악성이 아닌 환자들을 위한 시간별 일정

	관장	식사	아마인유 (큰술)	아시돌필신	주스 (8온스)	칼륨 복합제	루골액 (1/2 농도)	타이로이드 (g)	나이아신 (mg)	간캡슐	판크레아틴 (췌액소)	생간 +V B$_{12}$
오전 8:00		조식		2캡슐	오렌지	2 티스푼	1	1	50 mg	2	3	
오전 9:00	커피				녹즙	2 티스푼						
오전 10:00					당근/사과				50 mg			
오전 11:00					당근	2 티스푼				2		2일 1회
오후 12:00					녹즙							
오후 1:00		점심	1	2캡슐	당근/사과	2 티스푼	1	1	50 mg		3	
오후 2:00	커피				녹즙	2 티스푼						
오후 5:00					당근/사과	2 티스푼			50 mg		3	
오후 6:00	커피				녹즙	2 티스푼						
오후 7:00		저녁	1	2캡슐	당근/사과	2 티스푼	1		50 mg	2	3	

빈 일정표를 준비해 두었다가 처방이나 관장과 B12 주사 횟수 등이 바뀌면 수정하여 채워 넣으면 된다.

제19장 악성이 아닌 질환의 치료

제20장
잊지말아야 할 사항

 이 장에서는 건강을 보호하고 증진시키기 위한 노력에 도움이 되는 여러 가지 사항들을 살펴볼 것이다. 지식은 힘이다. 그리고 소위 "전문가 환자"라 불리는 이들이 전 세계적으로 많아 지는 것은 점점 더 많은 사람들이 건강과 웰빙에 기꺼이 책임을 지고자 한다는 확실한 증거이다. 여러분이 그 중 한 사람이라는 것은 의심할 여지가 없다. 우리는 다음의 정보가 여러분들에게 도움이 되기를 바란다.

전통적인 암치료법

 공격적이지 않고 독성이 없는 전체적인 암 치료법인 거슨요법과 달리, 전통적인 암치료는 수술, 방사선, 화학 치료의 세가지 방법을 동원하여 종양을 제거하거나 파괴하는데 집중하고 있다. 이 세가지 치료법에 대하여 간단히 요약하면 다음과 같다.

수술

 암을 앓고 있는 많은 환자들이 거슨요법으로 수술을 피할 수 있다. 그러나 가끔은 거슨요법을 따르는 의사들도 종양을 "제거"하기 위해 수술을 권유하기도 한다. 종양을 제거하면 완전한 회복을 위해 신체가 남아 있는 질병과 싸우는 것을 쉽게 한다. 악성 종양은 정상 세포와는 다른 신진대사를 갖고 있으므로, 혈액으로뿐만 아니라 주변의 조직으로도 독성을 배출하기 때문이다. 종양의 진행을 막아야 하는 것은 당연하지만, 수술은 심각한 부작용을 초래 한다.

외과 수술을 하기 전에 환자를 안정시키고, 혈압이 오르는 것을 막기 위해 진정제를 투여 한다. 그리고 수술을 위해 부분 또는 전신 마취를 하게 되고, 매우 강력한 항생제도 투여된다. 환자가 깨어나면 고통을 느끼기 때문에 몇 종류의 진통제를 처방한다. 결국, 몸에 해로운 수 많은 독이 환자의 장기에 침투된다.

최근에는 또 다른 문제가 발생하고 있다. 항생제의 과도한 사용과 나쁜 병원 위생 상태로 인해, 통용되고 있는 모든 항생제에 저항하는 소위 "슈퍼 버그"라고 불리는 박테리아가 나타났다. 그 결과, 많은 환자들이 병원 내에서 통제되지 않는 강력한 황색포도상구균(staphylococcus aureus)에 감염되었다. 특히 암으로 인해 이미 약한 면역 체계를 지닌 환자에게 이러한 감염은 생명을 위협할 수 있다.

그럼에도 불구하고, 위급한 상황에서는 생명을 구하기 위해 시급하게 수술을 해야 한다. 이러한 상황은 장기를 막고 있는 두꺼운 상처조직의 발달로 발생할 수 있고, 암으로 손상된 대혈관에서의 출혈을 빨리 멈추기 위해 시급하게 수술을 해야할 경우도 있다. 또는 환자가 사고로 인한 부상으로 상처를 시급하게 치료해야 할 경우 일 수도 있다. 그러나 대부분의 수술들은 급할 필요가 없다. 예를 들어, 완벽한 거슨요법을 하고 있는 환자가 급하지 않은 외과 수술을 위해 병원에 갈 필요가 있다면, 수술을 위해 세심한 준비를 할 충분한 시간이 있다.

한번 잘 독성을 제거한 이들의 신체는 마취제, 진통제, 심지어 항생제와 같은 약물에 더 강하게 반응한다. 어느 정도 독성을 제거한 거슨요법 환자가 이런 고민을 일반병원의 외과 의사나 마취과 의사와 의논하면, 그들은 환자가 무슨 말을 하는지 이해하지 못할 것이다. 이런 이유로, 신체를 일시적으로 덜 예민하게 함으로써 피할 수 없는 약물을 신체가 받아 들이기 수월하도록 준비하는 것이 최선이다. 불행히도 이 방법이 거슨요법의 효과를 줄이는 것을 의미할지라도 필요한 과정이다. 준비 방법은 병원에 들어가기 직전에는 매일 먹는 요구르트 양을 두 배로 늘리고, 삶거나 구운 생선으로 하루 두 세끼를 먹는 것이다. 사실상, 이 방법은 신체의 자가 치료 활동을 일시적으로 중단하게 만든다.

거슨요법을 받는 환자가 외과 수술을 한 후에는 가능한 빨리 병원을 떠나는 것이 현명하다. 집으로 돌아와서 완전한 거슨요법을 다시 시작하되, 요구르트를 일주일 정도 먹지 않고, 관장을 일시적으로 하루 네 번 이상으로 늘려서 실시한다. 이는 몸에 들어온 독소를 제거하기 위한 과정이다. 그 후, 환자는 병원에 가기 전에 사용 했던 거슨요법 치료의 수준으로 되돌아 간다.

진단을 위한 수술

유방 X-Ray 사진이나 MRI(자기 공명 단층 촬영)로 유방에 "의심되는 혹"이나 "음영"이 발견되면, 환자뿐 만 아니라 의사도 혹의 정확한 성질을 알 필요가 있다. 보통 그 상황을 확인하기 위해 의사는 긴급한 신체 검사와 조직 샘플 검사를 제안한다.

다음은 "유방 종양 절제술"(다시 말해, 유방 혹의 제거)이다. 외과 의사의 경험 상, 종양이 악성으로 될 것처럼 보인다면, 주변 조직, 특히 악성 종양이 전이 되었는지 아닌지를 알아보기 위해 겨드랑이 아래의 임파선을 검사한다. 문제는 외과 의사가 임파선을 절개할 때 한 두 개가 아니라 여덟 이나 열 개 정도로 많은 수의 임파선을 꺼내는 것이다. 전통 의학에서 이 검사는 종양전문의사가 환자에게 적절한 화학요법 약물을 선택할 때 필요한 정보를 제공하기 위해 행해진다. 그러나, 그 환자가 이미 화학요법을 거부하려고 결심하였다면, 많은 임파선을 제거하는 것은 무의미한 일이다. 필요 이상으로 많은 임파선을 절개하는 것은 환자의 순환계를 손상시켜 팔이 붓게 하고, 막힌 체액의 축척으로 일상 생활에서 불편함을 줄 뿐만 아니라 심각한 경우에는 팔을 사용할 수 없게 만들기도 한다. 이러한 위험을 어떻게 피할 수 있는가? 관례적인 문제로, 모든 수술 전에 의사는 환자에게 수술 동의서에 사인을 요구한다. 그 동의서는 환자가 수술 중 겪게 되는 모든 상황에서 의사가 필요하거나 최선이라고 판단하는 모든 수술 및 치료 방법을 허락한다는 것으로, 만약 환자가 이 수술 동의서에 동의를 한다면, 필요 이상으로 많은 수의 임파선이 제거될 수 있다. 그러므로, 환자가 동의서에 응할 경우, 수술 중 치료가 아닌 검사의 목적으로 두 개 이상의 임파선을 제거하는 것에 동의하지 않는다고 명시해야 한다.

방사선 치료

방사선은 의학적 진단이나 치료를 위해 사용될 수 있다. 환자가 방사선에 가장 최초로 노출되는 것은 진단을 목적으로 하는 **X-Ray**의 형태이다. 이처럼 진단을 목적으로 하는 **X-Ray**는 다른 방사선 진단 방법들에 비하여 위험이 비교적 적다. 다른 진단 방법으로는 보통 전산화 단층 촬영이라고 알려진, **CT** 촬영이 있다. 이것은 다양한 각도에서 환자의 몸 부분과 팔, 다리의 상세한 이미지를 얻기 위해 많은 양의 **X-Ray**를 사용한다. 방사선을 이용하는 진단 방법 중에서 **X-Ray**를 사용하지 않는 단 하나의 진단 도구는 **MRI**이다. **MRI**는 내부 장기와 조직의 깨끗한 사진을 얻기 위해 **X-Ray**가 아닌 방사 주파수선과 강한 자기장을 이용한다.

첫 검사가 암으로 진단 된다면, 의사는 환자에게 방사선 치료를 권유한다. 일반적으로 약 30가지 방법으로 이루어진 방사선 치료 코스를 말한다. 방사선 치료 요법은 최근 몇 년간 신체에 부담을 줄이기 위해, 방사선에 노출되는 영역을 암 세포가 집중적으로 분포된 부분으로 제한하는 것을 목표로 발전되어 왔다. 하지만, 여전히 화상과 같은 심각한 손상이 발생할 가능성이 있다. 공식적인 대증요법적 견해에 따르면, 방사선 치료에 의한 화상 흉터 자국은 완치가 불가능하지만, 거슨요법은 암뿐 만 아니라 화상 자국도 완벽하게 치유 가능 하다.

거슨 박사의 책 <암 식사요법: 50사례의 임상결과(A Cancer Therapy: Results of Fifty Cases)>[1] 에서 한 환자(첫 번째 사례)는 강한 **X-Ray**로 88번 치료를 받고 심각한 화상을 입었으며, 암은 재발되었다. 흥미롭게도, 그가 거슨요법으로 치료를 하자, 전이된 폐 종양과 임파선 종양은 방사선 화상보다 더 빨리 사라졌고, 계속된 치료로 화상 자국도 완전히 치료되어 건강하게 50년을 더 살았다.

구강암의 경우, 방사선 치료가 침샘을 마르게 하기 때문에 특히 피해가 크다. 구강 내 점막이 마르면 환자는 잠을 못 자게 되고, 계속 마른 입을 축이기 위해 물을 마시게 된다. 그러나 우리는 점막이 방사선 손상을 입고 난 후, 환자들이 적어도 2주간 거슨요법을 사용하자 정상으로 돌아오는 것을 보아왔다.

일반적으로 거슨요법을 따르는 의사들은 방사선 치료를 거의 사용하지 않는다. 오직 한가지 특정한 경우에는 방사선 치료가 유용할 수 있다. 즉, 부드러운 조직에 생긴 악성종양보다 치료에 시간이 오래 걸리고 다스리기 힘든 뼈 암과 뼈로의 전이된 종양의 고통을 줄이는 경우이다. 환자를 돕기 위해, 매우 적은(보통 3번에서 5번 정도) 방사선 치료가 사용되는데, 이는 종양의 성장을 멈추고 고통을 완화시킨다. 방사선은 완치를 방해하는 독성을 지닌 약물을 이용한 통증 관리보다 선호된다. 방사선 요법은 약물이 필요 없으며, 뼈는 치료될 수 있고 통증은 다시 나타나지 않는다.

화학요법

대략 1960년 이후부터, 화학요법은 암 치료의 주요한 방법이 되어왔다. 화학요법은 다양한 종류가 있으나, 모두 매우 독성이 강하다는 공통점을 갖고 있다. 화학요법을 사용하는 목적은 암세포를 죽여 악성 종양의 뿌리를 뽑는 것이다. 그러나 건강한 세포를 죽이지 않는 화학요법은 없다.

화학요법에 사용되는 독성 화학 물질의 주된 역할은 악성 종양 세포들의 대사작용을 방해하여 빠른 분열을 멈추는 것이다. 화학 물질은 이 역할을 해낸다. 하지만 신체에는 다른 세포나 조직들도 존재하고, 이들 또한 빠르게 분열한다. 그 중에서 골수는 면역에 필수적인 백혈구와 장 벽의 점막, 모낭을 생산한다. 이것들이 화학요법의 독성에 심하게 손상되면, 면역기능저하, 메스꺼움, 구토, 내출혈, 구강궤양, 탈모 등의 증상이 나타난다. 결국에는, 그 손상이 훨씬 더 심해져 환자들은 기억상실을 호소하고 어린이들은 학습장애를 겪게 된다. 또한 훨씬 더 높은 감염 발생률과 심장, 폐, 신장 손상이 보고 되어 왔다.

화학요법에서 사용되는 약물들은 기술혁신이 자주 이루어 지는데, 때로는 제약회사들의 수입증대를 위하여 혁신이 이루어 진다. 가장 최근에 나온 약물 중 하나인 젬자(Gemzar)는 원래 폐암과 유방암 치료제로 허가 되었고, 현재는 말기 난소암의 치료에도 사용되고 있다. 이 약은 생명을 연장시켜 준다는 증거도 없고, 이전에 사용된 화학요법 약물의 부작용을 심화시켰을 뿐이다. 겜자는 비용도 매우 비싸다. 최근 보고서에 따르면, 6개월 동안 6회 분량으로 이뤄진 한번의 겜자 치료 과정에 약 12,600 달러가 든다.

화학요법은 몇 안 되는 환자들의 완치 사례로 성공을 주장하고 있다. 그러나, 성공 사례는 여성의 자궁암(융모막암종 choriocarcinoma)과 같은 드물고 특별한 암에 한정된다. 대부분 아프리카 특정 지역에서만 발견되는 버거트 림프종(Burkitt's lymphoma)이라고 알려진 림프암의 한 종류도 환자의 50% 정도가 치료되었다.2 소아 백혈병도 화학요법이 다소 성공적인 결과를 보여주는 또 다른 영역이다. 즉, 소아 환자들의 50% 정도가 5년 이상 살아 남았다.3 고환암도 치료 가능하다고 주장되고 있으며, 실제로 많은 환자들이 회복된 것으로 보고되고 있다.4 그러나 불행히도, 이러한 성공들은 희귀한 악성 종양 종류만을 언급하고 있다. 화학요법이 가장 흔한 암인 유방암, 전립선암, 폐암, 대장암의 치료에 사용되고 있지만 좋은 결과를 보여주지 못하였다.

오래 전인 1972년에 빅터 리차드(Victor Richard) 박사가 쓴 저서 '암-불안정한 세포: 그것의 발생, 성질, 그리고 치료' (Cancer-the Wayward Cell: Its Origins, Nature, and Treatment)에 강력하고 놀라운 화학요법의 효과를 적고 있다. 그의 저서에서 "환자들 중 약 5~10% 정도에게만 짧은 기간 동안의 완화(통증 완화와 가벼운 종양 수축)가 일어났지만, 화학요법은 환자들을 적절한 의학적 치료 방향으로 이끄는데 매우 중요한 역할을 하고 의사가 환자들을 포기해버린다는 기분을 막아준다…이러한 잠재적으로 유용한 약물들은 잘못된 암 치료약이 남용되는 것을 막는다…."5

화학요법의 사용을 개탄하는 랄프 W. 모스(Ralph W. Moss)는 저서 '암 산업: 정치적배후를 밝힘(The Cancer Industry: Unravelling the Politics)' 에서 아래와 같이 기술하였다.

"리차드의 견해는 단지 환자들을 '적절한 치료 방향으로' 이끌고 '잘못된 암 치료약'과 멀어지게 하기 위해서, 메스꺼움, 구토, 어지럼증, 탈모, 구강염증, 심지어 때 이른 죽음의 위험으로 내 몰기 위해 애쓰고 있다."[6] 다시 말해, 화학요법은 환자들이 전통 의학에서 제공하는 것 이외의 다른 도움을 찾는 것을 막는데 공을 들이고 있다. 대부분 화학요법 약물을 담는 용기 겉에는 '이 약은 암을 유발할 수 있다.'는 경고문이 적혀 있다.[7]

화학요법이 갖고 있는 심각한 독성의 영향은 암병동 간호사들을 위한 지침서에 가장 잘 나타나 있다. 약을 투여하기 위해 준비만 하는 간호사들에게도 피부의 손상, 생식의 이상, 혈액 질환, 간과 염색체 손상 등의 "심각한 위험"을 겪을 수 있음을 경고하고 있다. 간호사들은 또한 약을 준비하는 장소에서 "절대로 음식을 먹고 마시지 말고, 담배를 피워서도 안 되며, 화장도 해서는 안된다"고 교육 받는다.[8]

유방 임플란트

유방에 보형물을 이식하는 것은 몇몇 유방암 환자들의 선택이다. 주로 미용적 이유로 시술을 하지만 건강상 심각한 결과를 가져올 수 있다. 물론, 환자들이 한쪽 또는 양쪽 유방을 잃는 유방절제 수술을 받은 후에 되찾기를 원하는 마음은 이해할 수 있다. 그러나 어떤 물질을 사용하는지에 따라 위험이 존재한다.

가장 나쁜 선택은 실리콘이 들어있는 패드이다. 이 패드는 터지면, 실리콘이 주변 조직으로 퍼지는 것으로 알려져 있다. 우리는 실리콘 패드가 터져, 편두통과 극심한 쇠약뿐만 아니라, 가슴 전체에 심각한 독성으로 환자가 앓아 누울 때까지 진행되는 사례를 보았다. 거슨요법은 그 환자에 나타난 대부분의 문제를 해결하였다. 편두통이 사라졌고 활력을 되찾아 정상적으로 활동할 수 있었다. 신체가 거부하는 이질적인 물질로 만들어진 보형물을 제거하고 다른 보형물을 사용한다면, 터지는 것은 문제가 되지 않는다. 보형물의 제거가 불가능하고 확고하게 자리를 잡아서 다른 보형물을 사용할 수 없다면, 지속적인 가려움을 유발하게 된다. 이는 유방암 때문에 유방 절제술을 받은 환자에게는 특별히 위험하다. 보형물의 장단점을 잘 고려해 본다면, 미적인 문제보다는 암의 재발을 피하는 것이 중요한 것임이 분명해진다.

가족의 도움

거슨요법의 심각한 약점은 매우 집중적인 노동을 하루 종일 해야 한다는 것이다. 다시 말해, 많은 시간과 에너지, 지속적인 노력이 필요하다. 세끼 식사와 관장을 위한 커피 응축액을 준비하는 것 외에, 하루에 **10~13**번 매 시간 마다 **225㎖**의 신선한 주스를 만들고, 프로그램의 원활한 운영을 위해 필요한 많은 양의 유기농 제품을 지속적으로 공급해야 하기 때문이다. 유기농 제품들을 씻어서 주스를 만들고 음식을 요리하기 위해 준비해야 하고, 샐러드와 야채는 신선함을 보존하기 위해 가능한 식사시간에 맞춰 준비해야 한다. 물론 이 모든 과정 다음에는 설거지가 계속적으로 따른다. 더군다나, 매일 **8**시간 정도 걸리는 이런 일과는 일주일 내내 휴식 없이 계속 되어야 한다.

중병에 걸린 환자들은 물론이거니와, 심지어 가벼운 병에 걸린 환자들도 큰 노력을 요하는 스케줄을 쉽게 소화해낼 수 없다. 환자들은 상태에 관계없이, 병이 낫기 위해서는 휴식을 취해야 한다. 이 사실을 잘 모르는 많은 사람들, 특히 가족들에게 환자는 휴식이 필요하다는 것을 아무리 자주 되풀이 말해도 지나치지 않는다. 질병과 싸우는 신체의 놀라운 노력인 치유는 에너지를 필요로 한다. 따라서, 병으로 이미 소진된 환자의 에너지는 질병과 싸우기 위해 잘 보존되어야만 한다.

다시 말해, 건강한 사람이 거슨치료법의 요구사항을 이행해야 한다. 주로 배우자나 다른 가족구성원이 그 일을 기꺼이 맡아 하게 된다. 그러나 쉴새 없이 이어지는 집중적인 노동은 일을 맡아서 하는 사람을 지치게 할 것이다. 이 경우에는 음식을 준비할 사람을 고용하여 방법을 가르쳐야 한다. 두 명의 도우미를 두고, 한 주에 몇 일씩 돌아가면서 일하게 하는 것이 최상의 방법이다.

적당한 도우미를 고르는 것은 중요하다. 대중요법 의학을 배운 간호사를 고용하는 것은 현명하지 못한 일이다. 왜냐하면 거슨요법에서 사용하는 식이요법에 찬성하지 않고 다른 품목을 식단에 더하려고 할 수 있기 때문이다. 마찬가지로, "미식가 요리사"도 거슨요법 방식으로 음식을 준비하는 것을 자신이 감당하기 힘든 일이라고 생각할지 모른다. 친절하고 열린 사고방식을 갖고 있어서, 특정한 일에 대한 정확한 요구사항을 기꺼이 배우고자 하는 사람을 선택하는 것이 이상적이다. 어떤 환자들은 자원 봉사자들을 제공해주는 교회와 접촉하기도 한다. 가장 좋은 방법은 여러 명의 자원 봉사자들을 구해 돌아가면서 도움을 줄 수 있도록 계획을 세워, 그들 중 한 명이 빠지는 일이 생기더라도 그 다음 사람이 돌아가면서 하도록 한다.

도우미들은 거슨요법에서 필요한 다른 모든 과정과 더불어 한 시간 마다 주스를 준비하는 일 때문에 바쁘다. 따라서, 청소를 하는 사람도 1주일이나 2주일에 한번 정도 필요하다. 이미 앞에서 언급했듯이(9장, "거슨식 주거환경"), 환자의 집에서는 독성이 있는 세제를 사용해서는 안 된다.

거슨요법을 시작한지 8개월에서 12개월이 지나면, 일반적으로 환자의 상태는 훨씬 나아져서 몇 가지 음식을 스스로 준비 할 수 있게 된다. 그러나 이러한 부가적인 노동이 새로운 증상이나 과도한 피로를 가져온다면,

외부의 도움이 필요하다. 몇몇 사람들, 특히 집안의 가장들은 처음에는 일의 일부만 맡아서 하다가 나중에는 정상적인 일을 할 수 있게 된다.

한가지 중요한 조건은 절대로 식당에서 점심을 먹어서는 안 된다. 환자는 집에서 갓 만든 녹색 채소 주스(만드는데 일이 따르지 않을 수 없다)와 함께 일반적인 거슨요법에서 정한 점심을 먹고, 약간의 휴식을 취한 뒤 낮 시간에 정해진 관장을 해야 한다. 당근/사과 주스는 아침에 눈금이 적힌 보온 용기에 담아 직장에 가져갈 수 있다. 환자가 오후에도 주스를 마시도록 또 다른 주스 용기가 준비되어야 한다. 그러면 집에 돌아와서 녹색 야채 주스의 균형을 맞출 수 있고 휴식을 취한 후 빼먹은 관장도 할 수 있다. 이러한 스케줄은 집에 있는 사람이 환자에게 필요한 모든 거슨요법 항목들을 준비할 수 있어야 실행 가능하다.

햇빛

햇빛은 건강의 한 요소가 될 수 있지만, 동시에 해가 될 수도 있다. 그 두 가지 역할의 차이점은 우리가 선택한 햇빛 노출의 정도에 있다. 신체는 비타민D를 필요로 한다. 비타민D는 몇몇 장기의 시스템을 유지하고, 건강한 뼈를 생성하며 유지하는데 필수적이다. 그러나 자연적으로 비타민D가 풍부한 음식은 거의 없다.(일부 대량 생산되는 음식들은 비타민D를 강화한 인공화합물이 포함되어 있다) 따라서 우리는 햇빛에 피부가 노출되면 생산되는 비타민D가 필요하다.

문제는 햇빛에 포함된 자외선(UV)이 세포에 심각한 손상을 가져올 수 있다는 것이다. 이 사실은 지난 십 수년 간 강한 일광욕이 널리 유행이 되자 피부암이 두 배로 증가하게 된 이유를 일부 설명해준다.[9] 흐린 날에도 30%에서 50% 정도의 자외선이 우리에게 닿기 때문에, 햇빛이 내리쬐는 해변가에 벌거벗고 여러 시간 누워있는 사람뿐 만 아니라, 실외에서 일하는 직종에 종사하는 사람들도 피부암에 걸릴 수 있다.

거슨요법을 따르는 환자들은 햇볕에 타지 않도록 많은 주의를 기울여야 한다. 햇볕으로 인한 단기적 위험으로는 물집, 빨갛게 달아오름, 생활의 불편함이 있다. 그리고 장기적인 손상으로, 약할 경우, 피부의 건조와 주름을 발생시키고, 최악의 경우엔 흑색종이 발생하는 경우가 있다. 첫째 규칙은 여름이나 한 해 내내 더운 기후에서 사는 사람들은 오전 10시부터 오후 3시까지 햇빛을 피하는 것이다. 그늘에서도 햇빛의 밝음을 즐길 수 있다. 물은 햇빛을 강하게 반사시키기 때문에 물가의 그늘에서 쉬는 것은 안 된다. 하루 중 햇빛이 비교적 약한 다른 시간일지라도 실외에 있을 경우에는 피부를 잘 감싸는 것이 좋다. 가볍고 하얀 긴 면 셔츠, 긴 바지, 넓은 테두리가 있는 모자나 챙이 있는 하얀색 모자는 피부를 보호해 준다.

건강한 아이들은 여름에 실외에서 뛰어 놀고 수영하는 것이 필요하지만 아이들은 성인들 보다 햇빛에 더 민감하다. 불행히도, 시중에 판매되고 있는 자외선 차단제의 **90%**는 옥틸 메톡시신나메이트라고 불리는 화학물질을 함유하고 있다. 이 물질은 독성 물질이고, 햇빛에 노출되었을 때 그 독성은 두 배로 늘어난다.[10] 피부는 피부 위에 바른 물질의 **60%**를 흡수하기 때문에, 아이들에게는 자외선 차단제를 당연히 사용할 수 없다. 그러나 녹차와 같은 자연적인 원료로 만든 효과적인 무독성 자외선 차단제가 판매되고 있으며, 적은 노력으로 찾아낼 수 있다.

보조치료법

최근에 당황할 정도로 많은 대체요법들이 생겨났다. 따라서 거슨요법을 하고 있는 환자들에게 이런 대체 요법들을 사용해야 할지 말아야 할지에 대한 의문이 생길 수 있다. 간단한 답은 치유 과정을 증진시키고 거슨요법의 요구사항을 어기지 않는 것이라면 무방하며, 잠재적으로는 도움이 될 것이라 생각된다. 그러나, 정확한 방법을 사용해야 한다. 따라서 어떤 방법이 안전한지 살펴보도록 하자.

■ 반사법

이것은 고대 이집트, 중국, 인도로 그 기원이 거슬러 올라간다. 발과 손이 전신의 거울이라는 원리에 기초하여 신체 장기와 일치하는 손발의 특정한 부분에 압력을 가하는 것이다. 이 치료법의 목적은 과로, 스트레스의 방해와 패턴들을 없애고 항상성, 신체 내부의 평형을 회복시키는 것이다. 반사법은 진단을 하거나 치료를 하는 것이 아니라 전반적인 건강을 증진시키는데 효과가 있다. 암 환자에게는 암에 걸린 부분과 일치하는 반사점을 피해서 천천히 조심스럽게 사용 되어야 한다.

■ 레이키(靈氣療法)

레이키는 치료를 증진시키고 스트레스를 줄이기 위해 일본 사람들이 사용하는 방법이다. 레이키 전문가들은 몸을 따라 흐르면서 생명을 유지해주는 보이지 않는 생명 에너지가 존재한다고 주장한다. 이 에너지가 낮아지면, 아프거나 스트레스로 고통을 받게 된다. 치료를 위해서, 레이키 전문가는 자신의 손을 통해 환자의 신체 내부로 에너지를 전달한다. 이때 마사지는 필요 없고, 부드럽게 접촉하기만 하면 된다. 비록 환자가 거의 느끼지 못할지라도, 신체, 감정, 마음, 영혼에 전체적으로 영향을 미친다. 전체적인 접근을 하는 특성 때문에, 모든 질병에 도움이될 수 있고 , 다른 치료법과 같이 잘 사용될 수 있다. 레이키(靈氣)라는 단어는 두 가지 부분으로 이뤄져 있다. '영'은 더 큰 힘 을 의미하고 '기(氣)'는 생명 에너지를 상징한다. 따라서 생명 에너지가 필요한 사람들의 내부 에너지를 회복시키는 정신적 치료술이라는 것이 레이키에 내포된 의미이다.

■ 침술

침술은 약 2,000년 전 중국에서 발생했고, 1971년 이후에 미국으로 소개되어 급격하게 퍼져 나갔다. 침술의 본질은 해부학상 신체의 특정한 부위를 자극하는 것이다. 이는 침으로 피부를 찌르고 손이나 기계적 장치를 이용하여 자극하는 것으로 이뤄진다. 침술은 신경계를 조절하고 신체 자체의 통증을 없애는 생화학 물질을 활성화시키며 면역 체계를 강화시킨다. 침술이 통증 제어와 수술 후 회복을 촉진한다는 사실을 보여주는 증명된 자료가 있다. 또한 상쾌한 기운을 주고 고갈된 에너지를 상승시킨다. 약간의 통증을 유발하는 침술용 침은 1996년에 면허를 지닌 전문가만 사용하도록 식품의약품국의 승인을 받았다.[11] 오늘날, 미국 내 수천명의 의사, 치과의사, 통증 전문가, 미국 침술 의학 아카데미 회원들이 사용하는 이 고대 기술은 많은 병원과 진료소의 암 환자들에게 사용되고 있다.

■ 요가

요가는 약 5,000년 전 인도에서 처음 발생하였다. 요가는 하타 요가를 포함한 몇몇 종류가 있다. 하타 요가는 20세기 중반 이후 서양에서 인기가 높아지고 있으며, 스트레칭과 호흡 운동이 주가 되는 신체 단련이다. 비경쟁적이고 부드러우며 능력에 관계없이 모든 연령대가 할 수 있는 요가는 유연성, 체력, 근육을 강화하고자 하는 거슨요법 환자들에게 이상적인 운동이다. 아사나스라는 요가 자세는 균형과 안정을 얻는데 도움을 준다. 호흡운동은 진정과 편안함을 주고, 신체에 산소의 공급을 증가시킨다. 암세포는 무기호흡(산소 없이)을 통해서만 증식 할 수 있기 때문에 호흡 운동은 매우 이롭다.

주의 : 폐암이나 폐기종을 앓고 있는 환자는 숙련된 요가 수련자의 관리하에서 호흡운동만 해야 한다. 교사의 도움은 모든 입문자들에게 매우 유익하다.

마사지

거슨요법을 따르는 환자들에게 마사지는 부드럽게 매만지는 정도를 넘지 않는, 가장 순하고 부드러운 형태로 제한되어야 한다. 암환자들의 근육은 약해져 있으므로 격렬한 마사지는 쉽게 근육에 무리를 줄 수 있다. 그러므로, 심한 마사지는 엄격하게 금해야 한다. 거슨 박사가 암환자에게 추천한 유일한 마사지는 식사 전 하루 2번, 물 반 컵에 소독용 알코올 2 테이블스푼과 와인식초 2테이블 스푼을 넣고 섞은 것을 피부에 비비는 것이다. 이런 방법은 순환계를 자극하여 모세혈관을 열어 환자들이 상쾌하고 활기찬 기분을 느끼게 해준다.

* 참고자료

1. M. Gerson, A Cancer Therapy: Results of Fifty Cases and The Cure of Advanced Cancer by Diet Therapy: A Summary of Thirty Years of Clinical Experimentation, 6th ed.(San Diego, CA: Gerson Institute, 1999), p. 295.
2. " Non-Hodgkin Lymphomas," The Merck Manuals, Online Medical Library(www.merck.com/mmpe/sec11/ch143/ch143c.html); see also Ralph W. Moss, The Cancer Industry: Unravelling the Politics(revised edition of the original The Cancer Syndrome)(New York: Paragon House, 1989).
3. Hiromu Muchi, MD, Hiroko Ijima, MD, and Toshio Suda, MD, "The Treatment of Childhood Acute Lymphocytic Leukemia with Prophylactic Intrathecal and Systemic Intermediate-Dose(150 mg/m2) Methotrexate, Japanese Journal of Clinical Oncology 12:363-370(1982); see also Note 2(Moss), supra.
4. Lawrence H. Einhorn, "Curing metastatic testicular cancer," Proceedings of the National Academy of Sciences 99(2002): 4592-4595; see also Note 2(Moss), supra.
5. Victor Richards, MD, Cancer.the Wayward Cell: Its Origins, Nature, and Treatment(Berkeley: University of California Press, 1972).
6. See Note 2(Moss), supra.
7. Ralph W. Moss, Questioning Chemotherapy(Brooklyn: Equinox Press, 2000)
("Chemotherapy Can Cause Cancer: The strangest thing about chemotherapy is that many of these drugs themselves are carcinogenic. This may seem astonishing to the average reader, that cancer fighting drugs cause cancer. Yet this is an undeniable fact.")
8. Ibid.
9. "Tanning Beds May Increase Skin Cancer Risk," American Cancer Society News Center(May 16, 2005).
10. Rob Edwards, "Sinister side of sunscreens," New Scientist(Oct. 7, 2000).
11. "Get the Facts: Acupuncture," National Center for Complementary and Alternative Medicine().

제**21**장
함정을 조심하라

사람은 누구나 실수를 하게 마련이다. 중병에 걸린 사람들은 생명을 구하고자 거슨요법에 매달리기 때문에, 작은 실책이나 부주의만으로도 큰 좌절을 겪게 될 수도 있다. 거슨요법은 삶의 방식 뿐만 아니라, 환자들이 질병, 건강, 치유의 원리를 이해하는 방법, 또 신체의 필요에 반응하는 방법에 대한 전체적인 변화를 요구한다. 거슨요법이 일반적인 생활양식들 중 매우 많은 것들을 금지하기 때문에, 올바른 이해가 무엇보다 중요하다. 따라서 환자들은 거슨요법을 진심으로 받아들이기 위해서는 구속들이 필요한 이유를 알 필요가 있다.

전통의학처럼 환자를 감시하거나 꾸짖는 권위자가 없더라도, 규칙들을 엄격히 준수하는 것이 중요하다. 스스로 관리자가 되어 곧고 좁은 길을 나아가기 위해서는, 내면의 성숙함과 강인함이 필요하다. 그 보답은 기대 이상으로 크며 건강한 삶을 되찾을 것이다.

에너지를 아껴라!

환자들이 거슨요법을 하면서 범할 만한 실수와 유혹들 그리고 특히 거슨요법 시행 초기에 마주칠 만한 함정들을 자세히 살펴보도록 하자. 아이러니하게도, 첫 번째 함정은 완전한 거슨요법을 시작한 처음 몇 주 동안 환자가 겪는 현저한 병세의 호전이다. 멕시코에 있는 거슨병원에서는 더 놀랄만한 호전을 경험하게 된다.

거슨요법을 통해 병세가 많이 호전된 환자들, 특히 여성들은 집으로 돌아오면 고통에서 완전히 벗어난 것처럼 가족들에게 보여지기도 한다. 따라서 환자들은 예전처럼 "정상적인" 가정의 일을 돌 볼 수 있을 것이라 판단한다. 특히 가족들에게 자신의 존재가 정말로 필요한 아내나 엄마인 여성들은 자신이 아파서 가족들을 "실망"시켰다는 죄책감으로 그렇게 생각하기 쉽다. 죄책감을 덜기 위해 기꺼이 정상적인 일상으로 되돌아가게 된다. 남성 환자들은 일반적으로 집에 돌아오면 여성들보다 더 편한 태도를 갖지만, 다시 일을 하고 운동을 하며 집 주변의 일을 하길 원한다.

두 가지의 행동 모두 바람직하지 않다. 앞서 말했듯이, 환자들은 많은 휴식이 필요하다. 환자의 몸은 독성을 제거하고 병을 치유하기 위해 열심히 일하고 있는 중이고 이는 그 어떠한 가정 활동보다 더 중요하다. 실제로, 대부분의 사례에서 거슨요법을 시작한 첫 2~3달 동안의 시기에 환자들은 훨씬 나아 보인다. 그러나 매우 피곤해하고 약해져 있으므로 많은 활동을 마음대로 할 수 없다. 신체가 보내는 메시지에 귀를 기울이는 대신에, 자리에서 일어나 직접 음식과 주스를 만드는(매일 6~8시간이 걸리는 일이다!)일을 하고 가사일을 하다가 완전히 지쳐버리는 환자들도 있다. 이런 행동은 거슨요법의 좋은 효과를 감소시키는 심각한 실수이다.

환자들은 거슨요법을 시작한지 3~4개월에 접어들면, 처음의 피로가 사라지고 거의 정상적인 상태처럼 에너지가 회복된다. 이 때문에 위에서 언급한 것과 같은 문제가 발생한다. 환자들은 완전한 활동을 할 수 있게 되면서 '잃어버린' 시간을 채워 넣으려고 한다. 여성들은 커튼을 세탁하고, 마루를 닦고, 산더미 같은 옷을 다림질하며 스스로 집안 일을 하기 시작한다. 남성들의 경우, 단지 자신이 완전히 회복했음을 증명하기 위해서 쓰레기통을 비우고, 계절에 따라 눈을 치우거나 잔디를 깎고 심지어 지붕을 고치기도 한다. 그 충동은 이해할 만 하지만 참아야 한다. 외적인 개선(예를 들어, 증가된 에너지)이 병의 완치를 의미하는 것은 아니다. 갑작스런 상태의 악화를 피하는 길은 휴식뿐이다.

거슨 박사의 중요한 규칙 중 하나는 환자들이 밤 10시 이후에는 독서는 물론 텔레비전을 보거나 라디오도 듣지 말고 자야 한다는 것이다. 다시 말해, 완벽한 휴식을 취해야 한다는 것이다. 자정 이전의 시간은 신체가 자기 재생을 하고 기능을 회복하기 위해 필요한 특별히 귀중한 시간이기 때문에 온전히 휴식을 취해야한다.

규칙의 느슨한 적용

거슨요법에서 요구하는 식이요법 규칙은 매우 엄격하다. 대부분의 환자들은 엄격한 규칙에 빨리 적응하지만, 금지된 기호 식품들(건강을 해칠 수 있다는 것을 신경 쓰지 않는다!)을 찾는 이들도 있다. 기호 식품을 찾는 환자들은 "적은 양의 금지 음식"을 가끔씩 먹는 것은 큰 해가 되지 않고, 사기를 높이고 기분을 나아지게 한다고 생각하는 경향이 있다.

이것은 분명하게 잘못된 생각이다. 무엇보다도, "적은 양"이 얼마나 되고 "가끔씩"은 얼마나 자주인 지 정확하지 않다. 게다가, 한번 거슨요법의 엄격한 규칙을 어기게 되면 다시 어기고 싶은 유혹을 받기 쉽다. 거슨요법에서 신체는 모든 기관과 장기에 영향을 주는 정확하게 계산된 영양분을 통해 지시와 메시지를 받기 때문에, 가끔씩이라도 짜고, 지방이 많고, 화학 조미료가 가득한 정크푸드를 섭취하는 것은 거슨요법의 과정을 방해하게 되어 환자에게 엄청난 피해를 주게 된다.

호의를 갖고 찾아온 친구와 친척들이 거슨요법에서 지켜야 할 식이요법을 어기고 "힘을 내기 위해 스테이크"를 먹으라고 권하기도 한다. 그들은 성인이 어떻게 "토끼 풀"만 먹고 살아남을 수 있는지, 혼자 치료하는 것에 대해 의문을 갖고 있다. 심지어 환자가 자신들의 충고를 무시하고자 하면, 매우 화를 내어 문제가 발생하기도 한다. 좋은 뜻을 가지고 거슨요법을 비판하는 건강 전문가들은 무지와 이해부족으로 비판하고 있음을 기억하라. 방문자들과 친구들에게 자신이 선택한 치료법을 존중하고 지원해주길 요청하고, 그렇게 하지 못하겠다면 그냥 내버려두라고 요청하는 것이 최선이다. 거슨요법을 바꾸라고 제안하는 이들에게 "얼마나 많은 죽음을 앞둔 환자들이 당신의 조언으로 생명을 구했습니까?"라고 물어보라.

친구들에게 단호하기

반복되는 주스, 식사, 관장의 단조로움을 달래줄 방문자들이 있는 것은 좋지만, 특정한 상황에서만 긍정적 영향을 미친다. 한 가지 조건은 아무리 약한 감기라도 앓고 있는 사람을 절대로 집으로 들여서는 안 된다는 것이다. 감기 비슷한 증상을 나타낼지라도 집에 들어오게 해서는 안 된다. 환자의 면역체계가 감기나 독감을 이겨낼 정도로 강해지려면 9~12개월이 걸린다. 따라서 감염은 환자의 생명을 위협할 수 있는 합병증을 가져올 수 있다.

친구나 친지가 경솔하게 감기나 다른 종류의 전염병에 걸린 상태로 방문하면, 환자는 자신의 침실로 피신하여 그 방문자와 절대 접촉을 해서는 안 된다. 아무리 굳은 결심도 아이들, 특히 손녀, 손자들이 방문했을 때는 유지하기 어렵다. 환자는 아이들이 콧물을 훌쩍이거나 기침을 하더라도 사랑하기에 안아주려고 한다. 그러나 그렇게 해서는 안 된다. 배우자가 감기에 걸린 경우는 더 괴로운 일이지만, 환자는 다른 방에서 자야만 한다.

의사들에게 단호하기

거슨요법을 따르는 환자들을 기꺼이 도와주고자 하는 우호적인 대중요법 의사들이 꼭 필요한 피 검사나 소변 검사를 해준다면 매우 귀중한 도움이 된다. 문제는 그 의사가 검사 결과를 확인했을 때 발생한다. 검사 결과 중 어떤 항목이 정상 범위에서 벗어난다면, 의사는 환자에게 "정상적인 수치로 돌리기 위한" 약이나 약물 치료를 권할 것이다. 그러나 이것은 심각한 실수가 될 수 있다. 비정상적인 결과는 거슨요법을 실시하는 동안 사라질 것이지만 대중요법에서 사용하는 약물은 신체의 손상을 가져올 수 있다. 예를 들어, 환자의 혈액 내 철분 수치가 정상보다 낮은 것을 발견한 의사는 철분 보충제를 처방해 주려고 할 것이다. 그러나 문제는 철분제에 독성이 들어있다는 사실이다.1 따라서 철분제는 엄격한 거슨요법으로 치료 받고 있는 환자들에게 금지되고 있다. 야채 주스, 간 주스, 비타민 B_{12}의 섭취를 통해 적당한 때가 되면 혈액 검사 결과는 약물의 도움 없이 정상 수치로 될 것이다.(26장, "거슨요법의 검사 결과")

약물은 급성 질환과 위급 한 상황에서는 생명을 구할 수 있으나, 암과 같은 만성적 질병일 경우에는 기껏해야 증상의 완화를 가져 올 뿐이고, 최악의 경우 신체에 심각한 해를 끼칠 수 있다. 호의적인 의사가 화학요법이 당근 주스보다 더 빠르고 효과가 좋다고 말할 때 환자들은 당근 주스의 힘을 계속 믿고 마시는 것에 충실해야 한다.

호전반응과 감정의 동요

치유반응 혹은 소위 호전반응이라고 불리는 현상은 거슨요법에서 나타나는 일반적인 현상이다.(16장 "치유반응" 참조) 이러한 치유반응의 정도는 놀랄만큼 격렬할 수 있다. 심한 경우 환자는 우울증에 시달릴지도 모른다. 만약 가족들이 그 치유반응 때문에 공포에 질리게 된다면, 결국 환자는 가장 가까운 병원 응급실로 보내지게 될 것이다. 병원의 의사들은 친절하게 걱정스러워하며 병증을 멈추기 위해 환자에게 주사나 약을 제공할 것이다. 불행히도, 주사나 약은 거슨요법의 치료 과정을 멈추게 만들고, 어떤 환자들에게는 심각한 문제를 일으킨다. 일반적인 대중요법 의사는 한번도 치유반응이라는 것을 들어본 적이 없기 때문에 그 증상과 기능을 이해하지 못한다. 따라서 치유반응을 올바르게 다룰 수 없다. 16장에서 기술한 치유반응을 다루는 올바른 방법을 잘 따라야 한다.

환자들의 심리적인 문제와 기분의 두드러진 변화는 충분히 다뤄져야 한다.(24장 "거슨요법을 받는 환자들을 위한 심리적 지원" 참조) 환자가 메스꺼움, 발한, 두통, 음식과 주스에 대한 공포, 열로 인해 육체적뿐만 아니라 정신적, 감정적으로 고통을 받으면, 부정적인 태도를 취할 수 있다. 치유반응으로 중추 신경계를 통해 독성 물질이 들어오면 뇌가 반응하게 되고 환자는 거슨요법을 포기하고 엄격한 규칙을 벗어나고 싶어한다. 치유반응은 일시적인 현상이므로, 반응이 나타나기 전에 미리 알고 있는 것이 현명하다. 치유반응이 나타날 때, 미리 알고 있는 환자는 어느 정도 준비가 되어 치유반응에서 더 빨리 벗어나게 된다.

물에 대한 경고

집에서 사용하는 모든 물을 깨끗하게 관리하는 일을 소홀히 해서는 안 된다. 가장 조심해야 할 물질은 불소화합물이다.(5장, "방어기능의 붕괴" 참조) 식수 공급원에 이 해로운 화학 물질이 들어가면 안 된다. 만약 화학 물질을 제거 하지 못한다면, 특별한 예방 조치를 해야 한다. 염소와 달리, 불소화합물은 물을 끓여도 제거 되지 않는다! 제거하는 유일한 방법은 증류를 하는 것이다.(9장, "거슨식 주거 환경" 참조)

불소화합물은 샤워를 하는 물에도 함유되어 있다. 샤워를 하는데 시간이 오래 걸리진 않지만, 따뜻한 물은 짧은 시간의 노출에도 피부의 모공을 열어 물 속에 포함된 나쁜 성분이 빠르게 흡수 되게 한다. 이 문제에 대한 두 가지 해결책이 아래 제시 되어 있다.

- 샤워 대신에 약 4리터 정도의 따뜻한 증류수를 대야나 욕조에 받아 젖은 스펀지로 씻는 간단한 목욕을 한다.
- 욕실에 캠핑 샤워(캠핑 시에 샤워를 할 수 있도록 물을 담고 있는 기구)를 설치하고 따뜻한 증류수로 채워라. 인터넷 상에 자세한 설명과 함께 다양한 모델들과 기구의 가격을 볼 수 있다.

읽는 것에 주의하라.

지식은 힘이다. 따라서 정보에 밝은 환자는 올바른 선택을 할 것 같아 보인다. 그러나 방대하게 증가하고 있는 소위 건강서라고 불리는 책들과 식이요법 책들은 모순된 이론들과 조언들로 가득 차 있으므로 위험성이 있다. 포용력 갖고 새로운 것들을 배우는 것을 좋아하는 환자들은 구할 수 있는 모든 건강서를 다 읽고 난 후 혼란스러워한다. 비록 많은 종류의 영양 섭취 방법들이 적어도 어느 한 부분은 거슨요법에 기본을 두고 있지만, 어떤 방법들도 작가의 편견과 주관적인 생각으로부터 완전히 자유롭지 못하다.

10권의 건강서적을 읽는다면, 12가지 다른 견해들을 얻게 될 기회를 가지게 될 것이다. 슬프게도, 자신이 읽고 알게 된 "항암성" 물질을 거슨요법에 추가하였던 사람들은 건강을 회복하지 못하였다. 읽었던 모든 것을 깨끗이 잊어버려라. 여러분들이 거슨요법을 사용하기로 결심 하였다면, 열심히 최선을 다해 거슨요법만을 따를 것을 스스로에게 다짐하라. 그렇게 하는 것이 가장 오래 지속되는 최상의 결과를 가져올 것이다.

비용 절약

어느 누구도 거슨요법이 노동집약적이라는 사실을 부인할 수는 없다. 가끔은 거슨요법이 정말로 힘들게 느껴질 수 있다. 그럴 때, 환자들이나 돌보는 사람들은 정해져 있는 과정을 바꾸어(예를 들어, 처방된 대로 매 시간마다 신선한 주스를 만들기 보다 하루 동안의 마실 주스를 한번에 준비하여 냉장고에 보관하는 것과 같은) 일을 더 쉽게 하고 싶다고 느낄지 모른다. 신선한 주스에 들어있는 중요한 효소들은 약 20분 정도의 수명을 갖고 있기 때문에 일을 쉽게 해 보려고 하는 생각은 치료과정을 방해하여 실패를 불러온다. 약 20여분이 지나면, 미네랄, 미량 원소, 대부분의 비타민들은 주스에 남아 있지만, 살아 있는 효소와 효소의 치유 능력은 잃게 된다.

환자들이 거슨 프로그램의 재료들을 구하기 힘들어지는 때가 발생하면, 또 다른 유혹이 발생하게 된다. 잠시 동안 비슷한 역할을 하는 다른 재료를 대신하여 쓰고 싶은 유혹이다. 이런 경우에는 환자에게 극도의 주의가 요구된다. 예를 들어, 유기농 당근이 없다면, 어떠한 상황에서라도 유기농이 아닌 것을 주스 만드는데(또는 먹는데) 사용해서는 안 된다. 상업적으로 길러진 당근에는 농약이 들어있다. 세척하고 껍질을 벗기는 것으로는 독성이 제거 되지 않는다. 긴급한 경우라면, 유기농 당근이나 사과로 만든 병에든 주스를 섞어 사용할 수 있다. 그러나, 이 대체물은 임시방편으로만 사용해야 하고 정해진 거슨요법의 과정에 넣어서는 안 된다.

콜라겐 질병으로 고통 받고 있던 한 여성 환자는 이를 어겨 치료에 실패하였다. 그녀는 유기농 당근이 완전히 없어지기 전까지 거슨 프로그램을 잘 따르고 있었다. 그러나 유기농 당근이 떨어지자, 그녀와 남편은 구하기 어려운 당근을 대체하기 위해 오렌지 주스를 사용하기로 하였다. 갓 짜낸 오렌지 주스를 하루에 8잔씩 마시기 시작하였다. 과거의 경험에 의하면, 오렌지를 사용하는 것은 거슨요법을 하는 모든 환자들에게 악영향을 주었다. 감귤류 과일들은 콜라겐 질병과 맞지 않아 금하는 음식이기 때문에 피해가 크다. 결국, 이 여성의 건강은 매우 악화되었다.

덧붙이는 말

토마스 제퍼슨(Thomas Jefferson)은 "자유의 대가는 무한히 조심하는 것이다"라고 하였다. 몸의 치유에 대한 대가도 동일하다. 그 대가란 함정을 피하기 위해 무한히 조심하는 것, 유혹에 저항하는 것, 여러분들이 하고 있는 것을 이해하지 못하는 호의를 지닌 사람들의 원하지 않는 조언을 거절하는 것이다. 여러분들은 자신이 무엇을 하고 있는지, 왜 하고 있는지를 알고 있다. 무엇보다 그 사실이 중요하다.

*참고자료

1. Anna E. O. Fisher and Declan P. Naughton, "Iron supplements: the quick fix with long-term consequences," Nutrition Journal 3(2)(Jan. 16, 2004).

제 **22** 장

질문과 응답

거슨요법은 기존 의학에서 사용하는 일반적인 약물 투여와 증상 중심 접근법과는 기본적으로 매우 다르다. 이러한 이유 때문에 거슨요법을 처음 접하는 사람들은 몇 가지 세부 사항들에 혼란스러워 한다. 따라서 그 규칙들이 필요한 이유들을 아는 것이 중요하다. 한번 이해하게 된다면, 거슨요법의 규칙들이 매우 논리적이라는 것이 증명될 것이다. 아래에 자주 묻는 질문들을 무작위로 선별하여 적절한 해답과 함께 실었다.

질문 | 스프를 끓일 때 팬의 바닥에 물을 넣어 짧은 시간 동안 데치도록 하지 않고 왜 야채를 오랜 시간 동안 조리하여 숨을 죽이려 하는가?

답변 | 거슨 박사는 야채를 조리하는 데 가능한 가장 낮은 열을 사용하도록 정하였다. 증기는 끓는 물 보다 더 뜨겁다. 그리고 높은 열은 단백질뿐만 아니라 미네랄과 같은 영양소의 콜로이드 구조를 변화시켜 신체가 영양소를 흡수하고 동화하는 것을 어렵게 만든다. 따라서 거슨 박사는 심지어 열 분산기를 팬 아래에 두어 열이 천천히 음식을 익힐 정도로만 유지되도록 하였다.

거슨 박사가 제시한 방법은 "음식의 숨을 죽이는 요리"가 아니다. 손상되는 영양소는 오직 60°C의 온도를 넘으면 죽는 효소들뿐이고, 환자들은 잃은 효소를 보충하기 위해, 신선한 생 주스를 마셔 많은 양을 공급 받는다. 낮은 열은 단백질과 미네랄 구조, 몇몇의 비타민을 보존 시킨다.

미네랄과 같은 좋은 영양소가 물에 녹아내려 조리된 야채에는 영양소가 거의 없으므로 팬에 남아있는 물도 사용해야 한다. 증기를 쐬어 조리한 야채가 맛이 거의 없는 것도 이 때문이다. 가능한 가장 낮은 열로 음식을 천천히 조리해야 하는 또 다른 이유는 환자가 섭취해야 하는 모든 생음식과 주스를 자극 없이 흡수하도록 "부드러운 섬유질"을 공급하기 위해서 이다.

질문 | 상당히 많은 양의 비타민 B_3와 B_{12}를 이용하기 때문에 비타민 B의 균형을 위해 비타민 B 복합 보조식품을 사용하는 것은 어떤가?

답변 | 거슨 박사는 저서에서 환자들에게 비타민 B_1과 B_6를 처방했을 때 상태가 나빠졌다고 말한다.[1] 엄청난 양의 주스와 신선한 음식들로 이루어진 거슨프로그램은 균형이 매우 잘 맞아 더 이상의 보충제를 필요로 하지 않는다.

질문 | 언제 유기농 콩 제품을 식단에 넣을 수 있는가?

답변 | 짧게 답하면, '절대 안 된다'. 콩 제품들은(예를 들어, 두부, 콩가루나 소스) 영양분의 흡수를 막는 물질과 높은 지방 성분을 포함하고 있다. 수 많은 연구들이 유기농 재배를 한 콩일 지라도 독성이 있음을 증명해 내고 있다. 그리고 유방 암을 막는데 콩이 유용하다는 널리 알려진 주장은 입증 되지 않았을 뿐만 아니라 사실과는 반대라는 것이 판명 되었다. 콩은 악성 종양을 촉진시킨다.[2]

질문 | 탄수화물과 과일을 함께 먹지 말고 다른 적절한 음식들과 섞어 먹

는 것이 건강에 좋을 것 같은데, 왜 거슨요법에서는 그렇게 하지 않는가?

답변 | 동물성 단백질과 나트륨(소금) 함량이 높은 일반적인 식단에 적절한 음식을 섞어 먹는 것은 대개는 유용할 것이다. 그러나 거슨요법의 음식들이 채식 위주이고 모든 야채는 어느 정도의 탄수화물을 포함하고 있기 때문에, 탄수화물과 채식을 구분할 필요가 없을 뿐만 아니라 가능하지 않다.

질문 | 면역 체계를 강화시키는데 도움을 주는 비타민C와 E 보조제를 왜 먹지 않는 것인가? 매일 한 잔의 오렌지 주스로는 충분하지 않은 것 아닌가?

답변 | 오렌지 주스만이 비타민C를 함유하고 있다는 생각은 흔한 오해이고, 사실은 절대 그렇지 않다. 거슨 프로그램에서 사용되는 주스는 오렌지 주스보다 비타민C 함량이 높으므로 환자들은 매일 많은 양의 비타민C를 섭취 한다. 신선한 샐러드와 과일에 비타민C가 더 풍부하다. 거슨 박사는 별도의 비타민을 환자들에게 제공해서는 안 된다고 주장하였다. 우리는 제조된 인공 비타민과 미네랄은 잘 흡수 되지 않고 심지어 환자들에게 해가 될 수 있다는 사실을 확인하였다.

질문 | 감자와 토마토는 가지과 식물에 속하기 때문에 많은 식단에서 금지되고 있다. 그런데 그 두 가지가 왜 거슨요법에는 가장 많이 사용되는 식품인가?

답변 | 그것들은 거슨요법에서 가장 많이 사용되는 식품이 아니다! 가장 많이 사용되는 품목은 주스를 만들기 위한 당근, 사과, 푸른 야채들이다. 감자는 단백질 뿐만 아니라 칼륨이 있어 영양분이 높고 쉽게 소화된다.(쌀보다 훨씬 낫다) 토마토도 면역 능력을 증가시키고 최근에 광범위

하게 연구되고 있는 강력한 항산화제인 리코펜을 비롯하여 비타민과 미네랄을 포함하고 있어 유익하다.3 고추, 가지와 같은 다른 가지과 야채들도 사용하며 절대로 독성을 나타나지 않는다.

질문 | 보통의 환자에게 호전반응이나 치유반응이 몇 번 정도 나타날 수 있는가?

답변 | 호전반응이 나타나는 횟수는 가늠하기 어렵다. 신체는 치료에 필요한 만큼 호전반응을 보인다. 규칙에 따르면, 첫 번째 호전반응은 집중적인 치료를 시작한 후 **6~8일**정도 후에 나타난다. 두 번째는 보통 **6주** 후에 나타난다. 가장 심각한 세 번째 반응은 **3~3.5개월** 후에 발견된다. 화학요법을 받았던 환자들의 경우, 거슨요법 실행 후 약 **6개월** 뒤 반응이 나타날 수 있다. 시기는 고정되어 있지 않고, 단지 개개인의 사례에 따라 매우 다양한 시간 간격으로 치유반응이 나타날 것이라 본다.

질문 | 두통은 좋은 징조인가?

답변 | 전혀 그렇지 않다. 두통은 신체가 과한 독성을 배출할 때 나타나는 호전증상이다. 그러한 경우, 해독의 속도를 높이기 위해 추가 커피관장을 해야 한다. 몇몇 드문 경우엔, 독성이 너무 강해 관장이 두통을 덜어주지 못한다. 그때에는 추가 관장이 필요하다. 거슨요법의 치료가 진행됨에 따라, 환자들을 여러 해 동안 괴롭혔던 두통은 영원히 사라지게 된다. 거슨요법 후에 두통이 재발한다면, 환자가 독성 물질이나 부적당한 음식에 노출되었음을 말해준다. 따라서 신속하게 해로운 음식을 피해야만 한다.

질문 | 환자들은 언제쯤 더 나아지고 더 많은 에너지를 느끼기 시작하는가?

답변 | 중증의 환자들을 포함한 거의 모든 환자들은 거슨요법을 시작한

첫 주 후부터 기분이 나아진다. 그리고 통증이 사라지고, 입맛이 돌아오며 잠이 늘어난다. 종양이 작아지거나 부드러워지기도 한다. 이 모든 현상은 심리적인 상승 효과를 가져온다. 또한 불편한 몇 일 간을 보내야 할 치유반응이 곧 닥쳐올 것이라는 것을 알려주는 것이기도 하다. 에너지 상승은 연령과 환자의 상태에 따라 **3~6개월** 내에 일어난다. 이때, 환자가 계속 휴식을 취하고 활동을 하지 않는 것이 가장 중요하다! 새로운 에너지는 다른 활동이 아닌 오직 치유에만 사용되어야 한다. 근육을 키우고 잃은 운동 시간을 채울 수 있는 많은 시간이 나중에 생길 것이다.

질문 | 거슨요법 환자들은 운동을 위해 얼마나 많은 에너지를 사용할 수 있는가? 그들은 치료를 위해 모든 에너지를 저장할 필요가 없지 않는가?

답변 | 모든 것은 환자의 상태에 달렸지만, 매우 신중을 기하는 것이 현명하다. 최악의 경우, 불치의 병을 앓고 있는 환자는 전체적이고 완벽한 휴식(예를 들어 전혀 운동을 하지 않는 휴식)이 처음 몇 개월간 필요하다. 거슨 병원에 도착한 후, 환자들은 자주 에너지 감소를 경험하고, 이것이 (동물성) 단백질의 부족 때문이라고 추정한다. 물론, 이 생각은 잘못된 것이다. 거슨요법의 식단은 쉽게 흡수되는 식물성 단백질이 높게 함유되어 있어서 환자들에게 필요한 영양분을 충분히 공급한다.

거슨요법 초기에 체력이 약해지는 것은 다양한 치유 과정으로 인한 것이다. 즉, 독성물질이 신체조직과 파괴된 종양조직에서 흘러나와 밖으로 배출되기 전에 혈류를 통해 순환하기 때문이다. 신체는 명백히 스스로를 치료하기 위해 전력을 다하고, 모든 에너지를 필요로 한다. 진행되고 있는 질환을 겪고 있는 환자들의 경우, 적어도 **3~5 개월** 간 운동은 완전히 금지 되어야 한다. 일반적으로 **6개월** 후가 되면 환자들은 에너지가 증가하는 것을 경험한다. 이때, 운동을 삼가하는 것이 그 어느 때보다 중요하다. 새로운 에너지를 잘못 사용하면 계속적인 치료 과정을 심각하게 방해하게 되기 때문이다.

운동은 처음에 걷기를 5분을 넘지 않게 따뜻한 날(즉 여름의 더위나 겨울의 매서운 바람은 안 된다!)에만 하도록 한다. 3~4주가 지나면 10분 정도로 신중하게 늘일 수 있다. 미니 트램폴린을 시작하는 것도 가능하지만 몸을 움직이지 않고 12번 정도를 올리고 내리는 것을 하고 나중에는 거의 움직임이 없는 걷기를 하게 된다.

회복 중인 환자들은 서서히 운동 프로그램의 단계를 올릴 수 있다. 매우 피곤하거나 휴식 후에 잘 회복 할 수 없으면 편안할 정도의 낮은 수준으로 시간을 줄여야 한다. 부드러운 하타요가만으로도 피곤할 수 있다. 운동을 위해 치료를 포기하는 것이 절대 현명한 일이 아님을 환자들도 잘 알고 있다. 완전히 회복된 후는 쉽게 근육의 힘을 다시 키울 수 있다.

질문 | 왜 환자들이 감기에 걸리지 않도록 하는 것이 매우 중요한가? 약한 감기가 무슨 해가 되겠는가?

답변 | 암 환자는 심각하게 손상되고 약해진 면역체계를 갖고 있다는 것을 생각해야만 한다. 강한 면역체계를 갖고 있다면 암이 생길 수가 없다! 집중적인 거슨요법으로, 때가 되면 면역체계는 회복될 것이다. 길게는 1년이 걸리기도하는 그때까지는 바이러스 감염으로 인한 감기나 독감은 위험 요소가 된다. 회복 중인 면역체계는 감기나 독감을 쉽게 처리할 수 없기 때문이다.

바이러스는 또한 건강한 세포에 침입하여 암이 정상 세포의 유전적 구조를 바꾸듯이 유전자를 변형 시킨다. 이렇게 변화된 유전자는 종양 형성 유전자라고 불린다. 면역체계가 충분히 회복되기 전에, 환자가 바이러스의 침입을 당하면 위험하다. 오존처리, 부가적인 면역 증강제, 셀레늄으로 치료를 받아야만 하는 생명을 위협받는 상황이 발생하게 된다. 따라서, 두말 할 것 없이 예방이 훨씬 바람직하다. 환자 주변에 감기나 독감에 걸린 사람, 특히 어린이들이 오지 않도록 하여야 한다.

주의 : 환자가 감기나 독감에서 완쾌되었다 하더라도, 종양 조직이 다시 생기거나 자랄 가능성이 있다.

질문 | 커피관장의 목적이 배설을 촉진하는 것이 아니라고 하지만 하루에 5번 규칙적으로 하면 배설이 촉진된다. 그런데 왜 끔찍한 피마자유도 먹어야만 하는가?

답변 | 심각하게 아픈 암 환자들은 보통 무서운 독성을 가진 종양 조직을 갖고 있다. 회복되고 있는 면역체계가 종양 조직을 공격하여 많은 양의 독성이 혈관으로 방출된다. 혈관으로 방출된 독성물질은 간에 모이게 되고 결국 몸 밖으로 배설 되기 위해 소장으로 들어온다. 대부분의 사람들은 매일 5번의 규칙적인 관장에도 불구하고 간/담즙계에서부터 항문으로 이동하는 데에 많은 시간이 걸릴 수 있다는 것을 모른다. 이동 하는 시간 동안, 신체는 독성 물질 중 일부를 다시 흡수하는 것이 불가피하다.

피자마기름은 이러한 상황을 해결하기 위해 필요하다. 기름은 결장만이 아니라, 전체 장을 빠르게 청소한다. 특히 재흡수가 이루어지는 소장을 깨끗하게 한다. 이런 청소는 종양 조직을 갖고 있는 사람들에게만 유익한 것이 아니라 엄청난 양의 독성 물질들을 섭취하는 현대의 생활 방식 때문에 아픈 환자들 누구에게나 도움이 된다. 피자마유 관장을 하지 않고도 회복할 수도 있으나, 피자마유를 복용하면 해독을 촉진하여 완치에 걸리는 시간을 단축한다.

질문 | 화학요법을 받으면서 동시에 거슨요법을 할 수 있는가?

답변 | 화학요법에 사용되는 약물로 신체에 독을 넣으면서 동시에 거슨요법의 커피관장, 주스 등으로 해독을 한다는 것은 모순처럼 보인다. 따라서 두 가지 접근법 사이의 차이가 너무 크기 때문에 화학요법을 실패한 후 거슨요법을 시작한 환자들은 적어도 6개월 간은 신체의 점진적인 해독을 위해 간소화된 거슨 프로그램을 시행해야 한다. 화학요법을 받는 동안 가끔씩 거슨 식단으로 음식을 바꾸고 하루에 3잔의 주스와 한번의 관장으로 체력을 보완할 수 있다. 그러나 이것이 거슨요법을 실시하는 것이 아니라는 점은 알고 있어야 한다.

질문 | 거슨요법이 그렇게 효과적이라면 왜 의학계가 거슨요법을 인정하지 않는가?

답변 | 잘 알고 있듯이, 강력한 제약 회사들은 전통의학계를 점령하고 있다. 심지어 제약 회사들은 의과대학교에 상당한 기부를 하면서 학생들에게 가르치는 내용까지 통제하고 있다. 즉 증상을 억제하는 약에 대해서 배우도록 한다. 대중요법의 약물로는 증상은 없애지만, 완전 치유를 할 수는 없다. 따라서 만성 퇴행성 질병들을 "불치"로 규정하게 된다. 거슨요법은 전체적인 대사장애, 면역체계의 손상, 장기의 손상과 같은 근본적인 문제들을 치유한다. 따라서 약을 사용하지 않도록 하여 신체가 치유되어 건강을 회복하게 해준다. 거대한 제약 회사들이 팩에 든 당근과 같은 자연적인 유기농 식품으로는 이윤을 낼 수가 없으므로, 온 힘을 다해 자연요법과 맞서고 있다는 것이 문제이다. 제약 회사들은 대중들이 현재 벌어지는 변화를 이해하기 시작하였다는 것을 알고 있다.

질문 | 수 많은 종류의 암이 존재한다. 어떻게 한가지 요법이 그 모든 종류의 암에 적절할 수 있는가? 전문화에 대해선 어떻게 생각하는가?

답변 | 신체가 독성, 지속된 염증, 유전적 또는 다른 이유로 심각하게 손상되었을 경우, 보통 가장 약한 부분이 파괴된다. 파괴된 부분은 암과 같은 이상 세포가 성장하게 하여 많은 종류의 악성 질병을 일으키게 된다. 그러나 거슨요법은 전체 유기체에 작용하여 이질적인 악성 조직을 공격하고 파괴할 수 있도록 신체의 방어력을 재생시킨다. 건강한 면역체계는 이름, 원인, 장소에 관계없이 이러한 "이질적인" 조직을 죽이고 제거한다! 물론, 개인적 필요에 따라 프로그램에 있어서 중요하지 않는 작은 부분은 세밀한 조정이 가능하지만, 그 이상의 전문화는 잘못된 것이다. 핵심적 결론은 미네랄 균형, 호르몬 체계, 필수 장기들, 면역 체계를 비롯한 모든 신체 체계가 치유될 때 완전한 치유를 보장한다.

질문 | 거슨요법은 어린 아이들에게 사용될 수 있는가? 아이들에게 알맞도록 양을 어떻게 줄여야 하는가?

답변 | 거슨요법은 어린 아이들에게도 사용 될 수 있다. <암 식사요법: 50사례의 임상결과(A Cancer Therapy: Results of Fifty Cases)>의 15번째 환자가 8개월 된 아이였던 것처럼 어린 아이들에게도 효과가 있다.[4] 물론, 그 이후로 우리는 걸음마를 시작하는 유아에서부터 10대들에 이르기까지 많은 아동들을 성공적으로 치료하였다. 시행 방법은 몸무게에 따라서 알맞게 어느 정도 양을 줄이면 되고, 주스를 마시는 것은 젖병을 사용 하면 무리 없이 잘 할 수 있다. 일반적으로 커피관장은 2~3살 전에는 필요 없다.

질문 | 아기가 당근 주스를 먹을 수 있는 최소 나이는 몇 살인가?

답변 | 어머니가 아플 때의 모유, 염소 젖, 두유, 유동식 등 모든 종류의 유제품에 알레르기가 있는 아기들이 있다. 그러한 아기들은 생후 몇 주 되지 않은 시기부터 유기농 당근 주스만으로 길러진다. 주스가 아기들에게 필요한 모든 영양분을 공급하여 건강하게 잘 자라게 한다.

질문 | 몇몇 사람들은 주사 바늘을 매우 겁낸다. 왜 그들은 B_{12}와 간추출액 엑기스를 주사가 아닌 입으로 먹을 수는 없는가?

답변 | 놀랍게도 주사 바늘을 무서워하는 사람들이 니코틴, 알코올과 같은 온갖 종류의 독과 독성이 있는 진통제와 다른 약들을 몸에 넣는 것은 두려워하지 않는다. 문제는 그들이 불치 병을 앓고 있을 때, 신체가 매우 약해져 있어서 암의 성장을 막기 위해 부족분을 채우기 위해서는 입으로 먹는 것만으로는 충분치 않다는 것이다. 영양보충을 위해 소의 간 분말을 사용하였으나 이것으로는 충분치 않다. 건강한 적혈구의 생산을 촉진하는데 필요한 B_{12}는 대부분 사람들에게 잘 흡수되지 않는다. 입으로 적절한 B_{12}의 흡수를 위해서는, 신체는 특별한 "유전적 요인"을 필요로 한다. 그러나 이를 갖고 있는 사람들은 거의 없기 때문에 근육 주사로 B_{12}를 더 빨리, 더 효율적으로 얻어야 한다.

그리고 주사를 "대둔근"(대부분의 의사들과 간호사들이 잘못 하고 있는 것처럼)이 아니라 "둔근"(거슨 박사의 지침에 따라)에 제대로 맞는다면, 전혀 고통이 없을 것이다.

질문 | 사탕무는 일반적으로 매우 건강에 도움이 되는 야채로 인식되는데, 왜 주스를 만드는데 사용해서는 안 되는가?

답변 | 사탕무는 건강에 도움이 되는 야채이고 주스를 만드는 용도로 사용해도 괜찮다. 그러나 거슨 박사는 이 채소가 매우 달기 때문에 사용을 기피한 것이다.(사탕무는 설탕 제품을 만드는데 사용된다) 또한, 사탕무는 장을 깨끗하게 하는 기능이 있는데, 이미 체계적인 해독을 하고 있는 환자들에는 더 이상 필요하지 않다. 가끔씩 적은 양을 야채로 먹는 것은 전혀 해가 되지 않을 것이다.

질문 | 최근에 나오는 유기농 제품들일지라도 과거의 것들에 비해서는 영양소 함유량이 낮다. 환자들이 비타민이나 미네랄 보충제를 섭취해야 하지 않는가?

답변 | 현재의 유기농 제품이 과거의 것보다 영양분이 없다는 것은 사실이다. 그러나, 제약회사가 보조제로 만들어내고 있는 인공 비타민과 미네랄은 대부분이 신체에 잘 흡수되지 않는다. 그리고 비타민 A와 E, 비타민 B 중 몇 종류는 매우 해롭다.[5] 비타민 A와 E는 생선기름과 콩기름에 들어 있다. 이것들은 종양 세포의 성장을 촉진하는 지방질이기 때문에 피해야만 한다. 비타민 B 중에서 중요하게 사용되는 것은 유일하게 B_3(나이아신)와 B_{12}이다. 거슨 박사는 지용성 비타민들은 대사를 방해하고, 환자에게 해를 끼친다고 밝히고 있다.

유기농 제품이 영양분이 낮을 지라도 매일 신선한 13잔의 주스를 병든 신체가 흡수할 수 있는 살아있는 형태의 비타민과 미네랄로 공급하면, 손상된 장기를 다시 재생하는데 충분하다. 제약 회사에서 만든 비타민과 미네랄, 심지어 식물을 원료로 만든 "유기농" 제품도 흡수가 잘되지 않아서 충분히 영양분으로 쓰이지 못한다. 이것이 새로운 영양 불균형의 원인이 된다.

질문 | 회복한 환자들이 1년 또는 2년 후에 일반적인 음식을 먹을 수 없는 이유는 무엇인가요?

답변 | 이론적으로, "회복된" 환자는 "일반적인" 음식을 먹는 것을 시작할 수 있었다. 그러나 무엇이 일반적인 것인가? 일반적인 음식이라는 것이 화학적으로 보존되고, 캔이나 병에 들어있고, 인공적인 향과 색상을 가진 냉동 식품을 의미하는가? 대부분 환자들은 더 이상 이런 음식을 원하지 않고, 이 음식들이 건강에 좋지 않으며 "일반적"이지도 않다는 것을 알게된다. 무엇보다 자신들을 고통스럽게 했던 음식을 다시 먹고 싶어하지 않는다! 다음 질문은 어떤 환자가 "회복된" 환자인가라는 점이다. 장기가 완전히 회복되었지만, 독성이 있는 가공식품을 섭취하여도 면역 체계가 제대로 기능할 수 있는지 없는지, 방어력이 사라지거나 다시 약해졌는 지 그리고 얼마나 빨리 약해질 것인지 알기란 쉽지 않다.

육류와 모든 동물성 식품들(예를 들어, 치즈와 모든 유제품, 생선, 가금류, 달걀)은 열에 손상되며, 유익한 영양분을 제공하기 보다 건강에 많은 해를 끼치는 단백질을 만들어 낸다는 것을 보여주는 많은 자료들이 있다.[6]

질문 | 회복된 환자에게 어떤 생활방식의 변화를 권해야 하는가?

답변 | 환자는 가정에서 이용하는 화학제품(예를 들어, 세정제, 표백제, 용매, 광택제, 페인트)들에 독성이 있으므로[7] 피해야 한다는 것을 명심해야 한다. 또한, 피부에 발라 혈액으로 들어가는 대부분의 화장품들은 독성이 있기때문에 사용하지 말아야한다.[8] 겨드랑이에 땀이 나는 것을 막기 위해 사용하는 젤, 크림, 스틱 등이 특히 해롭다.[9] 건강한 땀은 전혀 냄새가 없다. 신체는 땀을 흘려서 해독을 하려고 하는데 이것을 막으면 독성이 림프계로 되돌아 가게된다.(제5장 "방어기능의 붕괴" 참조)

질문 | 얼마 동안 거슨요법을 계속 해야 할 것인가? 종양이 사라질 때까지 얼마나 걸리는가? 운동을 하고 음식을 먹을 수 있을 때까지 얼마나 걸리는가?

답변 | "얼마 동안"이라는 질문에 대한 확정적인 답변은 할 수 없다. 전적으로 개인적인 상황과 상태에 달려있기 때문이다. 종양 크기, 종양의 퍼진 범위, 환자의 나이, 약물이나 수술, 정크푸드, 흡연, 파괴적인 습관으로 인한 환자의 손상 정도, 환자와 가족들이 얼마나 충실하게 거슨요법을 따랐는지에 따라 기간은 달라진다.

몇 주 혹은 몇 개월이라고 정확한 답은 불가능하지만, 해군 출신인 아들 하워드가 얻은 답이 적절하지 않을까 한다. 하워드가 높은 물결 때문에 잠시 동안 물에 잠긴 잠수함의 함교에 매달린 상황에 부딪혔을 때, 고참장교에게 "얼마 동안이나 내가 숨을 참아야 합니까?"라고 물었다. 고참장교는 잠시 머뭇거리다가 신참인 하워드에게 간단하게 말하였다. "물결이 낮아질 때까지!"

질문 | 당근 주스는 설탕이 많이 들어가 있다. 몇몇의 자료를 통해, 당근 주스가 종양을 키운다는 것을 들었다. 사실인가?

답변 | 과일과 야채는 실제 설탕은 아니지만 인간의 영양 섭취의 기본을 구성하는 복합 탄수화물을 포함하고 있다. 몇몇 전문가들의 잘못된 주장과는 다르게 당근 주스는 종양을 키우지 않는다. 만약에 그렇다면, 거슨요법을 받았던 모든 암 환자들은 죽었을 것이다!

당근 주스가 치료의 매우 중요한 부분을 차지하는 것은 사실이다. 당근 주스는 환자에게 해가 되기 보다는 체내에서 비타민 A로 전환되는 풍부한 베타 카로틴을 제공한다. 그리고 미네랄을 충분히 공급한다. 대부분의 필수 미네랄을 쉽게 흡수되는 형태로 함유하고 있다. 당근 주스는 식물성 단백질 함량도 높아 전체적 영양분을 공급하고 치유의 과정을 돕는 훌륭한 채소이다.

질문 | 거슨요법을 하는 2년 간 내내 관장을 사용한다. 환자는 관장에 영원히 의존하게 되는 건가?

답변 | 전혀 아니다! 관장의 목적이 장에서 대변을 제거하는 것이 아니라는 것을 명심해야 한다. 관장은 결장의 일부분까지만 도달하여 배설에는 관여하지는 않는다. 이것은 왜 몇몇 거슨요법을 실행하는 환자들이 관장을 하지 않는 때에도 정상적인 배설을 할 수 있는지를 설명해준다. 거슨요법을 시작하기 전에 변비가 있었다면, 거슨요법을 실행 한 후에는 간과 장이 완전히 회복되어 환자는 "규칙적인" 배설을 하게 된다.

관장이 회복된 배변의 "규칙성"을 위협하지는 않는다. 대부분의 경우, 거슨요법이 끝날 때쯤, 정상적인 배설이 원활하게 이루어진다. 예외적인 경우, 간과 장이 회복되어도 배변이 규칙적이지 않다면, 최악의 경우 환자가 매일 아침 강한 관장을 해야 한다. 거슨 박사가 정한 분명한 규칙은, "변을 보지 않으면 하루의 해가 절대로 지지 않는다!" 라는 말에 잘 나타나있다.

질문 | 거슨요법이 동물성 제품을 금지시키는데, 어디서 단백질을 섭취합니까?

답변 | 모든 단백질이 동물성 식품에만 있다고 믿는 것은 실수이다. 반대로, 대부분의 야채는 쉽게 흡수되고, 잘 소화되며 몸에 흡수되는 적절한

양의 단백질을 갖고 있다. 따라서 동물성 단백질을 과다하게 섭취하여 종양 조직을 키우고 신장을 손상시키고 다른 건강 문제를 일으키기 보다 야채의 특성과 성질 덕분에 거슨요법은 치유 기능을 한다. 거슨 식단의 중심을 차지하고 있는 당근 주스는 단백질이 풍부하다. 그리고 감자, 오트밀과 대부분의 야채들도 단백질이 풍부하다.

가장 힘이 세고 덩치가 큰 육상 동물들(예를 들어, 코끼리, 소, 오랑우탄, 들소)은 초식 동물이며, 풀, 초목, 나뭇잎, 과일로부터 단백질을 섭취하는 것이 절대 우연이 아니다.

*참고자료

1. M. Gerson, A Cancer Therapy: Results of Fifty Cases and The Cure of Advanced Cancer by Diet Therapy: A Summary of Thirty Years of Clinical Experimentation, 6th ed.(San Diego, CA: Gerson Institute, 1999), Appendix II, p. 418.
2. G. Matrone, et al., "Effect of Genistin on Growth and Development of the Male Mouse," Journal of Nutrition(1956): 235-240.
3. "Tomatoes, Tomato-Based Products, Lycopene, and Cancer: Review of the Epidemiologic Literature," Journal of the National Cancer Institute 91(4)(Feb. 17, 1999): 317-331.
4. Note 1(Gerson), supra, p. 306.
5. Ibid., Appendix II.
6. T. Colin Campbell and Thomas M. Campbell II, The China Study : Startling Implications for Diet, Weight Loss and Long-term Health(Dallas: BenBella Books, 2005).
7. "Toxic Household Products," University of California, Santa Barbara Tenants Association(http://orgs.sa.ucsb.edu/tenants/hot_topics_files/safe%20chemicals.pdf).
8. Molly M. Ginty, "FDA Failing to Remove Toxic Chemicals from Cosmetics"(posted Jun. 1, 2004), Health & Environment, Organic Consumers Association(www.organicconsumers.org/bodycare/fda060104.cfm).

9. K. McGrath, "An earlier age of breast cancer diagnosis related to more frequent use European Journal of Cancer Prevention 12(6)(December 2003): 479-485.

제23장
거슨요법 시행 후의 생활

　이제 거슨요법으로 생명을 위협하는 질병을 이겨내는데는 오랜 시간과 어려운 과정, 용기, 인내와 끈기가 요구되며, 동시에 작은 노력도 확실하게 보상을 받는다는 점을 명확하게 이해하였을 것이다. 그리고 잠재적인 심각한 질병과 싸우는 거슨요법은 오래 건강하게 살 수 있는 미래를 위한 좋은 투자이다. 우리는 많은 질병들과 육체적, 정신적 쇠퇴를 가져올 것이라 추측했던 나이가 지나도록 좋은 건강과 활력을 유지하며 살고 있는 많은 환자들의 기록을 갖고 있다. 생명을 구하고 강력한 재활법이라고 주장할 수 있는 요법들은 많지 않다.

　환자가 적절한 시기에 거슨요법을 중지하려고 할때에는 많은 주의를 기울여야 한다. 적절한 시기를 결정하는 것은 어려운 문제이다. 필수 장기들이 재생되기 전에 너무 일찍 멈추는 것은 병의 재발을 가져올 수 있기 때문이다. 거슨 박사 생존시에는, 암에 걸린 후 약 18개월 이 지나면 신체의 방어 기능이 회복되었지만, 오늘날에는 18개월이라는 시간으로는 충분치 않다. 현대 세상에는 50년 전 보다 훨씬 더 많은 독소가 존재하기 때문에 사람들은 더 심각하게 손상 받고 있다. 그 결과, 암 환자들이 거슨요법으로 회복하는데는 2년 정도의 시간이 걸린다. 거슨요법을 시행하기 전에 화학요법으로 미리 치료를 받았던 환자들에게는 2년도 충분하지 않을 수 있다. 이 환자들에게 시간 제한을 하는 것은 쉬운 일이 아니다.(18장 "화학 치료를 받은 환자나 허약한 환자에 대한 거슨요법 적용" 참조)

거슨요법으로 치료가 잘 되는 악성이 아닌 질병을 앓고 있는 환자들은 (19장 "악성이 아닌 질환의 치료 참조) 암 환자들에게 처방된 것보다 쉬운 요법을 1년이나 18개월 가량 실시하면 완치될 수 있다.

너무 빨리 거슨요법의 치료 과정을 끝내 버리는 것은 위험할 수 있지만, 길게 거슨요법을 계속하는 것은 전혀 해롭지 않다. 따라서 거슨요법은 점진적으로 멈추어야 하다. 환자에게 제공 되었던 주스, 관장, 약들을 천천히 점진적으로 줄여나가야 한다.(표 17-1 "전형적인 암 환자의 위한 시간대별 일과" 표 17-2 "전형적인 암환자의 연간 치료일정" 표 18-1 "화학요법을 받았거나 허약한 환자들의 시간대별 일과" 표19-1 "악성이 아닌 환자의 치료일정" 참조) 2년이 지나고 나면, 환자들은 하루에 8잔의 주스와 한 번의 관장을 하게 된다. 그리고 장 기능이 정상적이라면, 일주일에 한 번 또는 두 번의 관장을 한다. 이렇게 간소화 된 프로그램으로 두통, 변비, 또는 다른 증상 없이 편하게 느껴지면, 주스는 하루에 5잔~6잔 정도로 줄이고 관장을 중단 해도 된다. 치료 후에도 계속해서 매일 신선하게 만든 유기농 주스를 "건강 보험"으로써 몇 잔 마시는 것이 현명하다.

현명한 식습관

엄격한 식이요법에서 느슨한 식단으로의 변화는 주의가 요구된다. 거슨요법 치료 과정 동안, 신체는 최상의 영양물 섭취에 익숙해져 있다. 즉,

건강과 체력을 위해 필요한 모든 영양분을 제공받고 쉽게 소화되는 신선하고 깨끗하며 맛있는 유기농 채식에 익숙해져 있다. 건강에 좋은 식단을 소위 말하는 일상적인 다양한 음식들, 즉 육고기, 가금류, 치즈, 화학물질이 가득한 인스턴트 식품들로 바꾸는 것은 심각한 장애를 감수해야 할 지도 모르는 위험한 일이다.

우리의 경험에 의하면, 거슨요법을 통해 "깨끗한" 신체를 회복하게 된 환자들은 긴 치료 기간 동안 먹어서는 안 되는 "금지된 과실"을 떠올렸을 지도 모르지만, 쉽게 그런 음식에 유혹 당하지 않는다. 소금이 포함되지 않는 거슨요법을 따르게 되면, 염분이 높은 음식으로 인해 마비되었던 환자들의 미뢰(혀에서 맛을 느끼는 부분)가 회복된다. 환자들은 짠 음식들이 불쾌하거나 심지어 참을 수 없게 된다.(이것은 담배를 끊은 사람들이 다시 흡연을 쉽게 하지 않고, 심지어 흡연실에서 있는 것조차 힘들어 하는것과 비슷하다.)

물론, 회복된 환자의 모든 신체 기능이 건강해진 좋은 상태라면 연회, 결혼식, 생일잔치, 요란하지 않은 "술 파티"에 참여해도 괜찮다. 음식물 찌꺼기를 배출하고 다시 좋은 건강 상태가 되려면 몇 일 동안 매일 관장을 하고, 소화 효소를 먹어야 한다. 관장도구를 보관하는 상자를 버리지 않도록 해야한다. 두통, 치통, 초기 감기나 부정 수소(뚜렷하게 어디가 아프거나 병이 있지도 않으면서 병적 증상을 호소하는 것)를 앓고 있다면, 거슨요법에서 흔히 "뒤짚어 주는 커피"라 불리는 커피관장이 도움이 될 것이다. 또한, 병에 든 주스는 피하고 노워크(Norwalk, 주스를 만드는 기계 상표명)나 다른 주스기를 사용한다. 병에 든 주스는 여러분들의 건강을 유지하는데 도움을 주지 않는다.

심하게 아팠던 환자들은 다시 되찾은 건강을 유지하려면 부가적인 예방 조치를 취해야 한다. 우리는 거슨요법에서 오랫동안 떨어져 있었던 환자들에게, 1년에 2번, 2주 동안은 다시 집중적인 완전한 거슨요법으로 되돌아갈 것을 제안한다.(봄과 가을, 계절이 바뀌는 시기가 가장 적당하다) 그 2주 동안, 하루에 10~13잔의 주스를 마셔야 하고, 신선하게 만들어진 유기농 음식만을 먹고, 동물성 지방을 피해야 하며, 매일 3번 이상의 관장을 해야 한다. 이렇게 엄격한 거슨요법으로 되돌아 온 후 신체가 호전 반응을 일으킨다면, 환자들은 금방 스스로 알 수 있을 것이다. 신체에 새로운 증상이 나타나지 않는다면, 환자는 잘 하고 있는 것이고, 2주 뒤면 이 "재충전 과정"을 멈출 수 있다.

지속적 시행

초기에, 거슨 박사는 회복한 환자들의 면역 체계를 최상의 상태로 유지하기 위해서는 식사의 75%를 "신체를 보호하는" 음식들로 구성하여야 한다고 제안하였다. "신체를 보호하는" 음식들은 영양소, 비타민, 미네랄, 효소가 많이 함유된 유기농 과일과 야채로 구성 되어 있다. 섭취하는 음식의 25%는 따로 정하지 않고 "마음대로" 섭취하게 하였다. 불행히도, 이제 자유롭게 선택하는 음식들이 매우 위험하기 때문에, 이런 기준은 더 이상 적용되지 않는다. 따라서 우리는 환자들이 90% 정도의 "보호하는" 음식을 섭취하고, 많아야 10% 정도의 음식만 자유롭게 섭취하도록 하고 있다.

10%의 자유를 가졌다 할지라도, 절대로 살충제, 식품 첨가물, 다른 다양한 독성 물질을 포함하고 있는 패스트푸드와 극단적으로는 핫도그, 양념된 고기, 방부제 처리가 된 소시지, 치즈 등 애초에 그들의 건강을 나쁘게한 음식들로 되돌아가서는 안 된다. 그러나, 경솔한 행동으로 몇몇 유해한 음식물을 섭취하였다면, 몇 주 동안 완벽한 거슨요법으로 다시 되돌아가야 한다. 거슨요법을 통해 신체를 깨끗이 하여 장기간 손상의 위

험에서 벗어나는 것이 현명하다. 술을 마시는 것은 매우 조심해야 한다. 아주 가끔 적은 양의 와인은 즐겨도 되지만, 그 또한 유기농일 경우에 한해서이다. 살충제를 자주 뿌린 포도로 만들어진 대량 생산된 와인은 피해야 한다

여러분들이 무엇을 피해야 할지, 그리고 무엇을 계속 해야 할지를 알고 있다면 거슨요법을 지속적으로 행하는 것은 쉽고 즐거운 일상이 될 것이다. "거슨요법 시행 후에 삶이 있는가?"라는 질문의 답은 명백하게 '있다'라고 할 수 있다.

제 3 부
치료에 필요한 추가정보

여러분들이 거슨요법을 사용하여 최상의 결과를 얻는 데 도움이 될 만한 조언과 정보, 그리고 격려가 될 만한 내용을 세심하게 선택하여 실었다. 지금까지는 주로 신체의 치유와 보살핌에 집중해 왔다. 그러나, 신체, 마음, 감정, 영혼은 서로 따로 떨어질 수 없다. 이들은 더 큰 전체의 부분들이기때문에 전체적으로 함께 다뤄져야 한다.

따라서 우리는 거슨요법을 실행하는 환자들이 심리적으로 필요한 것에 대한 정보와 스트레스와 긴장을 극복하는데 유용한 기술들도 많이 다루어왔다. 대증요법의 측정 방법과는 다른 거슨요법의 관점에서 정기적으로 하는 혈액과 소변검사의 결과를 분석하는 방법을 배워 치유 과정을 체크할 수 있도록 자세히 설명하였다.

마지막으로, 다양한 종류의 말기 암에서 회복되어 활동적이고 건강한 삶을 영위하고 있는 거슨요법을 받은 환자들의 이야기를 소개한다. 치유된 환자들처럼 다양한 거슨 음식을 즐길 수 있도록 열정과 사랑을 갖고 실험을 통하여 검증된 조리법도 소개하고자 한다.

제 24 장
거슨요법을 받는 환자들을 위한 심리적 지원

비타 비숍(Beata Bishop)

비타 비숍은 경험이 많은 심리치료사이자 카운슬러이며, 거슨요법을 통해 악성피부암을 극복한 환자로, 1983년 이후 암과 심각한 퇴행성 질환을 앓고 있는 수 많은 사람들과 함께 일해왔다.

거슨요법을 실행하고 있는 환자들과 거슨요법에 관심을 갖고 있는 이들은 종종 거슨 박사의 획기적인 저서[1]에서 치료의 정신적인 영역이 다른 부분들과 다르게 자세히 다뤄지 지 않는다는 점에 의문을 가진다. 자세히 취급하지 않는 생략의 이유는 간단하다. 첫 번째 이유는, 거슨 박사가 다른 모든 고려사항은 배제하고 의사-과학자의 견해에서 책을 집필했기 때문이다. 또 다른 이유로는, 암으로 고통 받는 환자의 정신적인 부분을 전문적으로 돌보는 심리학의 한 영역인 정신종양학은 거슨 박사의 사

후인 1960년 초까지 나타나지 않았다. 그러나 현재 의학계에서 암 환자의 심리를 진료하는 정신종양학은 전체적인 접근법의 모든 치료 프로그램에 포함될 필요가 있는 중요한 전문분야로 발전되어 왔다.

전체적 의학은 몸과 마음이 동전의 양면이라는 관점에 바탕을 두고 있다. 이 둘은 함께 아프기 때문에 함께 치료되어야 한다는 주장이다. 몸과 마음 중 한 쪽에 영향을 미치는 것은 나머지 한 쪽에도 영향을 미치게 된다는 것이다. 이 전체적 의학은 거슨요법과 밀접한 관련을 가진다. 즉, 강력한 거슨요법은 몸을 넘어서 환자의 마음까지 그 영향을 미친다.

치유되는 동안 주스와 음식, 그리고 커피관장은 평범한 환자에게 강한 감정적 반응과 동요를 수반하며, 환자에게 알 수 없는 행동을 하게 만들고 뇌와 중추신경계에 까지 영향을 준다. 이렇게 하나이지만 하나가 아니기 때문에, 치료 과정에서의 정신적 영역은 충분히 이해되어야 하고, 적절하게 다루어져야 한다. 정신적인 부분을 제대로 이해하지 않고 무시하는 것은, 치료과정을 방해하는 억압된 정신적 문제들을 초래할 위험이 있다.

몸과 마음은 삶의 매 순간 상호작용하면서 밀접한 영향을 미치기 때문에, 두 영역이 항상 건강한 상태에 있도록 노력하는 것이 바람직하다. 신체에 뚜렷한 영향을 주는 거슨요법이 정신 즉, 감정과 욕구 등 내면 세계에는 어떤 영향을 줄까? 감정과 욕구를 건강한 상태로 유지하는 것이 정말 중요한 이유를 설명하고자 한다.

지금은 환자의 기분, 감정, 일반적인 생각이 면역체계에 직접적이고 측정 가능한 영향을 미치고 있다는 것을 보여주는 과학적 증거가 존재한다. 증거는 새로운 의학 전문분야로 뇌화학과 유기체의 세포질 수준에 존재하는 미세한 연결관계를 밝혀 낸 후 1970대 후반부터 빠르게 성장하고 있는 정신신경 면역학(PNI)에서 나왔다. 간단히 말하자면, 대뇌 변연

계와 중추신경계는 전신에 위치하고 있는 수용기에 알맞은 특정 호르몬을 분비한다. 호르몬의 질에 따라 면역체계가 강해지거나 약해지게 된다. 이 호르몬의 질은 기분이나 신념, 자아상과 같이 우리가 느끼는 감정에 달려있다.

긍정적이고 희망을 가지고 단호하게 행동하면 면역능력을 강화시키는 반면, 절망이나 부정적 생각과 두려움은 면역 능력을 약화시킨다. 정신적 충격이 큰 일이나 지속적인 우울은 세포를 파괴시키고 정상적인 기능을 방해한다. 이런 관점에서 보면, 일상의 생각과 느낌은 생화학적 사건으로 볼 수 있다. 신경과학자이자 엔돌핀의 공동발견자인 칸다스 퍼트[2] 박사의 말에 따르면 "세포는 우리의 감정과 선택에 영향을 미치면서 서로 의사소통을 하는 의식적 존재이다." 우리가 느끼는 감정과 신념이 세포 활동에 영향을 미친다는 사실도 이에 못지 않은 진실이다.

두려움은 적이다

나는 거슨요법을 시행하여 회복한 환자이자 활동중인 심리치료사로서, 암 진단을 받는 순간의 감정적 충격을 잘 알고 있다. 암 진단은 고통, 충격, 분노와 포기, 그리고 강한 절망과 같은 격렬한 감정동요를 일으키는 커다란 정신적 상처이다. 더 고통스러운 것은 다른 사람들과 정상적인 일상생활에서 소외되었다는 고독감이다. 암 진단을 받은 환자에게 무엇보다 먼저 다가오는 마음을 짓누르는 감정은 두려움이다. 나는 내 자신의 경험과 지난 23년간 함께 했던 많은 환자들과의 경험을 통해, 마음을 짓누르는 이 깊은 두려움을 알고 있다. 비록 생명을 위협하는 다른 많은 질병들이 있지만, 암처럼 비참하고 무기력한 두려움을 주지는 않는다.

암에 대해 두려움을 가지는 데는 이유가 있다. 첫번째 이유는 암의 발병률이 증가하는데 있다. 대부분의 사람들은 암에 걸려서 고통을 겪고,

완치의 희망도 없는 상황에서 끔찍한 부작용이 따르는 치료를 받다가 죽어간 사람들을 알고 있다. 암 진단을 사형선고로 생각하는 사람들이 어느날 갑자기 자신이 그들과 같은 운명에 처한 사실을 인정하는 것은 공포스러울 수 밖에 없다. 또한 암을 신체의 방어체계를 뚫고 들어와 통제할 수 없을 정도로 퍼져나가 결국 우리를 죽음에 이르게 하는 침입자 혹은 사악한 외부 존재처럼 여기는 과장된 암에 대한 공포심도 작용한다. 공포에 사로잡힌 환자들은 종양이 외부에서 오는 것이 아니라, 세포 수준에서 "규칙과 질서"가 파괴되면서 자기 신체 내부의 기관이 제대로 기능하지 못하여 생긴다는 사실을 깨달을 여지가 없다.

의사가 환자에게 일반적으로 암을 통보하는 방식에 의해서도 환자의 충격은 더 커진다. 의사들은 의사소통 기술을 배우지 않는다. 의사들은 나쁜 소식을 전하는 것을 싫어하여 환자에게 따뜻함과 격려가 가장 필요한 순간에 냉정하게 남처럼 대하여 의사 자신을 보호하려 한다. 충격을 받은 환자가 병원에서 시간을 보낸다면, 독립심을 잃고, 자율성과 사생활의 상실로 미래를 더 비관적으로 생각하게 될 것이다. 환자는 자신에게 일어나고 있는 일에 대해 아무 말도 하지 않으며 수동적으로 고통을 감수하게 될 것이다. 뛰어난 철학자이자 작가인 이반 일리치(Ivan Illich)는 이 상황을 "현대의학은 환자를 생체공학 전문가에게 사로 잡힌 무기력하고 어리둥절한 방관자로 만들어 버린다"[3] 라고 표현하였다.

이러한 관찰은 전통적인 의학으로 진단되고 치료되었던 암 환자들에게도 적용된다. 대부분의 환자들이 전통적인 방법으로 치료에 실패한 후에 거슨요법을 시도하기 때문에, 우울하고 겁에 질린 이들의 상태를 파악하고 즉시 조치를 취하는 것이 중요하다. 우리는 평범한 사람들이 가지는 친절함과 보살핌으로 환자가 두려움과 절망감을 이길 수 있는 용기를 갖도록 노력한다. 정신신경 면역학에서의 발견에 비추어보면, 절망과 같은 감정적 부담에서 최대한 빨리 환자를 안심시키고, 암 극복을 위해 부정적인 태도를 긍정적인 방향으로 바꿔야 하는 타당한 의학적 이유들이 존재한다. 약 2,400년 전, 그리스의 철학자 플라톤은 "영혼 없이 신체를 치료하려는 시도는 절대로 성공하지 못한다"고 기록하였다. 이것은 상상하기 쉽지 않은 오래 전부터 치료를 위해 몸과 마음의 상호작용이 중요하다는 사실을 알고 있음을 의미한다.

환자의 깊은 내면세계에서 무엇인가가 살기를 원하지 않는다면, 믿을 수 있고 여러 번의 시험을 거친 거슨 프로그램일지라도 전력을 다해 치료할 수 없다. 그 "무엇인가"는 암 진단과 전혀 관계가 없는 것일지도 모른다. 그것은 환자가 이미 오래 전에 잊어버린 것처럼 무시해왔던 감정적 상처나 깊은 분노 또는, 심각한 상실과 사랑하는 혹은 싫어하는 사람과의 관계에서 끝나지 않은 일일 수도 있다. 우리는 심지어 악성 질환에서의 몸과 마음의 관계에 대한 연구의 선구자인 로렌스 르샹(Lawrence LeShan)[4]이 정의한 "암이 발병하기 쉬운 성격"과 일치하는 사람을 대하게 될지도 모른다. "정신종양학의 아버지"로도 알려진 르샹은 수 십 년 간 암에 걸리기 쉬운 특정한 성격적 특성을 관찰해왔다. 이러한 특성들은 낮은 자존심, 화 또는 공격성을 표현하는 것에 대한 어려움, 자신의 기분과 필요는 무시하고 다른 이들을 기쁘게 해야 된다는 압박감이나 억눌린 감정들이 포함된다. 이런 특성을 가진 사람들의 진실된 자아는 거짓 자아에 의해 가려져 있다. 거짓 자아는 대부분 부모에게 인정 받고자 하는 어린 시절에 발달되는데, 더 이상 이것이 필요 없는 어른이 되어서도 사라지지 않고 남아있게 되는 것이다.

비록 내가 암환자를 연구하는 도중에 자주 비슷한 특성을 가진 성격의 환자들과 마주했지만, 이러한 성격적 특성들이 모든 환자들에게 적용되지는 않는다. 모두 또는 개별적으로, 그 특성들은 삶에 있어서 자신을 낮

담시키는 부정적 조망을 제시한다. 이것은 암 진단을 어두운 절망으로 바꿀 수 있고, 면역능력을 쇠약하게 할 수도 있다.

환자에게 이혼, 사별, 재정 위기, 실직, 중요한 관계의 상실과 같은 불운한 삶의 문제가 발생한 후 18개월이나 2년 후에 자주 암이 발생하는 것이 관찰 되었다. 환자들과의 만남을 통해, 이러한 일들이 마지막 희망의 끈을 제공하였으며, 이 환자들은 다시 태어나거나 바꿀 수 없는 상황에서 오랫동안 살아왔다는 것을 발견하였다. 르샹과 칼 사이몬튼 박사[5]는 이것을 '삶의 덫'이라 정의하고 자세히 설명하였다.

환자들에 대한 나의 자료는 그것의 힘을 보여주고, 또한 도망칠 수 없다고 느끼는 환자들은 결국 자신이 살고 죽는 것에 관심이 없게 될 정도에 이른다는 사실을 보여준다. 그들 중 많은 이들은 그것을 일컬어 "내 안에 갇힌 어떤 것"이라 표현 하였다. 나는 그것이 살고자 하는 그들이 가진 마지막 한가닥 희망이라고 짐작한다

스트레스의 역할

가끔 스트레스가 암을 일으킬 수 있는 지 질문을 받는다. 스트레스 자체가 암을 일으키지는 않지만, 약해지고 기능을 거의 상실한 면역체계에는 큰 부담이 될 수 있다고 본다. 따라서 암은 더 이상 건강한 유기체가 대량으로 만들어 내는 이질적인 특이 세포로 취급되어서는 안 된다. 그러나, 면역체계가 잘 작동하는지 면밀하게 살피지 않으면 특이 세포가 악성종양으로 진행되는 것을 막을 수 없다.

신체의 생화학작용과 감정의 불가사의한 상호작용을 이제서야 조금씩 살펴보고 이해하기 시작하였다. 마음가짐이 생존에 큰 차이를 가져올 수 있다는 것을 증명하는 임상증거는 일회성이 아니라 충분히 제시되고 있다.

예를 들어, 영국 연구자인 스티븐 그리어(Stephen Greer)[6]는 유방절제

술을 받은 지 3개월이 지난 여성들에게 어떻게 암을 이겨냈는지 인터뷰 하였다. 그는 그 여성들에게서 투지, 거부, 차분한 수용, 절망의 4가지 다른 유형을 발견하였다. 5~10년 후, 암과 맞서 싸운 이들의 80%는 살아남 았으나 절망한 이들은 20%만이 살아남았다. 이러한 비율은 의학적 예측 과는 전혀 관계가 없다.

미국 데이비드 스피겔(David Spiegel) 박사[7]는 전이된 유방암을 앓고 있는 36명의 여성들을 1년간 매주 걱정과 슬픔을 서로 나누고 서로를 격려 하여, 정신적 태도를 긍정적으로 가질 수 있도록 하는 모임에 초대하였다. 50명의 여성으로 구성된 대조군은 모임에 참석하지 않았다. 스피겔은 그 모임이 참가자들의 삶의 질을 향상시키는 지 결과를 확인하고 싶었다. 그는 모임에 참석한 여성들이 모임에 참석하지 않은 여성들보다 2배나 더 오래 산다는 사실을 발견하고 놀랐다.

몸과 마음, 건강과 질병의 연관성에 대한 대중의 이해를 넓히는데 도움을 준 여러 권의 베스트셀러를 집필 한 미국 종양학자인 버니 시겔 (Bernie Siegel)박사는 또다른 흥미로운 관점을 제시하였다.[8] 그는 암환자의 15~20%가 어려운 인생의 덫에서 탈출할 가능성을 생각하지 않고, 의식적 또는 무의식적으로 죽기를 원한다고 주장한다. 60~70%는 건강해지기를 바라지만 수동적이고, 의사가 모든 일을 해주기를 기대한다. 그러나 15~20%는 희생자가 되기를 거부하고 자신의 병에 대해 연구하고, 기계적으로 의사의 지시에 따르지만 않고 치료 방법에 대한 질문을 하고 지나친 치료를 자제해달라고 요구하고, 자신이 모은 정보를 근거로 치료 방법을 선택하고자 한다. 시겔 박사의 말에 의하면, "대하기 힘들고 비협조적인 환자들이 회복할 가능성이 높다"고 한다. 그들은 분명히 고분고분한 환자들보다 더 호전적인 면역체계를 갖고 있다.

심리적 응급처방

암을 진단 받은 환자들의 절망과 고독감을 없애는 간단한 방법들이 있다. 첫 번째 방법은 질병의 신비성을 없애고, 사람들이 두려워하는 "암"이라는 단어를 피하지 않고 자연스럽게 숨김없이 토론하는 것이다. 거슨요법을 받고자 하는 환자가 경험하는 첫번째 좋은 점은 전통의학에서 처럼 일시적 증상 완화가 아니라 완치될 수 있다는 명확한 메시지와 함께 치료에 접근가능하다는 편안한 확신이다

환자에게는 암이라는 질병이 주는 충격을 해소하고, 시간에 쫓기는 의사나 간호사가 해 줄 수 없는 여유있고, 개인적 판단이 배제된 보살핌을 받을 수 있는 편안한 장소가 필요하다. 너무 서둘러 위로하고, 밝은 확신을 주려고 노력하는 것은 효과가 없다. 그렇게 하는 것은 환자가 진실된 느낌을 표현하는 것을 막을 뿐이다. 환자들이 자유롭게 감정을 표현하도록 해야 한다. 환자가 마음을 표현할 기회가 있을 때면, 나는 중대한 질문을 한다. "살기를 원하십니까?" 그 대답이 "예"라면, "당신은 간절히 살기를 원하는가?"라고 다시 묻는다. 또 다시 강한 "예"라는 대답을 하면 문제는 간단해지지만, "예, 그렇지만..."이라는 망설이는 대답은 그 환자가 덫에 걸렸음을 말해준다. 이유가 무엇인지 물으면, "예전처럼 되돌아간다면 좋으련만, 제가 살길 원하는지 잘 모르겠어요"라는 자신없는 대답을 듣기 쉽다.

"그렇지만"이라는 말이 치료 과정을 방해하지 않도록 신중하게 살펴야한다. 진단을 받기 **18~24**개월 전 환자의 생활이 유용한 단서를 제공할 수 있다. 큰 스트레스나 정신적 충격으로 환자가 심각한 간 손상을 일으키는 술, 약물 그 외의 다른 파괴적인 습관에 빠져들었는가? 이런 부드러운 질문이 삶의 덫을 확인하게 해 준다. 다음 과제는 죽음이 아닌 다른 길이 있다는 것을 보여주는 것이다.

이런 과정은 환자의 역할이 중요한 치료상의 협력관계를 형성하는데 도움이 된다. 환자의 적극적인 협력 없이 성공할 수 없는 거슨요법에서 협력적 관계를 쌓기는 어렵지 않다. 환자가 자신과 같은 상태에 있던 사람들의 85%가 3년 내에 죽었다고 말하면, 우리는 그렇지 않았던 15%에 속하라고 제안한다.(나는 연약하고 자그만 한 여성 암환자를 생생히 기억하고 있다. 그녀는 6개월 동안 살 수 있을 것이라는 말을 들었을 때, "좋군요, 제가 회복할 시간도 6개월이 있군요!"라고 대답하였다. 거슨 프로그램을 성실히 실천한 후, 그녀는 말대로 회복되었다.) 나는 르샹(LeShan)의 부정적 마음가짐을 긍정적으로 바꾸는 과제에 접근하는 방법을 좋아한다. 그가 하는 기본 질문들은 "당신에게 올바른 것이 무엇인가? 당신이 살아가고, 관계를 맺고, 창조하는 특별한 방식은 무엇인가? 무엇이 표현을 막고 있는가? 자신을 만족시키는데 필요한 것은 무엇인가? 당신의 삶에서 무엇을 가장하고 싶은가?" 등이다.9

이러한 기본 조건이 명확해지고 나면, 단지 반응을 하는 것이 아니라 스스로 행동하고 스스로 결정하기 시작하면 환자에게 다양한 가능성이 펼쳐진다. 그리고 짧은 시간 내에 많은 것들이 성취될 수 있다. 치료 전문가의 중요한 치료 도구는 환자에게 차분히 후원자가 되어주면서 함께해주는 따뜻한 인품이다. 이렇게 하면, 환자의 혼란스럽고 무질서한 세계에 든든한 버팀목이 된다. 자기치유에 초점을 둔 긴장을 푸는 기술, 간단한 명상, 창조적인 심상법과 같은 방법들도 숙련된 상담가나 치료전문가가 사용해야 하는 기법들이다.(25장 "스트레스와 긴장해소")

첫번째 장애물 제거

많은 환자들이 실망과 신뢰의 상실, 심각한 후유증을 남긴 전통적인 치료에 실패한 후에 거슨요법을 최후의 수단으로서 시도하고자 한다. 그들이 거슨 프로그램을 시행하는 것은 마지막 도박이자, 결심의 마지막 수단이다. 병이 덜 진행되어 돌이킬 수 없는 신체의 변화는 거의 겪지 않았지만 예후가 좋지 않을 때 거슨요법을 선택하는 사람도 있다.

어떤 경우이든 환자들은 처음에는 이상하기 짝이 없는 생소한 치료를 시작하게 된다. 더욱이, 의사와 심리 치료사, 그리고 병원과 추천인으로 연결되어 있는 치료할 수 없지만 여전히 거대한 마력을 지닌 전통의학의 틀을 벗어나고 있음을 깨닫게 된다. 일부 환자들은 "검증되지 않은" 대체요법을 무모하게 시도해본다는 이유로 주치의들에게 부당하게 무시당하기도 한다. 첨단 기술을 바탕으로 하고 있는 현대의학이 실패한 것을 성공시킨다고 주장하는 이상한 요법을 거부하는 가족들과 친구들의 압력과 의심에 부딪히는 환자들도 있다.

이러한 압력은 또한 확신을 갖지 못하고 있는 환자 자신의 결심을 약하게 만들기 때문에, 때를 놓치지 않고 거슨요법이 "어떻게" 그리고 "왜" 병을 낫게 하는지를 분명하게 하는 것이 중요하다. 대부분의 사람들은 모든 병에 대응하는 처방약이 있고, 적어도 환자가 회복되든 죽든 빠르게 판가름나는 대증요법의 치료에 익숙해져 있다. 그러나, 거슨요법을 하는 동안 환자는 2년 동안 끊임 없이 노력하고 엄격한 규칙을 지키며, 일상적인 삶의 방식으로부터 완전히 벗어나야 한다. 더군다나 성공할 것이라는 보장도 없기 때문에 이 모든 것들이 매우 무섭게 들린다. 이때가 이성적인 접근을 하기 가장 좋은 시점이다. 의학적 배경지식이 없이도 방사능과 독성 혼합물로 면역체계를 지치게 하기 보다 면역체계를 회복시키는 것이 낫다는 점은 누구나 쉽게 이해할 수 있다. 거슨 프로그램의 쉽지만 강력한 논리를 제대로 이해하게되면, 환자는 다시 용기와 확신을 갖고 의사나 심리 치료사와 협력하면서 앞으로 나아가려고 한다.

신체가 돕는다

거슨요법의 가장 놀라운 결과 중 하나는 환자의 증세가 즉각적으로 호전되는 것이다. 거슨요법을 시작한 후 몇 일이 지나면, 통증이 사라지고 식욕이 되돌아오며 잠을 잘 자게 된다. 이것만으로도 병세의 악화와 좌절만을 경험했던 환자의 기분을 좋게 해 준다. 이제 상황과 분위기가 바뀌기 시작한다.(거슨병원 방문자들은 편안한 분위기와 환자의 좋은 기분에 매우 놀라워한다. 식사시간은 일반적인 암 병원의 무겁고 슬픈 분위기와 달리 보통 웃음으로 가득 차 있다.) 변화된 분위기와 안도감은 면역체계에 분명히 좋은 영향을 준다

치료과정은 이제 막 시작되었을 뿐이므로, 정신적으로 환자를 지속적으로 보살펴주어야 한다. 환자는 적어도 2년 동안 완전히 달라진 생활방식, 식사를 포함한 일상생활에 적응해야 한다.(악성이 아닌 병일 경우 더 짧아진다.) 스케줄을 따르기 위해 수많은 결정과 규칙이 존재한다. 지루함과 단조로움을 한동안 이겨내기가 쉽지 않을 것이다. 환자는 사교적 즐거움을 제한당하고, 싫증이 나서 거슨요법을 그만 두고자 하기도 한다. 이런 일이 발생하면, 환자의 불평을 부인하기보다 과정이 어렵고, 엄격하며 단조롭다는 것을 인정하게 하는 것이 최선이다. 지금까지의 좋은 결과를 지적해주고, "화학요법을 하는 것이 더 낫겠습니까?" 또는 "좋습니다. 치료를 그만 두시면 어떻게 하려구요?"와 같은 간단한 질문을 던지고 답을 기다려라. 지루함과 단조로움으로 인한 불평은 곧 지나갈 것이다.

지루함은 관련된 책, 테이프, **DVD**를 주면 덜 수 있다. 사람들이 천연식품의 맛을 보고 나면, 더 많은 것을 알기 위해 애쓴다. 거슨요법을 행하고 있는 다른 환자들과 교제를 하거나 주스 섭취, 관장, 식사 사이에 할 수 있는 새로운 취미나 공부도 지루함을 덜어 준다.

중간목표 설정은 단조로움을 없앨 또 다른 좋은 방법이다. 환자가 한

주, 한 달, 석 달 내에 성취하고자 하는 목표를 정하는 것이다. 목표는 현실적이고 적당해야 하고, 성취되었을 때 축하해주어야 한다. 제대로 해내지 못한 것들은 새로 고치거나 연기될 수 있지만 실패로 간주하고 없애버리는 것은 좋지 못하다

치료과정에서의 어려움

일부 사람들에게는 음식이 미묘한 문제일 수 있다. 많은 사람들은 거슨요법에서 제공하는 음식을 먹어보고 곧 즐기겠지만 그렇지 못한 이들도 있다. 치료에 반드시 필요한 음식을 거부하는 환자들은 주로 건강에 해로운 특정음식에 중독된 경우가 많다. 일반적으로, 이러한 음식들은 질 낮은 정크 푸드(칼로리는 높지만 영양가가 낮은 인스턴트 음식)인데, 음식과 사랑이 동일시 되는 어린 시절에 어머니에 의해 만들어진 식습관이다. 힘든 치료 시기를 지나고 있는 환자들은 거슨 식이요법의 정당성을 인정하지만 의식 깊은 곳에서는 비이성적인 판단으로 거절하려 한다. 해결책은 환자에게 제공하는 음식은 말 그대로 약이며 이러한 식단은 지속적으로 제공되며, 이런 식습관을 지금 받아들이는 것이 미래를 위한 투자라는 것을 상기시켜주는 것이다. 나는 2주 동안 정확하게 식단에 따라 실천하고 다양한 맛을 경험한 환자와 계약을 맺는 것이 도움이 된다는 것을 발견하였다. 나의 경험으로는 질병이 빠르게 호전되었고, 계약을 연장하기도 쉬웠다.

환자들이 작은 일시적 일탈과 "만족"을 위해 식이요법 규칙을 어기고자 하면, 확고부동한 자세가 요구된다. '적다' 는 것이 정확히 얼마인지, 얼마나 자주 '가끔'의 예외가 발생해야 하는가? 그 질문에 대한 단 하나의 답은 "안된다"라는 대답뿐이다. 한번 규칙이 깨어지게 되면, 거슨요법의 안전한 울타리는 무너지고 그 결과는 심각할 수 있다. 그러나 규칙들

을 재치와 애정을 가지고 적용해야 한다. 만약 그렇지 않고, "하지 말아라"라고만 하면, 간호인 또는 치료자로서의 우리의 역할이 엄격한 부모의 역할로써 끝나버린다.

호전반응 또는 치유반응은 신체가 치료에 반응하고 있다는 것을 의미하기 때문에 매우 불쾌한 일이지만 기꺼이 받아들여야 한다. 호전반응을 다루는 실제적인 대책은 **16장** "치유반응"에 자세히 실려있다. 환자가 호전 증상으로 당황하지 않도록 심리적 지원을 해주며 나타날 만한 증상들을 미리 사전에 설명해야 한다.

치료사들의 편안하고 위안을 주는 인품은 환자에게 육체적 증상들이 행동의 변화와 함께 나타날 때에 매우 중요한 역할을 하게 된다. 신체는 심리적 해독도 함께 이뤄지지 않으면 치료되지 않는다. 독성물질이 중추신경계를 지나가면 이상 반응과 감정적 반응(예를 들어, 화, 성급함, 격렬한 기분 변화, 공격성, 부당한 비난)을 일으킨다. 환자의 평소 교양 있는 행동은 유년시절 이후 억압되었던 충동과 감정에 휩쓸려 사라진다.

성숙한 자아가 다시 자리를 잡아 진심으로 사과를 하게 될 때까지, 일시적으로 환자의 자아는 내면의 사나운 아이에 의해 압도당한다. (환자 중 한 사람은 그러한 상황을 "거슨 분노"라고 불렀다. 호전반응이 곧 있을 것이라는 예감하였을 때, 가족들에게 자신이 다음 몇 시간 또는 몇 일간 동안 무슨 행동이나 말을 하든지 여전히 가족을 마음 깊이 사랑한다고 미리 말하였다고 한다.) 이 또한 미리 준비 되어야 하고 환자가 알아서 처리하게 버려 두면 안 된다. 이것은 치료과정의 일부이다. 보호자는 환자와 어떠한 관계에 있든지, 내면의 격렬한 상태가 지나가기를 기다리면서 평온하고 상냥한 태도를 변함없이 유지해야한다.

환자의 몸과 마음이 회복 되면, 거슨요법의 강도를 줄여야 할 시점이 오는데, 이 과정을 원만하게 지나도록 하는 것이 마지막으로 중요하다.

"거슨요법 이후에 삶이 있나요?"라고 물었던 몇몇 환자들은 규칙적 일과에서 벗어나길 꺼려한다. 그들은 느리고, 끈기 있는 "이유기"가 필요하다. 게다가 다시 찾은 건강을 보호하기 위해 남은 삶 동안 지속해야 할 일과도 있다.(이 글을 쓰는 순간에도 나는 그 일과를 전혀 그만 둘 생각 없이 24년 동안 행복하게 해 오고 있는 중이다.)

병의 원인이 된 나쁜 식습관으로 되돌아가는 것을 단념하는 이들도 있다. 규칙을 따르게 되면 유혹이 일시적으로 있을 수 있지만, 독이 제거되고, 깨끗한 최상의 음식물을 섭취한 유기체는 거슨요법을 행하는 동안 먹고 싶었던 보통 음식들을 멀리하게 된다.(예를 들어, 지방 함유가 높고, 매우 짜고 인공조미료가 가득한 음식). 뇌가 정크 푸드를 거부하지 않는다면, 혀의 미뢰가 거부 할 것이다.

나의 경험상, 회복 후, 질병을 앓기 전 상태로 되돌아 가는 환자는 거의 없다. 전체적인 거슨요법을 실천하게 되면 삶의 방식과 식습관뿐 만 아니라 가치관, 우선순위, 삶에 대한 전체적 시야도 바꾸게 된다. 무엇보다 죽음을 받아들일 필요가 없이 새로 태어나게 되고, 삶에 진 빚을 갚기 위해 다른 고통 받는 이들에게 자발적으로 도움을 주려고할 것이다.

*참고자료

1. M. Gerson, A Cancer Therapy : Results of Fifty Cases and The Cure of Advanced Cancer by Diet Therapy : A Summary of Thirty Years of Clinical Experimentation, 6th ed. (San Diego, CA : Gerson Institute, 1999).
2. Candace Pert, Molecules of Emotion : The Science Behind Mind-Body Medicine (New York : Simon & Schuster, Inc., 1997).
3. Ivan Illich, Medical Nemesis : The Expropriation of Health (New York : Pantheon Books, 1976).
4. Lawrence LeShan, Cancer as a Turning Point (New York : Plume, 1994).

5. Carl Simonton, MD, S. Matthews-Simonton and James L. Creighton, Getting Well Again (New York : Bantam Books, 1992).
6. Stephen Greer, "Mind-body research in psycho-oncology," Advances 15(4) (1999).
7. David Spiegel, MD, "Effect of psychosocial treatment on survival of patients with metastasized breast cancer," The Lancet (Oct. 14, 1989) : 888891.
8. Bernie Siegel, MD, Love, Medicine & Miracles (New York : Harper Perennial, 1998).
9. Note 4 (LeShan), supra.

제25장
스트레스와 긴장 해소

24장에서, 몸과 마음이 삶의 매 순간마다 어떻게 서로 상호작용 하는지를 설명하였다. 다시 말해, 우리의 기분, 감정, 전반적 마음가짐이 직접적으로 신체에 중요한 영향을 미치는 데, 특히, 치료에 가장 중요한 수단이 되는 면역체계에 직접적인 영향을 준다.

희망적이고 신뢰하며 단호한 마음 상태는 면역능력을 강화시킨다. 두려움, 체념, 화, 부정적 감정은 면역능력을 약화시킨다. 스트레스는 몸 전체를 긴장하도록 하기 때문에 나쁜 영향을 미친다. 지적 능력을 가진 고등 유기체인 인간의 신체는 긴장이 없는 편안한 상태일 때 기능을 최대한 발휘하고 내적 규칙과 리듬을 따를 수 있다. 거슨 프로그램도 편안하고 스트레스가 없는 환자에게 가장 효과가 있다. 결국, 최상의 음식을 먹고, 건강에 좋은 최고의 주스를 마시는 것으로는 충분하지않다. 먹고 마신 것들이 제대로 소화되고 흡수되어야 한다. 불안하고 걱정이 많으면 소화기능이 저하된다는 것은 누구나 아는 사실이다.

거슨요법을 따르는 환자들은 스트레스와 공포심 없는 평안한 마음과 감정을 유지하는 것이 일상이 되어야 한다. 다행스럽게도, 이것을 가능하게 하는 간단하고 즐거운 방법이 몇 가지 있다. 이 장에서는 그런 방법들을 모두 살펴볼 것이다. 이 방법들을 시도해보고 어떤 것이 자신에게 가장 잘 맞는지 알아보기 바란다.

올바른 몸가짐

느낌이나 기분이 자세 때문에 나빠질 수 있듯이, 자세 또한 정신상태에 큰 영향을 줄 수 있다. 예를 들어, 행복할 때는 기뻐서 공중에서 걷는 것처럼 걷는다. 비참할 때에는 머리를 아래로 향하고, 어깨를 움츠리게 되고 등은 앞으로 기울어져 구부정해진다. 이 자세는 내장을 압박하여 우울함까지 느끼게 한다. 따라서 이런 나쁜 자세들을 절대로 하지 않는 것이 바람직하다.

앉거나 서 있을 때 항상 자신의 척추를 똑바로 경직되지 않게 유지하는 것이 좋다(지금 잠시 멈추어 자신의 척추가 어떤지를 확인해보자.) 땅 위에 두 발을 두고 앉되 다리를 꼬지 말아야한다. 다리를 꼬고 앉는 자세는 신체의 순환을 방해하고 척추를 휘게 한다. 엉덩이를 움직여 걷고, 식료품점에서 카트를 밀고 다니는 것처럼 앞으로 몸을 숙이지 않는 것이 좋다. 자기 몸보다 앞서서 걸어갈는 수 없다! 머리를 옷걸이의 고리라 생각하고, 몸이 그 고리에 느슨하고 편하게 걸려있다고 생각한다. 특히 어깨는 긴장을 받기 쉬운 신체 부분이다. 스트레스를 느낄 때마다 어깨는 가슴을 보호하려는 것처럼 앞쪽이나 위로 움직이게 된다. 이러한 무의식적인 행동은 긴장한 사람들이 짧은 목을 가진 것처럼 보이게 하는 부작용을 가져온다. 가슴을 펴는 자세가 삶에 대한 긍정을 의미한다는 요가 지도사의 인상적인 말이 떠오른다.

어깨가 원래 있는 자리에 위치하도록 하라. 곧게 서서 양 어깨를 할 수 있는 만큼 늘어뜨린 뒤 다시 귓볼에 닿을 정도로 들어올린다. 그 다음 양

어깨를 신체의 일부가 아니라 무거운 짐인 것처럼 아래로 떨어뜨린다. 그때 어깨가 위치한 장소가 어깨의 자연스런 위치이다. 다음에 어깨를 바르게 할 때를 대비하여 이 자세를 기억한다.

규칙적인 운동을 통해 목을 유연하고 편안하게 유지하는 것(목을 길게 하는 것)도 도움이 된다. 머리를 왼쪽으로부터 오른쪽으로, 그리고 뒤로 천천히 돌린다. 아래 턱은 느슨하게 유지하면서 머리를 서서히 앞뒤로 움직인다. 처음에는 머리를 시계 방향으로 돌리고 나서, 반 시계 방향으로 돌리는 동작을 5번씩 한다. 주변에 다른 사람이 없을 때, 긴장이 느껴진다면 언제든지 강한 바람에 따라 움직이는 봉제 인형이 되었다고 상상하면서 몸의 긴장을 풀어준다.

긴장을 하면 손도 영향을 많이 받는 경향이 있다. 우리가 긴장을 하거나 화가 날 때면, 주먹을 쥐게 된다. 오래된 서부 영화에서, 주인공의 주먹이 하얗게 되면서 상황이 위험해 지는 장면이 나온다. 사실 누구나 겁에 질리면 주먹은 하얗게 될 수 있다. 이런 상황을 피해야 한다. 손이 쉬고 있을 때, 손가락을 쫙 벌리는 연습을 하라. 그 자세는 팔이 긴장하지 않도록 해준다. 팔이 긴장하게 되면, 그 긴장은 온몸으로 퍼지게 된다. 처음에 이 자세에 익숙치 않아서 주먹을 쥐고 있다면, 손을 씻고 나서 수건이 없어서 양손을 세차게 흔들어야 한다고 상상해보라. 긴장이 손끝으로부터 사라지는 느낌이 들것이다.

호흡은 전체적인 긴장을 덜어준다. 숨을 쉬는 것은 생명의 기본적인 조건이다. 음식 없이는 한 동안을 살 수 있고, 물 없이는 음식이 없이 사는 기간 보다는 더 짧게 살 수 있다. 그러나 숨을 쉬지 않고선 단 몇 분 만에 생명은 사라진다. 대부분의 사람들은 얕은 호흡부터 깊은 복식호흡까지를 배우고, 자신의 호흡법을 복식호흡으로 바꿀 때까지 호흡의 필수적인 기능을 등한시 한다. 이러한 방식을 일상적으로 사용하는 가수, 연설자,

요가전문가, 운동선수들은 신체에 산소 공급을 활발하게 하여 편안함을 가져오는 효과를 누리고 있다.

복식호흡 방법은 간단하다. 숨을 들이쉴 때, 숨이 폐에 가득 찰 수 있도록 배가 나오게 한다. 숨을 내 쉴 때는, 신선하지 못한 공기를 내 보내면서 배를 강하게 누른다. 자기에게 맞는 리듬을 발견하고, 복식호흡이 자연스러운 호흡법이 될 때까지 이 방법을 매일 여러 번 연습한다. 처음에 복식호흡을 하는 것이 좀 어렵다면, 뱃속에 예쁜 풍선이 있다고 생각하여, 숨을 들이 마시면서 풍선을 부풀린다고 상상하고, 숨을 내 쉴 때는 풍선의 공기를 뺀다고 상상한다. 올바른 호흡법이 가져오는 건강의 변화에 놀라게 될 것이다.

마음의 문제

심리적 태도에 따라 치료의 결과가 확연히 달라질 수 있다. 상상력도 사용하기에 따라 치료에 도움이 될 수도 있고 역효과를 줄 수도 있다. 긍정적으로 생각하고 좋은 아이디어를 가지면 전체적인 삶에 희망을 갖게 하고 느낌을 새롭게 하는데 도움이 된다. 긍정적인 마음가짐은 건강하게 하고 치료 효과를 높인다. 에너지는 생각에서 나온다.

최상의 마음 상태를 유지하는데 도움이 되는 방법들이 있다. 이 방법들은 공통적으로 긴장을 푸는 능력에 따라 결과가 달라진다. 긴장을 풀면 최상의 마음 상태를 유지하기가 쉬워진다. 가장 간단한 방법은 너무 부드럽지 않은 편한 바닥에 등을 대고 누워 양손을 양 옆으로 편하게 두는 것이다. 그리고 눈을 감고, 배로 숨을 천천히 깊게 쉬어라. 매번 숨을 들이 쉴 때마다 평화, 힘, 에너지로 가득 찬 밝은 빛을 빨아들이는 상상을 한다. 숨을 내 쉴 때는, 더럽고 어두운 연기의 모양을 하고 있는 모든 피로, 긴장, 고통, 불안을 내 뿜는 상상을 한다. 바닥이 몸 전체를 지탱하도록, 머리와 몸이 무거워 지도록 한다. 긴장되거나 뭉친 부분을 찾아 떨쳐내기 위해 발가락부터 시작하여 머리 끝까지 생각을 집중시키면서 훑어간다. 턱의 긴장을 풀고, 혀가 입 천장에 닿게 편하게 위치하도록 한다. 잠시 동안, 평화롭고 긴장이 해소되는 느낌과 이완의 상태에 머물러있는다.

이러한 기본적 긴장의 해소는 명상, 기도, 시각화, 긍정적 이미지화 등 모든 마음 수련의 핵심 부분이다. 소음과 외부의 간섭이나 방해에서 벗어나 적어도 하루에 두 번 연습하면, 마음 상태에 큰 변화가 생길 것이다. 변화된 마음 상태는 신체에 영향을 주게된다.

명상은 항상 바쁜 뇌를 쉬게 하고 깊은 고요함과 평화로운 상태로 이끄는 간단한 방법이다. 짧은 시간 동안 일상의 현실에서 탈출하도록 도와준다. 명상은 연습이 필요하다. 뇌는 관념과 생각의 파편, 온갖 종류의 시시한 생각들을 받아들이고 체계화 하느라 분주하다. 처음에는 30초 동안만 명상을 하는 것도 대단히 어렵다. 나아지게 해주는 방법들이 있으므로, 포기할 필요는 없다!

한 가지는 명상을 방해하는 생각들을 붙잡아 정체를 파악한 다음, 각각의 생각에 큰 풍선을 달아 멀리 날려 보내는 상상을 한다. 또 다른 방법은 마음의 눈으로 어두운 커튼 앞에 밝고 아름답게 빛나고 있는 숫자를 1에서 4까지 10번 반복하여 세는 것으로 집중력을 높이는 것이다. 시계를 눈높이에 두고 다른 어떤 것도 생각하지 않고 오직 초침이 도는 것에만 집중하는 것도 좋은 방법이다. 점차 인내를 갖고 연습하면 생각에서 자유로워지는 의식의 마법을 성취하는 것이 쉬워질 것이다. 이는 놀랄만한 마음의 평온과 평화를 가져다 준다.

잠깐 동안 뇌를 쉬게 하면 마음의 소리, 즉 직관과 지혜의 목소리를 들을 수 있도록 해준다. 신념 체계가 무엇이든, 종교에 상관없이 우리 모두는 살아가면서 내면적 삶과 가치체계를 갖게 된다. 내면을 들여다보고

삶에서 자신의 위치를 되돌아 보는 시기는 심각한 건강 문제로 인한 위기의 순간일 경우가 많다. 당연히 거슨요법을 하고 있는 환자들은 자신만의 방법으로 자유롭게 자신의 내면을 성찰할 수 있게 된다. 우리 모두는 각각 다르기에 다양성을 존중해야주어 한다. 많은 의사, 상담가, 건강 전문가들은 더 높은 존재를 믿고, 기도하고, 신을 간절히 믿는 환자들이 그렇지 않은 환자들보다 더 병세가 나아졌다는 것을 경험으로 알고 있다. 믿음을 가지고 마음에서 우러나온 기도는 어려운 치유의 길에서 큰 위안이 될 수 있다

시각화는 마음 뿐만 아니라 신체까지 다시 프로그램하기 위해 상상력을 사용하는 것이다. 시각화는 생각하고 말하는 뇌를 뛰어 넘어 이미지를 통해서 이뤄진다. 이미지들은 꿈에서 만나는 것들과 같이 정신의 깊은 영역에서 나온다. 말하자면, 시각화의 목적은 우리가 성취하고자 하는 것, 즉 병과 싸워 이겨 건강을 되찾고 회복하여 완전한 삶을 누리는 것을 미리 마음 속에 그리는 것이다. 1970년대 미국 방사선 종양학자 칼 사이몬튼이 암 환자에게 시각화를 사용하는 방법을 처음 개발하였다. 당시 그의 부인이었던 심리 학자 스테파니 매튜 사이몬튼 과 함께 쓴 책인 '다시 건강해지기' (Getting Well Again)[1]는 되풀이하여 출판되고 여러 언어로 번역되었다.

사이몬튼 기법의 핵심은 질병에 해당하는 한 가지 이미지와 치료에 해당하는 또 다른 이미지를 정해 치료의 이미지가 질병 이미지를 서서히 없애도록 하는 것이다. 예를 들어, 위에서 설명했던 깊은 안정의 상태에서 거슨요법을 행하는 환자는 자신의 종양을 큰 검은 진흙 덩어리로 시각화한다. 그리고 주스는 그 진흙을 공격하여 서서히 깨끗하게 없애는 강력한 능력을 지닌 귀중한 음료로 시각화 한다. 문자로 이 글을 읽기만 하면, 이상하게 느껴지지만, 진지하게 열심히 연습한다면 놀라운 결과를

경험할 수 있을 것이다.

일상 생활 중에 실행 가능한 간단한 시각화 연습을 살펴보자. 실제로 존재하거나 아니면 상상으로 존재하는 완벽하게 아름다운 장소에 있는 자신을 그려본다. 자신이 안전하고 행복하다고 느끼는 장소이면 된다. 상상 속에서 자신에게 알맞은 방법으로 스스로를 편안한 상태로 한다. 예를 들어, 부드러운 그물침대에 누워 천천히 흔들리고 있거나, 아름다운 정원을 거닐거나, 사랑하는 이와 함께 행복하게 앉아있는 상태 등이다. 상상 속에서 시간과 장소를 벗어나 자신에게 맞는 환경을 정하고, 평화로움과 아름다움을 만끽하며 원기를 회복한다.

자신이 바라는 모습을 그려보라. 건강하고, 강하며, 활동적이고, 가장 즐기고 싶은 것을 하고, 사랑을 주고 받으며, 평화로운 모습을 그려본다. 이런 이미지를 마음과 정신에 담아둔다. 그리고 천천히 지금의 현실로 되돌아온다. 이런 기억은 삶에 좋은 결과를 가져다 줄 것이다. 실제로, 성공한 운동 선수들은 중요한 경기를 앞두고 비슷한 기술을 사용한다. 그들은 자신의 종목에서 멋진 플레이를 해내고 있는 자신의 모습을 시각화한다.

상상력은 강력하다. 잘만 사용한다면, 신체 기능을 촉진하고 정상으로 돌아오게 할 수 있다. 비용이 들지 않고, 신체에 부작용이나 피해가 전혀 없다. 시각화는 거슨요법을 따르는 환자들에게 훌륭한 치료의 보조 수단이다.

참고자료

1. Carl Simonton, MD, James L. Creighton and Stephanie Matthews-Simonton, Getting Well Again (New York : Bantam Books, reissue edition April 1, 1992).

제26장
거슨요법의 검사 결과

거슨요법을 받는 환자들은 규칙적으로 혈액과 소변 검사 결과를 통해 자신의 치료 과정을 점검할 수 있다. 집중적인 치료를 하는 환자들과, 화학요법을 받은 환자들은 **6~8주** 마다 검사를 받아야 한다. 악성이 아닌 질환을 앓고 있는 환자들은 **3개월** 마다 받으면 된다. 이상적으로, 검사는 거슨요법을 교육 받은 건강 전문가가 실행하고 분석해야 한다. 숙련자가 없다면, 아래의 중요한 방법을 사용하는 것이 가능하다. 환자들은 기꺼이 검사 결과를 분석해줄(비용을 지불하고) 전문 대증요법 의사를 찾아야 한다. 면허를 받은 건강 전문가의 처방 없이, 검사를 행할 수 없다.

검사 결과가 나오면, 자신의 치료 과정을 확인하기 위해 결과를 해석할 수 있어야 한다. 이 장에서는 일반적으로 실험결과에 나타나는 모든 항목에 대한 세부적인 설명을 하고 있다. 평범한 사람들이 읽는다면, 익숙하지 않은 전문 용어 때문에 당황스러워 할 것이다. 그러나 다행히도 여러분들은 용어를 이해하기 위해 애쓸 필요가 없다. 검사 기록들은 각각의 항목에 정상 범위를 명확하게 정해 놓았으므로, 기준에서 벗어난 자신의 수치를 확인 가능하다. 항목과 정상 범위들을 살펴 보고 담당의사에게 설명을 구한다. 규칙에 따라, 덧 붙인 의학적 설명은 체내에서 일어나고 있는 생리적 과정을 이해하게 해 줄 것이다.

이미 앞 장(21장 "함정을 조심하라" 참조) 에서 했던 경고를 반복하고자 한다. 즉, 거슨 프로그램을 배우지 않은 대중요법 의사는 특정한 약을 먹거나 식단을 바꾸도록 제안할 수 있다. 그 의사들의 제안을 귀로 듣기는 하지만 그 말을 따르게 되면 거슨프로그램의 규칙을 깨는 것이고, 회복이 느려지거나 멈추어 질 수 있음을 알고 있어야 한다.

혈중 칼슘 검사

혈중 칼슘 검사는 혈액 내 칼슘 수치를 측정하는 것이다. 이러한 수치는 전문가가 신경근의 활동, 효소활동, 골격발달, 혈액응고 등을 포함한 환자들의 생리상태를 해석하도록 도와준다.

칼슘($Ca+$)은 주로 장을 통해 음식으로 흡수된 칼슘에서 전이된 세포 외 이온(양이온)이고, 음식에 비타민D가 충분하면 칼슘은 제공된다. 혈액 내에서 남은 칼슘은 대소변으로 방출된다. 혈액 중의 칼슘이 충분하지 못하면 뼈와 치아에 저장된 칼슘이 고갈될 수 있다. 정상적인 칼슘 균형을 위해 매일 1그램의 칼슘 섭취가 필요하다. 거슨요법을 하고 있는 환자들에게는 건강보조제 형태로 칼슘을 제공해서는 안 된다. 거슨요법에서 제공하는 주스와 음식에는 적정양보다 더 많은 칼슘을 포함하고 있다

혈중 칼슘 검사를 통해 부정맥, 혈액응고장애, 산-염기 불균형, 신경근, 골격계, 내분비계 장애 등을 진단할 수 있다. 성인의 정상적인 칼슘 수치는 **8.9~10.1mg/dL** (원자 흡수는 **2.25~2.75mmol/L**)이다. 어린이들의 혈액 중 칼슘 수치는 어른보다 더 높다.

$Ca+$의 수치가 너무 높을 때에는 부갑상선 기능항진증 (부갑상선호르몬의 과잉분비로 일어나는 질환), 뼈의 페이젯병 (변형성 골염의 일종),

다발성 골수종, 전이암, 다발성 골절, 거동불편과 같은 건강 이상이 나타날 수 있다. 칼슘 수치가 높아지는 것은 부적절한 배출 때문일 수도 있는데, 이 경우에는 신장병과 신부전이 생길 위험이 높다.

반대로, 부갑상선기능저하, 부갑상선절제술 또는 흡수장애 등으로 칼슘 수치가 낮아지는 저칼슘혈증이 생길 수 있다. 낮은 혈중 $Ca+$수치는 쿠싱증후군 (부신피질에 악성 또는 양성의 종양이 생기거나 부신피질 그 자체가 과다하게 증식하는 경우에 나타난다.), 신장병, 급성 췌장염, 복막염 등이 원인이 된다. 고칼슘혈증은 심한 뼈 통증, 신장결석으로 인한 옆구리 통증을 가져온다. 초기 증세는 메스꺼움, 구토, 탈수증으로 마비와 혼수를 일으키고 결국 심장마비를 가져온다. 저칼슘혈증은 말초무감각, 따끔거림, 근육경련, 안면근육경련 (크보스텍 징후), 수족연축 (트루쏘 징후), 발작, 부정맥을 일으킨다.

혈중 인산염 검사

혈중 인산염 검사는 신체 에너지, 탄수화물 대사작용, 지질 대사작용, 산-염기 균형 상태를 보여주는 혈액 내 인산염 수치의 측정이다. 인산염 이온($P+$)은 뼈 형성에 필수적인 세포질 음이온이다. 혈액수치 검사는 산-염기 균형, 신장, 내분비, 골격, 칼슘 장애의 진단을 돕는다.

정상적인 성인의 혈중 인산염 수치는 **2.5~4.5mg/dL(0.80-1.40mmol/L)** 또는 **1.8~2.6mEq/L**이다. 어린이는 뼈 성장기 동안 **7mg/dL(2.25mmol/L)**까지 올라갈 수 있다.

인산염은 비타민 **D**가 들어있는 음식을 섭취하면 소장을 통해 흡수된다. 초과량은 조절 메커니즘의 역할을 하는 신장을 통해 배출된다. 칼슘과 인산염은 상호작용을 하기 때문에, 소변으로 인산염 배설은 혈중 칼슘 수치에 반비례하여 증가하거나 감소한다.

혈액 내 비정상적으로 높은 인산염 농도(고인산혈증)는 탄산음료 섭취의 과잉으로 발생한다. 그리고 고인산혈증은 뼈 손실의 병리학적 과정, 치아 상실, 골절, 부갑상선 기능 저하증, 말단 비대증, 당뇨병성 산증 (역자주-혈액이 산성화 되는 것), 장폐색증, 신부전증으로 생길 수 있다. 혈액 내 낮은 인산염 수치(저인산혈증)는 영양실조, 흡수장애 증후군, 부갑상선 기능항진증, 신장의 세뇨관 산증, 당뇨병성 산증의 치료 때문에 나타난다. 어린이들에게 저인산혈증은 정상적인 성장을 방해한다.

혈중 나트륨 검사

이 검사는 체내수분 분포, 세포 외액의 삼투압, 신경근의 기능, 산-염기 균형을 결정하는 혈중 나트륨 수치 검사이다. 나트륨 이온(Na+)은 중요 세포 외 양이온이고, 혈액 내 염화물과 칼륨 수치에 영향을 미친다.

나트륨은 소장에서 흡수되어 주로 신장에서 배출되고, 적은 양은 피부를 통해 땀으로 배출된다. 체내에 나트륨이 적으면 수분 배출을 촉진하고, 많으면 수분을 저장(부종)하기 때문에 나트륨은 체내수분을 조절하는 신장의 역할을 돕는 미네랄이다.

나트륨 검사는 수분전해질, 산-염기 균형, 신장, 부신, 근신경계의 특정한 장애를 판별하는데 도움을 준다. 나트륨 혈액 검사는 신체에 사용된 이뇨제와 같은 약물요법의 영향도 결정한다. 어른의 경우, 혈중 나트륨의 정상적인 수치는 135~145mEq/L(mmol/L)이다. 거슨요법을 하고 있는 환자의 경우엔 수치가 127이 나와도 괜찮다.

나트륨의 불균형은 섭취한 수분량과 나트륨 소모량의 비율에 따라 발생한다. 부적절한 수분 섭취, 요붕증(목이 말라 다량의 수분을 요구하는 병), 손상된 부신 기능, 지나친 운동, 심한 구토, 심각한 설사에 의해 혈중 나트륨 수치가 높아 질 수 있다(고나트륨혈증). 나트륨 이 체내에 쌓이는 것은 과도한 염분 소모에 의해서 일어난다. 나트륨의 과다로 인한 증상은 갈증, 정서불안, 마른 입, 끈적한 점막, 붉은 피부, 요량감소증, 반사작용 둔화, 고혈압, 호흡곤란, 부종 등이다.

혈중 Na+에 비해 너무 적은 양의 미네랄 나트륨을 섭취하는 것은 드문 일이다. 심지어 낮은 나트륨 식이요법을 하는 거슨요법에서 조차 발생하지 않는다. 어느 정도의 나트륨은 항상 음식에 존재한다. 고나트륨혈증은 언제든 발생 할 수 있고, 그 증세는 긴장, 권태, 두통, 피부 탄력 감소, 복부경련, 떨림, 경련으로 나타난다. 고나트륨혈증은 다한증, 장 세척, 이뇨요법, 설사, 구토, 부신기능부전, 화상, 산과다증을 동반한 만성 신부전에 의해 발생할 수 있다. 혈중 나트륨 검사를 할 때 동시에 소변 속의 나트륨 검사도 하는 것이 좋다.

혈중 칼륨 검사

혈중 칼륨의 양을 분석하면 항상성, 삼투압평형, 근육 활동, 효소활동, 산-염기 균형, 신장 기능의 조절 상태를 알 수 있다. 칼륨(K+)은 신체의 중요한 세포내 이온(양이온)이다. K+의 일부 미량은 세포 외액에서도 발견된다.

섭취된 칼륨의 거의 대부분은 신장으로 배출되기 때문에 최소 **40mEq/day(mmol/d)** 정도의 양을 섭취하는 것이 필수적이다. 일반적인 식단은 보통 칼륨을 **60~100mEq/day**정도 포함한다. 혈액 내 정상적 K+ 수치는 **3.8~5.5 mEq/liter(mmol/L)**이다.

심장과 골격 근육 내의 전해도를 유지하는 핵심인 K+는 내분비 스테로이드 호르몬의 변화와 pH, 혈중 포도당 수치, 혈중 나트륨의 변동에 영향을 받는다. K+와 Na+ 사이에는 반비례 관계가 존재한다. 한가지 미네랄을 섭취하면 다른 물질은 줄어든다. 신체는 자연적으로 나트륨을 보존하지만, 칼륨을 보존하는데 효과적인 방법이 없기 때문에 칼륨 결핍이 갑작스럽게 발생하는 경우가 많다.

혈중 칼륨 검사 결과는 칼륨과잉(고칼륨혈증)이나 칼륨부족(저칼륨혈증)의 임상 증상을 판명하는데 사용된다. 또한 신장기능, 산-염기 균형, 포도당 대사를 점검하고 부정맥, 신경근 장애, 내분비 장애를 판단한다. 고칼륨혈증은 세포질 속의 K^+가 과도하게 혈액 속으로 들어오는 화상, 골절, 당뇨병성 케톤산혈증 (제 1형 당뇨병의 가장 심각한 합병증 중 하나), 심근경색(MI)을 앓고 있는 환자들에게서 흔하다. 그리고 고칼륨혈증은 신부전으로 비정상적인 Na^+/K^+교환이 발생하면 나트륨 배출이 감소하거나, 알도스테론이 부족하여 K^+이 축척되고 Na^+이 고갈되는 에디슨병에서도 나타난다.

주의 : 거슨요법을 실시하는 환자들에게 혈중 칼륨이 증가하는 일은 흔하지 않지만, 만약 발생하면, 칼륨 보충을 줄이거나 일시적으로 거슨요법을 중단하여야 한다. 거슨요법을 진행하는 의사는 책임을 지고 진찰을 해야 한다. 고칼륨혈증의 증세는 허약, 불안, 메스꺼움, 설사, 산통, 이완성 마비로 진행하는 근육 과민성, 요량 감소, 낮은 맥박(보통 매분 60번 이하의 맥박) 등 이다. 심전도(EKG)는 긴 PR 간격을 드러낸다. 즉, 넓은 QRS, 높은 천막모양의 T파, ST저하를 나타낸다. 저칼륨혈증이 되면 반사작용이 둔화된다. 불규칙적인 혈압, 정신적 혼란, 저혈압, 식욕감퇴, 근육약화, 이상감각으로 나타난다. EKG는 평평한 T파, ST 저하, U파 증가를 보여준다. 심각한 저칼륨혈증일 경우에는 심작박동 불균형(심실세동), 호흡마비, 심장마비가 발생할 수 있다.

혈중 염소 검사

혈중 염소의 검사는 염화 이온(Cl^-)의 수치 측정이다. 염화 이온은 혈액 중 세포 외액 음이온이다. Cl^-은 Na^+와 상호작용하면서 삼투압, 혈액량, 동맥혈압, 산-염기 균형을 유지하도록 돕는다. 염화물은 장에서 흡수되어 신장에서 주로 배출된다.

몸의 체액 상태를 측정하는, 혈중 염소 검사는 산-염기(산혈증과 알칼리혈증)와, 세포 외 양이온-음이온의 불균형을 알아내는데 도움이 된다. 정상적인 혈중 염소 수치는 **100~108mEq/liter(mmol/L)**이다. 혈액 내 염화물이 정상적으로 유지되면 중탄산염과 반비례관계에 있는 산-염기가 균형을 이룬다. 위액이나 염소가 포함된 있는 다른 분비액이 줄어들면 대사성 알칼리혈증이나 과잉 염화물 보존증을 일으킨다. 염화물 섭취는 대사성 산혈증을 일으키게 된다

혈중 염소 수치가 높아지는 과염소혈증은 심한 탈수증, 신장폐쇄, 머리부상, 일차성 알도스테로이즘으로 인해 발생한다. 증세는 마비, 급한호흡, 혼수상태 등이 나타난다.

혈액 내 염소의 양은 지속적 구토, 장세척, 장누공, 만성 신부전, 에디슨병으로 인하여 혈액 중의 나트륨과 칼륨 양이 적으면 수치가 낮아진다. 울혈성 신부전이나 부종을 초래하는 과다한 세포 외액은 약한 저염소혈증을 일으킬 수 있다. 증세는 근육이 과도하게 경직되고, 강직성 경련이 생기거나 호흡이 매우 힘들어진다.

유산탈수소효소 검사

유산탈수소효소(**LDH**) 검사는 모든 근육에 존재하는 피루브산이 젖산으로 가역변화 하는 것을 촉진시키는 5가지의 동위효소의 측정이다. 심근경색, 폐동맥색전증, 빈혈증, 간질환, 신장질환, 적혈구 손상 등은 전체 **LDH**의 증가를 가져온다. 그리고 LDH 검사 결과는 이들 질병의 구분에 유용하다.

LDH의 5가지 개별 동위효소는 심장, 적혈구, 신장에서 나타나는 **LDH1**, **LDH2**, 폐에 나타나는 **LDH3**, 간과 골격근에 나타나는 **LDH4**와 **LDH5**이다.

이러한 효소들의 검사는 특히 심근경색과 관계되는 크레아틴 포스포키나제의 지연 측정과 화학요법에 반응이 있는 환자를 관찰하는데 알맞다. 전체 LDH수치는 48~115 U/L범위이다. 5가지 동위효소의 정상적 범위는 아래와 같다.

LDH^1 전체의 17.5% ~28.3%
LDH^2 전체의 30.4% ~ 36.4%
LDH^3 전체의 19.2% ~ 24.8%
LDH^4 전체의 9.6% ~ 15.6%
LDH^5 전체의 5.5% ~ 12.7%

많은 질병들이 LDH 효소와 관련 있기 때문에, LDH 검사결과는 진단을 내리기 위해 널리 사용되고 있다.

아스파라진산 아미노기 전이효소/혈중 글루타민산 옥살로초산 아미노기전이 효소(SGOT) 검사

혈액 중의 아스파라진산 아미노기전이효소와 글루타민산 옥살로초산 트란스아미네이스(AST/SGOT)의 혈액검사는 아미노산이 대사된 후 질소에 의해 남겨진 특정한 아미노산 잔류물을 측정하는 것이다. 아스파라진산 아미노기전이효소 (AST)는 주로 간, 심장, 골격근, 신장, 췌장, 적혈구 등의 조직세포의 세포질과 미토콘드리아에서 발견된다.

AST는 세포질 손상에 비례하여 혈중에 퍼지고 크레아틴 인산효소와 젖산가수분해효소와 함께 심근경색을 진단할 수 있는 단서가 된다. 급성 간질환을 진단하는데도 도움이 된다. 환자의 치유 과정을 보여주는 좋은 지표이다. 성인의 혈중 AST수치는 8~20 U/L범위이다. 유아의 정상수치는 성인보다 4배 더 높다.

    AST 수치가 높아지는 것은 바이러스성 간염, 심한 골격근 외상, 대규모 수술, 약물에 의한 간 손상, 간의 울혈과 관계가 있다. 정상의 **10~20** 배 수치는 심각한 심근경색, 심한 전염성 단핵증, 알코올성 간경변이 있을 수 있음을 알려준다. 정상의 **5~10**배 정도의 비교적 높은 수치는 병의 진행 시기와 치료 후기에 뒤시엔느 근위 영양증 근육의 확장에 의해 유발되는 근위 영양증의 일종), 피부근염, 만성 간염을 앓고 있음을 알려준다. 정상의 **2~5** 배 정도의 비교적 낮은 수치는 용혈성 빈혈, 전이된 간 종양, 급성 췌장염, 폐색전, 알코올 금단 증후군, 지방간, 담도 폐색을 보여준다

혈중 빌리루빈 검사

    헤모글로빈 이화작용의 생성물질인 혈중 빌리루빈의 검사는 간과 쓸개의 건강 상태를 보여주는 담즙 안료를 측정하는 것이다. 세망내피계의 세포에서 형성 된 후에, 빌리루빈은 알부민과 결합하여 간으로 이동된다. 거기서 글루쿠론산과 결합하여 빌리루빈 클루쿠로니드와 빌리루빈 디글루쿠로니드를 형성한다. 이 두 가지 화합물은 담즙으로 분비된다. 용혈성 빌리루빈의 측정은 간 담도와 적혈구 조혈 기능을 평가하는 데 도움이 된다.

    혈중 빌리루빈 검사 수치가 높으면 정상세포가 더 이상 빌리루빈과 클루쿠로니드를 결합 시킬 수 없는 간 손상을 나타낸다. 간접 빌리루빈은 혈류로 다시 들어간다. 이 수치가 높으면 용혈성 빈혈의 가능성을 의심해봐야 한다. 이 검사는 황달, 담도 폐쇄, 결합되지 않은 빌리루빈의 위험한 상승 등을 알수 있게 해준다.

    일반적으로 성인의 간접 혈중 빌리루빈은 **1.1 mg/dL** 또는 더 낮은 수치를 나타내고, 직접 혈중 빌리루빈은 **0.5 mg/dL**보다 낮다. 신생아의 총 혈중

빌리루빈의 범위는 **1~12 mg/dL**이다. 상승하면, 최대가 **20 mg/dL**이다. (신생아들에 이 수치는 신생아 간 미숙 또는 선천성 효소 결손의 징조이다)

성인에게 빌리루빈의 수치가 상승한다면, 자가면역 또는 수혈 부작용의 가능성, 용혈성 또는 악성 빈혈, 바이러스 간염으로 인한 출혈과 간세포성 기능부전이 있음을 의미한다. 명백히, 직접 빌리루빈의 양이 과다하면 혈관 내로 흘러들어가 담도 폐쇄가 나타난다. 간내 담도폐쇄는 바이러스성 간염, 간경변, 클로르프로마진 반응으로 나타난다. 간외부에서의 담도폐쇄는 담석, 담낭암, 췌장암, 담관 질환으로 발생할 수 있다.

혈중 감마 글루타밀 트렌스펩티다이제 검사

혈중 감마 트랜스펩티다이제(GGT)의 검사 결과는 간 종양 질환에서 나타나는 폐쇄성 황달을 확인하는 것이며, 알코올 과잉 여부를 탐지하는 데 유용하다. **GGT** 효소는 약물 사용에 예민하여 알코올 섭취를 탐지하기 때문에 알코올중독 치료에 반응을 확인하는데 사용된다. 또한 폐쇄성 황달과 간암을 진단하는데 도움이 된다.

GGT의 정상 범위는 남자는 연령에 따라 다르지만 여성의 경우엔 그렇지 않다. 18~50세의 남성의 경우, **10~39 U/L**정도이다. 50세 이상의 남성 노인의 경우 GGT는 **10~48 U/L**의 범위를 보인다. 여성의 정상 범위는 **6~29 U/L**이다. 수치가 높아지면 간에서 담즙분비가 되지 않고 있음을 알 수 있다.

주의 : 거슨요법은 면역을 촉진시켜 종종 GGT의 혈중 수치를 높게 할 수 있다.

산성 포스파타아제의 검사

산성 포스파타아제 검사는 암을 탐지하기 위하여 전립선과 적혈구의 동위효소를 측정하는 것이다. pH5에서 활성 되는 이 두 가지 포스파타아제 효소는 간, 비장, 적혈구 세포, 골수, 혈소판, 전립선에서 나타난다.

전립선 암의 성공적 치료는 산성 포스파타아제 수치를 줄여 준다. 정상 수치는 **0~1.1 Bodansky units/mL, 1~4 King Armstrong units/mL, 0.13~0.63 Bessey-Lowry-Brock units/mL, 0~6 U/L SI units**이다. 방사면역측정법의 정상범위는 **0~4.0 ng/mL**이다.

전립선의 산성 포스파타아제 수치가 높아지면 페이젯 병, 고셰병, 다발성 골수종, 전립선 섬유막에까지 퍼지는 종양을 유발할 수 있다. 뼈에까지 전이되면, 알칼리 포스파타아제와 산성 포스파타아제 수치가 높으면 골화 활동이 활발함을 보여준다.

알칼리 포스파타아제 검사

pH9.0 에서 가장 활성화 되는 효소인 알칼리 포스파타아제(AP)는 뼈의 석회화, 지방질과 대사산물을 운반하는데 영향을 준다. AP 검사 결과는 간, 뼈, 신장, 창자 내막, 태반에서 발견되는 AP 동위효소들의 전체 활동을 측정한다. 뼈와 간 AP는 성인의 혈액 중에 항상 존재하고, 임신기간 중 3개월 동안 태반에서 전체 AP의 절반 이상이 생성될 때를 제외하면 간에 가장 많이 분포한다.

AP 검사 결과는 특히 담도폐쇄에 민감하여 간 손상을 알려준다. 이 검사는 대사성 뼈 질환의 진단과 골아세포 활동, 담도 폐쇄로 인한 종양이나 종기와 같은 간 손상을 일으키는 골격 질환을 탐지하는 데 전문적으로 사용된다. 또한, 간 기능연구와 위장효소 검사를 위한 보충 정보를 제공하고, 구루병에 대한 비타민D의 효과를 평가한다.

혈중 알칼리 포스파타아제의 정상 범위는 사용되는 검사 도구에 따라 다양하지만, 일반적 AP 총 수치는 성인이 30~120 U/L, 아동이 40~200 U/L 이다. AP 집중도는 왕성한 뼈 형성과 성장 기간 동안 상승하기 때문에, 유아, 아동, 청소년들은 보통 성인보다 3배 더 높은 수치를 보인다. AP 의 추가적 정상 범위는 1.5~4 Bodansky units/dL, 4~13.5 King-Armstrong units/dL, 0.8~2.5 Bessey-Lowry-Brock units/dL, SMA 1260에 의하면 30~110 U/L이다.

혈중 AP 수치가 높으면 골격질환, 간 내 담도 폐쇄, 악성 또는 감염성 침투, 섬유증, 페이젯 병, 뼈 전이, 부갑상선 기능항진증, 췌장암에서 전이된 뼈 종양, 간질환의 징조이다.

검사결과에서 AP수치의 약간의 상승은 활성 간 경변의 간 염증, 단핵증, 골연화증, 결핍성 구루병, 바이러스 감염에 의한 간염 급성 담도 폐쇄를 반영한다.

알라닌 아미노기 전이효소(트렌스미나아제), 혈중 글루타민 파이부빈산 아미노기전이효소 검사

크렙스 시트르산(삼칼복실산)회로에서 가역성 아미노기 수송반응을 촉진하는 두 가지 효소 중 하나인 알라닌 아미노트랜스페라제(ALT)는 조직의 에너지 생성에 필수적이다.(두 번째 효소는 아스파라진산 아미노트렌스페라제이다) 혈중 ALT수치가 증가하면 황달이 나타나기 전에 급성 간세포성 황달의 징후를 알려준다. 알라닌 트렌스미나아제, 혈중 글루타민 파이부빈산 트렌스 아미나아제(ALT/SGPT) 검사 결과는 간염, 간 경변, 간독, 급성 간질환에 대한 치료과정을 관찰하고 평가하는 분광투과율법 또는 비색법을 사용한다. 그리고 심근질환과 간 조직 손상도 구분해준다

ALT 범위는 남성의 경우 10~32 U/L이고 여성의 경우 9~24 U/L 이다. 유

아의 경우 성인의 두 배 수치를 나타낸다. 수치가 매우 올라가 정상의 50배에 달하면, 바이러스성 간염이나 약물로 인한 간염을 의심해야 한다. 광범위한 괴사가 나타나는 다른 간 질환도 있을 수 있다.

약간의 **ALT** 상승은 전염성 단핵증, 만성 간염, 간내 담즙 축척, 초기 급성 바이러스성 간염, 심부전으로 인한 심각한 간 울혈을 나타낸다. 그 보다 더 상승한 **ALT**는 활동성 간경변, 약물 유인성 또는 알코올성 간염과 같은 간의 급성 세포 손상을 일으키는 병에 나타난다. 수치가 최고치에 달하면 급성심근경색이나 2차간염성 울혈을 보여준다.

ALT/SGPT 검사에 있어서 방해요소는 모르핀, 코데인, 메페리딘과 같은 아편 진통제를 복용하는 것이다.

혈중 콜레스테롤 검사

이 검사는 유리된 콜레스테롤과 콜레스테롤 에스테르의 순환 수치를 측정하여, 신체 조직에 나타나는 콜레스테롤 혼합물의 양을 나타낸다. 콜레스테롤과 콜레스테롤 에스테르는 음식으로 흡수되고 간과 다른 신체 조직에서 합성된다. 콜레스테롤은 세포막과 혈중 리포 단백질에 있는 물질이며, 아드레노코르티코이드 스테로이드-담즙 산염, 안드로겐, 에스트로겐의 생성에 기여한다. 포화지방이 많은 음식은 장에서 콜레스테롤과 지방질의 흡수를 촉진하여 콜레스테롤의 수치를 상승시킨다. 포화지방이 낮은 음식은 수치를 낮춘다. 상승된 전체 혈중 콜레스테롤은 경화성 심장혈관병의 위험을 증가시키게 된다.

따라서, 혈중 콜레스테롤 검사를 통하여 관상동맥질환(**CAD**)의 위험성을 평가하고, 지방대사의 수치를 확인하여 신장질환, 췌장염, 간질환, 갑상선 기능 저하증, 갑상선 기능 항진증의 진단을 돕는다. 콜레스테롤 축적정도는 연령과 성별에 따라 다양하다. 일반적인 범위는 **150~200 mg/dL**이다.

혈중 콜레스테롤의 바람직한 수치는 **175mg/dL** 아래이고, **180~230 mg/dL**은 넘어서면 관상동맥질환의 위험성이 크다. **250mg/dL** (과콜레스테롤혈증)을 초과하면 심혈관 질환, 초기 간염, 지질장애, 담관 폐쇄, 네프로시스 증후군, 폐쇄성 황달, 췌장염, 갑상선기능저하증의 위험성이 높다.

과콜레스테롤혈증은 부신 피질 자극호르몬, 코르티코스테로이드-안드로겐, 담즙염류, 에피네프린, 클로르프로마진, 트리플루오페라진, 먹는 피임약, 살리실산염, 티오우라실, 트리메타티온을 과도하게 복용하면 유발될 수 있다.

낮은 혈중 콜레스테롤(저콜레스테롤혈증)은 영양부족, 간의 세포괴사, 갑상선 기능 항진증과 관련이 있다. 거슨 프로그램을 하는 도중에는 환자들이 저지방 식단을 먹고 있기 때문에 콜레스테롤이 정상수치보다 낮아 질 수 있다.

지질단백질/콜레스테롤 분별 검사

관상동맥질환의 위험도를 평가하기 위해, 지질단백질/콜레스테롤 분별 검사 결과가 사용된다. 이 검사는 원심법이나 전기이동에 의해 혈중 콜레스테롤을 분리하여 측정하는데 이것은 저밀도지질단백질(**LDL**)과 고밀도지질단백질(**HDL**)로 나타난다. 모집단에서의 HDL 수치가 낮을수록 더 높은 관상동맥질환(**CAD**) 발병률을 일으키는 것으로 알려져 있다. 반대로, **HDL** 수치가 높을수록 더 낮은 발병률을 나타낸다.

주의 : 거슨요법은 최소한의 지방을 사용하기 때문에, 관상동맥질환의 위험을 줄이게 된다. 그러나 거슨요법은 최상의 신체 기능을 위해 체내합성이 되지 않는 고도불포화 필수 지방산과 지용성 비타민을 적절히 공급해 준다.

정상적인 HDL 콜레스테롤은 혈중 **29~77mg/100 mL** 범위이고, 정상적

인 LDL 콜레스테롤의 범위는 **62~185mg/100 mL**이다. 상승된 **HDL**는 일반적으로 건강한 상태를 반영하는 반면, **LDL**수치가 높으면 관상동맥질환에 걸릴 위험이 높아지며, 만성 간염, 초기 원발성 간경변, 심한 알코올 섭취로 인하여 **LDL**수치가 높아지기도 한다.

혈중 중성지방 검사

중성지방은 체내의 주요 지질(지방 조직의 **95%** 를 구성함) 저장형태이고 혈중 중성지방 검사는 중성지방의 양을 분석하는 것이다. 신장질환에서 고지방혈증과 관상동맥질환을 판명하는데 사용된다. 중성지방의 기대치는 연령에 따라 다양하다. (표 26-1 참조)

비정상적인 결과가 나오면 다른 검사를 해볼 필요가 있다. 높은 중성지방은 아테롬성 동맥경화증 또는 관상동맥질환 의 위험성을 알려준다. 중간 정도의 수치는 담도폐쇄, 당뇨, 신장질환, 내분비계질환, 알코올의 과잉의 신호가 된다. 낮은 수치는 드물지만, 나타난다면 영양실조나 단백질혈증이 있음을 알려준다.

■ 표 26-1 연령대별 중성지방 수치

연령	Mg/dL	nmol/L
0~29	10~140	0.1~1.55
30~39	10~150	0.1~1.65
40~49	10~160	0.1~1.75
50~59	10~190	0.1~2.10

주의 : 거슨요법의 식단에서 호전반응과 치유반응이 나타날 때 중성지방의 수치가 높아 질 수 있다.

혈중 단백질 전기이동 검사

신체의 주요한 혈중 단백질인 알부민과 4가지 글로불린은 전기장 내 pH 8.6 에서의 크기, 형태, 전하에 따른 패턴으로 구분 되어 측정된다. 총 혈중 단백질의 50% 이상을 구성하는 알부민은 교질삼투압(모세관 벽의 혈장 단백질이 가하는 압력)에 의해 모세관 혈장의 누출을 막고 빌리루빈, 지방산, 호르몬, 약물과 같은 많은 불수용성 물질을 운송한다.

알파1, 알파2, 베타, 감마의 4가지 글로불린 중에서 처음 세가지는 혈액을 통해 지질, 호르몬, 금속원소를 운반하는 단백질 역할을 한다. 네 번째인 감마 글로불린은 면역체계에서 역할을 한다.

이름에서 알 수 있듯이, 혈중 단백질 전기이동 검사는 총 혈중 단백질과 알부민~글로불린 비율을 절대값으로 바꾸어 측정하는데 전류를 사용한다. 검사 결과는 간질환, 혈액질환, 위장병, 종양, 단백질 결핍 등이 있는지 확인하는 데 도움이 된다. 표 26-2 는 이러한 단백질의 정상 혈중 범위를 보여준다.

■ 표 26-2 정상적인 혈중 단백질 수치

총 혈중 단백질	6.6~7.9 g/dL
알부민	3.3~4.5 g/dL
알파1 글로불린	0.1~0.4 g/dL
알파2 글로불린	0.5~1.0 g/dL
베타 글로불린	0.7~1.2 g/dL
감마 글로불린	0.5~1.6 g/dL

총 알부민과 총 글로불린사이의 균형(의학계에서는 A-G 비율로 알려짐)은 총 단백질 수치에 비교하여 평가된다. 총 단백질 양이 낮고 알부민

이 줄어들고 글로불린이 많은 상태는 만성간질환을 나타낸다. 정상적인 총 단백질 양에 알부민이 줄어들고 글로불린이 많은 상태는(뒤바뀐 A-G 비율) 골수증식성질환인 백혈병과 호지킨병 이나 만성 전염병 결핵(TB) 등과 만성 간염을 의심해봐야 한다.

요소-질소 검사

요소 질소(BUN) 검사 결과는 혈액내의 단백질 대사의 주 생산물인 요소중의 질소분포를 측정한다. 간에서 암모니아가 전이되어 생성되어 신장을 통해 배출되는 요소는 혈액 내 비단백질 질소화합물의 **40~50%** 를 구성한다. BUN수치는 단백질 흡수와 신장 배출 능력을 반영한다. 요독증 (혈액 내 소변)을 발견해내는 방법으로는 혈중 크레아티닌 수치보다 신뢰도가 낮다. (아래 "혈중 크레아티닌 검사" 참조)

8~20mg/dL 범위가 정상 수치인 BUN검사는 신장 기능을 평가하고 신장병의 진단과 신체의 수화작용을 평가하게 한다. BUN 수치는 탈수증, 신장병, 요로폐쇄로 신장의 혈액 흐름이 좋지 못하거나 화상 등으로 단백질 대사가 원활하지 못하면 높게 나타난다. 심각한 간 손상, 영양실조, 수분 과잉은 BUN 수치를 낮춘다.

주의 : 초기에 단백질 섭취를 적게하는 거슨요법을 하고 있는 환자들에게는 약간 낮은 BUN수치가 나타나기 쉽다.

혈중 크레아티닌 검사

BUN보다 더 예민하게 신장병 진단을 가능하게 하는 혈중 크레아티닌 검사는 대사작용 시 최종 비단백질생산물인 크레아티닌의 양을 분석하는 것이다. 실제로 신장장애가 혈액 내 크레아티닌 증가의 유일한 원인이다. 따라서, 크레아티닌 수치는 사구체 여과율과 직접적으로 관계가 있다. 이 수치로 신장 사구체 기능을 평가하고 신장 손상을 가려낸다.

남성의 크레아티닌 축적양은 **0.8~1.2mg/dL**이다. 여성의 경우는 **0.6~0.9mg/dL**이다. 혈중 크레아틴이 높으면 거인증과 말단비대증과 같이 네프론 (신장의 단위)의 **50%**가 손상된 심각한 신장병이 있음을 의미한다. 아스코르빈산, 바르비투르산염, 이뇨제, 설포브로모프탈레인의 과잉 흡수등으로 수치가 높아질 수 있다. 운동선수들은 정상적인 신장기능을 갖고 있지만, 평균보다 높은 크레아티닌 수치를 보인다..

혈중 요산 검사

주로 통풍을 진단하는데 사용되는 혈중 요산 검사는 혈액 내 푸린 (purine)의 대사산물인 요산의 수치를 측정한다. 사구체와 세뇨관을 통해 요산을 걸러내지만 pH 7.4 나 그 이하에서는 덜 녹게 된다. 이 현상은 백혈병과 신장병에서 나타나는 통풍, 과도한 세포 생성과 같은 특정한 질환에서 발생한다.

남성의 경우 요산도는 **4.3~8mg/dL** 범위이고 여성의 경우 **2.3~6mg/dL**의 범위이다. 요산 수치가 높은 것은 질병의 심각성과는 상관 관계가 없지만, 울혈성 심부전, 당원병, 전염성 단핵증과 같은 급성 전염병, 용혈성 빈혈, 겸상 적혈구 빈혈증, 혈색소 병증, 적혈구 증가, 백혈병, 임파종, 전이된 악성종양, 건선일 경우 수치가 높게 나온다. 낮은 요산 수치는 윌슨병과 판코니 증후군에서 나타나는 급성 간 위축 또는 세뇨관 흡입이 있음을 나타낸다.

혈중 요산 검사 결과에 영향을 주는 약물은 이뇨제, 에탐부톨, 빈크리스틴, 피라진아마이드-타이아자이드-살리실산염 등이다. 굶주림, 푸린 함유가 높은 식단, 스트레스, 알코올 남용도 요산을 증가시킨다. 비색법으로 요산을 측정했을 때, 아세트아미노펜, 아스코르브산, 페나세틴을 복용하면 수치가 높게 나오고, 아스피린, 쿠마딘, 클로피브레이트, 신코펜, 부신피질 호르몬, 페노티아진을 많이 복용하면 낮은 수치가 나온다.

포도당, 공복혈당 검사

12~14 시간 동안의 단식 후에 실시하는 포도당, 공복혈당(FBS) 검사 결과는 진성당뇨를 앓고 있을 경우 포도당 대사를 측정한다. 공복 상태에서는 글루카곤 호르몬이 많이 나오므로 수치가 낮다. 글루카곤은 글리코겐 분해를 촉진하여 원형 포도당을 증가 시킨다. 정상적으로는 인슐린이 분비되어 혈당이 높아지는 것을 조절한다. 당뇨가 되면, 인슐린이 적게 혹은 전혀 나오지 않게 되어 혈당 수치가 높아진다.

8~12 시간의 단식 후에, **FBS** 검사 결과에서 정상적인 공복 혈당은 아래와 같다.

- 공복시 혈당, 70~100 mg/dL
- 공복시 총 혈액, 60~100 mg/dL
- 공복이 아닌 총 혈액, 50세 초과일 경우, 85~125 mg/dL
- 50세 미만일 경우, 70~115 mg/dL

이 검사는 진성 당뇨와 포도당 대사 질환들을 발견하는데 도움이 된다. 당뇨에 필요한 약물이나 식이요법, 인슐린이 필요한 지를 알려준다.

두 번 또는 그 이상의 공복혈당 검사에서 **140~150mg/dL** 또는 그 이상의 수치가 나타나면 진성당뇨이다. 공복이 아닌 혈당 검사에서 **200mg/dL** 이상의 수치도 당뇨 진단이 내려진다. 혈당이 높으면 췌장염, 갑상선 기능 항진증, 갈색 세포종, 만성 간 질환, 뇌 외상, 만성 질환, 만성 영양실조, 자간, 산소결핍증, 경련성 장애를 의심해볼 수 있다.

과인슐린증, 기능성 췌도 종양, 폰기에르케 병, 기능성 또는 반응성 저혈당증, 부신 기능부전, 선천성 부신과형성, 뇌하수체 기능 저하증, 췌장의 도세포 종, 간 괴사, 당원병이 있으면 저혈당이 되기 쉽다.

혈중 철분과 철분 결합능력 검사

혈액 검사를 통해 시약을 묽게 하거나 색깔을 변하게 하는 정도를 검사하여 아래 두가지 항목을 측정한다.

- 당단백질 트랜스페린과 결합된 철분의 양
- 모든 트랜스페린이 철분과 함께 포화되었을 경우 총 철분 결합 능력 (TIBC)

포화 비율은 TIBC에 의한 혈중 철분 결과를 나누어 얻어진다. 이것은 포화된 트랜스페린의 실제적 양을 밝힌다. 정상 트랜스페린은 30%의 포화도를 나타낸다. 따라서, 두 가지 검사는 총 철분 함량을 평가하고, 혈액 색조 침착증을 진단하고, 철분 결핍성 빈혈과 만성 질환 빈혈을 구분하고, 환자의 영양 상태를 평가 한다.

정상 혈중 철분과 TIBC결과는 표 26-3 에 나타나있다. 철분 결핍일 경우, 포화도를 낮추기 위해 혈중 철분은 감소하고, TIBC는 증가한다. 류머티즘성 관절염과 같은 만성 염증의 경우, 혈중 철분은 적절한 신체 내 농도보다 낮지만, TIBC는 변화 없거나 정상적 포화 정도로 떨어진다. 철분 과다는 병세가 비교적 오래 지속되기 전 까지는 혈중 수치를 변화시키지

않지만 포화도를 증가시키기 위해 혈중 철분은 증가하고 TIBC는 동일하게 유지된다

■ 표 26-3 혈중 정상 철분과 총 철분 결합 능력

성별	혈중 철분	TIBC(%)	포화도(%)
남성	70 ~ 150	300 ~ 400	20 ~ 50
여성	80 ~ 150	350 ~ 450	20 ~ 50

적혈구 총 수

전통적으로 사람이 직접 헤아렸던 적혈구(RBCs)를 현재는 일반적으로 전기적 장치로 계측한다. 덕분에 더 빠르고 정확한 결과를 얻을 수 있다. 적혈구 총 수는 적혈구의 헤모글로빈 함량에 대한 질적 정보는 제공하지 않지만, 적혈구 평균 용적율(MCV)과 평균 적혈구 혈색소 (MCH)를 구분해준다. 따라서, 적혈구 총 수는 적혈구 크기와 헤모글로빈 함량 수치를 제공하고 빈혈과 적혈구 증가 여부를 진단하는데 쓰이는 다른 혈액 검사에 도움이 된다.

연령, 성별, 표본, 지리학적 위치에 따라, 정상적 RBC결과는 성인 남성의 경우 정맥혈의 **4.5~6.2million/microliter (μL) (4.5~6.2 x 10^{12}/L)**, 성인 여성의 경우 정맥혈의 **4.2~5.4million/μL (4.2~5.4 x 10^{12}/L)**이다. 어린이의 경우, 정맥혈의 **4.6~4.8million/μL** 범위이고, 만삭아의 경우는 **4.4~5.8million/μL (4.4~5.8 x 10^{12}/L)**이다. 적혈구 총 수가 많으면 적혈구 상승이나 탈수증을 알려주고, 빈혈, 체액 과부담, 출혈이 있으면 그 수가 감소한다. 절대 안정상태에서는 산소 요구량이 적으므로 적혈구 총 수는 떨어진다.

헤모글로빈 검사

전체 1 데시리터(100㎖)의 혈액 중 총 헤모글로빈(Hgb) 농도는 총 Hgb 검사로 측정된다. Hgb~RBC(또는 MCH) 비율과 자유 혈장 Hgb은 적혈구 총 수에 영향을 미친다. 완전한 혈액 수의 통상적인 부분으로서의 이 검사는 빈혈이나 적혈구 증가의 정도를 측정하고 치료의 반응을 살펴보고 MCH와 평균 혈구 헤모글로빈 농도를 추정하기 위한 자료를 제공한다.

정맥혈 샘플에 기초하여, 여러 연령에 따른 환자들의 정상 수치를 표 26-4에 실었다.

■ 표 26-4 정상 헤모글로빈 수치

연령	헤모글로빈 수치 (g/dL)
7일 이하	17~22
1 주일	15~20
1 개월	11~15
어린이	11~13
성인 남성	14~18
노인 남성	12.4~14.9
성인 여성	12~16
노인 여성	11.7~13.8

헤마토크리트 검사

총 혈액 샘플에 들어있는 적혈구의 양은 헤마토크리트(Hct) 검사 결과로 측정된다. 적혈구의 개수와 크기는 Hct 농도를 결정하고, 수화작용의 이상 상태, 적혈구 증가증, 빈혈, 수분 불균형, 출혈, 혈액 교체, 적혈구 상태를 진단하는데 도움을 준다. 환자의 성별, 연령, 검사 능력, 혈액 샘플의 종류에 따라, 혈액의 상태를 밝혀낸다.

남성의 경우 Hct 기준치는 40%~54%(0.4~0.54) 범위이고 여성의 경우

37%~47%(0.37~0.47) 범위이다. 낮은 Hct 수치는 빈혈이나 혈액희석을 의미한다. 높은 Hct 는 출혈로 인한 적혈구가 증가하거나 혈액농축을 나타낸다. 혈종이 정맥의 천자 부위에서 나타난다면, 얼음찜질 후 온수찜질로 가라앉히면 된다.

적혈구 지수 검사

적혈구 지수 검사를 통해 MCV, MCH와 평균 적혈구 혈색소 농도(MCHC)를 측정할 수 있다. MCV는 적혈구의 평균 크기를 나타내주고, MCH는 평균 적혈구 내 Hgb의 중량을 제공한다. MCHC은 100mL 적혈구 내 Hgb 농도를 밝힌다.

정상 RBC 수치는 아래와 같다.

- MCV : 84~99입방 마이크로리터/적혈구(펨토리터 (fl)/적혈구)
- MCH : 26~32피코그램(pg)/적혈구
- MCHC : 30%~36% (300~360g/L)

이러한 수치는 빈혈의 진단과 분류를 돕는다. 낮은 MCV과 MCHC은 철분 결핍성 빈혈, 피리독신 반응 빈혈, 탈라세미나를 일으키는 소적혈구성 저색소성 빈혈이 있음을 보여준다. 높은 MCV 는 엽산이나 비타민 B_{12} 결핍, DNA(디옥시리보핵산) 합성의 선천성 장애, 망상적혈구 증가로 인한 대적혈구성 빈혈을 의미한다.

적혈구 침강속도 검사

총 혈액 샘플 중 적혈구가 시험관의 바닥에 자리잡을 때까지 걸리는 시간을 측정하는 적혈구침강속도(ESR)는 다른 화학적 또는 물리적 검사가 정상적일 경우에 질병의 존재를 알려주는 민감한 비특이성 검사이다. ESR은 감염, 자기면역 질환, 악성종양에 의한 광범위한 염증성 장애에서 증가한다.

따라서 ESR은 감염성이나 악성질환을 검사하고 결핵(TB), 조직괴사, 결합조직 장애와 같은 숨겨진 질환을 찾아낸다. 정상적 ESR범위는 0~20 mm/hour이다. 이는 임신, 급성 또는 만성 감염, 결핵, 파라단백질혈증, 류머티즘 열, 류머티즘 관절염, 몇몇의 암일 경우에 증가한다. ESR은 빈혈에서도 증가한다. ESR은 적혈구 증가증, 겸상 적혈구 빈혈증, 고점도 증후군, 낮은 혈장 단백질일 경우에 낮아진다.

주의 : ESR은 거슨요법으로 인한 치유반응과 열이 나는 도중이나 후에 자주 증가된다.

혈소판 수

혈소판은 혈액의 구성 요소로 혈관 손상 시 지혈전을 생성한다. 트롬보플라스틴(혈액 응고에 관여하는 혈액응고 인자) 경로에 인지질을 제공하여 응고작용을 촉진한다. 혈소판의 검사는 화학요법, 방사선 요법, 심한 혈소판 증가나 감소 질환의 상태를 보여준다. 50,000개 이하로 내려가면 피가 계속 멈추지 않게 된다. 5,000이하는 치명적인 중추신경계 출혈이나 위장관 대출혈의 가능성이 있다.

혈소판 수를 통해 혈소판 생성 상태를 파악하고 세포독성 요법의 효과를 평가하며 혈소판 감소증, 혈소판 증가증의 진단을 돕고 혈액 슬라이드에 보이는 혈소판 수와 형태를 추정할 수 있게 해준다. 정상적인 혈소판 개수는 130,000~370,000/μL(1.3~3.7 x 10^{11}/L) 범위이다.

혈소판은 다음 질환이 있을 경우 줄어든다. 재생불량성 또는 저형성 골수, 암종, 백혈병, 파종성 감염과 같은 침윤골수질환들, 거대핵세포성 증식증, 엽산이나 비타민 B_1 결핍으로 인한 혈소판 감소증, 비장 비대에 따른 혈소판의 울혈, 약물사용이나 면역 장애로 인한 혈소판 파괴의 증가, 파종성 혈관내 응고, 베르나르-술리에 증후군, 혈소판의 물리적 손상

혈소판의 수를 줄이는 약으로는 아세타졸아미드-아세토헥사미드-안티몬, 항종양제, 브롬페니라민 말리에이트, 카바마제핀, 클로람페니콜, 에타크린산, 푸로세미드-금염, 항말라리아제, 인도메타신, 이소니아지드-메페니토닌, 메페난산, 메타졸라미드-메치마졸, 메씨도파, 오랄 다이오사이드-옥시펜베타존, 페니실라민, 페니실린, 페닐부타존, 페니토인, 페리메타민, 퀴니딘 설페이트, 퀴닌, 살리실산염, 스트렙토마이신, 술폰아미드-티아지드와 같은 이뇨제와 삼환계 항우울제가 있다.

혈소판의 수는 다음의 질병이 있을 경우 늘어나게 된다. 출혈, 전염성 장애, 악성종양, 철분 결핍 빈혈, 골수섬유증, 1차 혈소판 증가증, 적혈구 증가증, 골수성 백혈병, 최근의 수술, 임신, 비장절제술, 콜라겐 혈관 질환과 같은 염증성 장애

백혈구 수

혈구 계산기나 혈구 계산판을 사용하여 나타내는 혈액 1마이크로리터 (입방 밀리미터)에서 발견되는 백혈구 (WBCs)의 수는 격렬한 운동, 스트레스, 소화작용에 따라 변한다. 이는 감염이나 염증을 발견하거나, WBC 감별 검사, 골수생검과 같은 검사가 더 필요한지, 그리고 화학요법이나 방사능 요법의 효과를 알아보는데 사용된다.

WBC의 수는 $4.1 \sim 10.9 \times 1011$ 범위이다. 백혈구가 증가하면 종기, 수막염, 충수염, 편도선염과 같은 감염이 있음을 의미하고, 백혈병, 화상으로

인한 조직 괴사, MI, 괴저의 징후를 나타내기도 한다. 백혈구의 감소는 바이러스 감염이나 항암제, 수은, 벤젠이나 비소와 같은 다른 중금속성 독소가 따르는 치료법과 같은 독성 반응과 인플루엔자, 장티푸스, 홍역, 유행성 간염, 단핵증, 풍진의 침입에 의한 골수저하를 의심할 수 있다.

백혈구 감별 검사

백혈구 감별 검사는 100 또는 그 이상 되는 각 백혈구 종류 (예를 들어, 과립성 백혈구, 무과립백혈구, 유년기 호중성 백혈구, 분엽핵 호중성 백혈구, 호염기성 백혈구, 호산성 백혈구, 대림프구, 소림프구, 식세포, 조직구)에 절대값을 부여하기 위해 각 백혈구의 퍼센티지 값을 곱하여 각 종류의 상대적인 수를 결정한다.

백혈구 감별은 감염, 다양한 백혈병, 감염의 단계와 극심함, 알레르기 반응, 과민반응, 기생충 감염에 저항하고 극복하는 신체 능력을 평가한다. 성인과 아이들로 나누어진 백혈구 감별 검사에는 일련의 검사치가 존재한다.(몇 가지 예들은 표 26-5 를 참조)

■ 표 26-5 백혈구 감별 검사

성인	상대값 (%)	절대값 (mcL)
호중성 백혈구	47.6~76.8	1950~8,400
림프구	16.2~43	660~4,600
단핵 백혈구	0.6~9.6	24~960
호산 백혈구	0.3~7	12~760
호염기 백혈구	0.3~2	12~200

정확한 진단을 내리기 위해서는 검사자가 감별 혈구계산의 상대값과 절대값 모두를 고려해야한다.[1]

소변분석

소변분석에는 신체적 특징, 비중과 pH, 단백질, 포도당, 케톤체의 측정과 요 침사, 색상, 혈세포체의 조사가 포함된다. 요 분석은 체내 기능에 대해 많은 것을 알려주는 매우 중요한 검사이다. 필수 요 검사 결과는 어떻게 생리 기능이 이뤄지는지 또는 그것이 어떻게 식이요법, 진료 외적 조건, 표본 수집 기간과 다른 요소들에 반응하고 있는지에 대한 수 많은 정보를 제공한다.

요 분석 검사로 판명되는 많은 질병들을 알고자 하면, <거슨요법 핸드북 : 암 식사요법 : 50사례의 임상결과(A Cancer Therapy : Results of Fifty Cases)의 워크북>의 부록I을 참고하기 바란다.[2]

*참고자료

1. For the vast number of variables and illnesses which are diagnosed by them, please see Appendix I of the Gerson Therapy Handbook : Companion Workbook to M. Gerson, A Cancer Therapy : Results of Fifty Cases and The Cure of Advanced Cancer by Diet Therapy : A Summary of Thirty Years of Clinical Experimentation, 6th ed. (San Diego, CA : Gerson Institute, 1999). To acquire a copy of this handbook/workbook, contact the Gerson Institute in San Diego, California.
2. Ibid.

제 27 장
치료된 환자 사례

 지금부터 보여줄 환자들의 치료사례는 기록에 의해 충분히 입증 되었고, 거슨요법의 성과의 일부분에 지나지 않는다. 환자들 대부분은 미국 내 병원에서 생체 검사를 통해 암진단을 받았고, 여러 장기에 퍼진 암으로 소위 말기 상태여서 전통의학으로는 치료 불가능한 상태였다.

 우리는 경험을 통해 거슨요법을 시도하고자 하는 사람들이 항상 "자신과 같은" 암으로 고통 받았던 사람들이 완치되었는지 알고 싶어한다는 것을 알고 있다. 따라서 가능한 많은 악성 질환을 다루려는 시도에서, 치료불가 판정을 받았던 환자들의 사례를 선택하였다. 아래 사례들은 거슨요법을 시작하려는 환자들의 의문에 해답을 제시하기 위함이다

 거슨요법은 소위 적절한 검사(무작위이중맹검법)를 한번도 거치지 않았다는 이유로 자주 비판을 받았다. 그러나, 이런 검사가 임상 결과에 토대를 두고 치료법을 판단하는 수세기 동안 행해져오던 방식을 대신한 것은 최근의 일이다. 다시 말해, "임상에서의 결과가 중요하다"는 거슨박사의 견해는 자명해 보인다.

 최근에 주로 사용되는 무작위이중맹검법은 환자 개개인을 고려하지

않고 많은 그룹의 환자들을 필요로 한다. 검사 도중에 의사와 환자 모두 누가 검사대상의 약을 먹고 있는지 먹지 않는지 모르기 때문에 이중맹검법이라 불린다. 이것은 약의 효능에 방해를 줄 지 모르는 정신적 또는 다른 외적 영향을 배제하기 위함이다.

이 방법은 한 가지 약물 검사에는 맞을지 모르나, 거슨요법처럼 전체적인 삶의 방식을 바꾸는 치료법에는 알맞지 않다. 환자가 자신의 몸에서 근본적인 변화가 이루어지고 있다는 사실을 모른채 커피관장을 하고, 하루 13번의 신선한 주스를 마시는 것은 불가능한 일임은 잠시만 생각해보면 알 수 있다. 전통적인 종양치료 방법인 방사선 치료와 화학요법 또한 무작위 이중맹검법을 거친 적이 없다. 단지 다양한 화학요법들이 서로 비교되면서 검사 되어 왔다. 화학요법과 다른 치료법 사이의 비교 검사는 이뤄지지 않았다. 그럼에도, 화학요법의 실패를 주장하는 의사들과 과학자들은 연구결과를 계속 발표해왔다. 가장 최근 발간된 책 중의 하나는 가이 B. 파아게(Guy B. Faguet) 박사[1]가 쓴 <암과의 전쟁 : 실패의 해부>이다.

거슨요법을 비판하는 사람들은 거슨요법이 자신들에게 너무 생소한 방법이라는 이유로 공격을 한다. 그러나, 공격을 하기 전에, 무작위이중맹검법을 화학요법에 적용할 것을 먼저 요구해야 할 것이다.

공격적 임파선 암

S. M.씨는 1990년 47세때 부어오른 여러 개의 임파선 때문에 조직 검사를 받고, 림프종을 앓고 있다고 진단받았다. 2년 후, 1992년 여름, 거슨병원을 찾았을 당시, 그녀는 다리, 엉덩이에 광범위한 수종(체액 축척)과 배에 멜론 크기 만한 종양을 갖고 있었다. 수종을 제거하기 위해 몸에 "구멍을 뚫지" 않고, 거슨요법만으로 치료를 시작하였다. 완전한 거슨프로

그램을 시행한 처음 5일간 화장실을 수없이 드나들면서 13kg 정도를 감량하였다.

다음은 1993년 2월, 워싱턴주 웨나치(Wenatchee, Washington)에 있는 의사에게 다시 검진을 받았을 때의 진료기록이다. "전체적인 임파종은 없어졌다. 더 이상 복부에서 덩어리가 느껴지지 않는다. 뚜렷한 카로텐 혈증(거슨요법을 행하는 환자들에게 자주 나타나는 무해한 오렌지 색 피부 변색)이 보인다. 비장에는 종양이 느껴지지 않는다. 환자는 전통의학 치료를 원하지 않는다고 단호하게 말하였다. 워싱턴 주 웨나치, 웨나치 밸리 병원, 혈액/종약학 불거(Bulger)박사 기록."[2] 더 이상 부어 오른 임파선이 없었기 때문에 전통의학 치료를 원하지 않는다는 것은 당연한 결정이었다! 이 환자는 계속 건강을 유지했고 1998년 시애틀에서 열린 컨벤션에서 자신의 회복에 대해 발표하였다. 2002년 마지막 기록에 의하면 당시에 남편의 사업을 도우며 열심히 활동하고 있었다.

세 명의 아이들과 아내를 가진 32세 W. S.씨는 투병 중이었다. 복부에서 덩어리를 발견 하고 1951년 5월, 오하이오주 신시내티(Cincinnati, Ohio)에 있는 의사를 찾아갔다. 의사는 "임파선의 덩어리-최대 길이 5cm"[3] 라고 기록하였다. 의사는 방사선 요법을 받게 한 후, 최선을 다해 덩어리를 제거를 하였다. 그러나 4개월 뒤인 9월에 새로운 덩어리가 나타났고 환자는 방사선 요법을 더 받았다. 방사선 요법은 임파선의 붓기를 가라앉혔다. 몇 달 되지 않아, 재발하였고 이제 2달 밖에 더 살지 못한다는 의사의 말을 듣고 환자 스스로 다른 치료법을 찾기 시작하였다.

그는 거슨요법을 발견하고, 거슨 박사를 만나기 위해 뉴욕으로 갔다. (거슨박사의 <암식사요법 : 50 임상사례>에 이 환자의 사례가 18번째로 실려있다.)[4] 거슨 프로그램을 시작한지 8개월 후, 상태는 매우 좋아졌다. 활력을 다시 찾아 교회 화가로 계속 일할 수 있었다. 건축과 장식 작업을 하였고, 유리창의 스테인드 글라스를 디자인하여 샌디애고(San Diego)에서 작품 전시회를 열기도 하였다. 1983년에 W. S.는 아래와 같은 글을 남겼다. "지난 33년을 돌아보면, 8명의 아이들, 12명의 손자, 손녀들과 함께 한 멋지고 생산적인 삶이었다." 스티븐 크로쉘(Stephen Kroschel)의 거슨 요법 기록 필름 'Dying to Have Known'에서 그는 2006년, 88세의 나이에도 몇 명의 자식들과 함께 그림 작업실에서 일하며 여전히 왕성히 활동하고 있음을 보여 주었다.

자궁 내막에서 발전한 경부 암

자궁 내막은 자궁 내부의 점막이다. 생식이 가능한 기간에 배란된 난자가 수정되어 착상하지 않으면 매달 이 내막이 떨어져 나간다. 유기체 또는 호르몬계가 제대로 기능하지 않을 때, 자궁 내막은 복 벽을 포함한, 신체의 여러 부분에 퍼질 수 있다. 상태가 더 나빠지고 월경 주기가 일정하지 않으면, 자궁 내막 조직은 악성 "전이된 골반 암과 유사한"[5] 상태로되면서 신체 전체로 퍼져나간다.

S.T씨의 사례가 이런 과정을 잘 설명해준다. 이 환자는 처음 월경이 시작되면서부터 자궁에 문제를 갖고 있었다. 35년 후, 자궁내막증으로 진단되었고, 자궁 내막 플라크를 제거하기 위해 여러 번의 확장과 소파 (자궁경관 확장과 내막 소파술, 또는 자궁 긁어내기)를 받았다. 마지막으로 부분 자궁 적출술을 받았으나 문제는 계속 되었다. 결국, 1979년 자궁경부 세포진 검사(Pap smear)를 통해 혈액에 정상적이지 않고 불규칙한 세포가 존재하며 자궁 경부암을 앓고 있음이 밝혀졌다. 가슴에서도 여러개의 혹이 발견되었지만 더 조사하지는 않았다. 자궁 적출술을 하기로 결정되었으나 그녀는 수술을 거부하였다.

그녀는 대체 치료법을 찾아서 식단을 바꾸고 단식을 하였다. 그리고 오래전에 들었던 샤롯 거슨의 강의를 기억해 내고 거슨요법을 실행하기로 결심하였다. 거슨요법을 따르면서 두통과 구토를 동반한 심각한 치유반응으로 놀랐지만, 복부에 생긴 수 많은 반흔 조직들이 이전의 궤양으로 인한 것이란 말을 떠 올렸다. 이 환자는 2년 동안 거슨요법을 따랐고, 나중에 "먹지 말아야 할 음식은 한 조각도 입에 넣지 않았다"고 말하였다. 그녀는 건강하고,(마지막 보고는 2006 년 11 월이었다) 90대인 노부모들과 때때로 손자들을 돌보면서 바쁘게 살아가고 있다..

유방암

1988년 70세였던 K.B씨는 가슴의 유두 주변이 붉어지고 부어 오른 것을 발견하였다. 캘리포니아주 머데스토(Modesto, California)에 있던 주치의는 생체검사를 한 뒤 악성 종양 진단을 내렸다. 자신이 할 수 있는 치료가 없다며, 유방절제술을 강하게 권유했지만 그녀는 거절하였다. 스탠포드에서 진단을 한 두번째 의사의 의견도 처음의 진단을 확인해 주었고, 수술을 받고 화학요법과 방사선 치료를 할 것을 조언하였다. 다시 거절하였다.

전통적인 치료법은 모두 거절하고, 집에서 거슨요법을 시작하였다. 처음에는 오직 생식만을 하면서 8개월 간 매일 6번 관장을 하였다. 그 후, 몇몇 유기농 음식과 채식 위주로 요리된 음식을 섭취하였다. 1년 반이 지난 뒤, 암은 사라졌지만 여전히 몇몇 반흔 조직이 남아있었다. 생체검사를 통해, 조직 중 악성종양은 사라졌음이 나타났다. 종양 위원회는 진료 보고서에 환자는 "식이요법으로 치료되었다"고 기록하였다.[6] 현재 80대 후반인 K.B씨는 매년 로스앤젤레스 건강 컨벤션에 참석한다! 그녀는 여전히 주스를 마시지만 "약간의 육류"도 먹는다. 거슨병원에 머무르지 않고, 상담할 거슨요법 전문 의사도 없이, 거슨요법을 집에서 혼자 해 왔기 때문에 더 놀랍다.

간으로 전이된 유방암

43세의 E.B씨는 2002년 1월, 가슴에 혹을 발견하고 의사에게 생체 검사를 받은 후 유방암으로 진단되었다. 그러나 그녀는 어떠한 대처도 하지 않았다. 2년 정도가 지난 2004년 1월, 그녀는 다시 로마 린다대학 의학센터를 찾아갔고, 4기 유방암과 간 전이로 진단 되었다. 진료 기록에, 그녀의 간은 "종양으로 덮여 완전히 기능을 상실하였다. 피부와 눈 흰자위는 노란색이었다."7라고 되어있다.

화학요법이 제안되었고 다른 방법은 몰랐기에 치료를 받아들였다. 의사는 진행된 병세로 보아, 두 달 동안 살 수 있을 지 확신하지 못하지만, 화학요법이 1년 정도의 생명 연장을 해 주길 바란다고 말하였다. 그때 그녀는 다른 대안을 찾기 시작하다가 거슨요법을 발견하였다. 조사를 통해, 그녀는 전통의학 치료법으로는 간으로 전이된 유방 암의 경우, 2년 동안 생존할 확률이 1%도 되지 않는다는 것을 알게 되자 자신의 유일한 희망은 대체요법을 시도하는 것이었다.

거슨요법을 시행한지 두 해가 지난 뒤, 그녀는 미국 내에서 가장 험한 산 중의 하나인 콜로라도주 툴루라이드(Tulluride, Colorado)에 스키를 타러 갈 만큼 건강해졌다. 3년 뒤인 2006년 8월의 PET/CT (양전자 방사 단층 촬영/컴퓨터 단층 촬영)스캔을 한 결과, 간 기능은 완전해졌고 악성 종양이나 전이된 암은 몸 어디에도 없다고 판명하였다. E.B.는 겨울에는 스키, 여름에는 워터 스키, 암벽타기, 골프치기, 오토바이 타는 것을 즐기고, 여행도 자주 다니고 있다.

화학치료와 방사선 치료 후 유방암 재발

A.F씨는 1985년 9월 가슴에서 혹을 발견하였다. 그녀는 시애틀의 버지니아 메이슨 병원에서 생체 검사와 유방 종양 절제술을 받고 방사선 치

료와 화학치료를 받았다. 1989년에는 인후까지 퍼졌다. 수술을 더 받았고 방사선 치료도 더 하였다. 5개월 후 "다시" 암은 재발하여 방사선 치료를 더 받게 되었다. 예전의 경험으로 방사선 치료가 얼마나 큰 고통인지를 알고 있던 그녀는 치료를 거부하고, 대신에 멕시코의 거슨병원으로 갔다. 머지 않아, 병세는 회복되기 시작했고, 1년 정도 지난 후에는 암이 더 이상 존재하지 않게 되었다. 7년 후에는 방사선 치료로 인해 A.F.의 인후를 건조하게 하였던 손상도 없어졌고, 완전하게 건강해졌다. 자신의 의사에게 돌아가서 거슨요법을 하고 건강해졌다고 말했을 때, 의사는 그냥 아무 말 없이 사무실 밖으로 걸어나갔다. 그녀는 지금도 건강을 유지하고 있다

흑색종

40세인 M.H씨는 질 벽에 흑색종이 있음이 진단되었다. 생체검사에 의해 확인되었고 뒤이어 수술, 25회의 방사선 치료와 4개월 간의 인터페론 치료를 받았다. 이 치료 동안, 암은 간으로 퍼졌다. 담당했던 의사는 화학치료를 하면 최대 9개월을 더 살 수있을 것이라고 생각하였다. M.H.는 매우 약해지고 심각한 통증에 시달렸지만, 그 선택을 거부하고 의사의 경고에도 불구하고 1996년 11월에 거슨요법을 시작하였다. 1997년 9월, 스캔 결과는 흑색종이 사라졌음을 보여주었다. 10년 후, 그녀는 여전히 건강한 상태이다.

1943년 태어난 W.E.는 공인 간호사였다. 1996년, 그녀는 팔에 큰 점이 자라는 것을 발견하였다. 외과의사는 확실히 점을 제거하기 위해서 피부 속으로 매우 깊이 들어가야 한다는 것을 알아챘다. 진단은 흑색종 4기였다. 환자의 상태는 심각했고 몇 달 후인 1997년 간에 생긴 큰 종양뿐만 아니라 엉덩이에서도 점들을 발견하였다. 생체검사를 통해 두 가지 증상

모두 흑색종으로 확인 되었다. 의사는 그녀에게 신변을 정리하라고 조언하였다.

W.E.는 1997년 7월 거슨요법을 시작했고, 현재는 완치되어 건강하게 잘 지내고 있다.(마지막 기록은 2006년이었다)

흑색종 재발

N.P씨는 등에 5mm의 점이 생겼고, 1990년 10월에는 피가 나기 시작하였다. 피부암 전문의인 리차드 패더스피엘(Richard Ferderspiel)에게 그 점은 흑색종이 아니라고 진찰받았다. 그러나 생체검사는 의사의 판단이 틀렸음을 보여주었고, 10월 30일 미시건의 베리엔 종합병원에서 등에 있는 피부의 넓은 영역을 제거하였다.

6개월 후인 1991년 4월, 오른쪽 겨드랑이에 부어오른 임파선이 발견되었다. 생체검사 후, 전이된 흑색종으로 판명되었다. 미시건주 캘러머 보게스 의학 센터의 종양학 의사는 N.P.에게 " 당신과 비슷한 상황의 환자 여러 명을 치료했었지만, 그들 모두를 잃었다"고 말했다.[8] 그 후, 의사는 환자의 생명을 6개월에서 9개월 정도 연장할 가능성이 있는 실험적 치료법을 제안했지만, N.P.는 그 제안을 거절했다.

그때, 자신의 나이와 비슷한 지인의 미망인으로부터 편지를 받았다. 지인은 전이된 흑색종을 앓고 있었고 할 수 있는 모든 전통적 치료법을 받았으나, 5 개월 후 세상을 떠났다. 미망인의 편지는 N.P.가 멕시코의 거슨 병원으로 가도록 설득했다. 그는 1991년 5월 아내와 함께 거슨 병원으로 갔다. 당시 또 다른 종양이 생겼으나 거슨요법을 시작한지 6주 후에 사라졌다. 거슨요법을 끝냈을 때, 67세인 N.P.의 건강은 완벽했고, 미시건과 플로리다 노인 올림픽 경보 경기에 정기적으로 참가하여 은메달을 두 번, 금메달을 한 번 따냈다.

그는 남미를 여행하는 동안, 거슨요법에서 권하는 음식을 먹는 것을 게을리 하고, 식이요법도 포기했었다. 1994년 예전에 흑색종을 앓았던 자리에 또 다른 임파선을 다시 제거해야만 하였다. 이는 흑색종으로 판명되었다. 바로 엄격하고 집중적인 거슨요법을 실시했고 다시 완치가 되었다. 현재 그는 건강하고 활력이 넘친다.

간으로 전이된 결장암

C.T.씨는 58세에 직장 출혈을 발견하였다. 치질로 의심이 되어 처방했던 치료는 전혀 소용이 없었다. 따라서 여러 검사와 진단을 받기 위해 플로리다주 게인즈빌에 있는 쉔드병원으로 보내졌다. 외과 기록 결과는 결장에 악성 종양이 생겨 신체 전체에 전이되었음을 보여주었다. 그 병원의 의사는 환자에게 암이 너무 넓게 퍼져서 화학요법은 소용이 없고, 3~6개월 정도 밖에 더 살 수 없다고 말하였다. 다른 치료법은 사용하지 않고 거슨요법을 시작했고 2년이 지난 후, 완치되었다. 25년이 지난 후, 81세인 그는 건강하고 활력 있는 생활을 하고 있다.

1992년 일본인 의과교수인 Y.H씨는 배변을 할 수 없다는 것을 알아챘다. 간 생체검사와 외과 수술로 결장의 악성 종양을 발견했는데, 이미 종양은 간으로까지 퍼져 있었다.

Y.H.교수는 4번의 약한 화학요법에 동의를 하고, 치료를 받았으나, 간으로의 전이는 더 심해졌다. 환자는 화학요법을 포기하고 거슨 박사의 책에 있는 지시에 따라 거슨요법을 시작하였다. 거슨요법을 시작한지 14년 후, 그는 간의 상태를 완벽하게 되찾아 완치 되었다. 그리고 같은 방법으로 많은 암 환자들을 성공적으로 치료하였다. 그의 책에 자신의 경험을 설명하고(일본어로만 출판되어있다) 자신의 동료 몇몇에게 거슨요법을 훈련시켰다. 현재, 그가 사용하고 있는 거슨 프로그램에 긍정적인 반

응을 보였던 암 환자 사례는 약 500건에 이른다.

췌장암

L. K.씨는 몸이 좋지 않아 의사의 진찰을 받고 나서 위산을 줄여주는 약을 처방 받았다. 불행히도, 이 치료는 심각한 통증과 문제들을 유발하였다. 1994년 11월, 그는 CT 스캔을 했고, 그 결과 "상장간막동맥과 상대 정맥에 인접해 있는 췌장의 앞부분에 비정상적으로 큰 덩어리"가 있음이 나타났다. 담당의사는 "당신은 췌장암을 앓고 있고, 수술은 불가능하며 방사선 치료나 화학요법도 소용이 없는 상태입니다"라고 말하였다.9

거슨요법으로 회복한 환자들과 대화를 한 후, 다른 치료는 하지 않고 멕시코에 가서 거슨요법을 시작하기로 결심하였다. 거슨요법을 엄격하게 행한지 20개월이 지난 뒤 받은 두 번째 CT 스캔은 질병의 징후가 전혀 나타나지 않았고, 신체의 모든 기능이 정상으로 나타났다. 거슨요법을 시작한 후 그를 오랫동안 괴롭혔던 심각한 편두통도 거의 사라졌다고 지적하였다. 10년이 훨씬 지난 후인 현재도 그는 건강하고 활력이 넘친다

1986년 1월, 12kg의 몸무게가 빠진 P.A씨는 CAT 스캔을 위해 캐나다 브리티쉬 콜롬비아주 빅토리아에 있는 병원으로 보내졌다. 진단 결과는 췌장암으로 나타났다. 전문의는 그녀에게 수술이 불가능 하다고 말하였다. 그리고 악성 종양이 간, 담낭, 비장에까지 퍼졌기 때문에 마음의 준비를 할 것을 전하였다. 그때까지, 환자는 21Kg이 빠졌고, 피를 토하고 있었다. 다른 선택 없이, 거슨요법을 통해 췌장암을 극복하였다는 동네 사람의 말을 듣고 시도하기로 결심하였다.

1986년 3월, 그녀는 멕시코의 거슨병원에 도착하여 집중적인 요법을 시작하였다. 약 11개월 뒤인 그 해 12월까지, 의사의 지시에 따라 환자는 암을 이겨냈다. 1990년 2월, 그녀의 담당의사는 "현재로써, 재발의 징후

가 전혀 없고, 1985년 존재했던 악성 종양은 사라졌다"고 선언하였다.[10] 치유 불가능하고 생명을 위협하는 질병으로 진단 받은 지 20년이 지난 후에도 P. A.는 좋은 건강을 계속 유지하고 있고 활동적인 삶을 살고 있다.

전립선암

1991년 69세였던 P.S씨는 전립선암으로 진단받았다. 그는 여러 번의 경피 경침 생검을 받고, 그 중 3번의 결과에서 악성 세포가 나타났고, 다른 3번에는 음성으로 나타났다. 그의 전립선 배출 단백질 수치(PSA)는 매우 높지는 않지만 정상 수치를 넘는 6이었다.

1991년 멕시코의 거슨 병원에서 거슨요법을 시작했고, 우리가 자주 언급했듯이, 처음에는 PSA 수치가 상승하여 3개월이 지난 후에는 14에 달하였다. 환자는 이 상승된 수치에 놀랐지만 거슨요법을 계속하였다. 18개월 후, PSA 수치는 0.3으로까지 낮아졌다. 현재 80대인 P. S.는 해마다 정기 검사에서 건강하다는 결과를 얻고 있다. 그의 전립선은 정상이고 PSA 수치는 2.1이다.(가장 최근 기록은 2006년 10월이다.)

전립선과 폐암

일리노이주 카이로의 E.T.씨는 가장 놀라운 사례를 보여준다. 6학년 후에 학교를 중퇴하여 더 이상의 교육은 받지 않았다. 평생을 고물 집적소에서 다양한 금속을 수집하며 보냈다. 1966년 69세였던 그는 사타구니에 큰 덩어리와 뼈에까지 광범위하게 퍼진 전립선 암으로 죽어가고 있다는 사실을 의사에게 전해 들었다. 그는 호르몬제를 처방 받았지만 의사는 그런 치료들이 더 이상 효과가 없으며 더 할 수 있는 것이 없다고 말하였다.

의사가 사형 선고와 같은 말을 전했을 때, 그는 거슨요법에 대해 읽었던 것을 기억해냈다. 그는 거슨 박사의 장녀와 연락하여 도움을 구하였다. 그녀는 자신의 아버지의 책인 <암식사 요법-50사례의 임상결과(A Cancer Therapy.Results of Fifty Cases)>[11]를 그에게 알려주었다. 얼마 되지 않아 그녀에게 다시 전화하여 책을 이해할 수 없다고 말하였다. 그녀는 단순히 235쪽에 있는 표를 따를 것을 알려주었다

E.T.는 지시를 따랐지만 1년 전에 아내를 잃고, 집에서 거슨요법을 하는 것은 "자신이 했던 가장 어려운 일이다"라고 생각하였다. 어느날, 의자에 기대어 있다가 암 전이 때문에 약해진 갈비뼈 중에 하나가 부러졌다. 그는 극심한 고통을 겪고 침대에 누워 있기만을 원하였다. 그러나, 스스로를 돕지 않으면 죽을 것이라는 것을 알았기 때문에 침대에서 일어나 자신이 먹을 음식과 주스를 준비하려 노력하였다. 그 후, 단기간에 그는 고통에서 벗어났다. 한달 뒤, 의사는 환자의 사타구니에서 큰 덩어리를 더 이상 느낄 수 없다고 하였다. 곧 건강해졌고 더 많은 에너지를 느낄 수 있었다. 그때, 켄터키에 있는 한 친구로부터 전화를 받았다. 그 친구는 척추지압사인 G. D.박사였고, 자신이 양쪽 폐에 모두 퍼진 폐암으로 죽어가고 있다고 말하였다. E. T.가 와서 그를 도울 수 있었을까? E.T.는 G.D.의 집으로 가서 그를 위해 거슨요법을 준비하였다. 놀랍게도 말기의 두 환자는 회복되었다! 15년 후인 **1981**년에 둘 다 건강하게 살아있었다. 당시 E. T.는 **84** 세였다. G. D. 박사는 E. T.보다 더 젊어서 훨씬 더 오래 살았다. 마지막에, 우리는 그의 아들로부터 그가 세상을 떠났다는 소식을 들었다.

성상세포종

1987년, 인디애나주 북리버티에 살던 N. K는 10번째 생일을 앞 둔 몇 주일 전, 구토를 한 후에 두통을 호소하였다. CAT 스캔으로 뇌종양을 발견했고 뇌수술을 위해 인디애나폴리스의 라일리 아동병원으로 보내졌다. 의사는 그가 할 수 있는 것은 제거했지만 종양 중 일부는 주요 혈관에

너무 가까워서 부식시킬 수 밖에 없었다.

그 결과 매년 검사를 받아야 하였다. 13세가 되었을 때, **MRI**검사 결과 뇌종양이 재발했음을 발견하였다. 의사는 초기 뇌종양은 수술을 할 수 없다고 했고, **N. K.**의 어머니는 딸의 뇌종양이 자라는 것을 가만히 앉아서 기다릴 수 없다고 생각하였다. 그녀는 거슨요법을 발견했고, **1990년** 환자와 어머니는 멕시코 병원으로 왔다. 매 시간마다 주스를 마셔야 하는 거슨요법의 힘든 일정 때문에, 학교를 갈 수 없어서 어머니가 홈스쿨링을 시켰다. 환자는 관장을 계속 하면서, 많은 양의 독서를 하였다. 처음에는 고전을 읽고 수학을 공부하고 마지막엔 철학을 공부하였다. 그녀가 학습 능력 적성 시험 (**SAT**)를 쳤을 때쯤에는, 종양이 사라졌을 뿐만 아니라 시험 성적도 매우 높았다.

의사가 새로이 **X-Ray**검사를 했을 때, 어떻게 악성 종양이 더 이상 발견되지 않는 것인지 이해할 수 없었다. 왜냐하면, 그는 수술을 했던 자리에 종양 조직의 일부가 남아있다는 것을 알고 있었기 때문이었다. 운동 능력도 완전히 회복되어 바이올린을 켤 수 있을 만큼 되었다. 마지막 기록에서, **N. K.**는 건강을 계속 유지하고 있었다. 그녀는 **26세**에 결혼을 하여 가정을 가졌고, 대학을 우수한 성적으로 졸업하였다.

니코틴 중독

A. C.씨는 17세부터 담배를 피우기 시작하였다. 자신의 겉 모습이 15세도 안되게 보여서 담배를 피우면 성숙하게 보일 것이라고 생각하였다. 처음에는 담배의 냄새와 맛을 싫어했지만, 곧 좋아지게 되었다. 그리고 35년이 지난 후, 악성 흑색종을 앓게 될 때에도 담배를 끊지 못하였다. 그녀가 거슨요법을 발견하고 멕시코의 거슨 병원으로 가기로 결심했을 때, 가장 큰 문제는 도착해서 담배를 끊어야 한다는 것이었다. 단 한 개피의

담배라도 피우게 되면 바로 집으로 보내어 지는 것이 규칙이었다. 담배를 끊으려고 노력하고 실패했던 경험이 헤아릴 수 없이 많았기 때문에 매우 불안해 하였다.

병원에 도착하자 마자, 스스로 집중적인 완전한 프로그램을 시작하였다. 즉, 깨어 있는 동안 내내 지속적인 주스, 관장 훈련, 식사, 다른 환자들과의 정보교환과 만남을 가졌다. 이러한 모든 노력으로 거의 이틀 동안 담배를 피지 않았을 뿐만 아니라 평생동안의 흡연 습관이 지나쳤다는 것을 깨달았다. 진정한 충격은 몇 시간 뒤에 병원의 정원에서 흡연을 하고 있는 방문객을 만났을 때였다. 놀랍게도, A. C.는 담배 연기가 매우 불쾌하여 빨리 흡연자를 지나쳐 가고 싶다고 생각하였다. 심한 금단 증상을 겪지 않았지만, 오랜 흡연으로 축척 된 매우 불쾌한 잔류물을 피부와 머리칼에서 없애는데 몇 주가 걸렸다. 절대로 뒤를 돌아보지 않았고, 결국 흑색종에서 회복되었다.

식도암

거슨요법으로 유방암, 전립선암, 췌장암과 같은 일반적인 악성종양 대부분이 잘 치료되었다. 흔하지 않은 암에도 똑같은 치료 방법이 효과적이라는 사실이 중요하다. 이것을 설명하기 위해, 우리는 K. G씨의 사례를 설명하고자 한다.

1953년에 태어난 이 남자는 아리조나에 사는 박제사였다. 그는 건강에 관심이 많아 신중한 생활방식을 따랐다. 담배를 피우거나 마약을 하지 않았고, 단지 가끔 한 잔의 와인을 즐겼을 뿐이었다. 그러나, 그의 식단은 "정크푸드와 인스턴트 음식만"으로 되어 있었다! 그는 통곡물 샌드위치를 먹는 것은 건강을 망치는 것으로 생각하였고, 샐러드는 토끼의 음식이라 치부하고 손도 대지 않았다. 그가 한해 먹는 과일은 아마도 4개의 사과와 2~4개의 오렌지가 다였을 것이다. 건강을 더 나쁘게 했던 것은 매일 박제일을 하는데 사용하는 포름알데히드, 락카신나, 섬유유리, 우레탄폼, 페인트 같은 물질들의 악영향을 알지 못하였다는 사실이다.

천천히 여러 해에 걸쳐서, 목에 자극을 느끼게 되었다. 그 자극 때문에 음식물을 삼키는 것이 어렵게 되었고 호흡은 무거워졌다. 37세였던 그는 의사를 찾아갔고 검사 결과는 식도암으로 나타났다. 회복 가능성이 매우 낮다는 사실에, 의사가 제안한 치료법을 망설이며 대체요법을 찾다가 거슨요법을 발견하였다.

거슨요법을 실시했고, 커피관장에 대한 혐오감을 극복하는데 매우 힘겨웠다는 사실을 현재는 시인했지만, "한번 경험을 했을 때, 몸 상태가 달라졌다는 것을 느끼고 관장의 중요성을 깨달았다"고 말하였다. 환자는 매우 긴 치유반응을 경험했고 "목구멍에서 끔찍한 냄새를 풍기며 썩고 있는" 종양의 존재를 인식하였다.12 2개월 정도 후에, 목에 남아있던 종양이 뱃속으로 내려가는 것을 느꼈다고 말하였다. 이것은 몇 일간 매우 아프게 했지만, 결국 모든 독성이 사라져 완치가 되게 하였다. 다시 자신의 일을 시작하면서, 화학물질들을 다루는데 매우 조심스러워졌고, 회복 후 약 15년 동안 건강하게 지내고 있다.

가족 전체가 회복 된 사례 : 유방암, 전립선암, 늑막염

이 기록은 여러 질병으로 고통 받았던 가족 전체를 치료한 거슨요법의 효과를 설명한다.

처음에 우리는 가족의 어머니인 S.H씨를 만났다. 그녀는 53세였고 유방 X-Ray 사진은 의심스러운 점들이 많았다. 의사는 유방에서 두 개의 혹을 제거하였다. 그 혹들은 악성으로 판명되었다. 의사는 방사선 치료 후에 유방 절제술을 할 것을 제안하였다. 그러나 두 번째 것은 폐에 영원히 남아 통증을 유발하고, 뼈를 약하게 하고 손상시키게 될 것이라고 알렸다. 환자는 극단적인 유방 절제술을 선택했지만, 수술 바로 전날, 거슨치료를 위해 멕시코에 갈 것을 결심하였다. 1995년 2월에 거슨요법을 시작했고, 다른 종류의 치료를 전혀 받지 않고도 완전히 회복하여 건강하게 생활하고 있다.

S. H.의 딸 T.는 세 살 이후 늑막염으로 고통 받았다. 상태는 점점 나빠져 두 아이의 엄마가 된 37세가 되자 심각하게 아프게 되었다. 숨을 쉬는 것조차 힘들었고 앉거나 누워 잠을 잘 수도 없었다. 심지어 병원의 침대에서도 잘 수 없었다. 그때, 어머니인 S. H.는 거슨요법을 실시한 지 14개월이 지나고 있었다. 어머니는 유기농 과일과 야채로 가득 찬 가방 하나와 자신의 옷을 담은 가방 하나를 갖고 캘리포니아에서 딸의 집이 있는 와이오밍으로 갔다.

S. H씨는 첫 당근 주스 한 잔을 마신 뒤 바로 자신의 딸 T.가 훨씬 나아지기 시작하였다고 말하였다. 그녀는 계속 빠르게 회복했고 3주 후에는 걷고 잘 수 있었으며, 마지막에는 생애 처음으로 오랫 동안 지속된 늑막염에서 완전히 회복하였다. 현재 그녀는 완치되어 마사지사가 되기 위해 훈련을 하고 있다.

어머니와 딸이 회복된 지 몇 년 후, 남편인 C씨는 PSA 수치가 14~16 정도로 나타났다.(정상수치는 1이나 그 아래이다) 2003년 7월, 생체 검사를 통해 C씨가 전립선암에 걸렸다는 것이 판명되었다. 오랫동안 아내와 함께 거슨요법의 식단을 따라 음식을 먹어왔기 때문에 전립선암에 걸렸다는 것은 정말로 놀라운 사실이었다. C씨는 콩 제품과 그것의 높은 단백질 함유에 대한 수많은 광고를 들어왔기에 더 많은 단백질이 필요하다 생각하고 식단에 많은 콩 제품을 추가했었다. 그는 꽤 많은 양의 "아민"도 섭취하였다. 아민은 나트륨 함량이 높을 뿐만아니라 콩에도 함유되어 있다.

그는 콩과 아민의 섭취를 멈추고 완벽한 거슨요법을 실시하여 또한 완쾌되었다. 그리고 4년이 넘도록 건강하게 활력 있는 삶을 살고 있다.

유잉육종

1993년 6월, 8살 소년이었던 T. I.는 헝가리에서 멕시코의 거슨 병원에 도착하였다. 1992년 3월, 그는 유잉육종, 즉 긴 뼈에 종양을 형성하는 내피 골수종 진단받았다. 이는 의학서에서도 매우 적은 예후만 다뤄지고있다. 헝가리에서 화학요법치료를 받았지만 암은 골반에서 복부의 부드러운 조직으로 퍼졌다. 창백하게 마르고 머리칼이 빠진 채 병원에 도착하였다. 낯선 주변 상황과 영어를 이해 못함에도 불구하고, 그 소년은 놀라운 자제심을 보이며 익숙지 못한 무염분 채식 음식과 다른 것을 첨가하지 않은 생 주스를 마셨다.

헝가리로 되돌아 온 후, 거슨요법을 시작한지 3개월이 되자 소년의 종양은 사라졌다고 어머니가 전하였다. 2년 후, 그녀는 우리에게 건강하고 잘 성장한 10살 소년의 사진을 몇 장 보냈다.

그의 놀라운 회복은 또 다른 면에서 주목할 만하다. 멕시코로 오기 전에, 헝가리에서 화학요법을 받았던 그는 7명의 아이들로 된 그룹 중 한 명이었다. 그 모두는 유잉육종을 앓고 같은 병원에서 같은 화학요법을 받았다. T. I.는 살아서 건강하게 잘 지내고 있지만, 같은 그룹의 다른 6명의 아이들은 모두 죽었다. 그 어린 환자의 마지막 소식은 2006년 3월, 이제 20살이고 여전히 좋은 건강을 유지하고 있다고 어머니가 전해왔다.

*참고자료

1. Guy B. Faguet, MD, The War on Cancer : An Anatomy of Failure(New York : Springer, 2006).
2. Charlotte Gerson, Healing Lymphoma the Gerson Way (Carmel : Cancer Research Wellness Institute, 2002), p. 18.
3. Ibid, p. 8.
4. M. Gerson, A Cancer Therapy : Results of Fifty Cases and The Cure of Advanced Cancer by Diet Therapy : A Summary of Thirty Years of Clinical Experimentation, 6th ed. (San Diego, CA : Gerson Institute, 1999), Case #18, p. 313.
5. Taber's Cyclopedic Medical Dictionary (Philadelphia : F. A. Davis Company, 1993).
6. Personal communication to Charlotte Gerson.
7. Letter to Charlotte Gerson from patient.
8. Note 6, supra.
9. Ibid.
10. Ibid.
11. Note 4 (Gerson), supra.
12. Gerson Healing Newsletter 13 (2) (March/April 1998) : 5~6.

제 **28** 장
조리법

주의사항

끝으로 마지막 장에서는 거슨식 식사의 다양함, 즐거움, 최고의 영양분을 더해주는 조리법의 보고(寶庫)가 포함되어있다. 그러나 몇가지 꼭 기억해야할 중요한 점들이 있다.

- 12장의 "음식과 주스 준비"에서 기술된 음식 준비에 대한 기본적 규칙을 공부하고 암기해야한다.
- 본격적이고 집중적으로 요법을 시작한 거슨 환자라면 첫 석달간은 12장에 포함된 기본적 조리법에 따라 음식 섭취를 제한해야하고 또한 첫 10주 동안은 유제품을 먹지 말아야한다.
- 석달이 지나면 여러 가지 샐러드- 드레싱, 채소를 사용하여 다양하게 먹어도 좋다.
- "스페셜 수프 또는 히포크라테스 수프"와 구운 감자는 치료에 있어 필수적이기 때문에 생략되어서는 안된다.

환자가 아니지만 거슨식 생활방식으로 전환하여 자신의 건강과 웰빙을 향상시키려 한다면, 조리법을 자유롭게 하여도 좋다. 귀중한 영양분을 보존하기 위해서는 12장에 언급된 느리고, 저온이며, 물이 없거나 물을 최소한으로 하여 조리하는 방법을 사용한다.

■ 빵

이 장에는 빵 또는 밀가루를 이용한 다른 식품에 대한 조리법은 없다. 인정되는 유일한 빵은 소금을 넣지 않은 100퍼센트 호밀 빵인데 좋은 건강 식품점에서 구할 수 있으므로, 집에서 빵을 굽은 것은 별 의미가 없다. 환자들에게는 하루에 작은 빵 두 조각이 허용되지만 이것도 샐러드,수프, 채소, 과일, 감자를 포함한 완벽한 거슨식 식사를 먹은 뒤라야 한다. 이 음식 대신 빵을 먹으면 절대로 안된다.

■ 요구르트

요구르트는 공인된 유기농이어야 하고 지방이 없거나 극히 적어야한다. 몇가지 조리법에 걸쭉한 요구르트가 언급 되어있는데 이것을 만들려면, 여러 겹의 올이 성긴 얇은 무명위에 놓은 일반 요구르트를 싱크대 위에 두거나, 그릇 위에 무명천을 깐 채반 안에 넣고, 밤새 물기를 빼낸다.

■ 감미료

허용되는 감미료
- 연한 베이지색이나 짙은 갈색을 띤 유기농 황설탕
- 유기농 투명 벌꿀
- 유기농 메이플 시럽
- 황이 들어가지 않은 당밀
- 라파두라(rapadura)-당류의 일종(조리법에서는 이 감미료는 '꿀'이나 '설탕'으로 되어있다.)

■ 과일과 야채 씻기

모든 과일과 채소는 사용 전에 반드시 씻어야 한다. 거주지의 물에 불소가 첨가되어 있지 않다면 정수된 물이나 증류수(역삼투로 제조된)를 사용할 수 있고, 이 물은 농산물이나 요리에도 사용할 수 있다. 수돗물에 불소가 포함 되어있다면, 증류수만이 요리와 채소 및 과일을 헹구는데 사용할 수 있다.(증류기는 9장 "거슨식 주거환경", 불소는 5장 "방어기능의 붕괴" 참조)

■ 굽기

빵을 구울 때에는 오븐을 항상 예열시켜두어야 한다.

■ 조리시간과 섭취 분량

특정 조리시간과 조리할 음식의 양을 명시하지 않은 것은 재료의 양 때문이다. 예를 들어, 큰 감자를 사용하면 크기가 작은 감자보다 조리시간이 더 길어지게 된다. 또한 감자가 크면 작은 감자보다 대접할 수 있는 사람이 더 많게 된다.

■ 스페셜 수프(히포크라테스 수프)

"스페셜 수프" 또는 "히포크라테스 수프"는 거슨식이요법에서는 서로 같은 말로 사용된다. 어떤 조리법에서는 "수프 스톡"을 일컫기도한다. 상세한 내용은 12장의 "음식과 주스 준비"편을 참고.

조리법

■ 딥(dips)

당근과 딜(dill)[나도고수(미나리과의 식물)] 딥

- 준비 시간 : 15분
- 조리 시간 : 30분
- 분량 : 4~8인분
- 재료 : 당근 400g-껍질은 벗기지 말고 문질러둘 것, 걸쭉한 요구르트-4테이블 스푼, 딜 2테이블스푼-가늘게 썬 것, 아마인유-1테이블스푼, 작은 레몬 하나의 즙

당근이 부드러워질 때까지 약한 불에 푹 삶는다. 물기를 빼고 식혀둔다. 푸드밀 (food mill)에서 걸러준다. 걸쭉한 요구르트, 나도 고수, 아마인유 레몬즙과 잘 섞어준다. 냉장고에 차갑게둔다. 샐러드와 함께 서빙하거나 당근, 주키니호박, 피망과 함께 찍어 먹을 수 있게 내 놓는다. 빵에 얹어 먹어도 맛있다.

오렌지 또는 붉은색 피망 딥

- 준비시간 : 15분
- 분량 : 6인분
- 재료 : 붉은피망 또는 오렌지색 피망 2개, 요구르트 300㎖, 유기농 토마토 퓨레-1/2 테이블 스푼

피망 한개의 씨를 제거하고 아주 가늘게 썰어 요구르트, 토마토 퓨레와 함께 잘 섞는다. 남은 피망 한개를 세로로 절반 자르고 씨를 제거한다. 요구르트와 섞은 것을 반으로 썬 피망속에 넣는다. 얇게 썬 당근, 주키니호박, 샐러리와함께 접시위에 놓는다.

■ 애피타이저

샐러리 뿌리 레뮬라드 애피타이저

- 준비시간 : 10분
- 분량 : 2~4인분,
- 재료 : 샐러리 뿌리(강판에 갈은 것), 붉은 치커리, 상추(버터 레터스나 적상추),초록양파(또는 차이브) 잘게 썬 것, 파슬리(또는 타라곤)
- 드레싱 : 식초, 물, 꿀, 요구르트

드레싱 재료를 혼합한다. 샐러리 뿌리를 강판에 간 뒤 드레싱을 넣는다. 접시 위에 상추 잎을 깔고 샐러리 뿌리 갈은 것을 얹는다. 잘게 썬 양파(또는 골파)와 파슬리(사철쑥)을 뿌려준다.

가지 애피타이저

- 준비시간 : 15분
- 조리시간 : 50분 분량 : 2인분
- 재료 : 가지 1개, 양파(잘게 썬 것) 작은 것 1개, 유기농 토마토 퓨레-1/2 테이블 스푼, 파슬리(또는 고수[cilantro])-잘게 썬 것, 레몬 조각, 요구르트

가지 표면 전체를 찔러 구멍을 낸다. 오븐랙에 직접 올려 두고, 오븐의 상단에서 190℃에 약 40분간 굽다가 20분 후에 한번 뒤집는다. 오븐에서 꺼내 식힌다. 식으면 꼭지와 껍질을 제거하고 가지 살을 아주 잘게 썬다. 작은 남비에 물을 조금 넣고 가열하고 잘게 썬 양파를 약 10분간 약한 불에서 부드러워 때까지 익힌다. 토마토 퓨레와 가지 퓨레를 넣어준다. 여분의 물기를 없애기 위해 높은 온도에서 약 2분간 조리한다. 완전히 식힌다. 파슬리(또는 고수)를 잘게 썰어 퓨레와 섞는다. 상추를 깔고 그 위에 붓는다. 레몬 한조각과 약간의 요구르트를 곁들인다.

자몽 애피타이저

- 준비시간 : 15분
- 분량 : 1~2인분
- 재료 : 핑크 자몽 1개, 샐러리(잘게 썬 것), 붉은색 피망(씨 뺀 것 1개), 붉은 치커리(또는 적상추) 1개, 양고추냉이(혹은 잘게 썬 박하 잎)

자몽을 반으로 자른다. 절반은 즙을 내고, 나머지는 파낸다. 샐러리는 잘게 썰고, 피망은 씨를 제거한다. 치커리(또는 적상추)는 접시위에다 한겹 정도 깔아둔다. 파

낸 자몽과 샐러리와 피망을 섞어 상추 위에 놓는다. 강판에 간 양고추냉이(또는 잘 게 썬 박하잎)를 곁들인 자몽주스로 드레싱을 만든다.

**응용 : 꽃상추(endive)와 물냉이(watercress) 위에 파낸 자몽을 얹는다. 요구르트와 약간의 자몽주스로 드레싱을 만든다. 잘 섞어 즉시 먹을 수 있게 내 놓는다.

자몽 자르는 법 : 윗부분과 아래부분을 수평으로 자른다. 평평한 부분을 아래로 가게 한다. 잘드는 칼을 사용하고, 각 조각 별로 아래쪽을 잘라 흰막과 껍질을 제거한다. 주스를 담기위해 그릇을 사용하는데 하얀 껍질 막과 각 조각의 속살 사이를 잘라내는데, 칼끝부분을 조심하도록 한다. 각각의 조각을 잘라낸다.

예루살렘 아티초크(돼지감자) 빠뜨

- 준비시간 : 20분
- 조리시간 : 40분
- 분량 : 2인분
- 재료 : 똥딴지(돼지감자)-400g, 요구르트-1테이블 스푼, 레몬주스-1~2티스푼, 파슬리-잘게 썬 것, 아마인유

돼지감자를 잘 문질러 씻는다. 접시에 넣고 오븐에서 **204℃**에서 **25분간** 조리한다. (구운 감자와 함께 요리해도 좋다.) 식힌 후 껍질을 제거한다. 크림같이 될 때까지 짓이기거나 퓨레처럼 만든다(믹서나 푸드밀을 사용한다). 요구르트, 레몬 주스, 잘게 썬 파슬리, 아마인유를 넣고 함께 휘젓는다. 토스트빵과 여러가지 상추 그리고 방울 토마토로 장식하여 애피타이저나 간식으로 낸다.

멜론 망고 애피타이저

- 준비시간 : 15분
- 분량 : 2~4인분
- 재료 : 허니 듀멜론이나 캔터롭 멜론 슬라이스, 망고 슬라이스
- 드레싱 : 꿀 1/2테이블스푼, 아마인유-1테이블스푼, 라임주스(또는 레몬주스)-2테이블스푼, 박하잎

멜론은 반으로 자르고 껍질을 제거한다. 멜론을 얇게 잘라 접시에 부채모양으로 준비한다. 망고를 세로로 자르고 껍질을 벗긴다. 씨 근처에 있는 속살부분은 남겨

둔다. 망고 과육을 얇게 썰어 접시위에다 멜론 슬라이스 사이에 놓아둔다. 멜론 위에 드레싱을 부어준다.

파파야 라임 애피타이저

- 준비시간 : 15분
- 분량 : 2인분
- 재료 : 파파야 2개, 꿀-2테이블 스푼, 라임 1개의 주스, 장식용 라임 1개-슬라이스

파파야 껍질을 벗기고 씨앗을 제거한다. 슬라이스나 큐브 모양으로 자른다. 꿀과 라임주스를 섞어 파파야 슬라이스 위에 붓는다. 부드럽게 흔들어 준뒤 냉장고에 넣어 둔다. 차게하여 얇은 라임조각과 함께 차려낸다.

속을 채운 주키니 애피타이저

- 준비 시간 : 10분
- 조리시간 : 5분
- 분량 : 2~4인분
- 재료 : 중간 사이즈의 주키니 호박 8개, 양파 큰 것 1개를 잘게 썬다. 푸른색 피망 1개를 잘게 썬다, 토마토 3개-잘게 썬다. 파슬리 1테이블 스푼 잘게 썬다. 마늘 1통(다진 것), 적상추, 4~6 테이블 스푼의 드레싱
- 드레싱 : 사과식초 6테이블 스푼(또는 레몬 주스), 물 4테이블 스푼, 허브, 아마인유

주키니 호박을 반쯤 요리될 때까지(낮은 온도에서 약 5분정도) 통째로 조리한다. 호박의 양쪽 끝을 잘라내고 세로로 절반을 자른다. 씨앗을 파내고 잘게 자른다. 호박에다 드레싱을 뿌리고 잘게 썬 양파를 조금넣는다. 속재료를 준비하는 동안 양념이 배이게 놓아둔다. 남은 양파와 피망과 토마토를 잘게 썰고, 잘게썬 파슬리와 다진 마늘을 넣고, 잘게썬 호박과 섞는다. 나머지 드레싱을 넣고 섞은 것을 호박에 채워 넣는다. 적상추를 한겹 깔고 차려낸다.

요구르트와 살구 샤벳 애피타이저

- 냉동시간 : 2~3시간
- 준비시간 : 15분
- 조리시간 : 40분

- 분량 : 2~4인분
- 재료 : 말린 살구 225g, 물 0.5ℓ, 요구르트 225ℓ, 꿀 2테이블 스푼

살구와 약간의 물을 소스팬에 넣고 끓인다. 뚜껑을 덮고 **30~40분간** 약한 불로 부드러워질 때까지 끓인다. 남은 물을 넣고 내용물이 **435㎖** 까지 줄도록 끓인다. 끓인 뒤 식힌다. 살구와 식힌 것을 믹서기에 넣고 부드러워질 때까지 간다. 요구르트와 꿀을 첨가한다. 이것은 믹서기에서 돌리지 않도록 한다. 내용물을 내냉(乃冷)용기에 넣고 굳어질 때까지 얼린다. 아이스크림 스쿠퍼를 사용하여 **1~2스쿠프**를 그릇에 담아 즉시 서빙해야한다.

드레싱

바바 가누시(가지와 레몬 드레싱)

- 준비시간 : 10분
- 조리시간 : 1시간
- 분량 : 3~4인분
- 재료 : 가지 큰 것 1개, 마늘 1~2통, 레몬주스 2테이블 스푼, 파슬리 잘게 썬 것 1테이블 스푼

가지를 **170**℃내지 **204**℃ 사이에서 1시간 동안 오븐에 굽는다. 껍질이 벗겨질 만큼 충분히 식으면 흘러나오는 물은 버리고 부드럽게 짜준다. 으깨고 마늘을 넣어 적당히 부드러워질 때까지 섞어주고 레몬주스와 파슬리를 넣는다. 잘 섞어 준다. 레몬조각과 함께 내놓는다. 생야채와 먹으면 좋고 양념이나 소스로도 좋다.

****응용 : 요구르트와 섞는다.

기본 샐러드 드레싱

- 준비시간 : 7분
- 분량 : 2인분
- 재료 : 레몬주스(또는 애플 사이다 식초) 2테이블 스푼, 물 2테이블스푼, 설탕 약간(선택 사항) 위의 것을 함께 섞어 아래 것중 아무것이나 함께 그릇에 넣는다. 타라곤, 파 잘게 썬 것,마늘 2통 껍질을 벗겨 다진 것, 신선한 월계수 잎, 레몬그래스(레몬향을 내기 위함)

야채에 넣는 드레싱

- 준비시간 : 5분
- 분량 : 2인분
- 재료 : 레몬주스(또는 애플 사이다 식초) 2테이블 스푼, 물 2테이블스푼, 설탕 약간(선택 사항), 요구르트

레몬주스(또는 애플 사이다 식초)와 물 또는 설탕(선택 사항)을 섞는다. 요구르트에다 넣고 잘 휘젓는다.

아마인유와 레몬주스 드레싱

- 준비시간 : 5분
- 분량 : 2인분
- 재료 : 아마인유 1테이블 스푼, 레몬주스 1/2테이블 스푼(아마인유 2/3, 레몬주스 1/3의 비율로 사용할 것), 마늘, 허브류 신선한 것, 오렌지주스 약간

재료를 모두 피쳐에 넣고 강하게 젓는다. 샐러드를 부은 뒤 즉시 먹게 한다.

마늘과 파 드레싱

- 준비시간 : 5분
- 분량 : 1인분
- 재료 : 아마인유 1테이블 스푼, 레몬주스(또는 애플 사이다 식초) 1/2 테이블 스픈, 마늘 1통 다진 것, 파1개 잘게 썬 것, 파슬리 신선한 것, 차이브, 딜, 회향(fennel), 박하 약간

아마인유와 레몬주스(또는 애플 사이다 식초)를 섞는다. 마늘을 으깨어 넣는다. 파, 파슬리, 차이브를 잘게 썰어 딜, 회향, 박하와 함께 넣는다. 샐러드를 부어 즉시 서빙하거나 아니면 피쳐에 부어넣고 손님이 직접 들게 한다.

**응용 : 신선한 허브가 없을 때에는 마른 허브를 적당히 사용하면 된다.

기본 드레싱

- 준비시간 : 5분
- 분량 : 6인분

- 재료 : 애플 사이다 식초-2~1/3컵, 설탕 1티스푼, 물 2/3컵

재료를 함께 섞는다.

**응용 : 다음의 허브 전부 또는 일부를 넣고, 우러나게한다. 타라곤, 샤롯 또는 파 잘게 썬 것, 껍질을 벗겨 칼등으로 다진 마늘 2통, 신선한 월계수 잎 1개

오렌지 비네그레트

- 준비시간 : 6분
- 분량 : 1인분
- 재료 : 마늘 한 통-잘게 썬 것, 파슬리 1테이블 스푼-잘게 썬 신선한 것, 애플 사이다 식초 1테이블 스푼, 설탕 1티스푼, 오렌지 주스 4테이블 스푼, 아마인유 1테이블 스푼

마늘과 파슬리를 잘게 썬다. 애플사이다 식초, 설탕, 오렌지 주스, 아마인유를 넣는다.

요구르트, 마늘, 벌꿀 드레싱

- 준비시간 : 6분
- 분량 : 2인분
- 재료 : 요구르트 180㎖, 마늘 1통 다진 것, 벌꿀 1티스푼, 물냉이

재료를 다 섞고 살짝 버무려 즉시 먹을 수 있게 내 놓는다. 물냉이를 곁들인다.

요구르트, 허브, 식초 드레싱

- 준비시간 : 4분
- 재료 : 애플사이다 식초, 물약간, 벌꿀, 요구르트, 파슬리, 타라곤

모두 함께 섞는다.

요구르트, 양파, 애플사이다 식초 드레싱

- 준비시간 : 4분
- 재료 : 요구르트, 애플 사이다 식초, 양파 잘게 썬 것

모두 섞어 채소 샐러드와 함께 먹을 수 있게 내 놓는다.

■ 샐러드

사과와 당근 샐러드

- 준비시간 : 15분
- 분량 : 2인분
- 재료 : 사과 1개-작고 딱딱한 것을 강판에 간 것, 당근 큰 것 1개-강판에 간 것, 파 1개-잘게 썬 것, 무 1개-얇게 썬 것, 사과주스, 박하

사과와 당근을 접시에 갈아둔다. 잘게 썬 파와 얇게 썬 무우를 넣는다. 사과주스를 약간 부어넣고 박하를 뿌린다. 래디치오(radicchio)나 물냉이 또는 파슬리와 같은 색깔이 있는 잎채소를 섞은 샐러드 위에다 먹을 수 있게 내 놓는다.

비트와 물냉이 샐러드

- 준비시간 : 5분
- 재료 : 비트-조리하여 잘게 썬 것, 아마인유, 물냉이

익힌 비트를 잘게 썰고 아마인유를 약간 넣고 버무린다. 물냉이와 함께 먹을 수 있게 내 놓는다.

비트 샐러드 욜랜드

- 준비시간 : 20분
- 재료 : 비트-조리하여 깍둑썰기한 것, 당근-깍둑썰기한 것, 샐러리-깍둑썰기한 것, 사과-깍둑썰기한 것, 파슬리
- 드레싱 : 요구르트, 레몬주스, 아마인유

비트, 당근, 샐러리, 사과를 깍둑썰기로 썰어 그릇에 넣는다. 드레싱을 만들어 채소와 섞는다. 파슬리를 뿌려준다.

비트 테르미도르

- 준비시간 : 6분
- 재료 : 비트-익힌 것,
- 드레싱 : 요구르트, 레몬주스, 강판에 간 양고추냉이

익힌 비트를 깍둑썰기 하고 그릇에 넣고 드레싱을 첨가한다.

당근 샐러드

- 준비시간 : 15분
- 분량 : 2~4인분
- 재료 : 당근 강판에 간 것 약 225g, 사과1개 딱딱한 중간크기의 것을 4등분하여 속을 빼고 강판에 간 것, 요구르트 150cc, 오렌지 큰 것 1개를 주스로 낸 것

당근을 강판에 갈아 그릇에 둔다. 사과는 4등분하고, 속을 빼내어 강판에 갈고 당근과 섞는다. 요구르트와 오렌지주스를 섞고 샐러드에 넣고 저어준다.

**응용 : 미리 물에 담가둔 건포도(찬물에 하룻밤 담가 두거나, 아니면 끓는 물을 부어 부풀어 오를 때까지 두시간 정도 놔둔다)나 설타나(씨 없는 (건)포도의 일종)를 넣어도 된다.

신선한 대추 넣은 당근 오렌지 샐러드

- 준비시간 : 15분
- 분량 : 2인분
- 재료 : 당근 큰 것1개-길고 가늘게 썬다, 오렌지 1개 깐 것, 신선한 대추야자 두세개 잘게 썬 것, 노릇하게 볶은 호밀
- 드레싱:레몬(또는 라임)주스,아마인유

당근을 길고 가늘게 썬다. 오렌지는 껍질을 제거하고 조각으로 분리하여 당근과 섞는다. 대추야자를 잘게 썰어 넣는다. 드레싱을 넣고 호밀을 곁들인다.

당근 건포도 샐러드

- 준비시간 : 10분(미리 물에 담가두는 시간은 포함 안 됨)
- 분량 : 2인분
- 재료 : 당근3개-강판에 간다, 건포도 50g 미리 담가둠, 양상추, 파슬리 2티스푼-. 잘게 썬다
- 드레싱 : 마늘1통 다진 것, 아마인유, 사과식초, 벌꿀-1/2 티스푼, 사과225g-가는 조각으로 썬 것, 요구르트-300㎖, 레몬 반개 분량의 즙

당근, 사과, 양파를 가는 조각으로 잘게 썬다. 요구르트와 레몬즙을 섞는다. 섞은 채소 샐러드와 함께 먹을 수 있게 내 놓는다.

샐러리 샐러드

- 준비시간 : 10분
- 재료 : 샐러리 2개-잘게 썬 것, 파삭파삭한 사과2개-잘게 썬 것, 빨간 피망-1/4개를 아주 가늘게 슬라이스한 것, 양상추 잎 섞은 것
- 드레싱 : 사과식초 아마인유 벌꿀, 1티스푼

샐러리와 사과를 잘게 썰어 큰 그릇에 넣는다. 잘고 얇게 쓴 빨간 피망을 넣는다. 드레싱을 첨가한다. 접시에 섞은 양상추 잎을 놓고 위에 드레싱을 넣은 샐러드를 올린다.

방울 토마토, 물냉이 전채(前菜)

- 준비시간 : 15분
- 분량 : 2~4인분
- 재료 : 방울 토마토(붉은것과 노란 것)-반으로 자른다, 물냉이, 골파(또는 파)신선한 것 가늘고 작게 썬 골파(또는 파)-신선한 것, 허브 잘게 썬 것

방울 토마토를 반으로 썰어 그릇에 넣는다. 물냉이는 끓는 물위에서 **10**초간 김을 쐬고, 찬물에 잘 헹구어 흔들어 물기를 제거한다. 딱딱한 줄기 부분은 제거하고, 남은 줄기 부분과 잎은 잘게 자르거나 찢는다. 방울 토마토를 넣는다. 잘게 썬 골파나 파와 허브를 넣고 버무린다.

치커리 오렌지 샐러드

- 준비시간 : 15분
- 분량 : 2~4인분
- 재료 : 치커리 윗부분 400g-다듬어서 슬라이스 한 것, 오렌지 큰 것 2개-껍질벗겨 슬라이스한 것, 파 중간 것 1개-다듬어서 잘게 썬 것,레몬 반개 즙낸 것, 아마인유 1테이블 스푼, 벌꿀 1티스푼

치커리는 다듬어 **1㎝** 두께로 둥글게 썬다. 둥글게 썬 치커리를 밀어넣어 고리모양

으로 만든다. 오렌지 껍질을 벗기고 하얀 고갱이를 제거한뒤 둥글게 슬라이스한다. 치커리는 그릇에 넣고 고리모양의 치커리속에 오렌지를 놓는다. 가운데는 비워둔다. 파는 다듬어 잘게 썰어 가운데부분에 뿌려준다. 레몬즙과 아마인유, 벌꿀을 섞어 샐러드 위에 붓는다. 서빙하기 전 2, 3분정도 맛이 잘 배이도록 놔둔다.

콜슬로(양배추 샐러드)

- 준비시간 : 15분(미리 물에 담가두는 시간은 포함 안 됨)
- 재료 : 건포도-미리 담궈둠, 양배추-얇게 썬다, 사과-얇게 썬다, 샐러리-가늘게 썬다, 양파-가늘게 썬다
- 드레싱 : 요구르트, 레몬주스, 아마인유

건포도를 미리 물에 담궈 둔다(찬물에 밤새 담궈 두거나, 뜨거운 물을 부어 부풀어 오를 때까지 약 2시간 정도 놔둔다). 양배추와 사과를 얇게 썬다. 샐러리와 양파를 잘게 썬다. 모두 그릇에 넣고 건포도를 첨가한다. 드레싱에 버무린다.

혼합 샐러드

- 준비시간 : 15분
- 분량 : 2인분
- 재료 : 주키니 호박-강판에 간다, 비트-강판에 간다, 사과-강판에 간다, 양상추, 토마토, 오렌지
- 드레싱 : 같은 양의 사과 식초와 물, 벌꿀(또는 메이플 시럽), 마늘, 레몬주스(또는 오렌지)

주키니 호박, 비트, 사과는 강판에 간다. 드레싱을 넣고 섞거나, 양상추를 밑에 깔고 그 위에 올린다. 토마토 슬라이스나 오렌지 슬라이스로 장식한다.

세가지색 양배추 샐러드

- 준비시간 : 15분(미리 물에 담가두는 시간은 포함 안 됨)
- 분량 : 2인분
- 재료 : 건포도 50g-미리 물에 담궈 둠, 양배추 150g(백·적·녹색 양배추)-가늘게 썬다. 당근 150g-강판에 간다, 양배추 중간크기 1개-가늘게 슬라이스한다, 파삭파삭한 사과 작은 것 1개-잘게 썬다, 물냉이
- 드레싱 : 요구르트 액상 150㎖, 아마인유 약간, 마늘 1통 다진 것

건포도는 미리 물에 담가둔다(찬물에 하룻밤 담가 두거나, 끓는 물을 부어 부풀 때까지 두시간정도 놔둔다) 양배추는 가늘게 썬다. 당근은 강판에 간다. 양배추와 당근은 건포도, 얇게 썬 양파, 잘게썬 사과와 함께 그릇에 넣는다. 잘 섞는다. 드레싱 재료를 섞어 서빙하기 직전에 샐러드 위에 붓고 살짝 버무린다. 물냉이 로 장식한다.

여러색의 겨울 샐러드

- 준비시간 : 20분
- 분량 : 4~6인분
- 재료 : 시큼한 사과 3개-속을 빼고 대충 잘게 썬다, 레몬즙, 중간크기의 양배추 1/4개-속을 제거하고 가늘게 썬다. 중간 크기 당근 1개-껍질을 벗기고 강판에 간다. 빨간 피망 1/2개-씨를 빼고 잘게 썬다. 샐러리 2개-얇게 썬다. 빨간 양파 1/2개-껍질을 벗기고 잘게 썬다. 물냉이

사과의 속을 빼내고 대충 잘게 썰어 작은 그릇에 넣어 레몬주스와 잘 섞는다. 빨간 양배추의 속을 빼고 가늘게 썬다. 당근은 껍질을 벗기고 강판에 간다. (껍질을 제거하지 않고 강판에 갈면 갈색으로 변하게 된다). 빨간 피망은 씨앗을 제거하고 잘게 썬다. 샐러리는 얇게썬다. 빨간 양파는 껍질을 벗기고 잘게 썬다. 위의 것 모두를 큰 그릇에 넣는다. 물냉이로 장식한다.

**응용 : 코티지 치즈(시어진 우유로 만드는 연하고 흰 치즈)와 좋아하는 드레싱과 함께 먹을 수 있게 내 놓는다.

크런치 샐러드

- 준비시간 : 15분 (미리 물에 담가두는 시간은 포함 안 됨)
- 분량 : 4~6인분
- 재료 : 말린 살구 50g을 미리 물에 담갔다가 잘게 썬다. 건포도 80g 미리 물에 담가둔다. 양배추 400g-가늘게 썬다. 녹색 피망 1개-잘게 썬 것, 빨간 피망 1개(또는 무우 반개 정도)-잘게 썬 물냉이
- 드레싱 : 요구르트 150㎖, 액상, 마늘 1통 다진 것,벌꿀-1티스푼

말린 살구와 건포도는 미리 물에 담가둔다(찬물에 하룻밤 담가두거나, 아니면 끓는 물을 부어 두어 부풀어 오를 때까지 두시간정도 놔둔다) 양배추는 얇고 가늘게

썰어둔다. 피망(또는 무우)를 잘게 썬다. 양배추와 피망을 그릇에 담고 건포도와 잘게 썬 살구를 넣어 잘 섞는다. 드레싱을 섞고, 샐러드를 붓는다. 가볍게 버무리고 물냉이로 장식하여 내 놓는다.

꽃상추 오렌지 샐러드

- 준비시간 : 15분
- 분량 : 2인분
- 재료 : 꽃상추(endive) 작은 것 1개-잘게 썬다, 빨간 피망 1개-씨앗은 빼고 가늘고 길게 썬다. 오렌지 2개-껍질을 벗긴다. 토마토 2개, 허브 1테이블 스푼-잘게 썬다
- 드레싱 : 오렌지 2개 즙낸 것, 요구르트 150㎖, 벌꿀 1티스푼

꽃상추를 잘게 썰어 그릇에 넣는다. 피망의 씨를 빼내고 가늘고 길게 썰어 그릇에 넣는다. 오렌지는 껍질을 벗기고, 하얀 껍질부분은 제거한다. 낱개의 조각으로 잘라내어 토마토와 함께 그릇에 넣는다. 드레싱을 만들어 버무린다. 잘게 썬 허브를 뿌린다.

감미로운 겨울 샐러드

- 준비시간 : 15분 (미리 물에 담가두는 시간은 포함 안 됨)
- 분량 : 2~4인분
- 재료 : 건포도 50g-미리 물에 담가둔다. 말린 무화과 50g-미리 물에 담가둔다, 말린 살구 50g-미리 물에 담가둔다. 양배추 반개를 아주 잘게 썰어둔다. 당근 2개-강판에 거칠게 간다. 요구르트 8테이블스푼, 레몬 1개, 파슬리-잘게 썬다

건포도, 무화과, 살구를 미리 물에 담가둔다(찬물에 하룻밤 담가두거나, 아니면 끓는 물을 부어 두어 부풀어 오를 때까지 두시간정도 놔둔다). 양배추는 가늘게 썰어둔다. 당근과 사과는 강판에 거칠게 갈아둔다. 사과가 갈색으로 변하지 않도록 레몬즙을 사과에 뿌려준다.) 위에 나온 재료들을 그릇에 넣는다. 요구르트, 레몬즙, 잘게 썬 파슬리를 저그(jug)에서 섞어 샐러드위에 스푼으로 놓는다. 잘 섞일 때까지 버무린다.

거슨 콜슬로

- 준비시간 : 15분

- 분량 : 2~4인분
- 재료 : 양파-슬라이스하거나 잘게 썬다, 양배추-강판에 갈거나 얇게 썬다. 당근-강판에 간다.
- 드레싱 : 레몬즙 2테이블 스푼, 물 2테이블 스푼, 설탕 (선택사항), 요구르트, 코티지 치즈(무염 및 무크림이거나, 무지방인 것)

양파는 얇고 잘게 썬다. 흰 양배추는 강판에 갈거나 얇게 썬다. 당근은 강판에 간다. 모두 함께 섞는다. 드레싱을 만들기 위해 레몬즙과 물을 섞는다(필요하면 설탕을 넣어도 된다). 요구르트는 코티지 치즈와 섞고 덩어리가 생기지 않도록 잘 저어준다. 레몬즙과 물 섞은 것을 넣는다. 잘 섞어 샐러드위에 붓는다.

라임과 같은 주키니 호박

- 준비시간 : 15분
- 분량 : 2~4인분
- 재료 : 주키니 호박 400g-강판에 잘게 간다, 라임한개 즙낸 것(또는 레몬), 붉은 피망1개-강판에 간다. 마늘 1통을 다진다,양상추

주키니 호박을 강판에 가늘게 간다. 라임즙(또는 레몬즙)과 강판에 간 피망을 섞는다. 다진 마늘을 첨가한다. 양상추를 깔아 향이 날아가지 않도록 내놓기 전에 섞는다.

헝가리식 토마토 샐러드

- 준비시간 : 15분
- 재료 : 토마토-껍질 벗긴 것, 양상추, 잘게 썬 골파(chive)
- 드레싱 : 요구르트, 레몬즙, 아마인유, 강판에 간 양고추 냉이

토마토를 끓는 물에 1분간 담갔다가 껍질을 벗긴다. 드레싱을 만든다. 껍질 벗긴 토마토를 양상추 잎 위에다 놓고 드레싱을 얹는다. 잘게 썬 골파로 장식한다.

점보 샐러드

- 준비시간 : 20분 (미리 물에 담가두는 시간은 포함 안 됨)
- 분량 : 4~6인분
- 재료 : 여러 종류의 양상추를 길고 가늘게 썬 것, 샐러드용 여러 가지 채소-한입에 먹을

수 있는 크기로 작게 썬 것, 다음의 것 전부 또는 일부도 가능함 : 토마토-잘게 썬 것, 녹색이나 붉은 색 피망, 파-가늘게 썬 것, 당근-잘게 강판에 간 것, 비트-잘게 강판에 간 것, 무-잘게 슬라이스 한 것, 회향(fennel)-잘게 슬라이스 한 것, 포도 반으로 자른 것, 레몬즙, 아마인유, 딜(dill)-말린 것, 건포도-물에 미리 담궈 둔다.

한입에 먹을 수 있도록 가늘게 썬 양상추와 샐러드용야채로 샐러드를 만들기 시작한다. 위에 나온 재료를 모두 넣거나 아니면 일부를 넣는다. 건포도를 물에 담궈 둔다(찬물에 하룻밤 담가두거나, 아니면 끓는 물을 부어 두어 부풀어 오를 때까지 두시간정도 놔둔다). 샐러드위에 건포도를 뿌려준다. 당근이나 비트를 강판에 갈아 샐러드의 한쪽에 놓는다. (만일 이것을 샐러드위에 뿌려주면 샐러드를 덮어 버리게 된다.) 레몬즙과 아마인유를 부어준다. 딜을 흩 뿌려준다. 밥과 오븐에 구워 얇게썬 감자나 삶은 작은 감자를 차려낸다.

박하를 넣은 사과와 샐러리 샐러드

- 준비시간 : 15분(미리 물에 담가두는 시간은 포함 안 됨)
- 분량 : 2인분
- 재료 : 빨간 사과1개-잘라서 속을 빼고 잘게 썬다. 사과식초, 샐러리 1개-잘게 썬다. 건포도-미리 물에 담가둔다, 박하 잎, 양상추

사과는 잘라 속을 뺀 뒤 한입 크기로 자른다. 사과 식초를 약간 섞는다 (원한다면 물을 타서 묽게 해도 됨). 샐러리는 잘게 썰어 미리 물어 담가둔 건포도(찬물에 하룻밤 담가두거나, 아니면 끓는 물을 부어 두어 부풀어 오를 때까지 두시간정도 놔둔다)와 함께 사과와 사과식초에 넣는다. 박하 잎을 잘게 찢어둔다. 접시에 담고, 양상추 잎을 접시에 깔아서 낸다(맛과 향이 잘 섞이도록 잠시 두었다가 낸다).

**응용 : 요구르트를 사과식초와 섞어 드레싱용으로 사용해도 된다.

오렌지 · 치커리 · 물냉이 샐러드

- 준비시간 : 15분
- 분량 : 2~4인분
- 재료 : 오렌지 1개-껍질을 벗겨 잘라둔다. 치커리 2개-물냉이 1다발
- 드레싱 : 아마인유 1테이블스푼, 사과식초(또는 레몬주스) 1/2테이블스푼, 마늘 1통 다진 것, 양파 1개-파슬리, 차이브, 딜(dill), 회향(fennel), 박하

오렌지는 껍질을 벗겨 낱개로 분리해둔다. 치커리 잎은 하나씩 떼어서 큰 접시에 바퀴살 모양처럼 배열한다. 물냉이와 오렌지는 중앙에 놓는다. 드레싱 재료 모두를 용기에 넣어 잘 흔들어 준다.(신선한 허브가 없으면 말린 것을 사용해도 됨). 샐러드위에 붓고 즉시 먹을 수 있게 내 놓는다.

무 · 사과 · 샐러리 샐러드

- 준비시간 : 15분 (미리 물에 담가두는 시간은 포함 안 됨)
- 분량 : 2인분
- 재료 : 무-잘게 썬다. 푸른 사과-잘게 썬다. 샐러리-잘게 썬다. 건포도-물에 미리 담가 둔다. 양상추
- 드레싱 : 사과식초 1테이블스푼, 물 1테이블스푼, 설탕(또는 꿀) 1테이블스푼, 마늘 1~2통 다진 것, 딜 가늘게 썬 것, 요구르트

무, 푸른 사과, 샐러리를 작게 썬다. 건포도는 물에 담궈 두었다가 넣는다(찬물에 하룻밤 담가두거나, 아니면 끓는 물을 부어 두어 부풀어 오를 때까지 두시간정도 놔둔다). 드레싱을 만들기 위해 사과식초, 물, 설탕(또는 꿀), 마늘, 딜을 함께 섞는다. 크림같은 드레싱을 만들려면 요구르트를 충분히 넣는다. 샐러드위에 붓고 양상추를 깔아 먹을 수 있게 내 놓는다.

**응용 : 딜 대신에 다른 허브를 사용해도 되고, 요구르트를 빼거나 아마인유를 넣어도 된다.

생 순무 · 물냉이 · 오렌지 샐러드

- 준비시간 : 15분
- 분량 : 2인분
- 재료 : 순무-껍질을 벗기고 자른다. 오렌지 조각낸 것, 물냉이
- 드레싱 : 오렌지 주스, 아마인유

순무는 껍질을 벗기고 성냥개비 크기로 자른다. 오렌지 조각을 순무와 섞는다. 물냉이를 넣고 드레싱으로 버무린다.

현미밥 샐러드

- 준비시간 : 15분
- 분량 : 2인분
- 재료 : 푸른 피망-잘게 썬다. 붉은 피망-잘게 썬다. 토마도-잘게 썬다. 현미 밥 1컵
- 드레싱 : 아마인유 1테이블 스푼, 사과식초 1테이블 스푼, 마늘 1통, 설탕

피망과 토마토는 잘게 썬다. 드레싱을 준비하여 잘 섞어 잘게 썬 피망과 토마토에 넣는다. 현미밥위에 숟가락으로 떠 넣는다. 야채 샐러드와 함께 먹을 수 있게 내 놓는다.

로메인 상추와 요구르트 드레싱

- 준비시간 : 10분
- 재료 : 로메인 상추, 골파(차이브) 잘게 썬 것,
- 드레싱 : 요구르트, 설탕, 레몬즙, 마늘 다진 것

상추를 가늘게 썬다. 드레싱 위에 붓고 잘게 썬 골파를 뿌려 준다.

케밥 샐러드

- 준비시간 : 15분
- 재료 : 토마토-얇게썬다. 주키니 호박-얇게썬다. 무-얇게썬다. 상추 심-얇게썬다. 당근-얇게썬다.
- 드레싱 : 레몬즙, 요구르트, 아마인유, 허브(박하 또는 딜 또는 파슬리)

나무 꼬치에 얇게 썬 토마토, 주키니 호박, 무, 상추 심, 당근을 꽂는다. 서빙하기 전에 드레싱을 묻힌다.

로리트 샐러드

- 준비시간 : 10분
- 재료 : 조리한 비트-얇게썬다. 샐러리 줄기-얇게썬다. 상추
- 드레싱 : 아마인유, 레몬즙,

비트와 샐러리를 얇게 썰어 상추와 섞고 드레싱을 뿌려낸다.

스페인 샐러드

- 준비시간 : 15분
- 분량 : 2인분
- 재료 : 양파-얇게썬다. 마늘 1통, 붉은 피망-씨를 빼고 얇게썬다. 토마토-얇게썬다. 파슬리-잘게 썬다
- 드레싱 : 아마인유, 사과식초 1테이블 스푼, 물 1테이블 스푼, 설탕(안 넣어도 됨)

양파는 얇게 썰어 칼로 자른 통마늘로 문지른 그릇에 넣는다. 붉은 피망은 씨를 빼고 양파위에 놓는다. 그 위에 토마토를 한 겹 깐다. 마늘은 다져 위에다 뿌려준다. 드레싱을 뿌리고 잘게 썬 파슬리를 뿌려준다.

토마토 · 주키니 샐러드

- 준비시간 : 15분
- 분량 : 2인분
- 재료 : 토마토-잘게 썬다. 주키니호박-잘게 썬다. 파-얇게썬다. 비트, 양상추
- 드레싱 : 아마인유, 요구르트, 레몬즙

토마토와 주키니호박은 잘게 썬다. 파를 얇게 썰어 넣는다. 생 비트를 강판에 잘 갈아서(익힌 비트를 잘게 썰어도 됨) 샐러드에 넣는다. 양상추를 깔아 둔 곳에다 놓는다. 드레싱을 부어준다.

토마토 샐러드

- 준비시간 : 15분
- 분량 : 2인분
- 재료 : 토마토-얇게썬다 양파-얇게 썬다. 사과식초 1테이블 스푼, 물 1테이블 스푼, 설탕(없어도 됨), 파슬리-잘게 썬다. 골파(차이브)

토마토는 얇게 썰어 납작한 접시위에 펴준다. 양파를 썰어 토마토위에 양파링을 배열해준다. 사과식초와 물을 섞는다(설탕을 넣어도 됨). 토마토 위에 붓고 잘게 썬 파슬리와 골파를 뿌려준다.

물냉이 · 꽃상추 · 자몽 샐러드

- 준비시간 : 10분
- 분량 : 2인분
- 재료 : 물냉이, 꽃상추, 자몽, 요구르트

물냉이는 잘게 찢는데 딱딱한 줄기부분은 제거하고 꽃상추 잎이 들어 있는 그릇에 넣는다. 자몽은 반으로 자른다. 자른 한쪽은 즙을 내고 나머지 한쪽은 낱개의 조각으로 분리한다. 자몽 조각은 샐러드잎에 넣는다. 자몽즙과 요구르트를 섞어 샐러드에 붓는다. 잘 버무려 먹을 수 있게 내 놓는다.

주키니호박 리본 샐러드

- 준비시간 : 10분
- 분량 : 2~4인분
- 재료 : 주키니 호박 큰 것 3개를 길게 썬다. 토마토 450g을 4등분한다. 파-6개를 얇게 썬다
- 드레싱 : 사과식초 2테이블 스푼, 설탕 약간, 아마인유 2테이블 스푼, 고수-신선한 것으로 잘게 썬다.

주키니 호박을 채썰기 도구를 이용해 세로로 길게 얇은 리본처럼 채썰기를 하는데 옆 부분을 돌아가면서 잘라 푸른색 껍질이 포함되도록 한다. 그릇에 넣는다. 서빙하기 전에 드레싱과 잘 버무린다.

■ 수프류

사과 회향 수프

- 준비시간 : 15분
- 조리시간 : 30~45분
- 분량 : 4인분
- 재료 : 감자-400g를 껍질을 벗기고 깍둑 썰기한다. 회향, 2개를 다듬어 잘게 썬다. 서양부추파(leek)-얇게 썬다. 그래니 스미스 사과-2개를 속을 빼고 잘게 썬다. 설탕-1티스푼(필요시), 덜 익은 사과-시큼한 것 1개

감자는 껍질을 벗겨 깍둑썰기를 하고, 회향(fennel)은 다듬어 잘게 썰고, 서양부추파(leek)는 채썰고, 사과는 아주 잘게 썬다. 이 재료들을 냄비에 넣고 재료가 잠기도록 물을 붓는다. 끓인 후 불을 약하게 하여 사과와 회향이 조리될 때까지 뭉근하게 끓인다. 믹서나 푸드 밀을 이용하여 퓨레로 만든다. 잘게 썬 사과를 퓨레에 넣어 즉시 먹을 수 있게 내 놓는다.

*응용 : 사과는 넣지 않아도 된다.

아가일 수프

- 준비시간 : 10분
- 조리시간 : 45분
- 분량 : 4인분
- 재료 : 당근 큰 것 2개-얇게 썬다, 양파 큰 것 2개-대충 잘게 썬다. 샐러리 4개-얇게 썬다. 감자 400g-껍질을 벗겨 잘게 썬다. 마늘 2통을 다진다. 파슬리

당근은 슬라이스하고 양파는 대충썰어 두고 샐러리는 잘게 썬다. 감자는 껍질을 벗겨 잘게 썰어두고 마늘은 다진다. 준비한 재료를 모두 냄비에 넣고 재료가 물에 잠기도록 붓는다. 끓으면 불을 낮춰 **45분**간 뭉근하게 가열한다. 믹서나 푸드밀을 이용하여 퓨레로 만든다. 파슬리로 장식하여 먹을 수 있게 내 놓는다.

가을 불꽃 수프

- 준비시간 : 15분
- 조리시간 : 25분
- 분량 : 4인분
- 재료 : 양파 큰 것1개-잘게 썬다. 마늘 큰 것 3통-다진다. 스쿼시호박(또는 호박)1-껍질을 벗기고 잘게 썬다. 붉은 피망 4개-씨앗을 빼고 잘게 썬다. 토마토 1-잘게 썬다. 타임, 허브, 푸르고 신선한 것(월계수 잎2개나, 신선한 파슬리 또는 고수 잎)

양파는 잘게 썰고 마늘은 다져둔다. 스쿼시호박은 작은 크기로 썰어둔다. 피망은 씨를 빼고 잘게 썬다. 재료를 모두 냄비에 넣고 물은 재료가 잠기도록 붓는다. 끓인 후 불을 낮추고 잘게 썬 토마토와 타임과 월계수잎을 넣는다. **20분**이 넘지 않도록 뭉근하게 끓인다. 믹서나 푸드 밀을 이용하여 퓨레로 만든다. 즉시 서빙하는데

신선한 허브를 고명으로 장식해도 좋다.

비트 수프

- 준비시간 : 15분
- 조리시간 : 1시간
- 분량 : 4인분
- 재료 : 비트 중간 크기 2개-껍질째 잘게 썬다. 양파 큰 것 1개-껍질을 벗기고 잘게 썬다. 당근 중간 크기 1개-껍질째 잘게 썬다. 토마토 큰 것 1개-껍질과 함께 잘게 썬다. 붉은 양파 잎 몇 개-잘게 썬다. 월계수 잎 1장, 물, 사과식초 1테이블 스푼, 레몬즙 1/2개, 허브, 요구르트, 파슬리

비트, 양파, 당근, 토마토는 껍질째로 잘게 썰어(단, 양파는 껍질을 벗길 것) 큰 냄비에 넣는다. 잘게 썬 붉은 양파 잎과 월계수 잎을 넣는다. 재료가 잠기도록 물을 붓고 사과식초, 레몬즙, 허브를 넣는다. 끓인 후 불을 낮추고 1시간 정도 뭉근하게 가열한다. 조리가 끝나면 믹서나 푸드밀을 이용하여 퓨레로 만든다. 요구르트와 파슬리로 장식하여 먹을 수 있게 내 놓는다.

양배추 수프

- 준비시간 : 10분
- 조리시간 : 40분
- 분량 : 2~4인분
- 재료 : 녹색(또는 흰색)양배추 작은 것 1개-대충 잘게 썬다. 서양부추파(leek) 2개-대충 잘게 썬다. 감자 2개-껍질을 벗겨 대충 잘게 썬다. 양파 2개-대충 잘게 썬다. 샐러리 2개-대충 잘게 썬다. 마늘 1통, 요구르트, 파슬리-잘게 썬다.

각 채소는 잘게 썰어둔다. 냄비에 넣고 물은 잠기도록 붓는다. 끓은 뒤 불을 낮춰 채소가 부드러워질 때까지 뭉근하게 끓인다. 믹서나 푸드밀을 이용하여 퓨레로 만든다. 요구르트와 함께 잘게 썬 파슬리를 얹어 따끈하게 먹을 수 있게 내 놓는다.

브로콜리 수프

- 준비시간 : 15분
- 조리시간 : 35분

- 분량 : 2~4인분
- 재료 : 양파 중간크기 1개-껍질을 벗겨 잘게 썬다. 감자 180g-껍질을 벗기고 잘게 썬다. 브로콜리 400g-다듬어 자른다. 월계수 잎, 요구르트

양파와 감자는 껍질을 벗기고 잘게 썬다. 브로콜리는 다듬어 썰어둔다. 썰어둔 브로콜리 약간을 한쪽 옆에 놔두고 나머지는 잘게 썬 양파, 감자, 월계수잎과 함께 냄비에 넣고 잠기도록 물을 붓는다. 끓인 후 약한 불에 **20분**간 더 끓인다. 남겨둔 브로콜리를 넣고 약한 불에 **10분**간 더 끓인다. 월계수잎은 제거한다. 수프에서 브로콜리를 모두 건져내 뜨거운 접시 위에 둔다. 나머지 수프는 푸드밀에 넣어 돌린다. 브로코리를 푸드밀에 넣는다. 수프를 다시 약간 데운다. 요구르트와 함께 즉시 먹을 수 있게 내 놓는다.

당근 오렌지 수프

- 준비시간 : 10분
- 조리시간 : 40분
- 분량 : 2~4인분
- 재료 : 당근 400g-잘게 썬다. 양파 약 225g-잘게 썬다. 감자 약 225g-껍질을 벗겨 잘게 썬다. 오렌지 1개 분량의 주스. 타임 약간

채소는 잘게 썰어 오렌지 주스, 타임과 함께 냄비에 넣고 한번 끓인 뒤 채소가 부드러워질 때까지 약한 불에 끓인다. 믹서나 푸드 밀을 이용하여 퓨레로 만든다.

콜리플라워 수프

- 준비시간 : 10분
- 조리시간 : 40분
- 분량 : 2~4인분
- 재료 : 콜리플라워 큰 것 1개-양파 1개-잘게 썬다. 샐러리 스틱 1개-얇게 썬다. 요구르트 300㎖, 파슬리-잘게 썬다.

콜리플라워는 다듬어 작게 썬다. 양파는 잘게 썰고 샐러리는 얇게 썬다. 냄비에 넣고 물을 채소가 잠기도록 붓는다. 한번 끓였다가 불을 낮춰 30분간 뭉근하게 더 끓인다. 믹서나 푸드밀을 이용하여 퓨레로 만든다. 요구르트를 넣고 저어준다. 서빙

하기 전에 살짝 데운다. 잘게 썬 파슬리로 장식한다.

샐러리 당근 사과 수프

- 준비시간 : 10분
- 조리시간 : 45분
- 분량 : 2~4인분
- 재료 : 샐러리 400g-얇게 썬다. 당근 400g-깍둑썰기한다. 단맛나는 사과 (핑크레이디나 갈라) 약 225g-잘게 썬다. 딜(또는 레몬 그래스), 샐러리 잎-잘게 썬다

샐러리는 슬라이스하고, 당근은 깍둑썰기하며, 사과는 잘게 썬다. 썬 것을 큰 냄비에 넣고 채소가 잠기도록 물을 붓는다. 한번 끓인 뒤 불을 낮추고 딜(또는 레몬 그래스)을 넣어 **40분간** 뭉근하게 더 끓인다. 믹서나 푸드밀을 사용하여 퓨레로 만든다. 샐러리 잎을 잘게 썰어 장식하여 즉시 먹을 수 있게 내 놓는다.

샐러리 뿌리 근대 수프

- 준비시간 : 10분
- 조리시간 : 40분
- 분량 : 2~4인분
- 재료 : 작은 샐러리 뿌리 1개, 중간 크기 서양부추파-문지르고 잘게 썬다. 근대 60g-찢어 둔다. 사과식초(또는 레몬즙), 파슬리

샐러리 뿌리와 서양부추파(leek)는 잘 문질러 손질해두고 근대는 작은 크기로 찢어둔다. 사과식초(또는 레몬즙)과 함께 냄비에 넣고 잠기도록 물을 붓는다. 한번 끓인 뒤 불을 낮춰 채소가 물렁해질 때까지 낮은 불에서 끓인다. 믹서나 푸드밀을 사용해서 퓨레로 만든다. 뜨겁게 해서 내도 되고 차게해서 내도 되고 파슬리로 장식한다.

옥수수 차우더

- 준비시간 : 10분
- 조리시간 : 45분
- 분량 : 2~4인분

- 재료 : 샐러리 스틱 3개-깍둑썰기 한다. 감자 큰 것 1개-껍질을 벗겨 깍둑썰기한다. 양파 큰 것 1개-깍둑썰기 한다. 녹색 피망 큰 것 1개-씨앗을 빼고 깍둑썰기한다. 월계수 잎 1개(또는 월계수 잎 같은 것 약간), 옥수수 4개, 파슬리-잘게 썬다

샐러리, 감자, 양파는 깍둑썰기한다. 피망은 씨를 제거하고 깍둑썰기한다. 냄비에 월계수잎과 함께 넣고 물을 잠기도록 붓는다. 채소가 거의 익도록 약한 불에 조리한다. 옥수수를 알갱이부분을 칼로 잘라내어 수프에 넣는다. 채소가 물렁해질 때까지(으깨지면 안됨) 서서히 조리한다(약 5분). 잘게 썬 파슬리를 뿌려 낸다.

감자 · 양배추 · 딜 수프
- 준비시간 : 10분
- 조리시간 : 40분
- 분량 : 2~4인분
- 재료 : 감자 중간 크기 1개-껍질을 벗기고 잘게 썬다. 양파 중간 크기 1개-잘게 썬다. 서양부추파(leek) 중간 크기 1개-잘게 썬다. 흰 양배추-잘게 썬다. 딜 말린 것-4테이블스푼, 골파-잘게 썬다.

감자, 양파, 서양부추파(leek)는 잘게 썬다. 잘게 썬 양파와 함께 냄비에 넣고 잠기도록 물을 붓는다. 한번 끓인 뒤 불을 낮추고 딜은 절반을 넣는다. 감자가 익을 때까지 뭉근하게 끓인다. 믹서나 푸드밀을 사용하여 퓨레로 만든다. 남은 딜을 넣고 낮은 불에 조금 더 가열해준다. 잘게 썬 골파로 장식하고 즉시 낸다.

감자 수프
- 준비시간 : 20분
- 조리시간 : 1시간 30분에서 2시간
- 분량 : 4~6인분
- 재료 : 양파 큰 것 1개-깍둑썰기 한다. 샐러리 뿌리 작은 것 1/2개-깍둑썰기한다. 샐러리 줄기 2개-깍둑썰기한다. 감자 큰 것 2개-깍둑썰기한다. 서양부추파(leek) 1개-깍둑썰기 한다. 파슬리, 물, 2.28ℓ

모든 채소는 깍둑썰기한다. 채소, 파슬리, 물은 뚜껑이 있는 소스팬에 넣고 끓인다. 끓으면 불을 낮추고 뚜껑을 덮는다. 1시간 반 내지 2시간 약한 불에 더 끓인다. 푸드밀로 으깬다.

달콤 새콤한 양파 수프

- 준비시간 : 10분
- 조리시간 : 15분
- 분량 : 2~4인분
- 분량 재료 : 양파 중간 크기 1개-얇게 썬다. 흰 양배추(또는 녹색 양배추) 중간 크기 1개-채썰기 한다. 마늘 2통-다진다. 토마토 중간 크기 2개-잘게 썬다. 설탕 1테이블 스푼, 레몬 큰 것1개-즙을 낸다. 건포도, 100g, 물 1.14ℓ

양파는 슬라이스하고 물을 약간 부어 부드러워질 때까지 3~4분간 둔다. 양배추는 채썰기하여 양파를 넣고 잘 섞는다. 다진 마늘을 넣는다. 토마토는 잘게 썰어 설탕, 레몬즙, 건포도, 물과 함께 넣는다. 한번 끓인 후 양배추가 씹는 맛이 나도록하기 위해 10분간 더 약한 불로 가열한다. 영양가 있는 이 수프는 빵과 함께 주 음식으로 내고 과일 디저트를 뒤에 낸다.

톡쏘는 토마토 수프

- 준비시간 : 10분
- 조리시간 : 25분
- 분량 : 2~4인분
- 재료 : 토마토 400g-잘게 썬다. 당근 1개-잘게 썬다. 샐러리 스틱 1개-잘게 썬다. 양파 1개-잘게 썬다. 붉은 피망 1개-씨를 빼고 잘게 썬다. 오렌지 주스 약간, 요구르트

토마토, 당근, 샐러리, 양파는 잘게 썬다. 피망을 씨를 빼고 잘게 썬다. 썬 것을 모두 큰 냄비에 넣고 물을 잠기도록 붓는다. 한번 끓인 후 부드러워질 때까지 약한 불로 끓인다. 믹서나 푸드밀을 이용하여 퓨레로 만든다. 오렌지 주스를 첨가하여 다시 약간 데운다. 요구르트를 넣어 낸다.

감자, 양파, 토마토 수프

- 준비시간 : 20분
- 조리시간 : 40분
- 분량 : 3~4인분
- 재료 : 토마토 큰 것 2개-깍둑썰기한다. 양파 중간 것 1개-깍둑썰기한다. 감자 중간 것 2개-깍둑썰기한다. 와인식초 1티스푼, 월계수 잎 작은 것 하나

채소는 모두 깍둑썰기하여 뚜껑이 있는 소스팬에 넣고 물을 잠기도록 붓는다. 낮은 불에 약 **35~40분**간 끓인다. 푸드밀로 으깨어 따근하게 낸다.

■ 야채와 감자

구운 피망과 토마토 샐러드

- 준비시간 : 15분
- 조리시간 : 30분
- 분량 : 2~4인분
- 재료 : 붉은 피망 3개, 토마토 큰 것 6개, 양파 중간 크기 1개-얇게 썬다. 마늘 3통, 얇게 썬다. 레몬 큰 것 1개-즙을 낸다. 박하 신선한 것 3 테이블 스푼-잘게 썬다. 아마인유

피망과 토마토를 통째로 가열하되 조금은 단단한 느낌이 남아 있을 때 까지 가열한다. 피망과 토마토는 껍질을 벗겨 대충 썰어 접시에 담는다. 양파는 얇게 슬라이스하고 마늘은 아주 얇게 썬다. 섞은 것을 접시에 담는다. 레몬즙과 박하를 첨가하여 잘 섞는다. 아마인유를 조금 뿌려준다.

구운 감자와 파스닙 로스티

- 준비시간 : 15분
- 조리시간 : 1시간 15분
- 분량 : 2인분
- 재료 : 파스닙 200g, 속은 빼내고 껍질을 벗기고 강판에 거칠게 간다. 감자 약 225g, 껍질을 벗겨 강판에 거칠게 간다. 양파 1개-아주 잘게 썬다. 신선한 골파 2 테이블 스푼-아주 잘게 썬다, 허브 약간, 요구르트 100g, 양고추냉이-강판에 간 것(필요시)

파스닙의 속을 뺀다. 감자와 파스닙은 껍질을 벗겨 큰 그릇에서 강판에 거칠게 간다. 작게 썰어둔 양파, 골파를 허브와 요구르트와 함께 넣는다. 잘 섞는다. 이 것을 납작한 접시에 담고 덮개를 덮는다. 오븐에서 **190**℃로 1시간 동안 굽는다. 뚜껑을 벗겨 노릇하게 색깔이 변하여 윗부분이 파삭하게 되도록 조금 더 굽는다. 샐러드나 채소를 둘 다 곁들여 내거나 한가지만 내도 된다. *로스티는 불에 구웠다는 뜻임

구운 감자

- 준비시간 : 5분

감자는 깨끗하게 씻어야하며 긁히거나 껍질이 벗겨져서도 안된다. 149℃의 낮은 온도의 오븐에서 2시간 내지 2시간 반 동안 굽거나 177℃에서 50분간 굽는다.

비트, 양파와 구운 감자

- 준비시간 : 15분
- 조리시간 : 1시간
- 재료 : 구이용 감자 1개, 양파 큰 것 1개-껍질을 벗긴다. 비트-깍둑썰기하여 익힌다. 요구르트, 딜, 아마인유 1테이블 스푼(선택 사항)

감자는 껍질을 문질러 씻어 통째로 찜냄비에 껍질을 벗긴 양파와 함께 넣는다. 물을 약간 붓고 둘 다 익을 때까지 굽는다. 익은 양파는 잘게 썰어 깍둑썰기하여 익힌 비트와 함께 소스팬에 넣는다. 완전히 익힌다. 감자는 쪼개어 양파와 비트로 속을 채운다. 요구르트, 딜, 아마인유(아마인유를 넣으려면 감자에서 김이 나지 않을 때까지 기다려야한다)와 함께 섞는다. 채소 샐러드와 함께 낸다.

양파와 구운 감자

- 준비시간 : 15분
- 조리시간 : 1시간 반
- 재료 : 구이용 감자 1개, 양파 1개-얇게썬다.비트, 익혀 깍둑썰기한다. 요구르트, 딜

감자는 껍질째 굽는다. 양파는 얇게 썰어 부드러워질 때까지 살짝 익힌다. 비트는 깍둑썰기하여 양파에 넣고 데워준다. 감자가 익으면 쪼개어 비트와 양파 섞은 것을 숟가락으로 안에 넣어준다. 요구르트를 위에 얹고 딜을 뿌려준다. 채소 샐러드와 함께 낸다.

구운 토마토

- 준비시간 : 10분
- 조리시간 : 20분
- 분량 : 2인분

* 재료 : 토마토 400g-얇게 썬다. 마늘 1통-다진다. 양파 중간 크기 1개-잘게 썬다. 빵가루(또는 납작 귀리 한주먹), 딜, 아마인유

토마토는 슬라이스하여 오븐 접시에 넣는다. 마늘은 다지고 양파는 잘게 썰어 토마토위에 뿌려준다. 빵부스러기(또는 납작 귀리)로 덮고 오븐에 넣어 170℃로 20분간 굽는다. 차려내기 직전에 딜이나 아마인유를 뿌려준다.

비트

149℃ 내지 177℃ 사이에서 굽거나 껍질째 삶는다.

익혀서 크림모양으로 만든 비트

* 준비시간 : 15분
* 조리시간 : 60~75분
* 재료 : 비트 3개-익혀서 잘게 썬다. 요구르트 6테이블 스푼, 골파 신선한 것 1테이블 스푼-잘게 자른다. 파슬리-아주 잘게 썬다.

익혀서 잘게 썬 비트를 요구르트, 골파, 양파와 함께 소스팬에 넣고 약한 불로 가열한다. 접시에 담아 잘게 썬 파슬리를 뿌려 낸다.

양고추냉이 비트

* 준비시간 : 10분
* 조리시간 : 1시간 내지 1시간 30분
* 분량 : 2~4인분
* 재료 : 비트 6개, 요구르트, 양고추냉이 2테이블 스푼, 골파

비트는 물렁해질 때까지 익힌다. 껍질을 벗기고 4등분한다. 요구르트와 양고추냉이를 섞어 비트위에 부어준다. 잘게 썬 골파로 장식하여 즉시 낸다.

베사라비안 나이트메어(베사라비아의 악몽)

* 준비시간 : 15분
* 조리시간 : 40분
* 분량 : 2인분

* 재료 : 토마토 몇 개-껍질을 벗기고 얇게 썬다. 양파 몇 개-얇게 썬다. 붉은색이나 푸른 피망, 씨앗을 빼고 얇게 썬다. 마늘-다진다. 허브, 아마인유

토마토는 껍질을 벗긴다. 토마토와 양파와 피망은 얇게 썬다. 오븐용 그릇에 여러 층으로 배열한다. 다진 마늘과 허브를 뿌려준다. 서서히 익힌 뒤 식힌다. 차갑게해서 내기 직전에 아마인유를 약간 뿌려준다. 맛있는 음식 치곤 이름이 이상하다.

브레이즈드 캐비지

* 준비시간 : 15분
* 조리시간 : 1시간
* 분량 : 2인분
* 재료 : 녹색 양배추 400g, 당근 120g-깍둑썰기한다, 양파 120g-깍둑썰기한다. 샐러리 스틱-깍둑썰기한다. 딜 씨앗

양배추는 4등분한다. 줄기와 속대, 색깔이 바랜 잎은 제거한다. 소스팬에 물을 조금 붓고 10분간 익힌다. 당근, 양파, 샐러리를 깍둑썰기하여 오븐용 큰 그릇에 넣고 물은 아주 조금만 붓는다. 양배추는 맨 위에 놓는다. 딜 씨앗을 뿌려준다. 뚜껑을 덮고 180℃ 오븐에서 약 1시간 정도 굽거나 채소가 부드러워질 때까지 굽는다.

오렌지와 토마토 소스를 넣은 브레이즈드 페널

* 준비시간 : 10분
* 조리시간 : 30분
* 분량 : 2인분
* 재료 : 페널(회향) 중간 크기 1개, 토마토 1개 반, 토마토 퓨레 1테이블 스푼, 오렌지 1/2개-즙을 낸다. 허브, 녹색 페널 잎

페널을 4등분하고 속대를 제거한다. 8~10분간 살짝 익힌다. 한편 토마토는 흐물흐물하게 될 때까지 익힌 뒤 토마토퓨레, 오렌지즙, 허브를 넣는다. 페널을 넣고 뚜껑을 덮어 12~15분간 익힌다. 페널잎으로 장식하여 낸다.

브로콜리

뚜껑이 있는 찜통냄비에 브로콜리를 양파나 수프육수를 조금 넣고 **149**℃의 약한 불의 오븐에서 굽는다. 토마토 소스와 함께 낸다.

브로콜리와 허브

- 준비시간 : 20분
- 조리시간 : 25분
- 분량 : 2인분
- 재료 : 브로콜리 2개, 양파 4~6통, 양파 1/2개-얇게썬다. 딜 1/4티스푼, 수프육수 1/4컵

브로콜리 줄기는 껍질을 벗긴다. 마늘과 양파는 뚜껑없는 냄비에 넣고 양파가 반투명일 때까지 익힌다. 브로콜리 머리부분과 줄기, 딜, 수프육수를 넣는다. 브로콜리가 부드러워질 때까지 낮은 불에서 조리한다.

브로콜리, 깍지콩, 배

- 준비시간 : 5분
- 조리시간 : 20분
- 분량 : 2인분
- 재료 : 브로콜리, 깍지콩, 배 2개-껍질벗겨 잘게 썬다.
- 드레싱 : 레몬즙(또는 사과 식초), 아마인유

브로콜리와 깍지콩은 살짝 익혀 식혀둔다. 배는 껍질을 벗기고 잘게 썰어 브로콜리와 깍지콩과 함께 접시에 담는다. 드레싱과 함께 버무린다. 구운 감자, 야채 샐러드와 함께 낸다.

버터넛 스쿼시

- 준비시간 : 10분
- 조리시간 : 35분
- 분량 : 2인분
- 재료 : 버터넛 스쿼시-껍질을 벗기고 속을 뺀다. 양파 작은 것 1개, 요구르트

버터넛 스쿼시는 껍질을 벗기고 속을 빼서 양파와 함께 팬에 넣는다. 버터넛 스쿼시는 수분이 많기 때문에 물을 넣을 필요는 없다. 약한 불로 익을 때까지 조리한다. 요구르트를 넣어 부드럽게 으깬다.

양배추와 토마토

- 준비시간 : 15분
- 조리시간 : 35분
- 분량 : 2인분
- 재료 : 양배추 작은 것 1개, 양파 1개-잘게 썬다. 디저트용 사과 1개-잘게 썬다. 토마토 큰 것 4개-껍질을 벗기고 잘게 썬다. 요구르트, 빵부스러기, 파슬리-잘게 썬다

양배추는 물에 넣어 천천히 익히되 단단함이 남아 있도록 한다. 양파, 사과, 껍질 벗긴 토마토는 잘게 썰어 걸쭉한 퓨레가 될 때까지 천천히 익힌다. 양배추는 채썰기하여 퓨레에 넣는다. 찜냄비에 옮겨 담는다. 요구르트를 빵부스러기와 섞어 위에다 뿌려준다. 브로일러(고기 굽는 기구)에 넣어 윗부분이 노릇노릇하게 될 때까지 가열한다. 잘게 썬 파슬리를 뿌려 즉시 낸다.

당근 서양부추파(leek) 구이

- 준비시간 : 10분
- 조리시간 : 1~2시간
- 분량 : 2~4인분
- 재료 : 당근 400g-깍둑썰기하거나 얇게 썬다. 서양부추파(leek) 2kg-얇게 썬다. 오렌지 중간크기 2개, 건포도 한줌

당근은 깍둑썰기하거나 얇게썰고 서양부추파(leek)는 얇게 썬다. 건포도와 함께 오븐 접시에 넣는다. 오렌지 2개분의 즙을 넣는다. 170℃의 중불의 오븐에서 조리될 때까지 1~2시간 굽는다. 오렌지 즙에 옥수수전분을 넣어 걸쭉하게 하여 소스를 만들 수도 있다(유기농 옥수수 전분을 써도 됨). 구운 감자와 함께 낸다.

당근 토마토 찜

- 준비시간 : 15분
- 조리시간 : 1시간

- 분량 : 2인분
- 재료 : 토마토 250-슬라이스하거나 잘게 썬다. 세이지 신선한 것 1/2테이블스푼 (또는 말린 세이지 1/2티스푼), 양파 중간 크기 2개-얇게 썬다. 당근 400g-얇게썬다

토마토는 슬라이스하거나 잘게 썰어 찜용 접시 바닥에 한 층을 깔아둔다. 세이지를 첨가한다. 양파를 슬라이스하여 토마토 위에 한 층 깔아준다. 그 위에 세이지를 더 뿌린다. 당근을 슬라이스하여 위에다 얹고 남은 세이지와 섞은 토마토를 한 층 더 얹어 마무리한다. 찜용 접시를 오븐에 넣고 **180**℃에서 당근이 부드러워질 때까지 1시간 정도 굽는다. 푸른 채소 샐러드와 구운 감자와 함께 낸다.

당근과 벌꿀

- 준비시간 : 10분
- 조리시간 : 45분
- 분량 : 1~2인 분
- 재료 : 당근-얇게 썬다. 수프 육수, 벌꿀 1/2티스푼

당근의 끝부분은 잘라내고 얇게 썬다. 껍질을 벗기거나 문지르지 않는다. 수프육수를 약간 넣고 뭉근한 불에서 **45**분 정도 당근이 부드러워질 때까지 끓이는데. 마지막 **5**내지 **10**분 사이에 벌꿀을 가미한다.

콜리플라워

- 준비시간 : 10분
- 조리시간 : 45분
- 재료 : 콜리플라워, 토마토 2~3개-덩어리로 자른다.

콜리플라워를 여러 조각으로 자른다. 토마토를 잘라 덩어리로 만든다. 약 **45**분정도 부드러워질 때까지 낮은 불에서 조리한다.

콜리플라워 당근 소스

- 준비시간 : 20분
- 조리시간 : 50분
- 재료 : 콜리플라워 작은 것 1개, 당근 3개, 아마인유

콜리플라워를 썰어 오븐 접시에 넣고 물을 조금 붓는다. **121**℃에서 **40**분간 부드러워질때까지 조리한다. 조리가 끝나면 물은 따라 낸다. 이와 동시에 당근은 물을 충분히 넣고 부드러워질 때까지 약한 불에 익힌다. 익은 당근은 믹서에 아마인유와 함께 넣고 돌린다. 익힌 콜리플라워에 소스를 붓고 **121~140**℃의 오븐에서 **5~10분**간 데워 둔다.

근대 롤

- 준비시간 : 40분
- 조리시간 : 30분
- 재료 : 양파 반개-얇게 썬다. 감자 중간 크기 6개, 당근 4개, 마늘 큰 것 3통-잘게 썬다. 근대 1다발

양파와 감자는 같은 냄비에서 조리한다. 다른 냄비에서는 당근과 마늘을 조리한다. 조리가 끝나면 각각의 냄비에서 믹서나 푸드밀을 이용하여 퓨레로 만든 후 함께 섞는다. 근대잎은 아주 뜨거운 물에 넣는데 너무 익지 않도록 한다. 각 잎은 펼쳐놓고 가운데의 딱딱한 줄기부분은 제거한다. 퓨레를 각각의 잎의 중간 부분위에 넣고 단단하게 만다. 쟁반에 놓고 이미 조리했던 토마토, 양파, 마늘, 감자로 만든 토마토 소스와 함께 낸다.

고구마 비트 샐러드

- 준비시간 : 10분
- 조리시간 : 30분
- 분량 : 2인분
- 재료 : 고구마 큰 것 1개 또는 작은 것 2개, 비트 작은 것 2개 익힌 것-얇게썬다. 아루굴라(또는 양상추)잎
- 드레싱 : 요구르트, 레몬즙, 아마인유, 딜잎 말린 것 이나 신선한 것

고구마는 껍질째로 적당히 익혀서 식힌 뒤 얇게 썰어 비트 슬라이스와 함께 아루굴라(또는 양상추)잎을 담은 접시에 서로 조금씩 겹치게 놓는다. 드레싱을 가볍게 뿌려서 즉시 낸다.

옥수수

- 준비시간 : 5분

옥수수는 호일에 싸서 껍질째로 구워도 된다. 149℃의 낮은 온도의 오븐에서 1시간 굽는다. 껍질을 벗기고 끓은 물에 약 7분가량 둔다.

옥수수 다발

- 준비시간 : 5분
- 조리시간 : 1시간
- 분량 : 1~2인분
- 재료 : 옥수수, 1~2개, 아마인유, 파슬리-잘게 썬다.

옥수수는 껍질째로 호일에 싼다. 180℃로 오븐에서 약 1시간 굽는다. 익으면 잎을 아래로 내리고 식힌다. 잘게 썬 파슬리에 아마인유를 뿌려 애피타이저나 곁들이는 음식으로 낸다.

야채 모듬과 옥수수

- 준비시간 : 15분
- 조리시간 : 1시간
- 분량 : 2인분
- 재료 : 옥수수 2개, 샐러리 대 3개-얇게썬다. 당근 2개-얇게썬다. 주키니 호박 2개-얇게썬다.

옥수수는 겉 껍질을 벗기고 낟알을 잘라낸다. 다른 채소는 모두 작은 조각으로 썬다. 옥수수를 오븐 접시에 넣고 채소도 넣는다. 93℃로 오븐에서 1시간 굽는다.

오렌지 주스와 옥수수

- 준비시간 : 10분
- 재료 : 옥수수 2개, 오렌지 주스 1컵

오렌지는 겉껍질을 벗기고 낟알은 잘라내어 뚜껑이 있는 오븐 접시에 넣는다. 121℃의 오븐에서 부드러워질 때까지 약 25~30분간 굽는다. 옥수수에서 생긴 즙은 버리고 오렌지 주스를 부어준다. 5~10분후에 낸다.

갈아 만든 옥수수

- 준비시간 : 20분
- 조리시간 : 30분 ~ 1시간
- 분량 : 2~3인분
- 재료 : 옥수수 3개, 푸른색 피망 1개-얇게 썬다.

옥수수는 겉껍질을 벗기고 낟알을 잘라낸다. 옥수수 2개 분량의 낟알을 믹서에 넣고 간다. 남은 옥수수 낟알을 이미 갈려진 옥수수에 더 넣는다. 옥수수는 오븐 접시에 담고 그 위에 슬라이스한 피망을 얹어 93~121℃의 오븐에서 30분간 굽는다.

크림 깍지콩

- 준비시간 : 5분
- 조리시간 : 15분
- 분량 : 2인분
- 재료 : 깍지콩 10, 요구르트, 양파 2-아주 잘게 썬다.

깍지콩을 적당히 익혀둔다. 콩이 준비되기 직전 잘게 썬 양파를 넣은 요구르트를 적당히 데워준다. 콩은 따뜻한 접시에 올리고 요구르트 드레싱을 부어준다.

크리미 캐비지

- 준비시간 : 10분
- 조리시간 : 30분
- 분량 : 2인분
- 재료 : 양배추-채썰기한다. 양파 작은 것 1개-잘게 썬다. 걸쭉한 요구르트 2테이블스푼, 말린 딜 윗부분 1티스푼(또는 딜씨앗 분쇄한 것)

양배추는 채썰기하고 양파는 잘게 썬다. 물을 약간 부어 익힌다. 부드럽게 익으면 딜 윗부분 말린 것(또는 딜씨앗 분쇄한 것)을 섞은 요구르트를 첨가하여 낸다.

가지 구이

- 준비시간 : 15분
- 조리시간 : 2시간

- 분량 : 2인분
- 재료 : 수프 육수, 가지 1개-얇게 썬다. 토마토 2개-슬라이스하고 껍질을 벗긴다.

육수를 뚜껑이 있는 큰 오븐 그릇에 약간 붓는다. 양파, 가지, 토마토를 겹으로 쌓는다. 뚜껑을 덮고 **149**℃의 오븐에서 **2**시간 굽는다.

가지 부채

- 준비시간 : 15분
- 조리시간 : 45분
- 분량 : 2인분
- 재료 : 양파 큰 것 1개-얇게 썬다. 가지 큰 것 1개-얇게 썬다. 토마토 크고 단단하며 잘 익은 것 1개-얇게 썬다. 타임과 마요라나. 마늘 작은 것 1통-잘게 썬다

양파를 링 모양으로 얇게썰어 바닥이 두꺼운 소스 팬에서 살짝 익힌다. 그동안 다른 재료들을 준비한다. 가지는 길게 **4~5**조각으로 자르는데 양쪽 끝 **2**㎝에서 멈춘다. 토마토는 가지의 칼금 2배수 정도가 되게 얇게 썬다. 부채모양으로 펼쳐 둔 양파 위에 가지를 얹는다. 토마토 슬라이스를 칼금을 낸 가지속을 채운다. 허브와 잘게 썬 마늘을 뿌려준다. 뚜껑을 덮고 스토브 위에서 살짝 익히거나 **149**℃의 오븐에서 가지가 부드러워질 때까지 굽는다.

가지 샐러드

- 준비시간 : 15분
- 조리시간 : 1시간
- 분량 : 2인분
- 재료 : 양파 작은 것 1개-잘게 썬다. 파슬리-잘게 썬다. 토마토 2개-얇게 썬다. 식초 1~1과1/2 티스푼, 아마인유 약간

가지는**180**℃ 오븐에서 약 **1**시간 굽는다. 양파와 파슬리는 잘게 썰고 토마토는 슬라이스하여 익힌 가지와 섞는다. 식초와 아마인유를 첨가한다.

가지 스튜

- 준비시간 : 20분
- 조리시간 : 30분
- 분량 : 2인분
- 재료 : 가지 1개-깍둑썰기한다. 양파 2개-잘게 썬다. 토마토 3개-껍질을 벗겨 잘게 썬다

스튜용 냄비에 모든 재료를 다 넣는다. 약 30분간 뭉근하게 끓인다. 물은 넣지 않는다.

마늘과 감자

- 준비시간 : 5분
- 조리시간 : 1시간~1시간 반
- 재료 : 감자 몇개-얇게 썬다. 아마인유, 마늘, 다진다

감자는 얇게 썬다. 찜용 접시에 넣고 바닥만 채울 정도로 물을 붓는다. 170℃ 오븐의 윗부분에서 1시간 내지 1시간 30분 또는 180℃에서 1시간 익힌다. 아마인유와 다진 마늘을 섞어 준다. 감자를 접시에 담고 조금 식으면 드레싱을 붓고 낸다.

페널(회향)

- 준비시간 : 15분
- 조리시간 : 1~2시간
- 분량 : 2인분
- 재료 : 페널 1개, 토마토 큰 것 1개-0.6센티의 두께로 얇게 썬다. 마늘 2~3통, 껍질을 벗기고 얇게 얇게 썬다.

페널의 줄기와 잎은 잘라낸다. 아랫부분은 길게 세로로 반 자른다. 흐르는 물에 헹궈 모래를 제거하여 잘려진 면이 위로 가도록 하여 오븐 접시에 담는다. 토마토 슬라이스를 페널 위에 얹고 마늘 슬라이스는 토마토 위에 얹는다. 접시 뚜껑을 덮고 121℃ 오븐에서 1~2시간 굽는다. 구운 감자와 강판에 간 당근 샐러드를 예쁘게 바닥에 깐 채소위에 얹어 낸다.

명절 브로콜리(또는 명절 깍지콩)

- 준비시간 : 25분
- 조리시간 : 45분
- 분량 : 2~3인분
- 재료 : 브로콜리 큰 것 1개 (또는 깍지콩 3컵반 슬라이스한 것), 양파 작은 것 1개-깍둑 썰기한다. 마늘 1통-잘게 저민다. 스위트 빨간 피망(또는 노란 피망) 중간크기 1개-가늘고 길게 썬다. 레몬즙 1/4티스푼(선택 사항), 말린 딜위드 1/4티스푼(또는 신선한 것 1티스푼)

노랗게 변색이 되지 않은 짙은 녹색 브로콜리를 선택한다. 작은 덩어리로 자르고 밑 부분에 있는 질긴 줄기는 벗겨낸다. 양파와 마늘은 냄비에 넣는다. 뚜껑을 덮고 낮은 불에서 **45분간** 부드러워질 때까지 뭉근하게 가열한다. 가늘게 썬 피망은 조리 끝나기 **20분~25분** 전에 넣는다. 내기 직전에 레몬즙을 첨가한다(조리하는 도중에 레몬즙을 넣으면 브로콜리가 변색된다). 채소와 딜을 뿌려서 낸다.

강낭콩 샐러드(또는 깍지콩 샐러드)

- 준비시간 : 5분
- 조리시간 : 10분
- 분량 : 2인분
- 재료 : 강낭콩(또는 깍지콩), 양파 작은 것-잘게 썬다. 아마인유, 사과식초(또는 레몬즙), 파슬리, 골파 약간

콩은 부드러워질 때까지 익힌다. 물은 따라내고 잘게 썬 양파를 넣는다. 접시에 담고 아마인유와 사과식초에 넣고 버무린다. 허브를 넣어 낸다.

과일 넣은 붉은 양배추

- 준비시간 : 10분(물에 담그는 시간은 포함 안됨)
- 조리시간 : 15분
- 분량 : 2인분
- 재료 : 건포도 100g, 미리 물에 불린다. 말린 살구 100g, 미리 물에 불린다. 붉은 양배추 작은 것 1개-가늘고 길게 썬다. 디저트용 사과 2개-속을 빼고 잘게 썬다. 사과식초, 설탕 약간

건포도와 살구는 미리 물에 담궈 둔다(찬물에 하룻밤 담가두거나, 아니면 끓는 물을 부어 두어 부풀어 오를 때까지 두시간 정도 놔둔다). 붉은 양배추는 길고 가늘게 썰어 약간 부드러워질 때까지 약간의 물에 담궈둔다. 건포도, 잘게 썬 살구, 속을 빼고 잘게 썬 디저트용 사과를 넣는다. 사과식초를 넣고 버무리는데 물과 설탕을 조금 넣어준다. 그릇에 담아 구운 감자와 함께 낸다.

거슨 정원사의 파이

- 목동의 파이와 약간 닮았지만 고기대신 채소를 넣는다
- 준비시간 : 30분
- 조리시간 : 2~2시간 반
- 분량 : 2~3시간
- 토핑하기 : 감자 450그램, 껍질을 벗기고 뭉텅하게 썬다. 샐러리 뿌리 340g(고구마나 양파도 가능함)-껍질을 벗겨 뭉텅하게 썬다.

감자와 다른 채소는 껍질을 벗겨 작은 덩어리로 썬다. 물을 채소 높이의 1/2이나 2/3정도만 붓는다. 한번 끓으면 불을 낮춰 뭉근하게 다시 끓인다. 물이 거의 없어지고 채소가 부드러워질 때까지 끓인 후 으깬다. 냄비에 물이 조금만 남으면 휘저어 으깨준다.

*속 채우기 : 양파 작은 것 1개(또는 골파 약간), 마늘 2통-다진다. 당근 220g-슬라이스 또는 얇게 썰거나 깍둑썰기한다(깍둑썰기 할 때 너무 두껍게 썰지않는다). 주키니호박 약225g-너무 얇지 않게 썬다. 서양부추파(leek) 220g-다듬어 얇게 썬다. 파슬리 1~2테이블스푼-잘게 썬다. 허브 약간, 빵부스러기,2

채소는 준비하여 위에 열거한 순서대로 소스팬에 넣는다. 채소는 살짝만 익힌다. 은근히 끓이는 용기를 사용할 필요가 있는데 1시간 내지 1시간 반정도 걸린다. 토핑과 빵부스러기를 준비한다. 채소가 익으면 빵부스러기와 섞어 저은 뒤 파이 접시에 붓는다. 으깬 감자를 위에 얹는다. 포크로 위를 여러 번 그어 장식효과를 내고 180℃의 오븐에서 약 45~60분간 굽는다. 내용물이 샐 수 있으니 파이접시를 베이킹 시트위에 올려준다. 신선한 채소와 샐러드와 함께 낸다.

*응용 : 계절별로 깍지콩이나 완두 또는 옥수수를 넣어 파이의 내용물에 변화를 줄 수 있다. 예루살렘 아티초그(뚱딴지)도 좋다. 서양부추파는 남겨두었다가 퓨레(믹

서나 푸드밀을 사용함)로 만들어 고구마, 양파, 샐러리 뿌리 대신 토핑에 써도 좋다.

거슨식 구운 감자

- 준비시간 : 5분
- 조리시간 : 1시간
- 재료 : 구이용 감자 1개

감자를 반으로 자른다(감자가 크면 4분의 1로 자름). 감자의 자른 면에 칼집을 낸다. 찜통에 감자를 넣고 물은 바닥 면을 덮을 만큼만 붓는다. 뚜껑을 덮고 204~218℃의 오븐에서 1시간 익힌다. 내기 전에 뚜껑을 열고 약간 노릇하게 되도록 한다.

시럽을 바른 비트

- 준비시간 : 25분
- 조리시간 : 1~1시간 반
- 분량 : 6~8인분
- 재료 : 비트는 다듬어 5~7㎝정도로 썬다. 물에 1~1시간 반 정도 삶아 부드럽게 만든다. 필요하면 물을 더 부어도 된다. 찬물에서 껍질을 벗긴다. 얇게썰거나 한 입 크기로 자른다.
- 시럽 만들기 : 신선한 오렌지 주스, 2/3컵, 옥수수전분 1티스푼, 사과식초 1~1/2티스푼, 벌꿀(또는 설탕) 1티스푼

내용물을 섞는다. 낮은 불에서 걸쭉하게 될 때까지 조리한다. 비트를 넣고 잘 저어둔다.

*응용 : 사과식초 1/2컵과 오렌지 주스 대신 레몬즙 3티스푼을 사용해도 됨

시럽 바른 당근과 마늘 곁들인 튜닙

- 준비시간 : 10분
- 조리시간 : 30분
- 분량 : 2인분
- 재료 : 당근 220g, 튜닙 220g
- 드레싱 : 레몬즙 1테이블 스푼, 마늘 1통-다진다. 아마인유

당근과 튜닙은 살짝 익힌 뒤 슬라이스하여 접시에 담는다. 드레싱을 붓고 고수나 딜로 장식하여 낸다.

허브와 레몬 시럽 바른 당근

- 준비시간 : 5분
- 조리시간 : 30분
- 분량 : 2인분
- 재료 : 당근 450g, 설탕 1티스푼, 물 약간, 레몬즙 1테이블 스푼, 박하, 로즈마리, 파슬리, 아마인유

당근은 통째로 살짝 익힌다. 당근이 부드러워지기 시작하면 팬에서 꺼내 5센티 정도의 막대모양으로 자른다. 자른 것을 소스팬에 넣고 설탕과 물을 약간 부어준다. 설탕이 녹을 때까지 가열하면 물은 흡수되고 당근이 익는다. 레몬즙과 박하, 로즈마리, 파슬리를 넣고 2분을 더 가열한다. 따뜻한 접시에 놓고 아마인유를 넣어 즉시 낸다.

오렌지 시럽을 바른 당근

- 준비시간 : 5분
- 조리시간 : 30분
- 분량 : 2인분
- 재료 : 당근 450g, 설탕 1테이블스푼, 오렌지 1/2개분의 주스, 아마인유

당근을 통째로 살짝 익힌다. 당근이 부드러워지면 팬에서 꺼내어 5cm 크기의 막대모양으로 자른다. 소스팬에 다시 넣고 설탕과 오렌지 주스를 넣는다. 설탕이 녹고 오렌지 주스가 흡수될 때까지 가열한다. 접시에 담고 아마인유를 뿌려 낸다.

벌꿀 토마토 소스 넣은 깍지콩

- 준비시간 : 15분
- 조리시간 : 20분
- 분량 : 2인분
- 재료 : 깍지콩 아주 작은 것 450그램

- 소스 : 양파 중간크기 1개-잘게 썬다. 마늘 2통-다진다. 토마토 450g-대충 썬다. 벌꿀 1티스푼. 허브류 조금

깍지콩은 양쪽 끝을 잘라내고 부드러워질 때까지 익혀 물은 버린다. 양파는 잘게 썰고 마늘은 다져 소스 만들 준비를 한다. 양파와 마늘에 물을 조금 붓고 부드러워질 때까지 조리한다. 양파가 부드러워지면 대충 썰어둔 토마토를 넣고 한번 끓인다. 소스가 상당히 걸쭉해질 때까지 뭉근하게 끓인다. 벌꿀과 허브를 넣고 저어준다. 깍지콩을 넣고 식힌다. 실온정도의 온도가 되게 해서 낸다.

근대 롤

- 준비시간 : 45분
- 조리시간 : 2시간
- 재료 : 푸른 근대 4잎, 당근 2개, 브로콜리 1/4, 콜리플라워 1/4, 주키니 호박 작은 것 2개, 옥수수 1개-낱알을 잘라낸다. 생 쌀 1/2컵
- 소스 : 토마토 1~1개 반, 마늘 2통

근대잎은 뜨거운 물에 넣어 구부러질 정도로 숨을 죽인다. 브로콜리, 콜리플라워, 주키니호박, 옥수수는 잘게 썰어 팬에 물 약간과 함께 넣어 약한 불에 뭉근하게 끓인다. 익힌 후 물을 버린다. 믹서에 토마토와 마늘을 함께 넣어 소스를 만들어 채소와 쌀 위에 붓는다. 이것을 섞어서 각각의 근대잎 중간에 놓고 둥글게 말아준다. 이것을 뚜껑이 있는 오븐 접시에 넣고 **121**℃의 오븐에서 1시간 내지 1시간 반 정도 굽는다.

녹색 피망

- 준비시간 : 10분
- 조리시간 : 30분
- 분량 : 2~3인분
- 재료 : 녹색 피망 2~4개-얇게 썬다. 양파 2~4개-얇게 썬다.

뚜껑을 꽉 닫은 냄비에서 **30분** 정도 약 불로 끓인다. 물은 넣지 않는다.

석쇠구이 가지

- 준비시간 : 10분
- 조리시간 : 20분
- 분량 : 1인분
- 재료 : 가지 1개, 마늘,파슬리-잘게 썬다

가지는 세로로 길게 얇게 썬다. 번철팬(**griddle pan**)를 달궈둔다. 팬이 뜨거우면 열을 낮추고 가지를 팬에 올리고 서서히 익히도록한다. 가지 뒤집기를 반복한다. 익힌 가지슬라이스 위에다 마늘 압착기에 마늘을 넣어 눌러주며 또 잘게 썬 파슬리를 뿌려주고 레몬즙이나 라임즙을 위에 뿌려준다. 이 요리는 새로 수확한 감자로 만드는 훌륭한 메인코스 요리이다.

*응용 : 피망을 크게 썬 것이나 양파를 반으로 썬 것 또는 주키니 호박을 세로로 반으로 썬 것으로도 이 요리를 대신할 수 있다.

서양부추파(leek)와 구운 감자

- 준비시간 : 15분
- 조리시간 : 40분
- 분량 : 2인분
- 재료 : 감자 400g, 서양부추파(leek) 작은 것 1개-아주 얇게 얇게 썬다. 가늘게 빻은 귀리(보통의 납작귀리를 믹서에서 빻는다)

감자는 껍질째로 껍질이 부드러워질 때까지 뜨거운 물에서 살짝 데친다. 서양부추파(**leek**)는 아주 얇게 썬다(흰 부분만 사용함). 감자는 껍질을 벗기고 강판에서 굵게 간다. 서양부추파(**leek**)에 넣어 섞어준다. 깊이가 얕은 오븐 그릇에 담는다(바닥에 가늘게 빻은 귀리를 뿌려 감자와 부추파가 눌러 붙지 않게 한다). **180**℃의 오븐의 윗부분에서 노릇노릇할 때까지 굽는다.(오븐에 너무 오래 놔두지 않도록 주의한다) 익힌 채소나 신선한 샐러드와 토마토와함께 낸다.

서양부추파(leek)와 토마토

- 준비시간 : 10분
- 조리시간 : 30분

- 분량 : 2인분
- 재료 : 서양부추파(leek)(또는 주키니 호박) 400g-얇게 썬다. 토마토 3개-잘게 썬다 (토마토는 선택사항임), 레몬즙(1개 분량), 월계수 잎 1개, 타임, 고수 씨

서양부추파(leek)(또는 주키니 호박)는 **2.5cm** 간격으로 썬다. 잘게 썬 토마토(있는 경우), 레몬즙, 월계수잎, 타임, 고수 씨와 함께 살짝 익힌다. 따근하게 내거나 식혀서 낸다.

리마콩과 주키니 호박

- 준비시간 : 15분
- 조리시간 : 20분
- 분량 : 1~2인분
- 재료 : 양파 큰 것 1개, 마늘 1쪽, 수프 육수 1/2컵, 리마콩 신선한 것 1컵, 주키니 호박 3컵, 토마토 중간 크기 4개, 옥수수전분 1/2 티스푼, 신선한 어린 파슬리 4개, 타임 약간(또는 세이지나 말린 파슬리 약간)

허브를 제외한 모든 재료를 함께 섞는다. 부드러워질 때까지 약 **15분**간 약한 불에 끓인다. 옥수수전분과 물을 약간 넣어 걸쭉하게 만든다. 음식을 내기 직전에 허브를 넣는다.

리용식 감자

- 준비시간 : 5분
- 조리시간 : 1~1시간 반
- 분량 : 2인분
- 재료 : 감자 450그램, 두껍게 얇게 썬다. 양파 큰 것 1개-두껍게 썬다. 물 2테이블스푼, 아마인유, 마늘 다진것

감자와 양파는 두껍게 썬다. 썰어놓은 감자와 감자 사이에 양파를 넣는 식으로 오븐용 접시위에 배열한다. 물을 붓는다. **149~177°C**의 오븐에서 잘 익어 노릇노릇해질 때까지 굽는다. 약간 식힌 후 아마인유와 다진 마늘을 얹어 즉시 낸다.

으깬 당근과 구운 감자

- 준비시간 : 10분
- 조리시간 : 1시간
- 재료 : 당근 약간, 감자 약간

당근과 감자는 약간 부드러워질 때까지 익힌다. 으깨서 오븐용 접시에 담는다. 포크를 이용하여 대각선으로 줄을 그어 장식한다. **204~218℃**의 오븐에서 노릇하게 될 때까지 굽는다.

으깬 감자

- 준비시간 : 20분
- 조리시간 : 40분
- 재료 : 감자-껍질을 벗기고 깍둑썰기한다. 양파 작은 것 1개, 요구르트,

감자는 껍질을 벗기고 깍둑썰기한다. 양파 작은 것 한 개와 함께 팬에 넣고 한번에 끓일 만큼의 물을 붓고 끓인다. 물이 남지 않을 때까지 약한 불에 끓인다. 요구르트를 적당량 넣어 으깨어 부드럽게 만든다.

으깬 감자와 근대

- 준비시간 : 15분
- 조리시간 : 25분
- 분량 : 4인분
- 재료 : 푸른 근대(또는 붉은 근대) 1묶음, 물 4~5티스푼(또는 수프육수), 감자 큰 것 3개-껍질을 벗기고 깍둑썰기한다. 요구르트 170~220그램

근대는 길고 가늘게 썰어 팬에 넣는다. 물(또는 수프육수)을 넣고 끓인다. 끓기 시작하면 불을 낮춰준다. 그동안 감자는 껍질을 벗기고 깍둑썰기하여 근대위에 얹는다. 감자가 부드럽게 익을 때까지 약한 불에 끓인다. 끓인 후 남은 물은 버리고 요구르트를 넣어 으깬다. 너무 뻑뻑하면 요구르트를 더 넣는다.

*응용 : 케일을 사용해도 조리법은 꼭 같다. 케일을 사용할 경우 중간의 줄기 부분은 벗겨내고 가늘고 길게 썰어 팬에 넣는다.

거슨식 으깬 감자

- 준비시간 : 10분
- 조리시간 : 35분
- 재료 : 감자–껍질을 벗기고 작게 썬다. 양파–껍질은 벗기고 잘게 썬다.

감자와 양파는 냄비에 넣는다. 채소가 반쯤 잠길만큼 물을 붓는다. 뚜껑을 덮고 한 번 끓인 후 감자가 익을 때까지 약한 불로 끓인다(물이 거의 증발할 것임). 감자와 양파는 남은 물을 이용하여 으깬다. 수분이 부족하면 수프 육수를 조금 넣는다.

*응용 : 본인이 선택한 허브를 아주 가늘게 썰어 넣는다. 파슬리는 아주 좋으며 박하와 딜도 괜찮다.

오븐에서 노릇하게 구운 감자

- 준비시간 : 5~10분
- 재료 : 감자 몇 개

감자는 프렌치프라이처럼 썬다(또는 작게 깍둑썰기하거나 얇게 썬다). 오븐에 있는 트레이에서 노릇하게 굽는다. 감자는 오븐에서 충분히 오래 놓아두면 149℃의 놀라울 정도의 낮은 온도에서 노릇하게 구워진다. 감자는 품종에 따라 아주 빠르게 노릇하게 되기도하고 218℃의 높은 온도에서는 부풀어 오르기도 한다. 감자는 브로일러에서도 노릇하게 되지만 타지 않도록 잘 지켜봐야한다. 자주하기 쉽지 않은 요리이다.

파슬리 감자

- 재료 : 감자 몇 개. 파슬리 잘게 썬다. 아마인유

감자 3~4개를 껍질째로 삶는다. 껍질은 벗기고 아마인유를 발라 잘게 썬 파슬리에서 굴려 준다.

파스닙과 고구마

- 준비시간 : 10분
- 조리시간 : 40분

- 분량 : 2~4분
- 재료 : 파스닙 450g-쐐기모양으로 자른다. 고구마 450g, 쐐기모양으로 자른다. 생 로즈마리 1개.

파스닙과 고구마는 쐐기모양(V자형)으로 자른다. 껍질은 놔둔다. 오븐 접시에 담고 물은 바닥을 덮을 정도로 붓는다. 로즈마리를 넣는다. 뚜껑을 덮고 **170℃**의 오븐에서 익을 때까지 굽는다. 구운 감자와 함께 낸다.

파타테 알라 프란체스카

- 준비시간 : 5분
- 조리시간 : 40분
- 재료 : 감자(새로 수확한 것) 몇 개, 토마토-잘게 썰거나 얇게 썬다. 신선한 로즈마리 잔가지 몇 개, 마늘

감자는 접시 뚜껑을 덮고 **149~177℃**의 오븐에서 잘게 썰거나 얇게 썬 토마토, 신선한 로즈마리 잔가지, 마늘을 충분히 넣고 굽는다. 레몬(쐐기모양으로 썬 것)과 채소 샐러드와 함께 낸다.

페에몬테 피망

- 준비시간 : 10분
- 조리시간 : 1시간
- 분량 : 2인분
- 재료 : 토마토 2개-껍질을 벗긴다. 붉은 피망 2개-반으로 잘라 씨를 뺀다. 마늘 2쪽-얇게 썬다. 허브

토마토는 껍질을 벗긴다. 피망은 반으로 잘라 씨를 뺀다(줄기는 놔둔다). 피망은 껍질 면이 아래로 가도록하여 오븐 그릇에 담는다. 얇게 썬 마늘은 반으로 자른 피망의 안쪽에 넣고 껍질 벗긴 토마토 반쪽은 피망 위에 얹는다. 뚜껑을 덮고 **180℃**에서 부드럽고 달콤해질 때까지(약 1시간) 굽는다. 허브를 뿌리고 뜨겁게 내도 되고 차게 해서 내도 된다.

리용식 감자와 샐러리

- 준비시간 : 15분
- 조리시간 : 1시간 반 ~ 2시간
- 분량 : 2인분
- 재료 : 양파 작은 것이나 중간 크기 1개-얇게 썬다. 샐러리 뿌리 작은 것이나 중간 크기 1개-겉을 북북 문질러서(필요하다면 껍질을 벗긴다) 얇게 썬다. 감자 중간 크기 1개-껍질을 문질러 얇게 썬다.

모든 재료는 얇게 썬다. 조그만 수플레 접시에 양파, 샐러리 뿌리, 감자를 겹으로 쌓는다. 물을 아주 조금만 붓는다. 170℃에서 1시간 반에서 2시간 굽는다. 아래층은 부드러운 반면에 윗층은 바삭바삭하게 된다. 본인이 선택한 푸른색 채소와 샐러드와 함께 낸다.

감자 케이크

- 준비시간 : 25분
- 조리시간 : 30분
- 분량 : 2~4인분
- 재료 : 감자 450그램, 당근 큰 것 1개-얇게 썬다. 샐러리 1개-잘게 썬다. 곱게 빻은 귀리(보통의 납작 귀리를 믹서에서 간다).

감자는 부드러워지기 시작할 때까지 껍질째로 살짝 데친다. 푸드밀에 넣는다(이렇게 하면 껍질은 제거된다). 당근은 성냥개비 모양으로 자른다. 푸른색 피망과 샐러리는 잘게 썬다. 이렇게 썬 것을 감자퓨레와 섞어 조그마한 케이크 모양으로 만든다. 이것은 귀리로 옷을 입히고 곱게 빻은 귀리를 베이킹 시트위에 뿌려 달라 붙지 않도록 해서 170℃의 오븐에서 굽는다.

웨스트팔리아식 감자와 당근

- 준비시간 : 10분
- 조리시간 : 35분
- 분량 : 4인분
- 재료 : 당근 작은 것 6~8개(또는 큰 것 4~5개)-얇게 썬다. 감자 중간 크기 3개(큰 것은 2개), 껍질을 벗기고 얇게 썬다. 양파 큰 것 1개-잘게 썬다. 수프 육수, 3~4테이블스푼

당근은 얇게 썰어 팬에 넣는다. 감자는 껍질을 벗기고 얇게썰고 양파는 잘게 썬다. 이 모두를 수프육수와 함께 팬에 넣는다. 약한 불에서 끓인다. 육수가 모자란다 싶으면 조금 더 넣어도 된다. 조리가 끝났을 때 국물이 팬에 남아있으면 안된다.

크로켓감자(Potatoes Anna)

- 조리시간 : 20분
- 조리시간 : 1시간 ~ 1시간 30분
- 분량 : 2인분
- 재료 : 양파-익힌다. 감자 450g-아주 얇게 썬다. 마늘-다진다. 요구르트, 파슬리, 아주 잘게 썬다.

양파는 뚜껑이 있는 소스팬에 넣고 아주 약한 불에 1시간 정도 가열하여 즙이 나오게 한다. 높이가 **2cm**인 **25cm** 짜리 플랜틴(**flan tin**)을 사용하고, 즙이 빠진 양파를 틴의 바닥에 한 층이 되도록 깔아준다. 양파가 붙지 않도록 물을 약간 뿌려준다. 감자는 아주 얇게 잘라 양파위에 한 층이 되도록 깔아준다. 그 위에 다진 마늘과 요구르트를 조금 뿌려준다. 양파와 감자를 2개 층을 더 만들어 얹고 각층의 위에 다진 마늘과 요구르트를 뿌려준다. 각각의 층을 눌러주어 감자가 서로 약간씩 겹치도록 하여 빈 공간이 생기지 않도록 한다. 뚜껑을 덮어주고 **180**℃에서 1시간 내지 1시간 반 정도 굽거나 칼로 찔러봐서 부드러워질 때까지 굽는다. 조리하는 동안 감자를 체크하는데 감자가 너무 건조하다 싶으면 요구르트를 조금 더 넣는다. 케익을 꺼내 아주 잘게 썬 파슬리를 뿌려서 낸다.

감자 퍼프

- 준비시간 : 10분
- 조리시간 : 20분
- 분량 : 2인분
- 재료 : 햇감자 작은 것, 450그램, 박하 가지 큰 것, 신선한 파슬리 1테이블 스푼
- 드레싱 : 요구르트 120㎖, 아마인유 약간, 마늘 2쪽 다진다.

감자는 껍질을 문질러 소스팬에 물약간과 함께 넣는다. 약한 불에 살짝 익힌다. 약간 단단할때까지 조리한다. 감자가 아직 뜨거울 때 슬라이스하여 따뜻하게 데운 접시에 담는다. 드레싱을 뿌린다. 잘게 썬 박하와 파슬리를 뿌려 낸다.

빨리 구운 감자

- 준비시간 : 5분
- 조리시간 : 1시간
- 재료 : 감자, 아마인유

감자는 세로로 길게 반으로 자른다. 자른 면을 대각선으로 교차하도록 격자모양으로 칼금을 낸다. **149~177**℃의 오븐에서 약 **50분간** 익힌다. 감자가 충분히 식으면 아마인유를 발라 낸다.

토마토와 주키니 호박

- 준비시간 : 5분
- 조리시간 : 30분
- 분량 : 2인분
- 재료 : 토마토 중간크기 2개-얇게 썬다. 마늘 1쪽-다진다. 설탕, 1/4~1/2티스푼(안 넣어도 됨) 주키니호박 중간 크기 1개-얇게 썬다.

토마토는 얇게 썰어 다진 마늘, 설탕(없어도 됨)과 함께 소스팬의 바닥에 넣는다. 주키니 호박은 얇게 잘라 토마토 위에 얹는다. 약한 불에 조리한다. 토마토가 익기 시작하면 휘저어주고 뚜껑을 덮어 약 **20분**간 더 익힌다.

라타투유

- 준비시간 : 15분
- 조리시간 : 1시간
- 분량 : 2~4인분
- 재료 : 양파 약 225g-얇게 자른다. 피망(녹/적/황) 약 225g-씨를 빼고 얇게 얇게 썬다. 가지, 약 225g, 토마토 4개-잘게 썬다. 마늘 1쪽-아주 잘게 썬다. 사과식초 2티스푼, 마요라나

양파는 썰어 오븐 접시에 넣는다. 피망은 씨를 빼고 얇게 썰어 오븐 접시에 담는다. 가지는 세로로 **4등분**하여 자른 뒤, **0.6cm** 폭으로 잘라서 담는다. 토마토는 잘게 썰고 마늘은 아주 잘게 썬다. 이것들을 사과식초와 마요라나와 함께 넣는다. 잘 익을 때까지 **170**℃의 낮은 온도의 오븐에서 익힌다. 스토브위에서 익혀도 된다.

붉은 양배추

- 준비시간 : 25분
- 조리시간 : 1시간
- 분량 : 2~3인분
- 재료 : 붉은 양배추 반개-채썰기한다. 식초, 3티스푼, 양파 큰 것 1개-잘게 썬다. 말린 월계수 잎 2개, 수프 육수 약간, 사과 3개-껍질을 벗겨 강판에 간다. 설탕 1티스푼

양배추, 식초, 양파, 월계수잎, 육수를 팬에 넣는다. 약 1시간 정도 약한 불에서 익힌다. 30분 정도 지나면 사과와 설탕을 넣는다.

붉은 양배추와 사과 찜

- 준비시간 : 15분
- 조리시간 : 1시간 30분
- 분량 : 2인분
- 재료 : 붉은 양배추 중간크기-채썰기한다. 사과(조리용이거나 푸른 사과)-얇게 썬다. 오렌지 주스 1개 분량, 사과식초, 메이플 시럽

붉은 양배추는 채썰기하고 사과는 얇게 썬다. 양배추와 사과는 찜냄비에 여러 층으로 담는다. 오렌지 주스, 사과식초, 메이플 시럽을 위에 붓는다. 꼭 맞는 뚜껑을 덮고 **180℃** 오븐에서 부드러워질 때까지 약 1시간 반 정도 가열한다. 잘 저어 낸다. 남은 것은 다시 데워 내면 더욱 맛이 있다.

붉은 커리 스쿼시호박과 채소

- 준비시간 : 15분
- 조리시간 : 30분
- 분량 : 2~4분
- 재료 : 붉은 커리 스쿼시 호박 1개, 물 1테이블 스푼, 고구마 작은 것 1개-익힌다. 주키니호박 작은 것 1개-익힌다. 붉은(또는 녹색)피망 1개-익힌다. 토마토 1개-껍질을 벗긴다. 양파(또는 마늘)가루, 신선한 허브 약간

붉은 커리 스쿼시 호박은 반으로 자른다. 칼은 날이 예리하고 끝이 뾰족하면 쉽게 잘라진다. 씨는 파내고 나머지는 손대지 않고 놔둔다. 오븐용 접시에 물을 붓고 호

박을 넣는다. 뚜껑을 덮고 익을 때까지 **149~177℃**의 오븐에서 약 **30분** 정도 익히는데 칼로 호박을 찔러서 익었는지 확인해본다. 접시에 빈 공간이 충분히 있으면 다른 채소와 함께 조리해도 된다. 그렇지 않으면 다른 접시에서 같은 식으로 조리해도 되고, 소스팬에 넣어 스토브의 위에다 조리해도 된다. 조리가 끝나면 채소는 호박위에 얹는다. 양파가루(또는 마늘가루)나 신선한 허브를 뿌려도 된다. 여러 가지 색깔의 채소로 만든 샐러드와 함께 낸다.

구운 주키니 호박과 피망 샐러드

- 준비시간 : 10분
- 조리시간 : 30분
- 분량 : 2인분
- 재료 : 주키니 호박 작은 것 1개, 붉은 피망 2개-씨를 빼고 4등분한다. 걸쭉한 요구르트, 박하 3테이블 스푼-대충 잘게 썬다.
- 드레싱 : 레몬즙 2테이블 스푼, 마늘 2쪽-다진다. 아마인유

주키니 호박의 양쪽 끝은 잘라내고 길게 반으로 자른다. 피망은 씨를 빼고 4등분한다. 호박과 피망은 껍질 부분이 위로 가게 하여 오븐용 접시에 담는다. **170℃**의 오븐에서 약 **30분**간 굽는다. 익어서 부드러워지면 약간 식혔다가 **2.5cm** 길이로 세로로 자른다. 접시에 담아 드레싱을 뿌리고 잘게 썬 박하를 얹어 준다. 소량의 코티지 치즈(무염 또는 무지방)와 함께 낸다.

근대 롤

- 준비시간 : 10분
- 조리시간 : 30분

근대 잎

- 준비시간 : 10분
- 조리시간 : 30분
- 재료 : 근대잎 약간, 파 약간, 깍지 완두콩 약간, 아스파라거스 약간, 브로콜리 약간, 당근, 채썰기한다. 붉은 근대 줄기 약간

근대 잎은 치워둔다. 파, 깍지 완두콩, 아스파라거스, 브로콜리, 당근, 붉은 근대줄기는 물은 거의 넣지 않고 살짝 익혀 잘게 썬다. 근대잎은 더운 물에 담가둔다. 익힌 채소를 채워 덩어리 모양이 되게한다. 149~177℃의 오븐에서 3~4분간 살짝 익힌다. 따뜻하게 내도 되고 차게해서 내도 된다.

구운 뿌리 채소

- 준비시간 : 10분
- 조리시간 : 1시간
- 분량 : 2인분
- 재료 : 양파 작은 것 1개-얇게 썬다. 감자 220g, 당근 120g, 스웨덴 순무 120g, 딜

양파는 얇게 썰고 물을 조금 붓고 물이 빠지도록 조리한다. 한편 감자, 당근, 스웨덴순무는 살짝 익힌다. 물은 완전히 빼내고 충분히 식으면 강판으로 대충 갈아둔다. 부드러워진 양파와 딜을 저어준다. 이것들을 오븐용 접시에 넣는다. 180℃의 오븐 윗부분에서 30분정도 약간 노릇하게 되도록 익힌다. 조리가 끝나면 즉시 낸다.

고구마 소테

- 준비시간 : 15분
- 조리시간 : 20분
- 분량 : 2~4인분
- 재료 : 고구마 중간 크기 4개, 오렌지 주스 1개 분량, 설탕 약간, 아마인유

고구마는 껍질째로 익힌다. 약간 식힌 후 주사위 모양으로 썬다. 오렌지 주스와 설탕을 고구마와 함께 소스팬에 넣는다. 약한 불로 가열하되 끓으면 안된다. 조리가 끝나면 접시에 담아 약간 식힌다. 아마인유를 넣고 잘 버무려 신선한 파슬리(또는 골파), 야채 샐러드와 함께 즉시 낸다.

스캘럽 감자 (요구르트 넣지 않음)

- 준비시간 : 15분
- 조리시간 : 1~2시간
- 재료 : 양파 1개, 감자 몇개-얇게 썬다. 토마토-얇게 썬다. 마요라나 또는 타임

유리로 된 오븐용 접시 바닥에 잘게 썬 양파를 넣는다. 감자를 슬라이스하여 양파 위에 한 층 깔아 준다. 그 위에 얇게 자른 토마토를 한층 깔아 주고 그위에 다시 잘게 썬 양파를 한층 깔아준다. 마요라나와 타임(두개 다 넣어도 되고 한가지만 넣어도 됨)을 약간 뿌려주고 149℃의 약한 불에서 1시간~2시간 정도 조리가 완성될 때까지 굽는다.

스캘럽 감자 (요구르트 넣음)

- 준비시간 : 15분
- 조리시간 : 1시간~1시간 반
- 분량 : 2인분
- 재료 : 감자 450g, 양파 작은 것 1개-아주 가늘게 썬다. 마늘 1쪽-아주 가늘게 썬다. 요구르트

감자는 단단한 상태가 유지되도록 살짝 익힌 뒤 얇게 썬다. 양파와 마늘은 얇게 자른다. 얇게 썬 감자를 파이 접시에 담고 양파와 마늘을 얹는다. 위에 요구르트를 뿌려주고 180℃ 오븐에서 1시간 내지 1시간 반 정도 윗부분이 잘익어 노릇노릇하게 될 때까지 굽는다.

시금치

- 준비시간 : 10분
- 조리시간 : 20분
- 재료 : 시금치, 양파-잘게 썬다.

시금치는 뿌리를 잘라 내고 서너 번 물에 씻는다. 냄비 바닥에 잘게 썬 양파를 깔아두고 그위에 시금치를 얹는다. 크고 뚜껑을 꽉 달을 수 있는 냄비를 사용한다. 물을 넣지 않는다. 시금치가 숨이 죽을 때까지 약한 불에서 가열한다. 물이 생기면 버린다. 얇게 자른 레몬과 함께 내면된다.

토마토 소스 곁들인 시금치(근대)

- 준비시간 : 15분
- 조리시간 : 15분

- 재료 : 시금치(또는 근대), 레몬 그래스, 로즈마리 가지, 올스파이스(없어도 됨)

시금치(또는 근대)를 레몬그래스, 로즈마리와 함께 익힌다. 원한다면 올스파이스를 조금 넣어도 된다. 시금치(또는 근대)의 잎맥을 얇게 썰고 잎은 익힌다. 토마토 소스와 함께 낸다.

속을 채운 가지

- 준비시간 : 20분
- 조리시간 : 1시간
- 분량 : 2인분
- 재료 : 가지 1개, 토마토 100g, 양파 중간 크기 1개, 마늘 1쪽-다진다. 신선한 파슬리 1 테이블 스푼-잘게 썬다.

가지는 통째로 큰 소스팬에 넣고 끓는 물을 가지가 잠기게 넣는다. 10분 정도 두었다가 가지를 찬물에 담가둔다. 한편 다른 소스팬에서는 토마토를 5분간 살짝 익힌다. 토마토는 껍질은 채반으로 걸러내고 가지의 과육 부분은 따로 둔다. 식은 가지는 반으로 길게 자른다. 과육은 퍼내는데 겉껍질은 **1cm** 정도 남겨둔다. 가지의 과육은 잘게 썰어 따로 둔다. 가지껍질은 납작한 오븐용 접시에 눌어 붙지 않도록 물을 약간 부어 **180℃**의 오븐에서 **30분간** 조리한다. 양파와 다진 마늘은 약간의 끓은 물에서 부드러워질 때까지 익힌다. 파슬리를 넣어 저어준다. 채반으로 거른 토마토 과육과 잘게 썬 가지 과육을 넣고 걸쭉하게 될 때까지 중불에서 약 20분간 조리한다. 이것을 가지 껍질에 숟가락으로 떠 넣는다. 따뜻하게 해서 내도 되고 식혀서 내도 된다.

속 채운 혼합 채소

- 준비시간 : 25분
- 조리시간 : 30분
- 분량 : 2~4인분
- 재료 : 주키니호박 1개, 가지 1개, 양파 작은 것 2개-잘게 썬다. 마늘-다진다. 마요라마, 녹색(또는 붉은색)피망, 육수(수프스탁)

주키니호박과 가지를 반으로 자른다. 가지 속을 겉껍질이 다치지 않도록 조심스럽게 파내어 양파, 다진 마늘, 마요라마와 함께 익힌다. 피망은 반으로 자르고 씨는 빼낸다. 가지, 주키니호박, 피망의 속을 혼합물(양파, 다진 마늘, 마요라마 익힌 것)로 채워, 양파링을 한겹 깔아둔 얕은 오븐 접시에 담는다. 149~177℃의 오븐에서 피망이 익을 때까지 굽는다. 굽고 있는 것이 마른다 싶으면 육수를 좀 더 넣는다. 토마토소스와 함께 낸다.

속 채운 피망

- 준비시간 : 10분
- 조리시간 : 50분
- 분량 : 1인분
- 재료 : 붉은(또는 녹색) 피망-씨를 뺀다. 먹다 남은 채소-잘게 썬다. 토마토-얇게 썬다.

피망은 반으로 자르고 씨를 뺀다. 자른 면이 위로 가게해서 오븐용 접시에 담는다. 잘게 썬 야채를 피망에 채운다. 토마토 얇게 썬 것을 피망 위에 얹는다. 180℃의 오븐에서 피망이 부드러워질 때까지 40~50분간 굽는다. 브로콜리나 다른 신선한 채소와 함께 낸다.

*응용 : 구운 감자 대신 감자 퍼프를 낸다.

속 채운 호박

- 준비시간 : 30분 (미리 물에 담가두는 시간은 포함 안 됨)
- 분량 : 4~6인분
- 재료 : 단호박 3~4개, 양파 1/2컵 깍둑썰기한다. 샐러리 1/2컵-깍둑썰기한다. 당근 1/2컵-깍둑썰기한다. 현미 1과1/4컵-익힌다. 렌즈콩 1/2컵, 싹 틔운 것. 건포도(또는 잘게 썬 말린 자두) 1/4컵-물에 담궜다가 물을 뺀다. 신선한 파슬리 3 테이블 스푼-다진다. 세이지 1/2 테이블 스푼-문지른다. 타임 1/2 테이블 스푼, 마늘 큰 것 1쪽-다진다.

단호박을 길게 썰고 씨를 뺀다. 건포도(또는 잘게 썬 말린 자두)를 찬물에는 밤새도록 불리든지 아니면 끓는 물을 부어 1~2시간 불려서 넣는다. 남아 있는 재료를 합쳐 반으로 자른 호박 속을 채운다. 뚜껑을 덮고 149~163℃의 오븐에서 호박이 부드러워질 때까지 1시간 반 정도 익힌다. 360쪽에 있는 '콜리플라워 당근 소스'의 당근소스와 함께 내면 맛이 좋다.

*응용 : 맛있고 부드러운 맛을 원하면 마늘 6~8개 짜리 한 통을 다 사용한다. 마늘

을 다지게 되면 향이 강하게 되지만 마늘을 통째로 쓰면 맛이 부드러워진다.

구운 사과와 고구마

- 준비시간 : 15분
- 조리시간 : 1시간
- 분량 : 2인분
- 재료 : 고구마-220g, 식용사과 2개-얇게 썬다. 물 약간, 설탕 약간, 올스파이스(없어도 됨)

고구마는 껍질째로 익을 때까지 살짝 익힌 뒤 식힌 뒤 얇게 잘라서 오븐 그릇에 담는데 사과와 교대로 층이 지도록 한다. 각 층의 위에 물과 설탕을 약간 뿌려준다 (올스파이스가 있으면 넣어도 됨). 뚜껑을 덮고 **149~177℃**의 오븐에서 약 **20분**간 구운 뒤 뚜껑을 벗기고 **10분**간 더 굽는다. 샐러드와 함께 (올스파이스를 넣지 않고) 주 요리로 내거나, (올스파이스가 있다면 넣어) 디저트로 낸다.

톡쏘고 달콤새콤한 찜

- 준비시간 : 20분
- 조리시간 : 1시간 반 ~ 2시간
- 분량 : 2인분
- 재료 : 조리용 사과 큰 것 1개 또는 작은 것 2개-껍질을 벗기고 얇게 썬다. 서양부추파(leek), 슬라이스한 것 약간, 양파 작은 것 1개-껍질을 벗기고 얇게 썬다. 고구마 작은 것 1개-얇게 썬다. 파스닙 작은 것 1개-속을 빼고 잘게 썬다. 월계수 잎, 토마토 1개-껍질을 벗기고 얇게 썬다. 마늘 큰 것 1쪽-다진다. 타임, 주키니 호박 1개-얇게 썬다.

사과는 껍질을 벗기고 얇게 잘라서 반 정도를 찜통접시 바닥에 담는다. 서양부추파(leek)는 얇게 썰어 사과 위에 놓는다. 양파는 껍질을 벗겨 한 층 얹는다. 고구마는 얇게 자르고 파스닙은 속을 빼고 잘게 썰어 한층 얹어둔다. 얇게 썬 사과 남은 것과 섞는다. 찜통접시 가운데 월계수잎 1개를 넣는다. 토마토는 껍질을 벗기고 얇게 썰어 찜통에 한겹 더 넣는다. 마늘은 다져 타임과 함께 토마토 위에 뿌려준다. 주키니 호박을 한층 더 올려준다. 뚜껑을 덮고 **180℃**의 오븐에서 **1시간 반** 내지 **2시간** 굽는다.

채소 찜

- 준비시간 : 20분
- 조리시간 : 1시간
- 재료 : 양파 약간-얇게 썬다. 토마토 약간-얇게 썬다. 서양부추파(leek) 약간-얇게 썬다. 감자 약간, 주키니 호박 약간, 피망 약간, 당근 약간

뚜껑이 꽉닫히는 소스팬을 준비한다. 양파나 토마토 혹은 서양부추파(leek)중 한 가지를 얇게 자르거나 혹은 세가지 모두를 슬라이스하여 소스팬 바닥에 깔아둔다. 슬라이스하거나 잘게썰거나 깍둑썰기한 채소들을 팬에 3/4정도 차도록 담는다. 필요하면 물을 약간 넣어도 된다. 45분정도 익히거나 익을 때까지 조리한다.

겨울 채소 찜

- 준비시간 : 20분
- 조리시간 : 2시간
- 분량 : 2인분
- 재료 : 고구마, 파스닙, 스웨드(루터베이거), 샐러리 뿌리, 샐러리 줄기, 회향풀(fennel) 뿌리, 토마토 약간, 브루셀 양배추(Brussels sprouts), 월계수 잎, 물(또는 육수[soup stock]), 파슬리 신선한 것-잘게 썬다.

브루셀 양배추와 파슬리를 제외한 나머지 채소를 모두 혹은 아무거나 잘게 썰거나 슬라이스 하거나 깍둑썰기하여 큰 찜통에 담는다. 월계수잎과 물또는 육수(채소가 달라 붙지 않게 함)을 아주 조금 넣는다. 뚜껑을 덮고 170℃에서 1시간 반정도 조리한다. 브루셀 양배추는 다듬어 반으로 잘라 찜통에 넣고 30분 더 조리한다. 잘게 썬 신선한 파슬리를 뿌려서 낸다.

구운 주키니 호박과 고구마

- 준비시간 : 20분
- 조리시간 : 1시간 30분
- 분량 : 2인분
- 재료 : 주키니 호박 400g-가늘게 자른다. 감자 400g-가늘게 얇게 썬다. 양파 중간크기 2개-가늘게 자른다. 마늘 2쪽-다진다. 요구르트 300㎖, 신선한 파슬리-잘게 썬다.

주키니호박, 감자, 양파는 가늘게 얇게 썬다. 호박, 감자, 양파는 찜통에 각각 한 층씩 깔아주는데 층과 층 사이에 다진 마늘을 뿌려준다. **149~177℃**의 오븐에서 1시간 반 정도 조리한다. 남은 마늘은 다져서 요구르트에 넣는다. 오븐에서 조리가 끝나면 꺼내어 위에 다진 마늘을 넣은 요구르트를 뿌려준다. 잘게 썬 파슬리를 위에 뿌려 즉시 낸다.

마늘과 파슬리 넣은 주키니 호박

- 준비시간 : 15분
- 조리시간 : 35분
- 분량 : 2분
- 재료 : 주키니 호박 400g, 파슬리 3테이블 스푼-아주 잘게 썬다. 마늘 2쪽-다진다. 레몬즙 1개 분량, 아마인유

주키니 호박은 양쪽 끝을 잘라내고 통째로 익힌다. 호박이 익는 동안 파슬리는 아주 잘게 썰어두고 마늘은 다진다. 레몬즙과 아마인를 섞는다. 이것들을 큰 그릇에 담는다. 호박이 익으면 자르는데 호박이 작으면 길게 자르고 크면 두껍게 썬다. 호박이 뜨거울 때 큰 그릇에 담고 파슬리, 마늘, 레몬즙, 아마인 등을 섞은 것과 함께 버무린다. 오븐에 구운 피망, 구운 감자, 채소 샐러드와 함께 즉시 낸다.

박하 주키니 호박

- 준비시간 : 10분
- 조리시간 : 30분
- 분량 : 2인분
- 재료 : 주키니 호박, 작은 것 4개, 사과 식초, 2테이블 스푼, 물 2테이블 스푼, 박하 2테이블 스푼-잘게 썬다.

주키니 호박은 익히되 단단함을 유지하도록 한다. 호박의 양 끝은 잘라낸다. 대각선으로 얇게 썬다. 작은 찜용 접시에 담는다. 사과식초, 물, 잘게 썬 박하를 섞어 얇게 썬 호박위에 붓는다. **149℃**의 오븐에서 전부가 데워지도록 살짝 구워준다. 식혀서 구운 감자와 채소 샐러드와 함께 낸다.

디저트

익힌 사과 소스

- 준비시간 : 10분
- 조리시간 : 15~20분
- 분량 : 2인분
- 재료 : 사과 중간크기 3개-껍질을 벗기고 속을 제거한 뒤 얇게 썬다. 꿀(또는 설탕), 필요하면 사용함

찬물을 반쯤 채운 소스팬에 사과 슬라이스를 넣는다. 기호에 따라 꿀(또는 설탕)을 첨가한다. 사과가 물렁해질 때까지 **15**분정도 끓인다. 푸드밀에서 돌려준다.

신선한 애플소스

- 준비시간 : 10분
- 재료 : 사과 중간 크기 3개-껍질을 벗기고, 속을 제거한 후 얇게 썬다. 꿀(또는 설탕)

기호에 따라 꿀(또는 설탕)을 첨가한다. 얇게 자른 사과를 쥬서기에 넣고 돌린다.

애플 스파이스 케익

- 재료 : 꿀 1/4컵(또는 메이플 시럽), 신선한 애플소스 1컵, 귀리 분말 1/2컵, 라이밀 (triticale) 분말 3/4컵, 설탕 3/4컵, 올스파이스 약간, 메이스(mace) 약간, 고수풀 (coriander) 1/4티스푼, 건포도 2컵(또는 잘게 썬 대추야자). 빵가루 토핑 : 납작 귀리 2/3컵, 메이플 시럽 1/3컵(또는 꿀), 올스파이스 약간, 메이스(mace) 약간

꿀(또는 메이플 시럽), 애플 소스, 분말(귀리, 라이밀)을 섞는다. 설탕, 애플 소스, 메이스, 고수풀(**coriander**)을 함께 채반에 거른다. 건포도(또는 대추야자)를 첨가한다. 젖은 재료와 마른 재료를 혼합한다. 눌러 붙지 않는 베이킹팬에 담는다. 빵부스러기 토핑을 만들기 위해 납작 귀리를 믹서에 넣어 가는 플레이크를 만든다. 양념과 귀리를 섞는다. 메이플 시럽(또는 꿀)과 섞어 반죽을 무르게 한다. 빵부스러기 토핑이 만들어지면 위에 뿌린다. **163**℃의 오븐에서 **40**분정도 굽는다. 신선한 애플 소스나 요구르트를 한 스푼 넣어 낸다.

사과 고구마 푸딩

- 준비시간 : 20분
- 조리시간 : 30분
- 분량 : 2~3인분
- 재료 : 고구마 1개-삶아서 껍질을 벗기고 얇게 썬다. 사과 1개-껍질을 벗기고 얇게 썬다. 건포도 1테이블 스푼, 빵부스러기 1/2컵, 설탕 1티스푼, 오렌지 주스 1/2컵, 요구르트 3티스푼

고구마 얇게 자른 것을 빵부스러기, 설탕, 오렌지 주스를 뿌린 사과 얇게 썬것과 건포도와 함께, 오븐 그릇에 넣는다. 177℃의 오븐에서 30분간 굽는다. 요구르트와 함께 따끈하게 낸다.

구운 바나나

- 준비시간 : 5분
- 조리시간 : 10분
- 분량 : 1인분
- 재료 : 바나나 1개, 설탕 1티스푼, 레몬즙

바나나를 반으로 길게 자르고, 설탕과 레몬즙 몇방울을 뿌려준다. 팬에 넣고 낮은 불에 10분간 껍질째로 구워준다. 따끈하게 낸다.

약한 불에 구운 체리

- 준비시간 : 10분
- 조리시간 : 12분
- 분량 : 2인분
- 재료 : 체리 1/2파운드-줄기는 제거한다. 감자전분 1티스푼, 찬물 2티스푼, 설탕 2티스푼-필요시

체리는 소스팬에 넣고 체리가 잠기도록 물을 붓는다. 낮은 불에서 10분간 익힌다. 찬물에 녹인 감자 전분을 끓고 있는 체리에 넣고 2분 더 끓인다. 식혀서 낸다(체리는 생으로 먹는 것이 건강에도 좋고 맛이 있다).

커런트(작고 씨가 없는 건포도)

- 준비시간 : 5분
- 분량 : 1~2인분
- 재료 : 붉은 커런트 1/4파운드, 설탕 3티스푼, 요구르트

 커런트는 깨끗이하여 줄기를 제거한다. 접시에 담고 설탕을 첨가하여 낸다. 설탕을 넣은 요구르트가 소스용으로 사용될 수 있다.

모듬 과일

- 준비시간 : 5분
- 조리시간 : 13~15분
- 분량 : 3인분
- 재료 : 신선한 체리와 살구 3컵-반으로 잘라 슬라이스하고 씨를 뺀다. 물 2컵, 설탕 1/2컵, 콘스타치 2티스푼-1/3컵의 찬물에 녹인다.

 과일을 소스팬에 물, 설탕과 함께 넣는다. 10분정도 살짝 끓인다. 콘스타치를 첨가하고 3분 더 끓인다. 식혀서 낸다.

설탕 입힌 배

- 준비시간 : 15분
- 조리시간 : 15분
- 분량 : 4인분
- 재료 : 배 익은 것 4~5개-반으로 잘라 속을 뺀다. 물 120㎖, 꿀 4테이블스푼(또는 sucanat[유기농 건조 사탕수수 설탕])

 잘 익은 배를 반으로 자르고 속은 뺀다. 꿀(또는 유기농 건조 사탕수수 설탕)에 물을 넣어 잘 섞어 준다. 반으로 자른 배를 오븐 접시에 넣고 그 위에 설탕 혼합물을 붓는다. 121℃의 오븐에서 익을 때까지 조리한다. 필요하면 주스를 첨가한다.

오트밀 케밥

- 준비시간 : 20분
- 조리시간 : 45분

- 분량 : 6인분
- 재료 : 오트밀 4컵(마른 귀리), 당근 2개-강판에 갈아 믹스기에 돌린다. 꿀과 건포도(필요시)

위의 모든 재료를 오븐 접시에 넣는다. 뚜껑을 덮지 않고 121℃의 오븐에서 45분간 굽는다. 요구르트와 함께 낸다.

복숭아

- 준비시간 : 15분
- 조리시간 : 10분
- 분량 : 1~2인분
- 재료 : 복숭아 1/2파운드-껍질 벗긴다. 설탕 2티스푼

복숭아를 끓은 물에 30초간 넣었다 물을 빼고 껍질을 벗긴다. 복숭아를 반으로 자른다. 씨를 빼고 소스팬에 끓는 물을 과일이 반쯤 잠기도록 붓는다. 약한 불에 10분간 끓인다. 설탕을 첨가하여 식혀서 낸다.

배

- 준비시간 : 5분
- 조리시간 : 20분
- 분량 : 1인분
- 재료 : 배 큰 것 1개-껍질을 깎고 속을 빼서 반으로 자른다. 설탕 1티스푼

반으로 자른 배를 소스팬에 넣고 물을 배가 반쯤 잠기도록 넣는다. 설탕을 넣고 20분간 조리한다.

플럼(서양 자두)

- 준비시간 : 10분
- 조리시간 : 15분
- 분량 : 1인분
- 재료 : 플럼 1/2파운드-반으로 자르고 씨는 빼도 되고 안 빼도 된다. 설탕 2티스푼

자두는 반으로 자르고 씨를 뺀다(씨는 안빼도 됨). 소스팬에 넣고 물을 붓고 뚜껑을 덮는다. 15분간 조리한다. 식힌 뒤 설탕을 넣는다. 차게 해서 낸다.

말린 자두와 바나나 휩

- 준비시간 : 10분(미리 물에 담가두는 시간은 포함 안됨)
- 조리시간 : 10분
- 분량 : 2인분
- 재료 : 말린자두 1컵, 미리 물에 담갔다가 조리한다. 바나나 작은 것 2개-으깬다. 레몬즙 1/4개분, 설탕, 1티스푼

 말린 자두는 미리 물에 담갔다(찬물에 하룻밤 담가두거나, 끓는 물을 부어 부드러워질 때까지 두어 시간 놔둔다) 10분간 익힌다. 모든 재료를 완전히 휘저어주고 냉장고에 1시간동안 둔다. 설탕 넣은 요구르트로 장식한 슬라이스 형태로 내도된다.

말린 자두와 말린 살구

- 준비시간 : 5분(미리 물에 담가두는 시간은 포함 안 됨)
- 조리시간 : 15분
- 분량 : 2인분
- 재료 : 말린 자두 1/2파운드-미리 물에 담가둠. 말린 살구 1/2파운드-미리 물에 담가둠. 보리 1/3컵

말린 자두와 말린 살구는 미리 물에 담가 둔다(찬물에 하룻밤 담가두거나, 끓는 물을 부어 부드러워질 때까지 두어 시간 놔둔다). 물은 버리지 말고 보리를 끓일 때 사용하는데 약 **10분간** 끓인다. 식혀서 낸다.

*보충 참고 자료

A Cancer Therapy : Results of Fifty Cases and The Cure of Advanced Cancer by Diet Therapy : A Summary of Thirty Years of Clinical Experimentation, Max Gerson, MD (San Diego : Gerson Institute, 2002).
Dr. Gerson's seminal work on his cancer therapy, developed over 35 years of clinical experience.

Dr. Max Gerson : Healing the Hopeless, Howard Straus (Carmel, CA : Totality Books, 2002). The official biography of Dr. Max Gerson, chronicling his life and the intertwined development of his therapy, flight from the Nazi Holocaust, and struggle against American allopathic medicine.

Censured for Curing Cancer : The American Experience of Dr. Max Gerson, S. J. Haught (San Diego : Gerson Institute, 1991). An investigative reporter who set out to expose Dr. Gerson as a cancer quack, but discovered who the quacks really were.

The Cancer Industry : Unraveling the Politics, Ralph W. Moss (New York : Paragon House, 1989). An expose of the money and power politics, which drives the industry that it treats and victimizes the cancer patient.

Questioning Chemotherapy, Ralph W. Moss (Brooklyn : Equinox Press, 2000). An analysis of the practice and results of chemotherapy, and the reasons behind its widespread use despite its dismal record.

Healing the Gerson Way : Defeating Cancer and Other Chronic Diseases Death by Modern Medicine, Carolyn Dean, MD (Belleville, Ontario : Matrix Verite, 2005). Dr. Dean painstakingly gathered government statistics and medical journal data, and published information to show that the #1 killer in the United States is … our medical system.

The China Study : Startling Implications for Diet, Weight Loss and Longterm Health, T. Colin Campbell and Thomas M. Campbell II (Dallas : BenBella Books, 2005). One of the world's leading nutritionist sets out his tightly reasoned, experimentally proven case for avoiding animal products, the #1 carcinogen in the world.

A Time to Heal, Beata Bishop (Lydney, Gloucestershire, UK : First Stone Publishing Company, 2005; available from the Gerson Institute, San Diego). Ms. Bishop chronicles her own victory over spreading melanoma using the Gerson Therapy over 25 years ago, in very human terms, with insight and dry humor.

Living Proof : A Medical Mutiny, Michael Gearin~Tosh (London : Simon & Schuster UK, Ltd., 2002). An Oxford Don, faced with certain death from multiple myeloma or its allopathic treatments, chooses instead to use the Gerson Therapy and Chinese meditation, and survives his prognosis by over 10 years. Witty, incisive, and readable.

Fats & Oils, Udo Erasmus (Vancouver, BC : Alive Books, January 1989). The definitive book on fats and oils, and their structures, sources, uses and effects on human health and physiology. Excellent reference.

Fluoride : the Aging Factor, John Yiamouyiannis (Delaware, OH : Health Action Press, 1993). A survey of the suppressed literature on fluoridation of water, vitamins, toothpaste, and dental treatments. Chilling and
vital information to protect your health and that of your loved ones.

The Root Canal Cover~Up, George Meinig (Ojai, CA : Bion Publishing, 1994). Root canal specialist and cofounder of the American Association of Endontists (root canal specialists) writes about the powerful negative effects of root canals on human health. A must read. What Really Causes Schizophrenia, Harold D. Foster (Victoria, BC : Trafford Publishing, 2003). Professor Foster presents a novel analysis of the sources and cure of schizophrenia, viewing it as a deficiency or nutritional problem rather than a mental defect.

What Really Causes AIDS, Harold D. Foster (Victoria, BC : Trafford Publishing, 2002). Professor Foster shows the true cause of AIDS as a deficiency of selenium and that it is curable with the proper diet plus selenium supplementation.

Healing booklets by Charlotte Gerson (Carmel, CA : Cancer Research Wllness Institute,

2002; also available from the Gerson Institute, San Diego), 30 pages each. This is a series of nine booklets, eight of which detail the reason why cancer occurs, how and why the Gerson Therapy heals, a short outline of the Gerson Therapy, and about a dozen stories of recovered patients. The ninth booklet covers "Auto-Immune Diseases."

- Healing Breast Cancer the Gerson Way
- Healing Prostate and Testicular Cancer the Gerson Way
- Healing Ovarian and Female Organ Cancer the Gerson Way
- Healing Colon, Liver and Pancreas Cancer the Gerson Way
- Healing Lung Cancer & Respiratory Diseases the Gerson Way
- Healing Lymphoma the Gerson Way
- Healing Melanoma the Gerson Way
- Healing Brain and Kidney Cancer the Gerson Way
- Healing "Auto-immune" Diseases the Gerson Way

Doctor Max, Giuliano Dego (Barrytown, NY : Station Hill Press, 1997 : available from Gerson Institute, San Diego, California). This biographical novel is a broad fictional saga based on the life and times of medical giant Dr. Max Gerson, developer of the Gerson Therapy. One of Italy's leading poets, and winner of the Italian National Paperback Book Prize for this book, Dr. Dego spent decades researching this opus.

DVDs:
- The Gerson Miracle, Stephen Kroschel (Haines, AK : Kroschel Films, 2004). Winner of the 2004 Golden Palm for "Best Picture," Beverly Hills Film Festival, Beverly Hills, CA. Healing the Gerson Way : Defeating Cancer and Other Chronic Diseases
- Dying to Have Known, Stephen Kroschel (Haines, AK : Kroschel Films, 2006). Awarded Honorable Mention, Feature-length documentary category, 2006 New York International Independent Film and Video Festival, New York City, NY.

찾아보기

Index

A~Z

B임파구	46
DDT	55
L-카나바닌	180
MRI검사	348
MSG	62
T 임파구	4

ㄱ

가슴 통증	118
가이 B. 파아게(FFaguet, Guy B)	338
간 효소 검사	90
간/담즙계	271
간경변	109
갈색 세포종	329
감마 글로불린	325
감자	379, 397, 407
감정과 욕구	289
갑상선	171, 207
강판	369
개발도상국가	20
거슨 분노	300
거슨 프로그램	165, 297
거슨병원	30, 232
거슨식 부엌	165
거슨요법	24, 344
건강서적	262
건포도	366, 396
검사 기록	310
겜자	245
견괄류	117
결핍성 구루병	321
결핵	28
결핵성 피부염	180
고구마	391, 411
고도불포화 필수 지방산	323
고도비만	126
고칼슘	156
고칼슘혈증	312
고형종양(solid tumor)	89
고환암	246
골다공증	103, 66, 131, 133
골밀도	132
골수 이식	92
골수섬유증	334
골수성 백혈병	334
골육종	67
골절 발생률	129
골파	186
곰팡이	54
공복혈당(FBS)	328
공중보건	93
공포	261
공포감	220
공포심	291
과산화수소(H_2O_2)	36, 204, 216
과인슐린증	329
과체중	62

과학적 탐구	24	기생충	202
관상동맥질환	322	기종	145
관상동맥질환	76, 324	기형출산	66
관장 훈련	349	기화점	170
관장을	250	깍둑썰기	382, 394
관장효과	203	깍지 완두콩	410
광택제	73, 276	깍지콩	399
괴사	215	꽃가루	114
교질삼투압	325	꽃상추	376
구강 내 점막	244	꿀	421
구강궤양	245		
구강세정제	178	**ㄴ**	
구리스	171		
국한성회장염	123	나이아신	122
권장량	129	나트륨	51, 207, 312
궤양	341	내분비계	311
그물침대	309	네프로시스증후군	323
근관 치료	135	노동집약적	263
근관충전	134, 135	노워커	166, 283
근대	380, 390	노폐물	202
근대잎	400	녹색 양배추	386
글루카곤	328	녹색 체소 주스	250
글루쿠론산	318	뇌기능	59
글리세린	71	뇌세포	122
금단 증상	119	뇌졸중	96, 97
금지 품목	176	뇌종양	140, 197
급성 백혈병	141	뇌하수체	76
급성 질환	260	뇌하수체 기능 저하증	329
급성 췌장염	312	니코틴	69
급성심근경색	322	닉슨(Nixon)	55
급성유아사망증후군(SIDS)	72		
기니피그	156		
기본 요소	183		

ㄷ

다릴 이삭스(Daryl Isaacs)	127
다발성 골수종	312
다발성경화증	105
단백질	132
단백질 결핍	325
단백질 수치	347
담낭	346
담도 폐쇄	318, 320
담즙관	194
당근	390, 406,
당뇨	226
당뇨병성 케톤산혈증	315
대둔근	274
대사과정(metabolism)	54
대사장애	272
대조군	294
대증요법	272
대증요법적 견해	244
대체요법	297
대추야자	366
대혈관	241
데미트리오 소디 펠라레스 (Sodi-Pallares, Demetrio)	93
데이비드 스피겔(Spiegel, David)	294
도나 크루파(Donna Krupa)	127
도우미	249
도파민	143
독	164
독감	259
독극물	57
독립심	291
독성	34, 232
독성물질	35, 192, 224
동물성 단백질	109
동물성 제품	279
동위효소	317
동종요법	37
뒤셴형 근위축증	145
드라이클리닝	172
드레싱	354
딕슨(Dixon, Malcolm)	47
딘 버크(Burk, Dean)	66
딜	384, 387

ㄹ

라이너스 폴링(Linus Pauling)	122
라임주스	360
라파두라	356
락카시나	350
랄프 W. 모스(Moss, Ralph W.)	246
랑게르한스섬	101
래디치오	365
레몬 주스	359, 361
레몬즙	358, 400
레이어트릴	36, 216
로렌스 르샹(LeShan, Lawrence)	292
로메인	190
로메인 상추	374
로버츠(Roberts, H. J.)	62
로버트 굿(Robert A. Good)	157
로즈마리	398, 405
루골액	208

루돌프 켈러(Keller, Rudolf)	51
루소(Rousseau)	20
루이 14세(King Louis XIV)	193
루이 파스퇴르(Pasteur, Louis)	21
루프스	26, 27, 237
류머티스 관절염	112, 134
류머티즘성 관절염	329
르샹(LeShan Lawrence)	296
리차드 패더스피엘(Richard Ferderspiel)	344
리코펜	268
리탈린	59
림프계	46, 89, 277
림프종	338

[ㅁ]

마가렛 스트라우스(Straus, Margaret)	16
마늘	405
마사지	254
마요라마	413
마음상태	306
마취제	137
막스 거슨(Gerson Max)	3, 6, 125
만성 간염	322
만성 불안	122
만성신장질환	144
만성질환	26, 29, 164
만성피로증후군	104
말기암	31
말단 비대증	313
말라리아	225
머크(Merck & Co., Inc)	58
메리 에니그(Mary Enig)	65
메리 키스(Mary Keith)	152
메스꺼움	26, 221
메이어(Meyer)	193
메이플 시럽	409
메페리딘	322
멘델손(Mendelsohn, Robert S)	72
면도크림	71
면역 주사	115
면역기능저하	245
면역능력	290, 293
면역력	3, 157
면역법	107
면역성	73
면역접종	72
면역체계	60, 72, 270
명현현상	219, 220
모델	165
모르핀	111, 165, 322
모세혈관	208, 254
모직 융	214
몬모릴로나이트	215
몬산토	56
무기력함	233
무기호흡	254
무독성	38
무독성 제품	174
무염 식품	98
무작위이중맹검법	337
무화과	370
문맥계(portal system)	195
문명화	86
물냉이	360

미각	184
미국의학협회	29
미네랄	154, 170
미네랄 구조	266
미네랄 균형	51
미네랄 보조식품	153
미네랄 불균형	195
미량 원소	177
미세유기체	43
미엘린 수초	105
미토콘드리아	317
미트로프	96

ㅂ

바르비투르산염	327
바셀린	197
바이러스	37
바이러스 감염	270
바이옥스	58
박제사	350
박테리아	37, 241
박하	372, 398
박하 잎	372
반사작용 둔화	314
발암물질	69
방광염	91
방광염	92
방부제	49
방어기능	45
방어시스템	43, 88
방어체계	291
방향제	174

배변 활동	198
백식초	172
백신	73
백혈구	46, 233
백혈병	141
버거트 림프종	246
버니 시겔(Siegel, Bernie)	294
버지니아 리빙스턴(Livingston, Virginia)	
	209
버질 브라운(Brown, W. Virgil)	95
버터넛 스쿼시	388
벌꿀	367
베리류	190
베릴륨	66
베커(Becker, Robert O.)	74
벤자민 페인골드(Benjamin Feingold)	120
벤젠	170
보리	422
보온병	222
보조물질	206
보조식품	154
보충제	266
보행장애	20
보형물	247
복식호흡	305
봉제 인형	305
부갑상선 기능 항진증	321
부드위그(Budwig, Johanna)	96
부신기능부전	314
부신피질호르몬	138
부엌	167
부정 수소	283
부정교합	124

부정적 감정	303	사이몬튼 기법	308
부종	51	사카린	61
분광투과율법	321	사탕무	275
분쇄기	167	샤프란	191
분쇄기	167	산과다증	314
분엽핵 호중성	335	산성 포스파타아제	320
불거(Bulger)	339	산-염기 균형	315
불소	41	살리실산염	323, 334
불소화합물	169	살충제	49, 182, 285
불순물	204	삶의방식	40
브라질 호두	108	상상력	306
브로콜리	161, 387~388, 395, 400	상상병 환자	193
브롬페니라민 말리에이트	334	상장간막동맥	345
비닐	215	상추	375
비이성적인 판단	299	상호작용	292
비장절제술	334	샐러드	384, 389
비타 비숍(Beata Bishop)	4, 288	샐러리	103
비타민	43, 154	샐비어	191
비타민 A	275, 278	생 주스	353
비타민 D	250	생간추출물	35
비타민 B_{12}	141	생리상태	34
비트	365, 384, 398	생리작용	49
빅터 리차드(Richards, Victor)	246	생체검사	341
빅토리아	346	생화학작용	293
빈혈	113	생화학적 불균형	59
뿌리채소	185	생활방식	151
		생활습관	114
		사무엘 엡스타인(Epstein, Samue)	67
[人]		서양부추파	191
		서양부추파(leek)	381, 389, 401, 415
사과	409	설탕	421
사과식초	366, 375	설탕 흥분제	128
사구체	144, 327	설포브로모프탈레인	327
사막화	19		

섬유 유연제	172	수프	169
섬유근육통	138	숙변	202
성숙한 자아	300	순환기 질병	99
성장촉진제	177	슈라우저(Schrauzer, Gerhard N)	38
세계보건기구	74	슈바이처(Dr. Albert Schweitzer)	6
세균	21	스캔들	58
세뇨관	327	스쿼시 호박	377, 409
세뇨관 흡입	327	스테로이드-담즙 산염	322
세망내피계	46, 318	스테로이드제	141
세척제	71	스테파니 매튜 사이몬튼 (Matthews-Simonton, Stephanie)	308
세탁물	172	스텐레스	171
세포 부종	156	스트레스	75, 252, 295
세포괴사	323	스트렙토마이신	334
세포내의 칼륨 정도	207	스티븐 그리어(Greer, Stephen)	293
세포막	94	스티븐 크로쉘(Stephen Kroschel)	340
셀러리	188	스폰지	167
셀레늄	5, 39, 271	스프레이	70
셀레늄 보충제	107	시각화	308, 309
소 담즙파우더	203	시아나이드	68
소변 검사	91	식량 공급체계	50
소스팬	382	식물성 단백질	269
소아 백혈병	246	식습관	132
소아형	100	식이요법	3, 282
소파	340	식재료	185
소화과정	42, 153	식품 첨가물	284
소화액	169	식품업계	64
소화효소	209	신경근 장애	315
송신탑	74	신장 담낭	92
수면성 무호흡	99	신장의 세뇨관 산증	313
수분 불균형	331	신장질환	144
수은	136	신장폐쇄	316
수잔 데시모네(DeSimone, Susan)	16	신진대사	25, 207
수퍼마켓	180		

신체의 기본 구조	15
신체의 방어기능	54
신체의 항상성	143
신체조직	208
신체조직	18
실내 곰팡이	116
실리콘	247
심근경색	317
심리상태	158
심리치료사	288
심장병	127
심장이식수술	95
심장조절 장치	31
쐐기모양	404

[ㅇ]

아드레날린	48, 76, 223
아마씨	417
아마인유	102, 168, 394, 404, 410
아미노산 잔류물	317
아브라함 마슬로우(Abraham Maslow)	185
아브람 호퍼(Hoffer, Abram)	122
아브시시산	209
아세타졸아미드	334
아스파테임병	62
아스피린	218, 328
아스피린	60
아시돌	210
아시돌펩신	236
아인슈타인(Albert Einstein)	21
아타브린	225
아테롬성 동맥경화증	324

악성세포	46
악성종양	333
안드로겐	322
알레르기	27, 116, 274
알레르기 반응	76
알버트 슈바이처(Dr. Albert Schweitzer)	3, 18
알츠하이머병	168, 143
알카리성 담즙	200
알코올	178
암세포	231
암의 발병률	290
압력조리기구	169
앙리 라보리(Henri Laborit)	94
앙트완느 베샹(Antoine Bechamp)	21
애플사이다	364
애플소스	418
애피타이저	358
액체류	168
앤드류 W. 사울(Andrwe W. Saul)	5
야전병원	193
약물치료(medications)	206
양고추냉이	365
양배추	388, 393
양부추파	377
양성종양	88
양파	384
어네스트 크랩스(Krebs, Ernst Jr)	36
에스캐롤	188
에스트로겐	128
에어로졸	173, 181
에이즈	107
에틸 수은	73

에틸수은	73	옥틸 메톡시신나메이트	251
에피네프린	137, 323	온수찜질	332
엘리즈 바신(Bassin, Elise B.)	67	올리브	171
역삼투압	169	완벽한 휴식	258
연결조직	110	외과 수술	345
연동운동	203	요구르트	356
염색약	71	요붕증	313
염색체 손상	247	요오드	48
영기요법	252	용혈성 빈혈	318
영양 결핍	42, 153	용혈성 빈혈	327
영양 불균형	145	우드그레인	166
영양공급	160	오랑우탄	279
영양물 섭취	282	우레탄폼	350
영양물 투여	228	우베-무고스(Wobe-Mugos)	35
영양물 투여 횟수	235	우울증	121, 220
영양분	29	운동부족	128
영양불균형	120	울혈성 신부전	316
영양소	185	원심력	165
영양실조	324	월경	125
영양요법	159	월경 주기	340
영양학	160	월계수 잎	362, 383
영양학자	120	웰빙	240
영혼	292	웹(Webb, Edwin C)	47
예루살렘	359	웹	47
오랄 다이오사이드-옥시펜베타존	334	위장효소 검사	320
오렌지 주스	264, 383	윌리암 오슬러(William Osler)	58
오렌지제	123	유기농 과일	352
오존가스	36	유기농 당근 주스	274
오존처리	37, 271	유기농 제배	266
오존치료의 효과	216	유기농 제품	275
오트밀	188, 279, 421	유기농 주스	282
오한과 발열	225	유기체	21, 273
옥수수	392	유당(乳糖)	37

유방 종양 절제술	242, 342	임파종	92
유방암	294		
유방의 종양	140		
유방절제술	341	[ㅈ]	
유에스 뉴스 앤 월드 보고서	55	자가면역	319
유전자변형식품	57	자궁 경부암	340
유행성 간염	335	자궁 적출 수술	92
유화제	61	자궁내막증	340
유황성분	190	자궁암	125, 180
육종(sarcoma)	210	자기조절 능력	19
융모막암종	246	자기치유	296
음식과민증	116	자기치유력	21
옹어리	220	자외선 차단제	251
의학저널	29	자원봉사자	249
이반 일리치(Illich, Ivan)	291	자유 혈장	331
이본 니엔스타트(Yvonne Nienstadt)	16	자존심	292
이부프로펜	213	작혈구침강속도	333
이산화탄소	145	잔류물	350
이질적인	273	잘못된 식습관	103
인내와 끈기	281	장세척	194
인산염	312	재충전 과정	284
인슐린	328	재활법	281
인슐린 의존형	100	저나트륨	157
인스턴트 식품	126, 283	저밀도 지방 단백질	95
인스턴트 음식	299	저밀도지질단백질	323
인체면역결핍바이러스	107	저칼슘혈증	312
인터넷	262	저혈당증	113
인터페론	343	적혈구	330
인플루엔자	335	전립선 섬유막	320
임상경험	155, 237	전립선암	90, 350
임상현장	156	전신 홍반성 루푸스	110
임파선	243, 339, 344	전자레인지	168
임파선의 순환	217	전자스모그	41, 164

전자파	75	증류기	169, 179
전채	367	지루함과 단조로움	298
전통의학	256	진성당뇨	328
전해질의 불균형	198	진통제	124, 133, 241
접근법	152	진화	53
접착용해	171	진흙 팩	222
정맥주사	38, 226	질산나트륨(sodium nitrite)	61
정상 세포화	241	집중력	307
정상적인 배설	278	집중력 부족	104
정신분열증	122, 138		
정신상태	304	【 ㅊ 】	
정신신경 면역학	289		
정신종양학	288	차이브	363
정신착란	69	착상	125
정크 푸드	65, 118, 258, 277, 301	창자 폐색	123
정화과정	192	창조적인 심상법	296
제너(Jenner, Edward)	72	채식위주의 식단	129
제라시(Djerassi, C)	160	채식주의자	157
제초제	177	챔피언 제품	167
조리법	189	챔피언 주스기	165
조정능력 상실	105	척추	304
조지 메이니그(Meinig, George)	134	척추지압사	348
존 로빈스(Robbins, John)	132	천식	27, 114
존 맥도우겔(John McDougall)	132	천식 발작	115
존 어브(Erb John)	63	천염성 단핵증	318
종양 세포	88	천자	332
종양조직	269, 271	철분	210
종양학자	308	첨가물	41
주의력결핍과잉행동장애(ADHD)	59, 120	첨단 과학기술	45
주전자	169	청소대행업체	173
중독증상	63, 118	체스터 더글라스(Douglass, Chester)	67
중추신경계	121, 261, 289	체액 과부담	330
쥬키니 호박	371, 402, 408	체중감소	123

초기 원발성 간경변	324
초단파	177
초로성 치매	143
촉매	47
췌장암	346
췌장염	100, 329
췌장효소	35, 48
치관	136
치근관치료	133
치료계획	28
치료환경	34
치료효과	20
치아질환	137
치유반응	300
치유메카니즘	153, 219
치유반응	200, 261

[ㅋ]

카로텐 혈증	339
카르멘 휘틀리(Wheatley, Carmen)	160
카모마일	199
카우치 포테이토	127
카푸만(Kaufmann, P)	160
칸다스 퍼트(Pert, Candace)	290
칸디다균(candida)	91
칸디다증	5
칼 사이몬튼(Simonton, Carl)	293, 308
칼 앱스테인(Carl S. Apstein) 박사	94
칼륨	50
칼륨과잉	315
캄필로박터(campylobacter)	35, 142
캐롤린 딘(Dean, Carolyn)	5

캠벨(Campbell II, Thomas M)	130
커런트	420
커튼	174
커피 농축물	196
커피 응축액	248
커피관장	3, 154, 160, 161, 194
코끼리	279
코르티코스테로이드	95
코엔자임 Q10	35, 211
코티존 주사	110
코티졸	76
콜라겐	113
콜라겐 병	187
콜라겐 질병	264
콜라겐 질환	237
콜레스테롤	95, 211, 226
콜레스테롤수치	127
콜로이드	169, 265
콜리플라워	190, 380, 390
콜린 캠벨(Campbell, T. Colin)	129
콩기름	275
퀴닌	225
크레아틴	327
크론병	123
크롬 피콜린산	5
클로드 페퍼(Pepper, Claude)	31
클로람페니콜	334
클로르프로마진	319

[ㅌ]

타라곤	363, 364
타르	68

타이레놀		213	파슬리	190, 378, 391
타이로이드		206	파인애플	179
타헤보		37	파킨슨병	143
탄수화물		267	파탄잘리	193
탈모		245	판크레아틴	210
탈취제		173	패러다임	20
테스토스테론		56	패스트푸드	128
토끼 풀		259	패트리샤 스페인 워드 (Spain Ward, Patricia)	157
토마스 제퍼슨(Jefferson Thomas)		264	페나세틴	328
토마토	168, 186, 383,	394	페노티아진	328
토마토퓨레		387	페니실린	334
토양		34	페닐부타존	334
토치(Torch, William)		72	페르디난드 자우어브루흐 (SSauerbruch, Ferdinand)	27
토핑		397	페이젯 병	311, 321
통곡물		350	편두통	6, 26, 125, 215, 248, 346
통제조건		31	평화로운 상태	307
통풍		102, 327	폐결핵	6
퇴행성 질환		5	폐동맥색전증	316
퇴행성질환		209	폐색성폐질환	144
투약량		101	폐쇄성 황달	319
트랜스지방		64, 65	포도당	94
트랜스페린		329	포름알데히드	350
트랜스펩티다이제		319	포셀린	136
트램폴린		270	포스트(Foster, Harold D)	38
트리메타티온		323	포에르스트(Ottfried Foerster)	25
티록신		48	포화지방	95
티오우라실		323	폰기에르케 병	329
틱장애		73	폴 두들리 화이트(Paul Dudley White)	93
			폴리에스터	197
ㅍ			표백제	171
파노라마식		135	표층토양	19
파라단백질혈증		333		

437

푸른 근대	403
푸른 포도	184
품질보증	166
풍진	335
프라이스(Price, Weston)	134
프랭크 부쓰(Booth, Frank)	127
프레드니손	110
프레스	165
프리레디컬	36, 217
프리먼 코프 (Cope, Freeman Widener)	156
플라톤(Plato)	292
플러쉬	208
피리독신 반응	332
피마자기름	201, 232, 233
피망	357
피부경화증	239
피부발진	74
피부암	251
피부의 건조	251
피셔(Fischer, Lynn)	58
피콜린산	38
피콜린산 크롬	102
피터 레흐너(Lechner, Peter)	194
피터 브레긴(Breggin, Peter R)	59
피틴산	180
필라멘트	74
필립 제임스(Philip James)	130
필수장기	138

ㅎ

하버드보건대학	65
하워드 스트라우스(Straus, Howard)	16
학습장애	245
한스 셀레(Selye, Hans)	75
함유 수치	108
함정	311
합리적인 생활원칙	151
합병증	226, 259
항문	271
항산화제	268
항상성	53
항상제의 복용	100
항생제	60
항암성	262
항암효과	159
행주	167
향정신성 약물	159
허브 차	216
허약체질	133
헝가리	352
헤롤드 포스터(Foster, Harold D)	108, 158
헤마토크리트(Hct)	331
헤모글로빈	331
헤모글로빈 함량	330
헬레나 슈바이처(Hellena Schweitzer)	3
현대문명병	87
현미 밥	374
현미경	89
혈액 뇌관문	122
혈액수치	312
혈액응고	311
혈액응고장애	311
혈중 빌리루빈	318
혈중 크레아티닌 수치	326

혈중 포도당 수치	314
협력관계	296
호르몬	48
호르몬 체계	273
호르몬샘	89
호르몬제	347
호밀 빵	355
호염기성 백혈구	335
호지킨 세포	56
호지킨병	326
호흡 수련	159
호흡곤란	116, 314
호흡기	173
호흡연습	77
혼합실린지	195
화학 조미료	258
화학비료	24, 54
화학요법	160, 231, 245
화학제품	276
황색포도상구균	241
회향	373
회향풀	416
효소	284
효율성	168
후에버너(Huebner)	193
후유증	50, 296
흉선(thymus gland)	46
흑색종	224, 226, 343
흡수장애 증후군	313
흡수지	187
히포크라테스 수프	186, 189, 356
히포크라테스(Hippocrates)	184, 193

기타

2차 세계대전	53
3종처방	218
찾아보기	425
표17-1 전형적인 암 환자의 시간대별 일과	229
표 17-2 전형적인 암환자의 연간 치료일정	230
표 18-1 화학요법을 받았거나 허약한 환자의 시간대별 치료일과	235
표 19-1 악성이 아닌 환자의 치료일과	239
표 26-1 연령대별 중성지방 수치	324
표 26-2 정상적인 혈중 단백질 수치	330
표 26-3 혈중 정상 철분과 총 철분 결합 능력	330
표 26-4 정상 헤모글로빈 수치	331
표 26-5 백혈구 감별 검사	335